분노는 유쾌하게 글은 치밀하게

지지 않기 위해 쓴다

지은이 **바버라 에런라이크**Barbara Ehrenreich

미국의 사회 비평가, 정치 활동가, 저널리스트, 페미니스트다. 1941년 몬태나주에서 태어나 리드칼리지에서 화학과 물리학을 전공했으며 록펠러대학교 대학원에서 이론물리학, 분자 생물학, 세포생물학을 공부하고 세포면역학으로 박사 학위를 받았다. 뉴욕시 관리예산실 정책 분석가로 일했고 도시 빈민의 건강권을 옹호하는 NGO에서 활동했으며 여성 건강 운동에도 참여했다. 뉴욕주립대학교 올드웨스트버리캠퍼스 조교수를 지내다가 1972년부터 전업 작가로 나섰다.

첫 성공작이자 밀리언셀러에 오른《노동의 배신》은 웨이트리스 등으로 일하며 최저 임금 수준의 삶을 직접 체험한 워킹 푸어 생존기로,《가디언》이 발표한 '21세기 가장 뛰어난 책 100권'에 선정되었고, 신자유주의 시대 빈곤 문제를 다룬 '현대의 고전'으로 평가받는다. 그 외 대표작으로는 화이트칼라 구직 현장에 뛰어들어 중산층마저 무너져 내리는 현실을 보여 준《희망의 배신》, 자본주의와 철저한 공생 관계를 맺고 있는 긍정 이데올로기의 문제점을 전방위로 파헤친《긍정의 배신》그리고《오! 당신들의 나라》《신을 찾아서》《건강의 배신》 등이 있다.

《타임》《하퍼스매거진》《네이션》《뉴욕타임스》《월스트리트저널》《라이프》《마더존스》 등 언론 매체에도 다양한 이슈의 글을 기고해 왔다. 건강, 평화, 여성의 권리, 경제적 정의 문제 개선에 이바지한 공로로 미국 인본주의 협회 '올해의 인본주의자' 상, 시드니 힐먼 상, 내셔널 매거진 어워드, 창조적 시민을 위한 퍼핀/네이션 상, 루스벨트연구소 '결핍으로부터 자유' 상, 포드재단 상, 구겐하임 상, 맥아더 상, 에라스무스 상, 이 책《지지 않기 위해 쓴다Had I Known》 로 2021년 펜 아메리카 문학상에서 '펜/다이아몬스타인 스필보겔' 상을 수상했다.

□ hotel maid
□ waitress
□ assistant professor
□ cleaning woman
□ nursing-home aide
□ Wal-Mart sales clerk
□ feminist
□ veteran muckraker
□ journalist
□ myth buster
□ white-collar unemployed
□ assistant professor
□ journalist
□ waitress
□ hotel maid
□ essayist
□ humanist
□ nursing-home aide
□ Wal-Mart sales clerk
□ feminist
□ veteran muckraker
□ journalist
□ myth buster
□ white-collar unemployed
□ humanist
□ cleaning woman
□ columnist
□ political activist

분노는 유쾌하게 글은 치밀하게

지지 않기 위해 쓴다

바버라 에런라이크 지음
김희정 옮김

옮긴이 **김희정**

가족과 함께 영국에서 살면서 전문 번역가로 활동하고 있다. 옮긴 책으로 《사다리 걷어차기》 《돈의 정석》 《랩 걸》 《인간의 품격》 《어떻게 죽을 것인가》 《잠깐 애덤 스미스 씨, 저녁은 누가 차려줬어요?》 《장하준의 경제학 강의》 《그들이 말하지 않는 23가지》 《시크Thick》 《배움의 발견》 《우주에서 가장 작은 빛》을 포함해 60여 권이 있다.

분노는 유쾌하게 글은 치밀하게

지지 않기 위해 쓴다

2021년 5월 25일 초판 1쇄 인쇄 | 2021년 6월 4일 초판 1쇄 발행

지은이 바버라 에런라이크 | 옮긴이 김희정
펴낸곳 부키(주) | 펴낸이 박윤우
등록일 2012년 9월 27일 | 등록번호 제312-2012-000045호
주소 03785 서울 서대문구 신촌로3길 15 산성빌딩 6층
전화 02-325-0846 | 팩스 02-3141-4066
홈페이지 www.bookie.co.kr | 이메일 webmaster@bookie.co.kkr
제작대행 올인피앤비 bobys1@nate.com
ISBN 978-89-6051-870-4 03330

이미 세상에 나온 글들을 모아
이 책으로 엮을 수 있도록 허락해 준 곳들에
깊은 감사의 마음을 보낸다.

일러두기

1. 본문에서 따로 표시하지 않은 괄호 속 내용은 모두 저자의 말이며, 옮긴이의 주는 '옮긴이'로 표시하였다.

2. 본문에서 각 제목 밑에《》로 표시된 것은 해당 글이 최초로 실렸던 매체명이며, 그 옆의 숫자는 발행 연도다.

3. ♦로 표시된 각주는 모두 저자의 주이며, ✤로 표시된 문구는 모두 편집자의 설명이다.

평범한 우리의 상처를 어루만지는 작가

김만권, 경희대학교 학술연구교수·정치철학자, 《새로운 가난이 온다》 저자

바버라 에런라이크는 미국의 빈곤과 노동 문제에 대해 꾸준히 글을 써 온 아주 드문 작가다. 에런라이크가 밝히고 있듯이 미국 언론은 빈곤층 문제에 대해 크게 관심이 없다. '아메리칸 드림'으로 상징되는, 미국은 약속의 땅이고 기회의 땅이란 편견이 지배하고 있기 때문이다. 아메리칸 드림이 없는 곳에도 빈곤이 사회적으로 관심을 받는 경우는 드물다. 우리 사회 현실만 들여다보아도 금방 알 수 있듯, 열심히 일한 자에게만 자격이 있다는 믿음이 지배적인 사회에서 게으른 자에게 빈곤이라는 대가는 당연한 것이다. 사회가 복지제도를 통해 그들을 돕고 있는 한, 사회가 유달리 빈곤에 주목해야 할 이유는 없다. 이런 이유로 대부분의 사회에서 착한 빈민은 아무것도 요구하지 않는 빈민이다.

이렇듯 빈곤이 타락의 언어로 묘사되는 것에 가장 반대해 왔던 작가가 에런라이크다. 《노동의 배신》에서부터 에런라이크는 열심히 일하지만 빈곤해지는 사람들이 있으며, 빈곤한 자들 대부분이 그런 사람이라는 것을 자신의 체험을 통해 알려 왔다. 《희망의 배신》에선 중산층에서마저 그런 일이 일어나고 있음을 적나라하게 드러냈다. 그 에런라이크가 작가로서 여러 언론사에 기고한 글을 모은 《지지 않기 위해 쓴다》로 돌아왔다. 이 책에서 에런라이크는 노동과 빈

곤뿐 아니라 젠더, 이민, 인종, 가족 등과 같이 다양한 영역에까지 관심을 확장하여 탁월한 통찰력을 보여 주고 있다.

이 확장된, 다양한 관심사에 여전히 에런라이크의 시선이 머무르고 있는 곳은 사회적 약자들이다. 자본과 소비문화가 언론을 지배하고 있는 미국 같은 나라에서 작가가 빈자와 사회적 약자들을 위해 펜을 들기란 쉽지 않은 상황이다. 드라마에 등장하는 외계인도, 도깨비도 부자여야 하는, 점점 미국을 닮아 가고 있는 우리 역시 마찬가지다. 에런라이크가 더 존경스러운 것은 빈자와 약자들의 상황을 알리기 위해 평생 펜을 들어 왔다는 점이다. 에런라이크야말로 진짜 우리가 살고 있는, 그 아픈 부분을 드러내고 어루만지는 작가다. 그래서 평범한 독자들이라면 《지지 않기 위해 쓴다》를 만나는 것은 행운이다. 그가 어루만지고 있는 상처가 바로 평범한 우리의 것이기 때문이다.

살기보단 살아남아야 하는, 누군가의 삶을 체험하다

남형도, 머니투데이 기자, 《제가 한번 해보았습니다, 남기자의 체험리즘》 저자

브래지어가 얼마나 불편한지 알고 싶어 36년간 홀가분함을 만끽했던 내 가슴에 채웠던 날, 저녁에 그걸 벗어 던지고는 소화제와 두통약 두 알을 먹어야만 했다. 해 봐야만 더 깊이 알 수 있다며, 3년간

온갖 체험을 하며 얻은 영예의 별명은 '행동하는 또라이'였다.

그런데 이미 23년 전에, 그것도 머나먼 미국에, 그것도 같은 저널리스트였던, 행또(행동하는 또라이) 선배가 있을 줄은 꿈에도 몰랐다. 더 빨리 알았다면, 명동 한복판에서 치마를 입고 다녔던 무더운 여름날, 선배 생각을 하며 덜 외로웠을 텐데.

그러니까 그 주인공인 바버라 에런라이크는, 가난한 여성들이 일자리로 정말 빈곤을 벗어나 자존감을 높일 수 있는지 알아보기 위해, 직접 저임금 노동에 뛰어들었다. 소변볼 때만 앉을 수 있는 '레몬향 섞인 방귀 냄새가 나는' 패밀리 레스토랑에선, 봉헌 양초처럼 담배에 불을 붙여 놓고 뛰어다니며, 그걸 한 모금씩 빨며 버티는 이들이 산다. 고작 변기에 앉으면 샤워대에 무릎이 닿는, 46번 트레일러에 살기 위해 매일 이렇게 돈을 번다.

코앞에 살아서 날뛰는 생생한 묘사에, 그가 퇴근한다는 밤 10시가 될 때쯤엔 싸구려 화이트와인을 마셔야만 곯아떨어질 것처럼 고단해진다. "백성 하나하나에게 손수 음식을 떠먹이는 공주라 상상했다"고 표현하는 작가 특유의 해학이, 공포의 냄새가 밴 세상을 슬프지만 유쾌하게 경험하도록 해 준다.

작가가 경험한 '내가 얼마나 피곤한지 모를 만큼 나를 소모하는 노동의 현장'은 여전하다. 초고층 건물에 매달려 창문을 닦고 돌아왔을 땐, 죽을 것처럼 피곤한데도 어지러워 잠도 오지 않았다. 그 귀한 임금을 서너 달씩 밀리는 게 빨리 주는 거라고 했다. 주민이 쓰레기를 버리러 나오는 게 '시작'이고, 안 나오는 게 '끝'이라던 경비원 분리 수거 체험에선, 쥐가 나온다는 휴게실을 마주해야 했다.

다음 날 아침이면, 계속될 누군가의 삶이 떠올라 펜을 들 수조차 없었다. 그건 내 얘기가 아니라고? 아니, 함께 밤을 보냈던 경비원이 이렇게 말했었다. "기자님도 60세만 넘어 보세요. 일할 데가 없을 겁니다."

우리가 이 책을 곁에 두고, 이 문제를 머리털이 빠질 만큼 가슴으로 고민해야 하는 이유다.

세상을 바꾸는 글이 여기에 있다

박민지, 국민일보 기자, 제52회 한국기자상
대상 수상자('n번방 추적기' 시리즈 보도)

이 책은 바버라 에런라이크가 매우 천재적인 저널리스트여서 《노동의 배신》 같은 걸작이 뚝 떨어진 것이 아니라는 걸 보여 준다. 에런라이크가 글로 세상을 바꾸기 전, 그의 소신에 확신을 건넨 무수한 불편함의 조각을 이 책이 증명한다.

에런라이크는 가지지 못한 자의 고통은 가진 자의 특권에서 비롯된다고 역설한다. 그리고 기울어진 현실을 반전시킬 수 있는 것은 곧 현실에 직접 개입하는 것임을 보여주고자 한다.

약자의 삶을 들여다볼 때도 '고급'을 요하던 1980~1990년대에 '가지지 못한' 쪽에 놓였던 여성이 빈민과 페미니즘, 노동과 보건을 말하기란 쉬운 일이 아니었다. 당시 여성 저널리스트에게 요구되던 글은 '이별' '다이어트' 같은 것이었다.

그럼에도 지식인 중년 남성 카르텔에서 시작된 사회적 불완전함을 글로 바꾸겠노라 다짐한다. 그의 첫 성공작《노동의 배신》의 기초가 된 글은 1999년《하퍼스매거진》에 실린 기사 한 꼭지였다. 여기서 시작된 빈곤과 노동에 관한 목소리는 연방 정부가 2007년 7월 최저 임금을 인상하도록 불씨를 댕긴 출발점이 된다. 이때 전 세계는 한 여성의 목소리가 거대한 사회적 변화의 기폭제가 되는 매우 이례적인 광경을 목도한다.

이 책은 '여성'스럽지도, '고급'스럽지도 않다. 다만 섬세하고 서늘하다. 그는 지연된 정의를 재촉하고, 실종된 도덕을 찾는 방법으로 과감히 야유하는 방식을 택했다. 우울감에 골몰될 때면 특유의 능숙한 위트가 평정심을 찾게 만든다. 그는 지나친 감정 이입보다 한발 물러난 시선으로 사태를 바라보도록 하는 일이 얼마나 중요한지 잘 안다. 때로는 정면을 돌파해 날리는 강력한 펀치보다 가장 연한 살을 찾아 꼬집는 손가락 몇 마디가 더 힘을 가질 때가 있다는 걸 이 책이 알려 준다.

이 책은 에런라이크가 바꾼 역사의 40년을 톺아 가는 동시에 향후 40년을 내다보는 예언이다. '글로 세상을 바꿀 수 있겠냐'는 조소 섞인 비아냥을 들어 본 적 있다. 그들에게 그런 글이 여기 있다고 말해 주고 싶다.

우리가 알지 못하는 세상

이혜미, 한국일보 기자, 《착취도시, 서울》
저자

인간은 타인의 삶을 어디까지 상상할 수 있을까. 바버라 에런라이크는 자신의 기득권을 모두 내려놓고, 뿌리부터 다른 타인의 삶에 기꺼이 뛰어듦으로써 좁혀지지 않는 인식의 간극을 메운다.

"나와 비슷한 뉴욕타임스 독자들은 우리가 살고 있는 나라를 조금도 알지 못했다."

2016년 겨울, 도널드 트럼프 전 미국 대통령의 당선이 유력해지자 미국 대표 지식인 폴 크루그먼은 《뉴욕타임스》에 '우리가 알지 못하는 나라'라는 글을 기고했다.•

고명한 엘리트인 그가 감정을 주체하지 못할 만큼, 행간에는 다수 미국인의 선택을 책망하는 뉘앙스가 곳곳에 묻어났다. "우리가 틀렸다. 우리가 공유하는 미국이라는 나라의 가치에 동의하지 않는 수많은 사람(특히 시골의 많은 백인)이 있었다." 오늘날 조 바이든 대통령이 취임한 지금, 크루그먼은 무슨 생각을 하고 있을까. 그의 생각을 알 길은 없으나, 한 가지 사실은 자명해 보인다. 지금도 몰락한 러스트벨트의 백인 블루칼라 빈민층이 '존재'하나, 주류 담론을 이끄

• 폴 크루그먼, 〈우리가 알지 못하는 나라Our Unknown Country〉, 《뉴욕타임스》, 2016년 11월 8일(https://www.nytimes.com/interactive/projects/cp/opinion/election-night-2016/the-unknown-country).

는 고학력 중산층 엘리트의 시야에는 여전히 들어오지 않는다는 것. 그렇게 보고 싶은 것만 보는 실수를 반복한다.

이 책은 오일을 반지레하게 먹인 원목 책상에 앉아 모니터를 통해 세상을 바라보면서, 마치 모든 것을 다 안다는 듯 디지털 활자로 담론을 쥐락펴락하는 책상머리 엘리트를 향한 어퍼컷이다. 노동, 계급, 빈곤, 페미니즘 등 세상을 종횡으로 직조하는 단상을 저자는 자유롭게 넘나든다. 엘리트들이 쏟아 내는 고담준론보다 더욱 적확한 눈으로 세상을 진단한다. 그가 이야기를 길어 올리는 원천은, 바로 곧 그가 딛고 선 곳이다.

이 책이 던지는 메시지는 양극화와 편향에 빠져 버린 한국 사회를 향한 경고이기도 하다. 한국적 맥락에서 '중산층'은 사회 담론과 레거시 미디어의 정제된 뉴스가 전파되고 향유되는 마지막 마지노선이 되고 말았다. 진보주의자의 입은 더 이상 세상의 가장 밑바닥을 향하지 않는다. 젊은 수도권 고학력 여성의 전유물이 된 페미니즘은 지방의 억압당하는 여성에게 가 닿지 않는다. 노동조합은 정규직 울타리를 벗어난 파견 비정규 노동자를 끌어안지 않는다.

우리가 바라보는 세상은 몇 퍼센트 정도의 현실인가. 소거된 목소리를 이대로 두어도 괜찮은가. 인식의 사각지대를 밝히기 위해 삶의 가장자리에서 누군가는 치열하게 쓰고 있다.

차례

당신의 분노를
쓰세요

경기가 좋았던 시절, 그러니까 소위 '주류' 언론 매체들이 호황을 누리던 20~30년 전만 해도 나는 프리랜서 작가로 생계를 유지할 수 있었다. 넉넉한 수입은 아니었고 그나마 뻥도 치고 재촉도 해야 받을 수 있는 경우가 많았지만, 단어당 1달러에서 2달러를 받고서 에세이, 취재 기사, 비평 등을 섞은 글을 한 달에 네 편 정도 썼다. 빈곤과 불평등 문제는 누가 봐도 뻔해 보이는 개인적인 이유로 내게 가장 관심 있는 주제 중 하나였지만, 먹고살기 위해서라면 거의 모든 주제에 관해서 글을 쓸 용의가 있었다. 예를 들어, 생각만 해도 손발이 오그라들지만 유명 패션 잡지에 '실연 후 다이어트' 같은 글을 기고한 적도 있다.

1980년대와 1990년대에 고급 패션 잡지사들의 관심을 빈곤 문제로 돌리기란 쉬운 일이 아니었다. 한번은 유명 매체가 비용을 부담해 준 덕에 비싼 점심을 먹었는데, 두 시간 남짓의 식사 시간 동안 편집자를 설득하느라 진땀을 뺀 적도 있다. 식사 내내 전혀 흥미를 보이지 않던 그 편집자는 디카페인 에스프레소와 크렘 브륄레를 먹으면서 마지못해 한발 물러섰다. "좋아요. 그렇게 원하면 빈곤에 관해서 한 꼭지 써 보세요. 하지만 고급스럽게 만들 수 있죠?"(그리고 나는 어찌어찌해서 그 주문에 맞는 글을 쓰는 데 성공했다.) 또 다른 일화도 있다. 상당히 진보적인 잡지 편집자에게 블루칼라 남성에 대한 기사 아이디어를 제안했더니 내게 이런 질문이 돌아왔다. "흠. 하지만 그 사람들이 말을 하긴 해요?"(고백하자면 내 남편도 그 블루칼라 남성 중 하나였다.)

그러다가 마침내 《하퍼스매거진Harper's Magazine》의 전설적인 편집자 루이스 래팜Lewis Lapham에게서 원고를 청탁받는 행운을 만났고, 그 원고는 결국 《노동의 배신Nickel and Dimed》(2012년 국내 출간)이라는 베스트셀러의 바탕이 됐다. 그 책의 인세와 저자 강연 등으로 벌어들인 수입 덕분에 나는 돈이 되지 않아도 중요하다고 생각하는 일을 할 여력을 누리기 시작했다. 그 생활은 내가 늘 꿈꿔 왔던 작가의 삶이었다. 모험 가득하고, 한눈팔 겨를 없이 매혹적이며, 가족 중 곤란에 빠진 사람을 재정적으로 도울 수 있을 정도로 보수가 충분한 일을 하는 삶 말이다.

그 후 몇 년 동안 나는 변화하는 미국의 계급 풍속도, 빈곤의 범죄화, 성희롱, 인종에 따른 부의 격차뿐 아니라 전쟁이 자동화되는 데 따르는 문제, 견과류와 채소를 적절하게 섞어 먹으면 영생을 누릴 것이라고 생각하는 미국인들의 신념 등 내 주의를 끄는 다양한 주제에 관해 글을 썼다. 먹고살기에 충분했고, 그에 더해 즐겁기까지 했다.

그러는 동안 나도 알아차리지 못하는 사이에 내가 아는 방식의 저널리즘 세계가 붕괴되기 시작했다. 언론사를 소유한 억만장자들과 신흥 언론 재벌들의 수익을 더 높이기 위해 보도국에서 기자들이 줄줄이 해고됐고, 그들 중 많은 수가 배고픈 프리랜서 대열에 합류했다. 한때는 꽤 후한 프리랜서 예산을 보유했던 잡지사들도 예산을 줄였고, 더 이상 회사 비용으로 공짜 점심을 먹는 일은 없어졌다.

인터넷의 발달로 글을 실을 수 있는 창구의 수가 엄청나게 늘어난 것은 사실이지만, 기고가들 혹은 '콘텐츠 제공자'들에게 고료를 지불하는 것은 그런 플랫폼들의 경영 전략에 포함돼 있지 않았다. 나 또한 2004년부터 2009년 사이에 한 주요 언론 매체로부터 받는 고료가 3분의 1로 줄어드는 경험을 했다. 젊은 후배 저널리스트들이 부업을 하고, 기업 '사보'에서 삯일을 한다는 소식들이 들려왔다. 그러나 나는 자비를 들여서라도 나를 사로잡는 주제, 특히 빈곤과 불평등에 대해 계속 글을 쓰겠다는 결의를 굽히지 않았다. 그리고 그렇게 하는 나 자신이 숭고하게 느껴졌다.

그러다가 문득 요즘 젊은이들 말로 '내가 누리는 특권 점검하기'를 해 봤다. 그리고 이제는 비교적 잘살게 된 나 같은 사람은 최저 임금이라든가, 도시 거리에 다니는 다람쥐를 잡아먹으며 연명하는 사람들 문제, 혹은 공원 노숙인에게 벌금을 물리는 일에 관해 글을 쓸 수 있는데 반해서 실제 그런 생활을 하고 있거나 그런 생활을 금방이라도 해야 하는 사람들은 그럴 여유가 없다는 것이 모순적이라는 사실을 깨달았다.

나는 지난 몇 년 사이에 사회 비평, 특히 빈곤 문제에 대한 글을 쓸 역량이 적어도 나만큼은 되는데도 정작 자신의 가난에 발목이 잡혀 능력을 발휘하지 못하는 사람들을 다수 알게 됐다. 예를 들어 샌타페이santa fe에 거주하는 대릴 웰링턴Darryl Wellington은 지방 신문에 칼럼을 투고하는 저널리스트이자 시인이다. 하지만 보수가 너무도 적어서 심각한 건강 문제를 일으킬 확률이 있음에도 불구하고 가끔 자신의 혈장을 팔아서 먹고살 돈을 마련한다. 조 윌리엄스Joe Williams의 경우도 비슷하다. 편집자로 일하던 그는 직장을 잃은 후, 친구 집에 방을 하나 얻어서 기사 한 건당 50달러를 받고 온라인 정치 문제 사이트에 글을 쓰고 있다. 그리고 방세를 내기 위해 시급 10달러를 받으며 잔디를 깎고, 운동 용품점에서 일하면서 연명하고 있다. 린다 티라도Linda Tirado는 아이홉IHOP에서 조리사로 일하며 그 경험을 블로그에 연재하다가 《핸드 투마우스Hand to Mouth》라는 책(내가 서문을 썼다)의 계약을 따내는 데성공했다. 이제 그는 노동자 계층 출신 저널리스트들의 출간을 돕는 '멀티미디어 멘토링 프로젝트'에서 일한다.

이런 사람들이 수천 명쯤 있다. 심각한 사회 문제에 대해 논하고 싶지만 '콘텐츠 제공자'에게 응분의 대가를 전혀 제공하지 않거나 비상식적으로 수준 낮은 미디어 환경 때문에 글만 써서는 생계유지가 불가능한 재능 있는 저널리스트들의 숫자가 그 정도 된다. 빈곤한 환경에서 태어나 저임금 노동에 종사하는 사람들, 퇴거명령으로 집에서 쫓겨난 사람들, 혹은 위탁 가정에서 자란 경험등에 대해 할 이야기가 있는 사람들, 그리고 한때 도심의 '창작자계층'이라는 자부심을 가지고 살았지만 파크 슬로프Park Slope(뉴욕브루클린의 주거 지역-옮긴이)나 로스앤젤레스의 에코 파크처럼 오래 거주했던 지역의 임대료가 너무 비싸지면서 더 이상 그곳에서 살 수 없게 되자 지인들의 소파에서 새우잠을 자면서 건강보험과 자녀 양육비라도 모으기 위해 애를 쓰는 사람들도 있다. 그들은 글을 쓰고 (혹은 사진을 찍고, 다큐멘터리를 제작하고) 싶어 한다. 그러나 하고 싶은 말이 많은데도 출납원이나 조리사 자리에 지원하는 것이 더 현실적으로 보이기 시작하는 순간이 오고야 만다.

이것이 오늘날 저널리즘의 맨 얼굴이다. 연봉 100만 달러를 받는 앵커가 아니라, 상황이 점점 악화되어서 기사 한 꼭지, 포토에세이, 비디오 한 편도 제작할 시도조차 못 하는 것은 물론, 그런 일을 하는 데 드는 비용을 부담해 줄 매체를 구하는 것조차 꿈도 못 꾸는 전문가들과 저임금 노동자들로 이루어진 곳이 저널리즘의 세계다. 대릴 웰링턴에게서 배운 사실이지만 신용카드가 없으면, 고향에서 일어난 경찰의 민간인 총격 사건을 취재하기 위해 비행기를 잡아타고 날아갈 수 없다.

저널리스트들의 빈곤은 빈곤한 저널리즘으로 이어진다. 보수를 받아야 당장 생활을 할 수 있는 사람들의 이야기가 점점 듣기 어려워지고 있다. 마치 상위 20퍼센트가 한눈을 파는 사이에 하위 80퍼센트가 조용히 이민을 가 버린 것처럼 말이다. 대중 매체는 원래부터 짓밟힌 사람들의 이야기를 무시해 왔다. 다이아몬드와 고급 주택 광고가 실린 지면에 어울리지 않는 담론이기 때문이다. 그리고 이제는 주류 매체의 편집자들과 데스크들의 양심을 자극하는 저널리스트들이 훨씬 드물어졌다. 미국에서 보도되는 뉴스 중 빈곤에 관한 뉴스는 1퍼센트에도 미치지 못한다. 《타임》에 칼럼을 기고했던 밥 허버트Bob Herbert는 이렇게 말한다. "우리는 미국 내 빈곤 문제를 다루지 않는다.《뉴욕타임스》나《워싱턴포스트》에 그런 기사가 실릴 때도 있지만 그것은 예외적인 일이다. 우리는 빈곤 문제를 다루지 않는다. 우리는 빈곤층을 다루지 않는다."

그나마 빈곤에 대한 논평은 널리 인정받고 매우 높은 보수를 받는《뉴욕타임스》의 데이비드 브룩스David Brooks나《워싱턴포스트》의 조지 윌George Will 같은 사람들이 하는 경우가 비정상적으로 많다. 그들의 논평은 경제 엘리트가 가진 역사적 편견, 즉 빈곤층은 '우리'와 다르다는 편견을 반영해서 가난한 사람들은 수준 이하의 교육을 받고, 지성이 떨어지며, 자제력이 약하고, '올바르지 않은 라이프스타일'을 선택하는 경우가 많은 사람으로 묘사된다. 식자층이 하는 말이 공화당 대선 후보의 발언처럼 들릴 때가 있는 것은 우리가 모르는 커다란 정치적 음모가 도사리고 있어서가 아니다. 불평등에 관해 의견을 피력하는 사람들을 소득 분배 피라미드의 맨 꼭대기에서만 고르기 때문에 생기는 현상일 뿐이다.

빈곤층과 경제적으로 취약한 사람들이 대중 매체라는 집단적 거울에서 자신의 모습을 찾을 수 없는 현실은 더 큰 문제를 야기한다. 그들로 하여금 자기가 소위 '주류'와 다른, 가치 없는 존재라고 인식하게 만들기 때문이다. 그리고 그런 현상은 부유층에게도 피해를 줄 수 있다.

미국처럼 양극화 현상이 극심한 사회에서 계층과 불평등에 대한 정직한 저널리즘을 유지하는 것은 부유층에게도 매우 중요하다. 심화되는 사회 문제는 묻어 버린다고 해결되는 것이 아니다.

어려움을 겪는 저널리스트들이 예산 부족에 허덕이면서도 감행하는 프로젝트들의 불씨를 꺼뜨리지 않기 위해서 부유층과 복지가들의 지원이 시급하다. 자신이 상위 0.01퍼센트에 든다고 인정하는 닉 하나우어Nick Hanauer는 이와 관련해서 2018년 동료 부자들에게 다음과 같이 경고했다. "경제 체제에 뚫린 커다란 구멍과 같은 이 불평등에 대해 뭔가를 하지 않으면, 낫과 곡괭이를 든 민중들이 우리를 공격할 날이 머지않아 오고야 말 것이다."

대부분의 사람이 다니던 직장에서 밀려나 입주 간병인, 대리 주차원, 베이비시터 등의 저임금 직종으로 이직하는 나이에 나는 내 호기심을 충족시키고 도덕적 분노에 불을 지피는 문제에 관해 계속 글을 쓰는 행운을 누리고 있다. 그러면서 내가 창립에 깊게 관여한 '이코노믹 하드십 리포팅 프로젝트Economic Hardship Reporting Project'를 통해서 빈곤 혹은 피부색, 성별, 성적 지향 때문에, 혹은 너무 어리거나 너무 나이가 많아서 글을 발표할 수 없는 저널리스트들을 돕는 데 노력하고 있다. 대릴, 조, 린다 같은 사람들과 함께 일하고, 그들이 번창하는 것을 지켜보는 일은 큰 기쁨이다. 성화 봉송의 정신으로 이 책을 그들에게 바친다.

바버라 에런라이크

Barbara Ehrenreich

1장

가진 자와 가지지 못한 자

열심히 일하셨나요? 더 가난해지셨습니다

《하퍼스매거진Harper's Magazine》, 1999

1998년 6월 초, 나는 자존심을 달래고 몸을 유지하는 데 일상적으로 필요한 모든 소유물(집, 커리어, 반려자, 평판, 현금 인출 카드)을 뒤로하고 저임금 노동자의 세계로 뛰어들었다. 그곳에서 나는 몇몇 가정에서 가사 도우미로 일한 것 말고는 아무런 경력도 없는 전업주부 출신 이혼 여성의 이력서를 가진, 다시 말해 직업적인 존재감이 훨씬 줄어든 바버라 에런라이크로 변신했다. 처음에는 내 정체가 밝혀질까 봐 두려웠다. 복지 개혁이 효력을 발휘하면서 생활 보조금에 의존해 온 한부모 가정 여성들이 매달 5만 명씩 발을 들여놓는 세상, 그곳을 탐험하는 중산층 저널리스트로서의 내 정체 말이다. 그러나 다행히도 내 두려움은 전혀 근거 없는 것으로 드러났다. 빈곤과 고된 노동을 견뎌 내며 생활한 한 달 동안 내 이름

　　　　　　　　　　　　　　　　1장 가진 자와 가지지 못한 자

을 알아보는 사람은 한 명도 없었을뿐더러 내 이름을 불러 주는 사람조차 거의 없었다. 우리 아버지가 광산을 떠나지 않고, 내가 대학 진학을 하지 않은 평행 우주에서 나는 '야' '아가씨' '거기 금발 머리' 등으로 불렸고, 그중에서도 '야'라고 불리는 경우가 제일 많았다.

제일 먼저 해결해야 할 문제는 살 곳을 찾는 일이었다. 한 시간에 7달러를 벌 수 있으면(구인 광고를 보니 그게 가능해 보였다) 월세로 500달러, 아니 다른 지출을 극도로 줄이면 600달러까지 쓸 수 있을 듯했다. 내가 사는 플로리다주 키웨스트 지역에서 그 정도 금액으로 얻을 수 있는 숙소는 쪽방촌이나 트레일러촌밖에 없었다. 시내에서 15분 정도 운전해 가서 둘러본, 에어컨도 없고 방충망도 없고 선풍기도 없고 텔레비전도 없는 원룸 같은 곳 말이다. 그곳은 혹시 세 든 사람이 지루해할까 봐 집주인의 맹견 도베르만 핀셔를 피해 도망 다니는 오락 거리까지 덤으로 따라왔다. 하지만 그 숙소의 문제는 월세였다. 675달러나 되어서 내 수입으로는 어림없었다. 그렇다. 키웨스트는 임대료가 비싼 지역이다. 하지만 뉴욕시, 샌프란시스코만의 해안 지역, 잭슨홀Jackson Hole, 텔루라이드Telluride, 보스턴 등은 모두 비싸다. 사실 관광객 또는 부자들과 그들의 화장실을 청소하고 그들이 먹을 해시브라운을 만드는 사람들이 주거 공간을 놓고 경쟁하는 지역이라면 모두 비쌀 수밖에 없다.♦ 그럼에도 불구하고 내 상황이 '트레일러 트래시(트레일

♦ 　주택 및 도시 개발부에 따르면 플로리다주 먼로 카운티에 위치한 원룸의 '적절한

러촌에 사는 쓰레기 같은 백인-옮긴이)'마저 넘보기 힘든 인구 통계 집단이 되었다는 사실은 충격이었다.

그래서 나는 흔히들 하는 타협을 하기로 했다. 편리함을 포기하고 가격을 선택하는 쪽으로 마음먹은 나는 키웨스트에서 일자리를 구하기 가장 쉬운 지역에서 2차선 국도를 따라 50킬로미터 정도 떨어진 곳에 월세 500달러짜리 원룸을 구했다. 도로 공사가 없는 날, 햇빛을 음미하느라 거북이처럼 운전하는 캐나다 관광객의 차가 길을 가로막지만 않으면 운전해서 45분 거리였다. 도로변에는 수많은 사고 중에서 가장 인상적으로 정면충돌 사고가 난 곳을 기리기 위해 세운 하얀 십자가가 즐비했다. 그런 길을 운전해서 다니는 것은 정말이지 고역이었지만, 숙소는 귀엽고 아늑했다. 상냥한 텔레비전 수리공과 바텐더로 일하는 그의 여자 친구가 함께 사는 주인집은 이동 주택을 개조한 건물이었고 내 원룸은 질척한 뒷마당에 세워진 오두막이었다. 인류학적 연구를 위해서는 분주한 트레일러촌이 더 나았겠지만, 그 오두막에는 번쩍이는 하얀 바닥과 탄탄한 매트리스가 있었고, 침대에 사는 벼룩도 금세 해치울 수 있을 정도로 많지 않았다.

어차피 나는 인류학적 연구를 위해 이 일을 시작한 것이 아

시장 가격'에 해당하는 월세는 551달러다. 뉴욕시는 이 금액이 704달러, 샌프란시스코는 713달러, 그리고 실리콘밸리 중심부는 808달러다. 적절한 시장 가격에 해당하는 월세의 정의는 집세뿐 아니라 '필요한 편의 시설을 갖춘 개인 소유의 안전하고, 위생적이며, 괜찮은 정도의 호화롭지 않은 주거 시설'에 거주하는 데 필요한 수도, 전기, 가스, 하수도 등의 기본 공과금을 포함한 금액이다.

니었다. '빈곤 체험'이나 장기간에 걸쳐 저임금 노동자로 사는 것이 '실제로 어떤 느낌인지'를 알아보자는 등의 모호하고 주관적인 목표를 세운 것도 아니었다. 빈곤과 저임금 노동의 세계가 관광객처럼 둘러보기 위해 방문할 곳이 아니라는 사실은 일부러 체험해 보지 않아도 알 정도로 이미 충분히 경험해 봤다. 그 세상은 공포의 냄새가 밴 곳이다. 그리고 은행 계좌, 퇴직연금, 건강보험, 방이 여러 개 있는 집 같은 자산을 배경으로 가진 나는 진짜 빈곤을 겪는 사람들이 경험하는 공포로부터 안전하게 단절된 사람이다.

이번 프로젝트는 온전히 객관적이고 과학적으로 수행될 미션이었다. 복지 개혁의 현실적인 동기는 더 징벌적이고 가학적인 충동에서 나온 것 같지만, 적어도 인도주의적 논리로 내세운 것은 가난한 여성들이 일자리를 갖도록 유도해서 빈곤을 탈출하는 동시에 자존감을 높임으로써 미래 노동 시장에서의 가치를 증대하자는 주장이었다. 아이를 돌봐 줄 사람을 찾고, 교통편을 찾는 등의 문제가 아무리 복잡하고 어렵다 할지라도 복지 수당을 받는 처지에서 직장인으로 변신하는 과정은 해피 엔딩으로 끝날 것이고 모든 사람에게 번영을 가져오리라는 것이다. 그러나 듣기만 해도 위안이 되는 이 예측에는 수많은 문제가 산재해 있었다. 경제가 필연적으로 침체기에 들어갈 것이고, 그 과정에서 일자리가 대량으로 없어지리라는 것도 그 문제들 중 하나였다. 경기 침체가 아니더라도 복지 수당을 받는 약 100만 명의 사람이 저임금 노동 시장으로 유입되면 임금이 자그마치 11.9퍼센트나 감소하는 효과를 가져온다고 워싱턴 D.C.의 경제 정책 연구소Economic Policy Institute

는 분석했다.

하지만 비숙련 노동자로 일하는 사람들이 현재 지급되는 수준의 임금으로 실제 생활이 가능할까? 수학적으로 따지면 답은 '그렇지 않다'다. 시급으로 6~7달러를 벌고, 거기서 시간당 1~2달러에 달하는 자녀 위탁 비용을 뺀 금액을 한 달 노동 시간인 160시간으로 곱한 다음, 그 액수를 요즘 시장에 나온 방들의 월세와 비교해 보라. 1998년에도 전국 노숙인 연합National Coalition for the Homelessness은 미국에서 평균적으로 방 하나짜리 집에서 살려면 시급 8.89달러는 받아야 한다고 계산했다. 한편 공공 정책을 위한 프리앰블 센터Preamble Center for Public Policy는 복지 수당으로 살던 사람이 '최저 생활 임금'을 받는 일자리를 얻을 확률은 97분의 1이라고 밝혔다. 이 숫자들이 맞는다면 저임금 노동으로는 빈곤을 해결하지 못할 것이고, 심지어 노숙인 신세를 피할 수 있는 해결책이 아닐 수 있다.

이런 가정을 실제로 실험해 보겠다고 나선 것이 다소 극단적으로 보일지도 모르겠다. 내 가족 중 한 사람이 아무런 도움도 안 되면서 계속 지적질을 한 것처럼 저임금 노동을 통한 생존 가능성은 내 서재에서 한 발짝도 나서지 않고 실험할 수 있고, 그렇게 한 사람이 수없이 많다. 나 자신에게 하루 여덟 시간 동안 시간당 7달러의 임금을 주고, 월세와 식비를 받은 다음 한 달 후 손익 계산을 하면 되는 일이다. 굳이 내가 좋아하는 일과 좋아하는 사람들을 떠날 필요가 있을까? 하지만 나는 실험 과학을 전공한 사람이 아닌가. 실험 과학자는 그냥 책상에 앉아서 이론을 생각해

내지 않는다. 혼란으로 가득한 자연의 세계에 뛰어들어 측정할 때마다 튀어나오는 놀랄 만한 사건들에 대처해야 한다. 어쩌면 직접해 봐야지만 저임금 노동자들의 세상에 존재하는 비밀스러운 경제학을 발견할 수 있을지도 모른다. 생각해 보면 경제 정책 연구소가 말하는 것처럼 전체 노동 인구의 30퍼센트가 중노동을 하고 한 시간에 8달러 이하를 받으며 살고 있다면, 나는 아직 알지 못하는 어떤 요령이 있을지도 모른다. 누가 알겠나? 어쩌면 헤리티지 파운데이션Heritage Foundation의 복지 전문가 일벌레들이 약속한 것처럼 집 밖에 나감으로써 얻는 상쾌한 심리학적 효과를 나 또한 얻을 수 있을지도? 아니면 그 반대로 예상치 못한 육체적, 정신적, 재정적 비용이 발생해서 내가 해 놓은 계산을 모두 허사로 만들어 버릴지도 모른다. 고용 시장에 처음 나서는 평균적인 복지 수당 수혜자들과 마찬가지로 나도 어린 자녀가 둘 정도가 딸린 상태였다면 이상적이었겠지만, 우리 애들은 이미 성장했고 한 달 동안 생고생을 하러 나서는 내게 자기 아이들을 빌려줄 사람도 없었다. 따라서 내가 하려는 실험이 완벽한 것은 아니었다. 그냥 자녀가 없고 영리하며 심지어 건강한 여성, 다시 말해 가장 운이 좋은 상황에 놓인 여성이 맨손으로 생계를 꾸려 나가려 할 때 어떻게 될지를 살펴보는 실험이었다.

풀타임으로 일자리 찾기를 시작한 첫날 나는 빨간색 펜을 들고 구인 광고 페이지를 펼쳤다. 구인 광고가 많은 것이 왠지 수상쩍었다. 호황을 누리고 있는 키웨스트의 '서비스 산업' 부문 전체가 나 같은 사람, 다시 말해 훈련하기에 적합하고, 아무 때나 일할 수 있고, 보수를 그다지 많이 바라지 않는 사람을 찾는 것처럼 보였다. 내가 가진 특성 중 일부가 이런 일자리를 얻는 데 유리하다는 사실을 알고 있었다. 백인이고, 세련된 말투와 침착한 태도를 가졌(다고 생각하고 싶)기 때문이다. 하지만 나는 두 가지 규칙을 정했다. 첫째, 내가 받은 교육과 저널리스트로 일하면서 얻은 기술은 사용하지 않는다. 사실 사회 비판적인 저널리스트를 찾는 구인 광고가 넘쳐 나는 것도 아니지만 말이다. 둘째, 나를 채용해 준 일자리 중에서 가장 높은 임금을 주는 곳을 선택하고, 그 자리에서 잘리지 않도록 최선을 다한다. 마르크스주의적인 불평을 늘어놓는 것도, 화장실에 몰래 숨어서 소설책을 읽는 것도 하지 않을 것이다. 나는 이런저런 이유로 상당수의 직종을 배제했다. 예를 들어 시급 7달러를 받으며, 놀랍게도 비숙련 직종으로 구분되는 호텔 프런트 데스크 업무는 하루 여덟 시간씩 한자리에 서 있어야 하기 때문에 포기했다. 비슷한 이유로 웨이트리스 일도 피하고 싶었다. 열여덟 살 때 그 일을 하면서 녹초가 됐던 기억이 있기 때문이었다. 거기에 수십 년 더 나이 든 여성의 하지정맥류와 허리 통증을 더하면 어떻게 될지 상상도 하기 싫었다. 갑자기 가난해진 사람들이 첫 도피처로 찾는 직종 중 하나인 텔레마케팅은 성격상의 이유로 해고될 거란 생각이 들었다. 그렇게 다 빼고 남은 것은 델리 직원 같은 마트 일, 키웨스트에 있는 수천 개의 호텔과 모텔에서 방 청소를 하는 일이었다. 호텔 방 청소는 특히 매력 있어 보였다. 유전적이자 실질적인 이유에서다. 그 일은 내가 태어나기 전 우리

　　　　　1장　가진 자와 가지지 못한 자

어머니가 했던 일이고, 나도 평생 내 집에서 파트타임으로 해 온 일이니까.

그래서 나는 나름 점잖다고 생각되는 긴 반바지를 다림질까지 해서 칼라가 없는 티셔츠와 함께 갖춰 입고 동네 호텔과 마트를 둘러보는 여정에 나섰다. 베스트웨스턴, 이코노로지, 호호스 같은 호텔 체인들은 모두 지원서를 작성하라고 했다. 다행히도 이 호텔들은 내가 불법 이민자나 흉악범 전과자가 아닌지 확인하는 것 말고는 내 신상에 관해 전혀 궁금해하지 않았다. 다음 방문지인 윈딕시 스토어Winn Dixie Stores의 지원 절차는 특히 까다로웠는데, 15분에 걸쳐 컴퓨터와 '면담'하는 과정이 포함되어 있었다. 매장에 나와 있는 어떤 인간도 기업의 시각을 제대로 대변할 수 없어서인 듯했다. 나는 곧 어떤 옷차림이 '전문적으로 보이는지' 안내하는 포스터와(백인이고 여성이며, 파마머리를 하면 도움이 된다) 노조 관계자들이 나를 유혹하기 위해 던지는 감언이설을 경계하라는 포스터로 장식된 큰 방으로 안내됐다. 면담은 선다형 문답으로 진행되었다. 제시간에 출근하는 것을 방해할 만한 요소, 예를 들어 돌봐야 하는 자녀가 있는가? 일터의 안전을 보장하는 것이 경영진의 책임이라 생각하는가? 그러다가 아주 영리하게도 갑자기 이런 질문이 나왔다. 지난 한 해 동안 구입한 장물은 얼마나 되는가? 동료가 매장 물건을 훔치는 모습을 목격한다면 신고하겠는가? 그리고 '당신은 정직한 사람인가?'라는 질문이 피날레를 장식했다.

우수한 성적으로 면접에 합격한 모양인지 다음 날 클리닉에 출두해서 소변 검사를 받으라고 했다. 그것은 일반적으로 적용되는 규칙인 듯했다. 화학적 파시스트 국가인 미국이라는 나라에서 감자칩 박스를 쌓아 올리거나 호텔 방을 청소하려면 처음 만나는 의료진 앞에서 쭈그리고 앉아 소변을 볼 용의가 있어야 한다는 규칙 말이다(그 의료진들도 아마 똑같은 일을 누군가의 앞에서 해야 했을 것이다). 나는 윈딕시가 제시한 임금(처음 시작하는 사람은 한 시간에 6달러하고 잔돈을 조금 더 받는다고 했다)이 그런 모욕적인 처사를 견딜 정도로 충분치 않다는 결론을 내렸다.♦

그러고서는 웬디스에 가서 점심을 먹었다. 4.99달러를 내기만 하면 간단한 멕시코 음식 뷔페를 무제한으로 먹을 수 있었다. 리프라이드 빈(콩을 삶아서 다시 튀긴 멕시코 음식—옮긴이)과 저질 '치즈 소스'를 양껏 먹고 나니 좀 위안을 받은 느낌이었다. 구인 광고를 들여다보는 나를 보고 10대 직원 하나가 친절하게도 지원서를 가져다줬다. 일단 지원서를 작성하긴 했지만 거기도 시급이 6달러가 약간 넘는 수준이었다. 웬디스에서 나와서는 대형 호텔 체인이 아닌 근처의 모텔과 게스트하우스를 돌아보기로 결심했다. 한 모텔에서는(편의상 '팜스'라고 부르자) 내게 방들을 보여 주겠

♦　《월간 노동 리뷰Monthly Labour Review》(1996년 11월 호)는 서비스 산업 부문 조사 대상의 28퍼센트가 약물 검사를 하고 있고(기업 부문은 이보다 비율이 훨씬 높다), 1980년대 이후 약물 검사 관행이 눈에 띄게 늘었다고 밝혔다. 검사 비율이 가장 높은 지역은 남부(조사 대상의 56퍼센트)였고, 그 뒤를 중서부(50퍼센트)가 바짝 추격했다. 피운 후에도 몇 주 동안 소변에 남아 있어서 소변 검사에서 가장 흔하게 검출되는 마리화나는 약물 중에서 가장 무해한 것인데 반해, 헤로인이나 코카인은 복용 후 보통 사흘이 지나면 검출되지 않는다. 구직자들은 다량의 액체를 마시거나 이뇨제를 먹기도 하고, 약물 성분을 감춰 준다는 물질을 인터넷에서 구입해 먹기도 한다.

다고 제안한 명랑한 매니저를 따라서 둘러보다가 거기서 일하는 객실 청소부들을 만났다. 빛바랜 히피 스타일 반바지를 입고 긴 머리를 뒤로 넘겨 딴 청소부들의 모습이 나와 크게 다르지 않다는 것을 확인하니 안심이 됐다. 그러나 나와 대화를 하거나 심지어 쳐다보지도 않고 그냥 지원서만 건네는 곳이 태반이었다. 마지막으로 들른 한 으리으리한 펜션에서는 '맥스'라는 사람을 만나기 위해서 20분이나 기다린 끝에 지금은 일자리가 없지만 금방 나올 것이라는 말만 들었다. "아무도 한두 주일 이상 버티지 못하기 때문"이라고 했다. (나와 대화를 나눈 사람 중 아무도 내가 기자라는 사실을 알지 못했기 때문에 그들의 사생활, 그리고 일자리를 보호하기 위해 가명을 썼다.)

이런 식으로 사흘이 흘렀지만 유감스럽게도 내가 지원한 20여 곳 중 아무 데서도 면접을 보자는 연락이 오지 않았다. 처음에는 해야 하는 일에 비해 내가 필요 이상의 학력을 갖춘 것이 아닐까 하는 자만심을 가졌지만, 실상은 아무도 내가 얼마나 불필요한 자격을 많이 갖췄는지 알려고 하지 않았다. 어느 시점에 게재된 구인 광고가 그 시점에 실제 존재하는 일자리 수를 그대로 나타내는 게 아니라는 사실을 이해한 건 그로부터 한참 시간이 흐른 후였다. 맥스가 한 말을 듣고 추측했어야 하지만, 구인 광고는 저임금 노동자들이 끊임없이 일자리를 옮기는 현상에 대처하기 위한 고용주들의 보험 같은 것이었다. 대부분의 대형 호텔들은 구인 광고를 거의 항상 내걸고 있다. 현재 일하는 직원들이 그만두거나 해고될 때를 대비해서 지원자들을 충분히 확보해 두기 위해서다.

따라서 일자리를 구하려면 때마침 일자리가 생긴 곳에 때맞춰 가는 행운과 그날 나오는 일자리를 무조건 받아들이겠다는 융통성이 있어야 한다. 바로 그 일이 마침내 내게도 일어났다. 객실 청소부 자리에 지원하려고 대형 할인 호텔 체인에 찾아갔는데, 그곳에 딸린 '패밀리 레스토랑'에서 웨이트리스로 일하게 된 것이다. 카운터 하나, 테이블은 서른 개 정도, 창밖으로 보이는 전망이라곤 주차장뿐인, 30도가 넘는 무더위에 '폴란드식 소시지와 바비큐 소스' 같은 음식을 파는 우울한 식당이었다. 서인도제도 출신으로 보이는 말쑥한 젊은이가 다가와 자신을 매니저라고 소개하고선 내 면접을 봤다. 빈민 대상 건강보험 심사를 하는 사람처럼 무성의한 태도로 일관하면서 그가 던진 질문은 주로 어느 시간에 일할 수 있는지, 언제 시작할 수 있는지 등이었다. 나는 웨이트리스로 일해 본 지 너무 오래되어서 요령을 다 잊어버렸다는 말을 중얼거려 봤지만, 그는 이미 유니폼에 대해 설명하고 있었다. 내일 아침 검은색 바지와 검은색 신발을 신고 오면 '허스사이드'라는 로고가 수놓인 어두운 빨간색 티셔츠를 줄 것이라고 했다. 하지만 출퇴근할 때는 사복 상의를 입어도 된다는 말도 덧붙였다. '내일'이라는 말에 두려움과 분노 같은 감정이 가슴속에서 고개를 쳐들었다. "시간을 내줘서 고맙지만, 난 이 일을 실험 삼아 할 뿐이지 진짜로 해야 하는 건 아니에요"라고 내뱉고 싶은 마음이 굴뚝같았다.

편의상 '허스사이드'라고 부르기로 한 그 식당에서의 내 커리어는 이렇게 시작됐다. 전 세계에 할인 호텔 체인점을 둔 기업의 소규모 이익 중심점인 그곳에서 나는 2주 동안 한 시간에 2.43달러에 추가로 팁을 받으며 오후 2시부터 10시까지 일하게 됐다.♦ 식당의 품위를 유지해 보겠다는 쓸데없는 정책이 있어서 고용인들의 식당 정문 사용이 금지되어 있기 때문에 나는 부엌으로 통하는 뒷문을 통해 첫 출근을 했다. 그러나 들어서자마자 나를 맞이한 것은 어깨까지 오는 금발 머리에 붉으락푸르락한 얼굴을 한 남자가 냉동 스테이크 고기를 벽에 던지면서 "염병할!" 하고 외치는 장면이었다. "저 사람은 객인데 신경 안 써도 돼요." 나를 훈련시키는 임무를 맡은 강단 있어 보이는 중년의 웨이트리스 게일이 설명했다. "오늘도 화가 뻗치나 봐요." 이번에는 아침 당번을 맡은 조리사가 스테이크용 고기를 해동하는 것을 잊어버려서 뻗친 화라고 했다. 이후 여덟 시간 동안 나는 날쌔게 움직이는 게일을 쫓아다니면서 일을 배우는 동시에 그에게 일어난 비극적인 사건들을 조금씩 알게 됐다. 모든 음식은 쟁반에 담아 내가야 하고, 오늘 게일이 특히 더 피곤한 이유는 최근 뉴욕주 북부에 있는 교도소에서 자살한 남자 친구가 꿈에 나오는 바람에 식은땀을 흘리며 깼기 때문이다. 레모네이드는 리필이 없다. 남자 친구는 음주 운전을 몇 번 한 죄로 교도소에 갔다. 다른 죄는 아무것도 없었다. 누구에게

♦　공정 노동 기준법Fair Labor Standard Act에 따르면 고용주는 레스토랑에서 서빙하는 직원과 같이 '팁을 받는 고용인'에게는 시간당 2.13달러 이상을 지급할 의무가 없다. 그러나 팁과 2.13달러를 합쳐도 최저 임금인 시급 5.15달러를 넘지 않을 경우 고용인은 그 차액을 지불해야 한다. 내가 일했던 식당 두 군데 모두에서 매니저가 이 사실을 언급하는 것을 포함해 다른 어떤 식으로든 공개하지 않았다.

나 벌어질 수 있는 일이었다. 커피 크림을 담은 그릇은 절대 손으로 직접 들어선 안 되고 원숭이 모양의 그릇에 내가야 하며, 다시 한번 강조하건대 늘 쟁반에 받쳐야 한다. 남자 친구가 잡혀간 후, 게일은 몇 달 동안 트럭에서 숙식을 해결했다. 플라스틱 병에 소변을 보고 밤에는 촛불을 켜고 책을 읽는 생활을 해야 했지만 여름에는 그것도 불가능하다고 했다. 창문을 열고 자야 하는데 모기부터 시작해서 별것이 다 침입해 들어올 수 있기 때문이었다.

적어도 게일은 내가 과분한 자격을 갖춘 건 아닐까 하는 걱정을 싹 잊게 해 줬다. 첫날부터 나는 내가 두고 온 것이 집과 내 정체성에 그치지 않는다는 사실을 줄곧 떠올렸다. 내게 가장 부족한 것은 유능함이었다. 글을 쓰는 일을 할 때도 내가 완벽하게 유능하다고 생각하지는 않았다. 어느 날 좋은 글을 썼다고 해서 그 다음에도 똑같은 성공을 거둔다는 보장이 없기 때문이다. 그러나 적어도 작가로 일할 때는 어떤 과정을 거쳐서 작업을 해야 하는지 이해하고 있었다. 자료 조사를 하고 개요를 작성한 다음, 초안을 잡는 작업을 하는 일련의 과정 말이다. 그러나 음식 서빙 일을 하는 동안 나는 벌 떼처럼 몰려드는 요청에 포위돼 버리곤 했다. 이 테이블에서는 아이스티 리필, 저 테이블에서는 케첩, 14번 테이블에서는 포장, 그리고 아까 요청받은 유아용 의자는 대체 어디에 있는 거지? 식당에 있는 29개 테이블 중 대략 여섯 개 정도가 내 담당이었지만 손님이 많지 않은 오후나, 게일이 출근하지 않은 날에는 식당 전체를 내가 혼자 담당해야 할 때도 있었다. 그곳에는 사용법을 익혀야 하는 터치스크린 컴퓨터 주문 시스템이 있었다.

서빙하는 사람과 조리사 사이의 접촉을 최소화하기 위해 도입한 듯했지만 계속 직접 말로 전해야 할 일이 생겼다. "그레이비 소스는 으깬 감자 위에 끼얹어 달래. 고기에 묻지 않게" 등의 요구 사항을 전달할 때면 조리사는 마치 내가 자기를 괴롭히기 위해 그런 조건을 발명하기라도 한 것처럼 인상을 잔뜩 쓰곤 했다. 거기에 더해 열여덟 살 이후 완전히 잊고 있던 사실이 하나 있었다. 서빙하는 사람의 업무 중 3분의 1 정도는 손님으로선 전혀 알 수 없는 '잔업'이다. 쓸고, 닦고, 썰고, 다시 채우고, 다시 쌓아 올리는 일 말이다. 그 일을 모두, 하나도 빠짐없이 마쳐 놓지 않으면 아무런 준비도 하지 못한 채 6시부터 정신없이 저녁 식사 손님을 맞이하다가 자체 연소해 버릴 수도 있다. 일을 시작한 지 얼마 되지 않았을 무렵 나는 수없이 실수를 저질렀다. 온전히 게일의 도움으로 살아남기는 했지만("괜찮아, 누구나 그런 실수를 할 때가 있어") 너무도 부끄러웠다. 최선을 다해 학자적 거리감을 유지하려 노력했음에도 불구하고 이 일을 잘하고 싶은 마음이 든다는 사실에 스스로 깜짝 놀라곤 했다.

릴리 톰린Lily Tomlin이 연기했던 웨이트리스처럼 대충 일했다면 모든 것이 훨씬 쉬웠겠지만 나는 부커 T. 워싱턴Booker T. Washington 유의 '뭐든 하려면 잘해야 한다'는 계율을 들으며 자란 사람이었다. 사실 '잘한다'는 것 정도로는 성에 차지 않았다. 역사상 이 일을 한 누구보다 더 잘해야 한다는 것이 우리 아버지의 계율이었다. 아버지는 그 계율을 잘 지킨 듯하다. 뷰트의 깊은 지하 구리 광산에서 자신과 우리 가족을 끌어올려 미국 동북부의 잘사는 교외 주거지로 이주한 장본인이 아닌가. 마시는 술도 싸구려 폭탄주에서 마티니로 고급화되었지만 결국 술 때문에 야심이 꺾여 버리고 말았다는 점은 아쉬운 부분이다. 내가 살면서 직면한 대부분의 도전에서 '누구보다 더 잘하기'란 그다지 합리적인 목표는 아니었다. 그럼에도 불구하고 새벽 4시에 식은땀에 젖은 채로 눈을 뜬 내게 처음 떠오르는 생각은 원고 마감일이 아니라, 내가 주문을 잘못 넣어서 다른 식구들이 디저트로 키라임 파이를 먹을 때까지 어린이 메뉴를 받지 못한 어린 소년의 얼굴이었다. 내가 전혀 예상하지 못했던 또 하나의 강력한 동기 부여 요인은 바로 고객들이었다. 아니, 고객이라기보다는 식당에 발을 들여놓는 순간 혼자서 음식을 먹지 못하는 묘한 취약성을 띠는 현상 때문에 머릿속에서 자꾸 '환자들'이라고 생각하게 되는 대상들이었다. 허스사이드에서 일하고 며칠이 지나자 모성 호르몬이라 불리는 옥시토신 주사를 맞은 것처럼 서비스 윤리가 내 온몸을 채웠다. 고객 중 많은 수가 근처에서 일하거나 기거하는 근면한 사람들이었다. 나는 트럭 운전사, 건설 노동자, 심지어 우리 식당과 함께 붙어 있는 호텔에서 객실 청소를 하는 그들에게 이 누추한 환경이 허락하는 최대한으로 '고급 식당에서 식사하는 것'에 근접한 경험을 선사해 주고 싶었다. 손님을 격식 없이 친근하게 대하지 않고 모두 '선생님'이라 불렀다. 손님의 아이스티와 커피를 부지런히 리필해 주고, 식사 중간에 다가가서 모든 것이 괜찮은지 물었다. 샐러드 주문을 받으면 잘게 썬 생버섯이나 호박 등 곰팡이가 피지 않고 냉장실에서 시들지 않은 채소라면 뭐든 가져다 접시를 예쁘게 꾸며 주려고 애를 썼다.

예를 들어 키가 작고 근육질 몸매를 한 하수구 보수공인 베니는 냉방된 공기에 적어도 30분 넘게 앉아 있으면서 얼음물을 마시기 전에는 뭘 먹을 생각을 하지 않았다. 나는 동상과 전해액 등에 대해 이야기를 나누면서 그가 오늘의 수프와 기본 샐러드, 그리고 곁들임 음식으로 그리츠(미국 남부에서 먹는 굵게 빻은 옥수수 요리-옮긴이)를 까다롭게 골라서 주문할 때까지 기다렸다. '어서 오세요' '더 시키실 것은 없으세요' 등을 서투른 독일어로 건네는 내가 고마워 안 주던 팁을 주는 독일 관광객들도 있었다. (노조와 복지 정책으로 버릇이 나빠진 유럽인들은 보통 팁을 남겨야 한다는 사실조차 모르는 경우가 많다. 허스사이드를 포함해 일부 식당에서는 외국인 고객들의 식사비에 아예 팁을 포함해서 청구하는 것을 허용했다. 고객이 팁을 줄지 말지 결정하기 전에 팁에 해당하는 금액이 청구서에 포함되기 때문에 영어를 잘하지 못하면 자동적으로 벌금을 무는 것이나 마찬가지다.) 건축 현장에서 먼지를 뒤집어쓴 채 식당에 온 레즈비언 두 명은 피나콜라다에 빠진 파리를 능숙하게 처리하는 내 솜씨에 감탄한 나머지 일부러 부매니저 스튜를 불러서 내 칭찬을 해 줬다. 은퇴한 경찰인 친절한 샘은 담배 연기를 폐로 밀어 넣기 위해 기관절개로 난 구멍을 손가락으로 막곤 했다.

난 가끔 내가 작은 잘못을 저지르고 그에 대한 속죄로 백성 하나하나에게 손수 음식을 먹여야 하는 벌을 받은 공주라고 상상했다. 그러나 공주가 아니면서도 백성에게 음식을 먹이는 내 동료들도 나만큼이나 관대했다. 심지어 규칙을 어기면서까지 그렇게 할 때가 많았는데, 예컨대 샐러드에 올리는 크루통의 개수(여섯 개

이하) 같은 규칙을 제일 많이 무시했다. 게일은 "원하는 만큼 올려"라고 속삭였다. "스튜가 보지만 않으면 괜찮아." 그는 자기 몫으로 남겨진 팁을 써서 치과 치료에 돈을 다 써 버리고 실직한 기계공에게 빵과 그레이비 소스를 사 줬다. 그걸 보고 나는 그가 주문한 우유와 파이 값을 지불했다. 어쩌면 '서비스 산업' 전체에 이렇게 높은 수준의 아가페적 사랑이 흐르는 것인지도 모른다. 방을 구하려고 돌아다닐 때 어떤 곳에서 본 포스터가 생각난다. '자신을 위한 행복만을 찾는 사람은 절대 그것을 찾을 수 없다. 다른 사람을 위한 행복을 찾을 때야 비로소 행복이 찾아올 것이다.' 정확한 표현은 기억나지 않지만 대충 그런 뜻이었다. 베스트웨스턴에서 벨보이로 일하는 사람이 사는, 방 한 개짜리 지하 아파트에 붙어 있기에는 좀 이상한 포스터라고 당시에는 생각했었다. 허스사이드 레스토랑에서 일하는 동안 우리는 우리에게 주어진 눈곱만큼의 자율권이라도 이용해 고객들에게 반칙적인 열량을 선사함으로써 우리의 사랑을 표현했다. 샐러드와 디저트를 접시에 담고 드레싱과 휘핑크림을 얹는 것은 서빙하는 우리의 임무였다. 빵에 곁들이는 버터 조각의 숫자와 구운 감자 위에 뿌리는 사워크림의 양도 우리가 정할 수 있었다. 미국인들이 왜 그렇게 뚱뚱한지 궁금한 사람은 웨이트리스들이 자기가 공급하는 지방의 양으로 암암리에 인간애를 표현하고 팁을 번다는 사실을 고려해 보라.

열흘가량 지나자 이렇게 사는 것도 가능하겠다는 생각이 들기 시작했다. 나는 게일이 좋았다. 그는 '쉰이 내일모레'지만 한곳에서 다른 곳으로 눈 깜짝할 사이에 뛰어가는 순간 이동 기술을

1장 가진 자와 가지지 못한 자

발휘하곤 했다. 나는 빈 그릇 치우는 일을 담당하는 아이티 출신의 라이어널과 장난도 치고, 조앤과도 가끔 이야기를 나눴다. 조앤은 늘씬한 40대의 손님맞이 담당으로 굳건한 페미니스트고, 우리 중에서 잭에게 입을 닥치라고 외칠 수 있는 유일한 사람이었다. 심지어 잭도 그리 나쁜 사람은 아니라는 생각이 들기 시작했다. 좀 한가한 저녁, 이유 없이 내가 하는 일에 시비를 걸고 난 후 화해의 손을 내밀고 싶기라도 한 듯 자기가 젊을 때 브루클린에서 '코로너리 스쿨coronary school'(직역하면 심혈관 학교-옮긴이)(요리 학교인 컬리너리 스쿨culinary school을 잘못 발음한 듯하다)에 다니면서 음식에 관해 배워야 할 것은 모두 배웠고, 엄청나게 잘 빠진 푸에르토리코 출신 여자와 데이트를 했었다고 떠벌렸다. 일하는 사이사이에 얼마나 잡무를 많이 처리했는지에 따라 밤 10시에서 10시 반 사이에 퇴근한 후, 내 진짜 집을 떠날 때 마구잡이로 집어 온 테이프들을 들으며 운전해서 집으로 갔다. 너무 피곤한 탓에 메리앤 페이스풀Marianne Faithfull, 트레이시 채프먼Tracy Chapman, 이니그마Enigma, 킹 서니 아데King Sunny Adé, 바이얼런트 팜므Violent Femmes 등의 음악을 들으면 골이 울리긴 했지만 그래도 견딜 만했다. 야식으로 몬터레이잭 치즈를 얹은 크래커와 싸구려 화이트와인에 얼음을 넣어 마시면서 라디오에서 흘러나오는 음악을 들었다. 새벽 1시 반에서 2시 사이에 잠자리에 들었고 아침 9시에서 10시 사이에 기상하면 한 시간가량 책을 읽으며 집주인의 세탁기로 유니폼을 빨았다. 그런 다음에는 《마오쩌둥 어록Little Red Book》에 담긴 핵심 가르침인 '민중을 섬기라'는 교훈을 실천하는 여덟 시간이

다시 시작됐다.

　몽롱한 프롤레타리아적 이상향에서 이런 식으로 계속 둥둥 떠갈 수도 있었지만 그것을 방해하는 걸림돌이 두 개 있었는데, 그중 하나가 경영진이었다. 지금까지 이 문제를 구석에 밀어 두고 언급하지 않은 것은 거기서 일했던 몇 주간 줄곧 내가 게으름을 피우거나 물건을 훔치거나 약물을 사용하거나, 그보다 더 나쁜 짓을 하지 않을까 감시하는 것이 임무인 남자들(후에는 여자들)의 눈길 아래서 지냈다는 생각을 하면 소름이 끼쳤기 때문이다. 하급 경영진, 특히 내가 일한 곳의 '부매니저'처럼 저임금을 받는 사람들이 딱히 계급의 적이라는 뜻은 아니다. 식당에서 부매니저로 일하는 사람들은 대부분 이전에 조리사나 웨이터, 웨이트리스로 일했던 사람들로, 인력이 부족하면 언제라도 대타로 뛸 수 있는 사람들이었다. 호텔의 하급 경영진이 호텔 사무직 출신들로 일주일에 400달러밖에 받지 못하는 사람들인 것과 비슷하다. 그러나 그들이 분계선을 넘어 저쪽으로 건너갔다는 것은 누구나 다 아는 사실이다. 더 이상 인간이 아니라 기업의 화신으로 변신한 것이다. 조리사는 맛있는 음식을 만들고 싶어 하고 서빙하는 사람들은 고객에게 그 음식을 우아하게 대접하고 싶어 하지만, 매니저들은 단 한 가지 목적을 위해 일했다. 기업이라는 것에 실체가 있는지 없는지도 모르면서, 그런 게 있다 하더라도 멀리 떨어진 시카고나 뉴욕에 서류상으로 존재하는 누군가를 위해 돈을 더 버는 것이 그들의 존재 이유였다. 자신의 커리어를 돌아보면서 게일은 오래전에 다시는 기업을 위해 일하지 않겠다고 맹세한 적이 있다며 씁쓸하게 고백했다. "그것들은 절대 우리 사정을 봐주는 법이 없어. 주고, 주고 또 줘도 계속 가져가기만 하지."

매니저들은 앉을 수 있다. 원하면 몇 시간이고 그렇게 앉아 있을 수 있지만 아무도 앉지 못하도록 하는 것이 그들의 일이다. 심지어 아무 할 일이 없을 때마저 앉으면 안 된다. 그 때문에 서빙하는 직원들에게는 한가한 시간이 바쁜 시간만큼이나 힘들 수 있다. 그래서 작은 일도 시간을 끌면서 하기 시작한다. 아무것도 안 하는 순간을 매니저에게 들키는 날에는 훨씬 힘든 임무를 줄 것이 뻔하기 때문이다. 나는 닦고, 청소하고, 케첩 병을 채우고, 치즈 케이크가 충분히 있는지 보고 또 봤다. 심지어 고객 평가 카드가 제자리에 가지런히 놓여 있는지 보기 위해 테이블을 돌기까지 했다. 그러는 동안 온전히 매니저에게 보여 주기 위해 이렇게 연극을 하면서 태우는 열량이 얼마나 될까 생각했다. 손님이 하나도 없어서 특히 조용했던 어느 날 오후, 누군가가 놓고 간《USA투데이》신문을 내가 곁눈으로 슬쩍 보는 것을 발견한 스튜는 부서진 청소기로 식당 바닥 전체를 청소하라고 명령했다. 손잡이가 60센티미터밖에 안 되는 그 청소기로 청소하려면, 정형외과 신세를 지지 않기 위해서 무릎을 꿇는 수밖에 없었다.

허스사이드에서 일을 시작한 후 처음 맞는 금요일, '식당 직원은 모두 의무적으로 참석해야 하는 회의'가 열렸다. 나는 전반적인 마케팅 전략과 우리 식당이 차지하고자 하는 틈새시장이 무엇인지에 대해(오하이오 음식을 기초로 하고 열대 향미를 살짝 곁들인 음식은 어떤지?) 배우고자 하는 열망을 가지고 회의에 참석했다. 그러나 그 회의에서 '우리' 정신은 찾아볼 수 없었다. 본부에서 가끔 내려보내는 '컨설턴트'를 제외하고는 경영진 중 최고위직인 필립이 경멸에 찬 표정으로 회의를 시작했다. "휴게실은 보기만 해도 구역질이 납니다. 재떨이에는 담배꽁초가 가득하고 신문이 사방에 나뒹굴고, 빵 부스러기도 널려 있어요." 창문도 없는 그 작은 방에는 호텔 직원 전체가 사용하는 근무 시간 기록계가 있었고, 우리 가방과 외부에서 입는 옷을 보관할 뿐 아니라 30분밖에 안 되는 식사 시간에 휴식을 취하는 곳이기도 했다. 그러나 휴게실은 직원들이 당연한 듯 누릴 수 있는 권리가 아니라고 필립은 말했다. 또 휴게실에 있는 로커와 그 안에 보관한 물건은 그것이 무엇이든 간에 언제라도 수색당할 수 있다는 사실을 상기시켰다. 그다음 공격 대상은 가십이었다. 그는 요즘 가십을 많이들 하는 것 같다, 가십(직원들 사이에 오가는 대화를 말하는 듯하다)은 중단되어야 한다고 설교하더니 이제부터는 당번이 끝난 직원이 레스토랑 내부에서 식사하는 것을 금지한다고 선언했다. "다른 직원들이 그 주변에 둘러서서 가십을 하기 때문"이란다. 필립이 준비해 온 질책을 모두 마치자 조앤은 여자 화장실이 열악하다고 불평하고 나는 진공청소기에 대해 불만을 표시했다. 그러나 동료 서빙 직원들은 내 주장을 전혀 지지하려 들지 않았다. 내 롤모델인 게일은 침울한 표정으로 코앞만 노려보고 있었다. 조리사로 일하는 앤디가 이런 헛소리를 하려고 일도 못 하게 했다며 불평을 하고 자리에서 일어나자 회의가 끝났다.

그로부터 딱 나흘이 지난 후 오후 3시 30분에 갑자기 모두 부엌으로 모이라는 지시가 떨어졌다. 심지어 아직 식사를 마치지 않은 고객이 있는데도 말이다. 열 명쯤 되는 직원들이 자신의 주변으로 모여 선 것을 확인한 필립은 침울한 표정으로 밤 당번들 사이에서 '약물 관련 활동'이 감지되었고, 따라서 '약물 없는 일터'를 만드는 정책이 시행될 것이라고 선언했다. 나는 우리가 서 있는 장소가 어두워서 다행이라고 생각했다. 내가 여자 화장실에서 약물을 복용하다가 들키기라도 한 것처럼 얼굴이 붉어지는 게 느껴졌기 때문이다. 중학교를 졸업한 이후로 이런 처우를 받아 본 적이 없었다. 복도에 늘어선 채 로커를 수색당할 것이라는 위협과 함께 아무 비난이나 마구 쏟아 내는 것을 들어야 하는 상황 말이다. 홀 쪽으로 나온 후 조앤이 투덜거렸다. "다음번에는 이 일을 하는 동안 섹스도 하지 말라고 하게 생겼어." 무슨 일이 있었는지 묻자 스튜는 그냥 "경영진의 결정"이라고 중얼거리다가, 손님들에게 빵을 너무 많이 내놓는다며 게일과 나를 꾸짖었다. 이제부터는 1인당 빵 한 개만 허용되고, 샐러드가 아니라 메인 요리에 곁들이라고 했다. 조리사들에게도 잔소리를 많이 했는지 앤디가 부엌에서 나와 (정육용 칼을 몸의 일부처럼 쓰는 사람만이 보일 수 있는 침착한 태도로) "스튜가 아무래도 죽고 싶은가 봐" 하고 말했다.

저녁에 접어들면서는 약물 문제의 장본인이 바로 스튜고, 식당 전화로 마리화나를 주문한 다음 늦게까지 일하는 서빙 직원을 보내 마리화나를 가져오게 했던 게 틀림없다는 가십이 돌았다. 심부름을 한 서빙 직원이 잡혔을 때, 스튜를 밀고했거나 아니면 스튜에게 의혹이 쏠리기에 충분한 정보를 흘렸을 것이라는 추측도 함께 나왔다. 바로 그 때문에 스튜가 저렇게 신경질적으로 군다는 것이었다. 누가 알겠나? 빈 그릇 정리 담당인 라이오널은 저녁 내내 스튜의 바로 뒤에 서서 상상의 마리화나를 미친 듯이 흡입해대는 시늉을 해 우리를 즐겁게 했다.

직원들을 아끼는 것과는 거리가 먼 경영 스타일에 더해 두 번째 문제는 이 일만으로는 재정적으로 타산이 맞지 않는다는 사실이었다. 편안하게 멀리서 지켜보는 사람들 입장에서는 시급 6달러에서 10달러를 받고 평생 사는 사람들이라면 중산층들에게는 알려지지 않은 어떤 생존 전략이 있으리라 추측할 수도 있을 것이다. 그러나 그런 전략은 없었다. 동료들이 어떤 곳에서 숙식하는지 알아내는 것은 어렵지 않은 일이었다. 집 문제는 거의 모든 사람의 삶을 뒤흔드는 가장 큰 요인이기 때문에 출근하자마자 제일 먼저 집 문제 이야기부터 하곤 했다. 근무한 지 일주일 만에 나는 다음의 정보를 얻었다.

☞ 게일은 시내에 있는 잘 알려진 쪽방촌에서 방 하나를 룸메이트와 공동으로 사용하며 일주일에 250달러를 내고 있다. 남성 친구인 룸메이트가 추파를 던지기 시작해서 돌아 버릴 지경이지만 혼자서 집세를 감당할 수 없기 때문에 참고 있다.

☞ 아이티 출신 조리사인 클로드와 여자 친구는 전혀 관계가 없는 다른 두 사람과 방 두 개짜리 아파트에서 같이 살고 있지만, 하루빨리 그 집에서 나오고 싶다. 눈치를 보니 다른 아이티 출신들(대부분이 크리올어를 쓴다)도 이와 비슷하게 좁은 곳에서 살고 있는 듯하다.

1장 가진 자와 가지지 못한 자

☞ 임신 6개월인 스무 살 난 서빙 직원은 남자 친구에게 버림받고 우체국에서 일하는 어머니와 함께 살고 있다.

☞ 메리앤과 그의 남자 친구는 1인용 트레일러에서 살면서 일주일에 170달러를 지불하고 있다.

☞ 시급 10달러를 받는 잭은 우리 중 가장 부자로, 자기 소유의 트레일러에서 살면서 한 달에 400달러씩 트레일러 주차료를 내고 있다.

☞ 또 다른 백인 조리사인 앤디는 선박 수리 시설에 정박된 배에서 사는데, 그가 하는 애정 어린 설명에 따르면 총길이가 6미터도 안 되는 작은 배인 듯하다. 그는 배 수리가 끝나면 나를 태워 주겠다고 제안했지만, 그 제안과 함께 내 결혼 여부를 물었으므로 나는 제안을 받아들이지 않기로 결심했다.

☞ 티나와 그의 남편은 모텔 데이스인에서 하룻밤에 60달러씩 내면서 살고 있다. 차가 없고 데이스인이 허스사이드에서 걸어갈 수 있는 거리에 있기 때문이다. 아침 서빙을 담당하는 직원인 메리앤이 자기가 세 든 트레일러를 또 다른 사람에게 세를 주고 돈을 받은 것이 발각되어서 쫓겨난 후, 남자 친구와 헤어진 다음 티나 부부의 방에 같이 머물고 있다.

☞ 멋진 옷을 수없이 갈아입고 나타나 내가 깜빡 속아 넘어갔던 티나는 (손님맞이 담당 직원은 사복을 착용한다) 차에서 살면서 밤에 쇼핑센터 뒤쪽에 주차를 하고, 티나의 모텔 방에서 샤워를 한다. 그가 입은 옷들은 중고 가게에서 산 것이었다.♦

♦ 직장이 있는데도 승용차나 밴에서 생활하는 사람들이 총 몇 명인지 통계를 찾을 수 없었지만 전국 노숙인 연합의 1997년 보고서 〈노숙 생활에 대한 허위 정보와 실상 Myths and Facts About Homelessness〉에 따르면 미국 전역의 29개 도시에서 노숙인

중산층의 유아론solipsism적 시각에서 벗어나지 못한 내게 제일 먼저 떠오른 생각은 어디엔가 대단히 낭비하는 것이 아니고서야 이런 상황은 불가능한 게 아니냐는 의문이었다. 나와 함께 앉아서 식기를 냅킨에 싸는 일을 하면서(유일하게 앉아서 하는 것이 허용된 작업이다) 게일은 룸메이트를 피해 데이스인으로 숙소를 옮길까 고민 중이라고 했다. 나는 경악을 금치 못했다. 어떻게 하루에 40달러에서 60달러나 되는 돈을 지불할 생각을 한단 말인가? 그러나 사회 복지사처럼 들리지 않을까 하는 우려와 달리 내 반응은 완전히 바보스러운 것으로 받아들여졌다. 게일은 믿을 수 없다는 표정으로 나를 쳐다보면서 물었다. "아파트를 얻을 한 달 치 월세와 한 달 치 보증금을 어디서 구하겠어?" 나는 월세 500달러짜리 원룸을 찾아낸 내 능력에 상당히 우쭐해 있었지만 그것은 처음 저임금 생활을 시작할 때 사전 비용으로 정해 놓은 1300달러의 여유 자금 덕분에 가능한 일이었다. 그중 1000달러는 첫 달 월세와 보증금으로 들어갔고, 100달러는 첫 식료품 구입비와 얼마간 몸에 지닐 현금으로 둔 뒤, 나머지 200달러는 비상금으로 보관했다. 물리학의 명제와 마찬가지로 빈곤도 시작할 때의 환경이 모든 것을 결정한다.

가난한 사람들만 가진 비밀스러운 경제학적 지혜는 존재하지 않았다. 오히려 가난하기 때문에 물어야 할 비용들이 여기저기 도사리고 있었다. 아파트를 얻기 위해 처음 내야 하는 두 달 치 월세

생활을 하는 사람 5명 중 1명이 풀타임 혹은 파트타임으로 일하고 있다.

가 없으면 일주일 단위로 세를 내는 엄청나게 비싼 방에서 살아야 한다. 조리 도구가 제대로 갖춰지지 않은 단칸방에서 살면 일주일 동안 먹을 수프나 스튜를 대량으로 조리해서 얼려 놓고 먹는 식으로 식비를 절약할 수도 없다. 패스트푸드나 핫도그, 혹은 편의점 전자레인지로 데워 먹을 수 있는 컵수프 같은 것이나 먹을 수밖에 없다. 건강보험에 가입할 돈이 없으면(허스사이드에서 제공하는 빈약한 보험조차 근무 개시 3개월이 지나야 시작된다) 정기 검진도 받지 못하고, 필요한 약을 처방받지 못해 결국은 대가를 치러야 한다. 예를 들어 게일도 에스트로겐 제재를 살 돈이 떨어지기 전까지는 괜찮았다. 이제는 허스사이드에서 제공하는 보험이 시작될 때가 됐지만 회사 측에서는 그가 낸 서류를 잃어버렸다면서 처음부터 다시 지원 절차를 밟아야 한다고 주장하고 있다. 그래서 게일은 에스트로겐 약을 먹었으면 생기지도 않았을 편두통 때문에 한 알당 9달러나 하는 진통제를 사야 한다고 말했다. 메리앤의 남자 친구는 지붕 수리공으로 일하다가 발을 다쳤지만 항생제를 처방받지 못해 결근을 너무 많이 했고, 그런 끝에 결국 해고됐다.

저임금 노동을 시작한 지 2주일이 지난 시점의 내 상황을 점검해 보니 이것이 내 실제 인생이라 할지라도 상황이 이보다 낫지는 않았으리라는 생각이 들었다. 웨이트리스 일이 유혹적인 것은 월급날까지 기다리지 않아도 주머니에 돈이 약간씩 들어온다는 사실이다. 그렇게 받은 팁으로 식사, 유류 비용을 모두 충당하고도 내가 은행으로 쓰고 있는 부엌 서랍에 돈을 몇 푼이나마 저축할 수 있었다. 그러나 여름 더위가 기승을 부리자 관광객이 줄어들면서 20달러도 안 되는 팁만 받고 일을 마치는 날들이 생겼다(총액은 보통 그보다 많지만 서빙 담당들은 그릇 치우는 담당과 바텐더들에게 팁의 15퍼센트를 줘야 한다). 임금까지 합치면 최저 임금인 시급 5.15달러 정도가 되었다. 서랍 속에 돈을 넣고 있긴 하지만 현재 속도로는 월말에 내야 할 월세에서 100달러 정도 부족할 전망이었다. 그렇다고 지출을 줄일 만한 곳이 있는 것도 아니었다. 한꺼번에 수프나 스튜를 끓여 놓고 먹는 것까지는 해 보지 않았지만, 큰 냄비나 냄비 받침, 수프를 저을 국자 같은 것도 없었다(그걸 사려면 K마트에선 30달러 정도, 중고 가게에서는 그보다 약간 덜 지불해야 한다). 거기에 더해 양파, 당근, 그리고 없어서는 안 될 올리브 잎까지 사야 하지 않는가. 나는 거의 날마다 점심을 싸 가서 먹었다. 보통 냉동 닭고기 버거에 치즈를 얹어 녹이고 통조림 콩을 곁들이는 것처럼 열량 소모가 천천히 되는 고단백질 음식을 준비했다. 저녁은 허스사이드에서 직원들에게 2달러에 제공하는 BLT 샌드위치 혹은 생선 튀김 샌드위치나 햄버거 중 하나를 먹었다. 그 중에서는 햄버거가 가장 오랫동안 포만감을 느끼게 해 줬다. 특히 장까지 불을 지피는 할라페뇨 고추를 잔뜩 곁들이면 더욱 좋았다. 하지만 자정쯤 되면 배에서 다시 꼬르륵 소리가 났다.

따라서 차에서 살지 않으려면 투잡을 하던지 아예 다른 일자리를 구하는 게 시급했다. 몇 주 전 객실 청소부 지원서를 냈던 모든 호텔에 전화를 돌렸다. 하얏트, 홀리데이인, 이코노로지, 호호스, 베스트웨스턴에 더해 독립 게스트하우스 대여섯 군데에 모두. 그러나 아무 데도 자리가 없었다. 결국 나는 다시 직접 찾아다니

1장 가진 자와 가지지 못한 자

기 시작했다. 날마다 오전 시간을 모두 낭비하면서 호텔들을 하나 하나 방문해 부매니저 정도 되는 사람들이 나타나길 기다렸다. 심지어 프런트 데스크 앞 카운터에 방탄유리를 설치하고 그 뒤에서 직원이 술을 파는 음침한 곳까지 찾아다녔다. 그러나 누군가가 내 집 청소 실력을(여기서는 그냥 융통성 있는 수준이라고만 해 두자) 널리 소문냈거나 넘을 수 없는 인종의 장벽에 가로막힌 게 틀림없었다. 일자리를 구하러 돌아다닐 때 마주친 객실 청소부의 대부분은 아프리카계 미국인이거나, 스페인어를 하거나, 중유럽 구공산권 국가 출신들인 듯했고, 서빙 직원들은 대다수가 백인이어서 영어 이외의 다른 언어는 전혀 하지 못하는 듯 보였다. 마침내 일자리가 있을지도 모른다는 반응을 얻은 곳에서도 다시 한번 나는 서빙 일을 하는 것이 더 적합하겠다는 말을 들었다. 허스사이드와 마찬가지로 또 다른 중저가 호텔에 물리적으로 붙어 있고 전국적으로 잘 알려진 패밀리 레스토랑 체인 제리스에서 나를 고용하겠다고 한 것이다. 그 제안은 신나는 일인 동시에 상당히 두려운 일이기도 했다. 허스사이드와 비슷한 숫자의 테이블과 카운터 자리가 있는 곳이지만 거기보다 손님이 서너 배 많은 곳이었기 때문이다.

뚱뚱한 사람의 지옥을 상상해 보라. 그곳은 음식이 전혀 없는 곳이 아니라 먹는 것이 몸에 어떤 영향도 끼치지 않는다면 먹고 싶은 음식이 모두 있는 곳이다. 치즈 튀김, 치킨, 퍼지 소스를 넘치게 얹은 디저트 등. 이 지옥에서는 입으로 음식을 넣을 경우 마지막 한 입까지 모두 몸에 악영향을 끼치는 벌로 대가를 치러야 했다. 동굴 같은 부엌이 위장이라면 쓰레기 처리와 설거지를 하는 구역은 창자에 해당하고, 바로 그 창자에서 음식과 찌꺼기가 한데 섞인 괴상한 냄새가 온 사방으로 퍼져 나갔다. 썩어 문드러져 가는 고기와 피자를 먹고 하는 트림, 그리고 제리스에서만 맡을 수 있는 독특한 냄새인 레몬 향이 섞인 방귀 냄새 같은 것이 섞인 악취였다. 바닥은 쏟아진 음식으로 미끈거려서 부엌을 지나칠 때면 우리는 모두 발수갑을 찬 수전 맥두걸Susan McDougal처럼 잔걸음을 칠 수밖에 없었다. 개수대는 양배추 이파리, 썩어 가는 레몬 조각, 물에 불어 터진 빵 조각들로 막혀 있었다. 오래전에 엎지른 시럽이 말라붙어 끈적해진 카운터는 어디를 만져도 손을 대는 순간 달라붙어 떨어지지가 않았다. 이 상황이 더욱 곤란한 이유는 샐러드 접시에 양배추를 담거나 파이 조각을 접시에 담거나 해시브라운을 이 접시에서 저 접시로 옮기는 조리 도구가 모두 손이었기 때문이다. 딱 하나 있는 남녀 공용 화장실에 붙어 있는 포스터는 우리에게 손을 철저히 씻어야 한다고 엄중 경고를 하고, 심지어 어떻게 씻어야 할지까지 가르쳐 줬지만 항상 비누, 종이 타월, 화장지 중 적어도 뭔가 하나는 없었다. 나는 한 번도 그 세 가지가 모두 있는 것을 본 적이 없었다. 그래서 화장실에 들어가기 전에 주머니에 냅킨을 쑤셔 넣고 가는 요령을 익혔다. 그런 사정을 알 길이 없긴 하지만 우리 손으로 주무른 음식을 먹어야 하는 고객들이 딱한 것은 말할 것도 없었다.

제리스의 상황을 가장 전형적으로 보여 주는 곳이 바로 휴게실이었다. 제리스에는 휴게실이 없었다. 직원들에게 휴식을 허용하지 않았기 때문이다. 여섯 시간에서 여덟 시간 내내 소변을 볼 때를 제외하고는 계속 서 있어야 했다. 화장실 바로 옆에 접이식 의자 세 개가 있긴 했지만 건물의 직장에 해당하는 그곳에 앉는 사람은 거의 없었다. 그보다 그 화장실 주변 구역에는 설거지 담당들과 서빙 담당들이 불을 붙여 놓은 채 담배를 놔두는 재떨이들이 놓여 있었다. 봉헌 양초처럼 불붙은 담배를 항상 거기에 두는 이유는 뛰어와서 담배 한 모금을 마시고 돌아가야 할 때 담배에 불을 붙이느라 시간을 낭비하지 않기 위해서였다. 거기 오는 사람은 대부분 자신의 폐 건강이 그 담배 한 모금에 달리기라도 한 듯 담배를 빨아 댔다. 온갖 나라 출신의 조리사들, 체코 출신 설거지 담당들, 그리고 모두 미국에서 태어난 서빙 담당들은 마치 산소는 어쩌다 섞이는 오염 물질인 것처럼 행동했다. 제리스에서 일하기 시작한 첫날 아침 저혈당으로 손이 떨려 오기 시작하자 나는 서빙을 담당하는 동료 중 하나에게 어떻게 그렇게 오랫동안 음식을 먹지 않고 일할 수 있느냐고 불평을 했다. "난 그쪽이 어떻게 그렇게 오랫동안 담배를 피지 않고 일할 수 있는지 모르겠는걸." 그는 거의 꾸짖는 듯한 어투로 대꾸를 했다. 일은 다른 사람을 위해 하는 것이지만 흡연은 자신을 위해 하는 행동이기 때문이란다. 금연 운동가들이 왜 지금까지 이 반항적인 자기 돌봄의 요소를 간과했는지 이해할 수가 없다. 그것이야말로 흡연가들이 담배를 사랑할 수밖에 없도록 만드는 부분이 아닌가. 마치 미국의 일터에서 사람들이 자기 것이라고 부를 수 있는 유일한 것이 자신의 몸속에 키우는 암세포와 그 암세포를 기르기 위해 바치는 잠깐의 시간이기라도 한 것처럼 말이다.

산업 혁명에 적응하는 것은 그다지 쉬운 일이 아니다. 특히 그 과정을 하루 이틀 사이에 빠른 속도로 적응해야 할 때는 더욱 그렇다. 나는 가내 수공업에서 자동화된 공장으로, 허스사이드의 냉방된 시체 안치소에서 불꽃 한가운데로 곧바로 뛰어든 느낌이었다. 손님들이 물결처럼 밀려들었다. 어떨 때는 배고프고 짜증이 극에 달한 사람들이 한 번에 50명씩 관광버스로 들이닥쳤다. 최대 두 명이 일했던 허스사이드와 달리 어떨 때는 여섯 명이 분홍과 주황색이 섞인 하와이안 셔츠를 입고 뛰어다니며 서빙을 했다. 고객이나 동료들과 나누는 대화는 20초를 넘는 경우가 거의 없었다. 사실 일을 시작한 첫날 나는 동료 서빙 담당 자매들의 냉담함에 마음의 상처를 입었다. 그날 내 훈련을 담당한 사람은 뻣뻣한 골판지 같은 감정을 가진 23세 동료였고, 다른 서빙 담당들은 오늘 결근한 사람이 출근하지 못한 진짜 이유와 누군가가 내야 하는 보석금의 액수에 대해 가끔 자기들끼리 수군거리면서도 나를 완전히 투명인간으로 취급했다. 그러나 둘째 날 나는 그 이유를 알게 됐다. "흠, 다시 보게 될 줄 몰랐어." 그중 한 명이 인사를 했다. "첫날 일한 다음 다시 출근하는 사람이 거의 없거든." 나는 불명예를 씻은 듯한 통쾌함을 느꼈지만, 그들의 진정한 일원으로 받아들여지기까지는 오랜 시간, 아마도 몇 달이 걸릴 것이라는 사실도 깨달았다.

처음 시작할 때만 해도 나는 투잡을 모두 잘 해내겠다는 아름답고 영웅적인 생각을 하고 있었다. 그리고 이틀 동안은 거의 성공하는 듯싶었다. 제리스에서는 아침-점심 타임인 오후 2시까지 일한 다음, 2시 10분에 허스사이드에 도착해서 밤 10시까지 일한다는 게 내 계획이었다. 제리스에서 허스사이드로 이동하는 10분 사이에 웬디스 드라이브스루에서 스파이시 치킨 샌드위치를 사서 차 안에서 먹어 치운 뒤, 카키색 바지와 하와이안 셔츠를 검은 바지와 어두운 빨간색 폴로셔츠로 갈아입으면 되는 일이었다. 그러나 오후 3시에서 4시 사이 조금 한가해진 틈을 타서 식기 도구를 냅킨에 싸기 위해 의자에 앉는 순간, 의자와 한 몸이 되는 느낌이 들었다. 슬쩍 훔친 수프 한 잔으로 원기를 회복하려고 시도해 봤지만 매니저에게 발각되어서 "취식 금지야!" 하는 잔소리를 들었다. 손님이 한 명도 없기 때문에 서빙하는 사람의 입술과 음식이 접촉하는 광경에 기분 나빠 할 사람이 없는데도 말이다. 그래서 나는 게일에게 허스사이드를 그만둘 것이라고 말했고, 그는 나를 한 번 안아 준 다음 자기도 나를 따라 제리스로 올지도 모르겠다고 말했다.

그러나 그럴 확률은 거의 없었다. 게일이 싸구려 모텔과 짜증 나는 룸메이트를 떠나서 터덜거리는 자기 트럭에서 살기 시작한 지 좀 되었기 때문이다. 그날 저녁 그는 신이 난 얼굴로 내게 다가와서 눈에 띄지만 않으면 자기 트럭을 호텔 주차장에 세우는 것을 필립이 허락했다고 자랑했다. 보안 요원들이 순찰을 도는 호텔 주차장은 정말 안전한 곳이 아닌가! 허스사이드 레스토랑이 그런 특권을 허락하는데 떠날 사람이 어디 있겠는가?

게일이라면 제리스에 가서도 가장 일 잘하는 직원으로 등극

할 것이 틀림없었지만 내게 제리스는 피로 관리를 벼락치기로 익혀야 하는 곳이었다. 오래전 로스앤젤레스의 트럭 휴게소에서 웨이트리스로 일할 때 나를 훈련시켰던 튀김 담당 조리사는 불필요한 움직임을 최소화하라고 가르쳤다. 빨리 걷지 않아도 되는 경우에는 천천히 걸어라. 걷지 않아도 되면 서 있어라. 그러나 제리스에서는 필요한 것과 불필요한 것, 급한 것과 그렇지 않은 것을 구분하는 노력조차도 에너지를 고갈시키는 일이었다. 유일한 대처법은 당번 근무 때마다 그것이 한 번밖에 없는 비상사태인 것처럼 생각하고 일하는 것이었다. 50명의 굶주린 사람이 전쟁터 여기저기에 쓰러져 있으니 거기로 뛰어가 그들을 모두 먹여 살려야 한다! 내일도 똑같은 일을 해야 한다는 것은 잊어버리자. 오늘 밤 차를 몰고 집으로 갈 때 음주 운전자들을 피할 정도의 기력이 남아 있어야 한다는 것도 잊자. 뛰고, 뛰고, 또 뛰어라! 서빙하는 사람들끼리 '리듬'이라고 부르는 상태에 진입해서 '흐르듯 움직이는' 경지에 다다르면 최상이다. 외부의 신호가 뇌를 거치지 않고 바로 근육으로 전달되어서 도 닦는 사람이 이르게 되는 무아지경과 비슷한 상태 말이다. 허스사이드의 아침 식사 당번 때 만난 한 남성 서빙 담당은 자기가 세 근무조를 연달아 뛴 이야기를 들려줬다. 24시간을 쉬지 않고 일한 다음 퇴근하는 길에 술을 마시고 어떤 여자를 만났는데, 사실 내게 그런 이야기는 하지 말아야 했지만, 바로 그 자리에서 그 여자와 잤고, 그 섹스의 경험이 너무나 아름다웠다는 것이다.

그러나 신경 근육계의 또 다른 능력은 통증을 느끼는 것이다. 나는 싼값에 산 이부프로펜을 비타민 C처럼 주워 삼켰다. 컴퓨터 마우스 사용으로 인해 등 위쪽에 생겼던 반복성 스트레스 손상이 쟁반을 들고 다니는 것 때문에 재발해 경련이 날 정도로 심해졌기 때문이다. 그래서 날마다 근무를 시작하기 전에 이부프로펜을 네 알씩 복용했다. 평상시였다면 이 정도로 통증과 불편을 느낄 경우 하루 종일 냉찜질과 스트레칭을 하면서 보냈을 것이다. 그러나 지금 내가 살고 있는 삶에서 얻을 수 있는 유일한 위안은 진통제 알리브Aleve 광고뿐이었다. 광고에 출연한 잘생긴 블루칼라 남자는 묻는다. 고작 네 시간 일하고 멈추면 보스가 뭐라고 하겠는가? 그러면 그다지 잘생기지 않은 남자가 쇠말뚝을 지고 가다가 걸음을 멈추고 답한다. 당장 해고지. 광고에서는 다행히도 보스가 우리 같은 노동자들의 삶을 제어하듯 우리는 진통제의 도움으로 통증을 제어할 수 있다고 알려 준다. 타이레놀이 네 시간 만에 효과가 떨어진다면 타이레놀을 당장 해고하고 알리브로 갈아타면 된다!

실은 가끔 이 삶에서 휴가를 내고 진짜 집으로 돌아가기도 했다. 이메일을 확인하고 남편을 만나고(집에서 먹는 음식에 대해서도 '돈을 내는' 주의를 기울였지만) 친구들이 영화표를 사 주는 것을 사양하지 않고 그들과 함께 〈트루먼 쇼〉를 보기도 했다. 바삐 일을 하다가도 이게 도대체 무슨 짓인가 하는 생각이 들기도 했고, 인쇄된 글자가 너무나 그리운 나머지 6페이지짜리 메뉴판을 집착적으로 읽고 또 읽곤 했다. 그러나 시간이 흐르면서 예전의 삶이 점점 더 낯설게 느껴지기 시작했다. 이전의 나에게 보내진 이메일과 전화 메시지들은 나랑 전혀 상관없는 머나먼 곳에 살면서 시간이 너무 남아돌아 괜한 걱정을 하는 낯선 사람들이 보낸 것처럼 느껴졌다. 내가 장을 보기 위해 자주 들렀던 집 근처 시장은 맨해튼의 여피yuppie들이나 다니는 곳처럼 보여서 주눅이 들었다. 어느 날 아침에는 지금 사는 원룸에 앉아 이전 삶에서 날아온 청구서에 적힌 돈을 내면서 보디테크 피트니스 클럽, 아마존닷컴 등에 내야 하는 수십, 수백 달러의 액수에 잠시 넋이 나가 버린 적도 있었다.

제리스의 경영진은 허스사이드에 비해 전체적으로 더 차분하고 '전문적'인 느낌을 줬다. 그러나 두 가지 예외가 있었다. 그중 하나는 통통한 몸집에 털털한 차림의 30대 여성 조이였다. 그는 어떨 땐 손으로 쟁반을 드는 올바른 방법을 내게 설명하기 위해 몇 분을 할애할 정도로 친절하게 굴었지만, 날마다 아니 하루에도 여러 번씩 기분이 천지 차이로 바뀌어서 사람 혼을 빼곤 했다. 또 다른 문제는 비제이였다. 별명이 '개 같은 비제이'였다. 그의 임무는 부엌 카운터 옆에 서서 "니타, 주문 나왔어. 빨리!" 혹은 "바버라, 저기 손님 한 테이블 더 왔잖아, 안 보여? 모두 서둘러!" 하고 외치는 일이었다. 그가 미움받는 여러 이유 중 하나는 휘핑크림을 뿌리는 스프레이를 없애고 비닐 백에서 두 손으로 휘핑크림을 짜도록 만든 일 때문이었다. 스프레이에서 나오는 압축가스가 아산화질소일지도 모른다는 바람에서 직원들이 그 기체를 들이마시는 것을 봤거나, 봤다고 착각했기 때문이라는 소문이 자자했다. 내가 제리스에서 일하기 시작하고 사흘째 날 밤, 그는 나를 갑자기

낚아채듯 잡더니 박치기라도 할 듯 얼굴을 가까이 들이밀었다. 딱 "너는 해고야"라고 말할 기세였지만 대신 돌아온 대답은 "잘하고 있어"였다. 나의 유일한 문제는 내가 고객들과 대화를 하느라 시간을 낭비한다는 점이란 말을 덧붙였다. "그러다가 고객들에게 끌려다니게 되는 거야." 거기에 더해 그렇게 끌려다니다가는 녹초가 되고 말 것이라고 경고했다. 고객들이 내게 계속해서 무언가를 요구해서 괴롭힌다는 뜻이었다. 케첩을 달라고 해서 가져다주면, 사우전아일랜드 드레싱을 원하고, 그걸 가져다주면 감자튀김을 주문하는 식으로 완전히 넋을 빼놓는다는 것이다. 마지막으로 그는 자기가 하는 말을 오해하지 말라고 당부했다. 혼내려고 하는 말은 아니지만 모든 게 빨리 움직여야 하니 거기에 맞춰 움직여야 한다는 충고와 함께.◆

나는 충고해 줘서 고맙다고 중얼거렸지만 시대착오적인 사치 금지법을 광기를 가지고 휘두르는 관리에 의해 발가벗겨진 느낌이었다. 잡담은 금지고, 농노들에게는 서비스 윤리 같은 멋진 개념이 필요 없으며, 고객과 잡담하는 것은 시내 카푸치노 카페에서 일하면서 하룻밤에 70에서 100달러까지도 버는 아름다운 대졸 알

◆　《경제 불황 시기의 노동자들: 국제 경제 시대의 노동조합들Workers in a Lean World: Unions in the International Economy》(Verso, 1997년)에서 킴 무디Kim Moody 는 일터에서 스트레스로 인해 입는 부상과 질병이 1980년대 중반에서 1990년대 초반 사이에 증가했다는 연구들을 인용한다. 그는 스트레스 지수가 높아지는 것이 "스트레스를 통한 경영법"이라는 새로운 시스템이 도입된 것을 반영한다고 주장했는데, 이는 다양한 산업 부문에서 노동자들로부터 최대 생산성을 뽑아내기 위해 그들의 건강에 악영향을 미치는 경영 스타일을 말한다.

바생들에게나 허락되는 일이었다. 대체 나는 무슨 생각으로 그런 행동을 했던 걸까? 내 임무는 테이블에서 받은 주문을 부엌에 전달하고 부엌에서 나온 음식을 테이블로 전달하는 일뿐이었다. 사실 정보를 음식으로, 음식을 돈으로 전환하는 데에 고객은 주된 장애물이고, 줄여서 말하면 적이다. 고통스러운 것은 나도 그들을 그런 눈으로 보기 시작했다는 사실이다. 맥주를 연거푸 들이켠 다음 스테이크가 얇다느니, 감자튀김이 적다느니 하면서 불평을 늘어놓는 특권 의식을 가진 젊은 남자들처럼 전형적으로 못된 고객들과 이에 더해 나이, 당뇨병, 문맹 등의 문제로 참을성 있게 영양학적 조언을 해 줘야 하는 고객들도 있었다. 왜 그런지 그 이유를 확실히 알 수 없었지만 최악은 '과시적인 크리스천들'이었다. 예를 들어 일요일 밤 미사를 올린 다음 독실한 신자로서 의무를 다했다는 홀가분함으로 명랑해진 채 밀려 들어와서 10인용 테이블을 차지하고 앉아 나를 무자비하게 부려 먹은 다음, 92달러어치 식사를 하고 팁으로 1달러를 놓고 간 사람들처럼 말이다. 혹은 십자가와 '우러러볼 사람'이라는 글자가 새겨진 티셔츠를 입고 와서 구운 감자는 너무 딱딱하고, 아이스티는 너무 차갑다고 불평을 한 후(나는 기분 좋게 두 문제를 모두 해결해 줬다) 팁도 남기지 않고 가 버린 남자는 또 어떤가. 보통 십자가를 걸고 있거나 '예수라면 어떻게 했을까?'라는 문구가 새겨진 배지를 달고 있는 사람들은 우리가 어떻게 해 줘도 불만족스럽다는 태도를 취했다. 혹시 웨이트리스 일과 막달레나 마리아의 원래 직업이 같은 것이라고 착각이라도 하는 걸까.

1장 가진 자와 가지지 못한 자

시간이 지나면서 같은 근무 시간에 일하는 여자들과 서서히 친구가 되어 갔다. 문신을 한 니타는 밝은 얼굴로 "이제 돈 좀 벌기 시작했나?"라는 말을 하고 다녀서 다른 사람을 속상하게 만드는 20대 여성이었다. 슬하에 10대 아들이 있고, 한밤중 근무 시간에 조리를 담당하는 엘런은 한때 매사추세츠에서 식당을 경영했지만 제리스에서는 경영진에 합류하려는 시도조차 하지 않았다. "사람들에게 이래라저래라 하느니 평범한 노동자"로 일하는 편이 좋다는 게 그의 이유였다. 50대의 태평스러운 루시는 요란한 웃음소리를 가졌고, 근무가 끝날 즈음이면 절룩거리기 시작했다. 다리쪽에 뭔가 문제가 있지만 건강보험이 없어서 정확히 무슨 상태인지 알 수가 없다고 했다. 우리는 보통 여자들끼리 하는 이야기를 했다. 남자, 아이들, 그리고 제리스에서 파는 초콜릿 땅콩버터 크림 파이의 사악한 유혹 등이 주된 화제였다. 하지만 아무도 쇼핑이나 영화 관람 같은 이야기는 하지 않았다. 허스사이드와 마찬가지로, 유일하게 언급되는 여가 활동은 파티뿐이었다. 맥주와 담배, 그리고 친한 친구 몇 명만 있으면 할 수 있는 것이 파티이기 때문이다. 그럼에도 불구하고 여기서 일하는 사람 중 자신이 노숙인이라거나 노숙을 한다고 인정하는 사람은 아무도 없었다. 대개는 일을 하는 남편이나 남자 친구가 있기 때문인 것 같았다.

우리는 서로에게 의지할 수 있는 관계로 발전했다. 우리 중 누가 아프거나 감당할 수 없을 정도로 업무량이 많으면 누군가가 대신 음료수를 서빙하고 심지어 음식까지 날라 주기도 했다. 우리 중 한 명이 담배를 피우거나 소변을 보기 위해 잠깐 자리를 비우면♦ 나머지 동료들은 기업 합리성을 집행하는 세력에게 그의 부재를 들키지 않도록 최선을 다해 줬다.

하지만 나를 살려 준 인간적인 교류, 말하자면 내 옥시토신을 수용해 준 대상은 체코에서 미국으로 온 지 얼마 되지 않은 19세의 설거지 담당 조지였다. 그가 제리스에서 파는 담배가 얼마인지 짧은 영어로 어렵사리 내게 물으면서 우리는 안면을 텄다. 나는 제리스에서 파는 담배는 밖에서 판매하는 것보다 1달러가 비싸니 휴식 테이블에 늘 놓여 있는 반쯤 빈 담뱃갑에서 한 개비를 꺼내 피우는 게 더 낫다는 메시지를 최선을 다해 그에게 전달했다. 그러나 조지에게 그것은 생각도 할 수 없는 행동이었다. 그의 귀에 달린 작은 귀걸이가 어쩌면 주류 의견과 살짝 다른 시각을 가졌다는 것에 대한 힌트일지도 몰랐지만 그것을 제외하면 그는 정

♦ 1998년 4월까지 용변을 보기 위해 휴식 시간을 갖는 것이 연방법에 의해 보장되지 않았다. 《금지된 용변 보기: 근무 중 휴식할 권리와 소변을 볼 권리Void Where Prohibited: Rest Breaks and the Rights to Urinate on Company Time)》(코넬대학교 출판부, 1997년)의 저자 마크 린더Marc Linder와 잉그리드 나이가아드Ingrid Nygaard에 따르면 "일터에서 휴식을 취하고 용변을 볼 수 있는 권리는 전문직이나 경영직 종사자들이 지지하는 사회적, 정치적 명분의 우선순위에서 밀린다. 그들은 수백만 명의 공장 근로자가 꿈에서나 상상할 수 있는 수준의 자유를 일터에서도 누리고 있기 때문이다. 우리는 노동자들이 일터에서 용변을 볼 법적 권리가 없다는 것을 알고 당황했지만, 노동자들은 오히려 이 기본적인 신체 기능을 수행할 필요가 있을 때 고용주들이 그것을 당연히 허용할 것이라고 추정하는 외부인들의 순진함에 놀랐다. 여섯 시간 내내 전혀 휴식을 취할 수 없었던 한 공장 노동자는 유니폼 안에 패드를 넣고 소변을 봤다. 그리고 보조 교사 없이 아이들을 돌봐야 했던 유치원 교사는 20명의 아이를 모두 화장실까지 데려가 화장실 문 앞에 줄지어 세워 놓고 소변을 봐야 했다."

직과 올곧음 그 자체였다. 머리를 짧게 자르고, 성실하게 일하며, 사람들과 눈을 맞추는 인간적인 교류에 늘 목말라 있는 청년이었다. "체코 공화국이야, 슬로바키아야?" 내가 묻자 그는 그 두 나라의 차이를 내가 안다는 것에 크게 기뻐했다. "바츨라프 하벨Václav Havel." 나는 다시 시도했다. "벨벳 혁명, 프랭크 자파Frank Zappa?" "맞아요, 맞아요, 1989년." 그가 그렇게 대답하는 것을 들으며 나는 우리가 역사에 관해 대화하고 있다는 것을 깨달았다(바츨라프 하벨은 무혈 민주화 혁명, 이른바 벨벳 혁명으로 체코의 공산 체제를 무너뜨린 인권 운동가이자 초대 대통령이다. 하벨은 벨벳 혁명 당시 프랭크 자파가 큰 영향을 주었다고 하여 그에게 정부 공직을 제안하기도 했다-옮긴이).

나는 조지에게 영어를 가르치는 것을 내 프로젝트로 삼았다. "하우 아 유 투데이, 조지?" 근무를 시작할 때마다 나는 그렇게 물었다. 그러면 그는 "아 앰 굿, 하우 아 유 투데이, 바버라?" 하고 물었다. 나는 그가 제리스에서 직접 임금을 받지 않고, 체코에서 미국으로 오는 것을 주선한 에이전시에서 돈을 받는다는 사실을 알게 됐다. 에이전시는 제리스가 접시닦이에게 지불하는 돈에서 1달러 남짓을 수수료로 떼고 조지에게 5달러를 줬다. 나는 또 그가 다수의 다른 체코 출신 접시닦이들과 한 아파트에서 산다는 것도 알게 됐다. 같이 사는 사람 중 한 명이 근무를 하기 위해 나가서 침대가 하나 빌 때까지 조지는 잘 수가 없었다. 어느 날 늦은 오후, 영어 교습을 하다가 비제이에게 들키고 말았다. 그는 '조셉'에게 설거지하는 싱크대 근처에 깔린 고무 매트를 걷어 내고 그 밑을 닦으라고 지시했다. "난 네 이름이 조지인 줄 알았어." 나는 일부러 카운터로 돌아가는 그의 귀에 들리도록 큰 소리로 그렇게 말했다. 비제이가 좀 창피하다고 생각하기는 했을까? 어쩌면 약간 그랬을지도 모른다. 내가 카운터에 다가가자 "조지, 조셉… 너무 많아서 다 헷갈려!"라고 말했기 때문이다. 나는 아무 말도 하지 않았고 고개를 끄덕이지도 미소를 짓지도 않았다. 하지만 그 때문에 벌을 받았다. 내가 퇴근하겠다고 하자 비제이는 포크와 나이프를 50세트 더 냅킨으로 싸라고 하면서, 블루치즈 드레싱 15리터를 준비할 때도 되지 않았느냐고 물었다. 마침내 퇴근을 허락받고 식당을 나오면서 나는 마음속에서 저주를 뿜어 댔다. 비제이, 늙어서 할망구가 될 때까지 이 식당에서 일해라. 바닥에 흘린 시럽에 발이 딱 붙어 버려라.

나는 결국 키웨스트에 좀 더 가까운 동네로 이사를 결정했다. 첫 번째 이유는 운전이었고, 두 번째와 세 번째 이유 또한 운전이었다. 차 유류 비용으로 하루에 4달러에서 5달러를 써야 하는데 제리스만큼 손님이 많은 식당도 없긴 하지만 식당과 상관없이 받는 팁은 매상의 평균 10퍼센트밖에 되지 않았다. 나 같은 초보만 그런 것이 아니었다. 기본 시급을 2.15달러밖에 받지 못하고, 받은 팁을 그릇 치우는 담당, 설거지 담당 등과 나누고 나면 남는 돈은 고작해야 시간당 평균 7.5달러 남짓이었다. 거기에다 제리스의 서빙 직원 유니폼인 갈색 바지를 사는 데 쓴 30달러를 보충하려면 몇 주가 걸릴 터였다. (시내의 할인 매장 두 곳을 이 잡듯 뒤졌지만 결국 원래 49달러에서 30달러로 할인된 이 도커스Dockers 제품이 날마다 세탁을 해도 오래 입을 수 있다는 결론을 내렸다.) 동료 중 직장이 있는 남편이나 남자 친구와 같이 사는 사람이 아니면 모두 투잡을 뛰는 것 같았다. 니타는 하루에 여덟 시간 동안 컴퓨터로 뭔가를 했다. 출퇴근에 45분씩 쓰지 않는다면 투잡을 뛰면서도 그사이에 샤워까지 할 시간이 있지 않을까 하는 상상을 했다.

그래서 나는 살던 집의 주인에게서 돌려받은 보증금 500달러에, 다음 달 월세 비용으로 벌어 놓은 돈 400달러, 그리고 비상금으로 남겨 둔 200달러를 합친 1100달러로 오버시스 트레일러촌의 46번 트레일러를 빌리는 데 필요한 보증금과 첫 달 월세를 냈다. 오버시스 트레일러촌은 중저가 호텔이 몰려 있는 곳에서 1.5킬로미터 정도 떨어진 키웨스트의 공업 단지에 있었다. 46번 트레일러는 너비가 2.5미터였는데 안에 들어가 보면 바벨 모양의 구조로, 가운데 부분은 싱크대와 조리대가 놓여 있어서 폭이 좁았고, 트레일러 양쪽 끝에는 침대와 매우 낙관적인 시각으로 보면 '거실'이라고 부를 수 있는 공간이 있었다. '거실'에는 두 명이 앉을 수 있는 식탁과 절반 크기의 의자가 놓여 있었다. 세면실은 너무 작아서 변기에 앉으면 샤워대에 무릎이 닿았다. 침대를 박차고 일어나는 것은 금물이었는데, 먼저 침대 발치로 몸을 모아서 바닥에 발을 디딘 다음 설 수 있는 곳을 찾은 후에야 일어설 수 있는 구조였기 때문이다. 밖으로 나가면 몇 미터 떨어진 곳에 주류 판매점과 '내일 맥주 무료'라는 광고가 적힌 바와 편의점, 그리고 버거킹이 있었다. 마트도 없었고, 애석하게도 빨래방이 없었다. 오버시스 트레일러촌은 범죄와 마약의 소굴이라는 명성이 자자했다. 나는 적어도 생동감 넘치는 다문화를 거리에서 경험할 수 있기를 기대했지만 밤낮으로 황량한 적막감만 감돌았다. 적막감이 깨지는 유일한 시간은 근처 쉐라톤 호텔이나 세븐일레븐 편의점으로 출근하기 위해 사람들이 줄줄이 나갈 때뿐이었다. 사람이 사는 곳이라기보다는 근무 시간 사이에 더운 날씨로 인해서 노동력이 썩는 것을 방지하는 깡통 같았다.

내 주거 환경이 나빠진 것과 때를 같이해서 제리스는 심지어 전보다 더 추한 일터로 변해 가고 있었다. 주문을 넣는 컴퓨터 화면으로 받은 통고가 시작이었다. 이제부터 호텔 바는 레스토랑 고용인이 이용할 수 없다는 지침이었다. 처음에 나를 훈련시켰던 초능률의 화신으로 보이는 여자 때문이라는 소문이 돌았다. 세 자녀를 둔 그 또한 트레일러에서 살고 있었다. 어느 날 아침 뭔가 단단히 수가 틀린 그가 바에 슬쩍 가서 꽤 취한 채 돌아온 사건이 있었다. 바 출입 금지 조치로 가장 큰 피해를 본 것은 퇴근 후 고무줄로 묶어 뒀던 머리카락을 풀고 바에 가서 진gin 한두 잔을 마신 다음 집에 가는 습관이 있는 엘런이었지만 우리 대부분이 영향을 받았다. 그리고 그다음 날 빨대를 가지러 가 보니 처음으로 건조 물품 저장실이 잠겨 있었다. 문을 열어 준 약간 뚱뚱한 부매니저 테드는 설거지 담당 중 한 명이 물건 훔치는 것을 적발했다고 설명했다. 하지만 대체할 사람을 구할 때까지 그 직원을 계속 써야 하기 때문에 문을 잠가 둬야 한다는 것이다. 뭘 훔치려고 했는지 묻지도 않았는데 테드가 먼저 그 도둑이 누군지 알려 줬다. 짧게 머리를 깎고 귀걸이를 한 그 녀석, 지금도 부엌에서 일하고 있는 바로 그 녀석이라고 했다.

그때 곧바로 부엌으로 뛰어 들어가 조지에게 자초지종을 묻고 그의 사정 이야기를 듣고 왔노라고 말했더라면 얼마나 좋았을까. 조지에게 통역사를 대 주고 테드에게 맞서서 조지에게 변호할 기회를 줘야 한다고 따졌더라면 얼마나 좋았을까. 혹은 무료로 그의 변호를 맡아 줄 변호사를 찾았다고 선언할 수 있었더라면 얼마나 좋았을까. 수수께끼는 그 창고에 훔칠 만한 물건이 없다는 사실이었다. 적어도 어떤 물건도 장물아비에게 넘길 정도의 양이 보관돼 있지 않았다. "나 기오르기인데 일회용 케첩 200개, 아니 250개쯤 있어. 어때, 살래?" 조지가 훔친 것은(혹시라도 뭘 훔쳤다면) 비스킷 한 봉지 혹은 체리파이 믹스 깡통 하나 정도였을 것이고, 범행 동기는 배고픔이었을 거라는 게 내 추측이었다.

나는 왜 조지를 위해 나서지 않았을까? 저널리스트의 객관성이라는 핑계로 도덕적 마비 상태에 빠져서 그런 것은 확실히 아니었다. 오히려 뭔가 새로운 것, 혐오스럽고 비천한 무언가가 내게 스며들어 있었기 때문이다. 마치 늦은 밤 자기 전에 옷을 갈아입을 때 브래지어에서까지 여전히 맡아지는 부엌의 악취처럼 지울 수가 없는 무엇 말이다. 원래의 나는 대체로 용감한 편이지만, 매우 용감한 사람들마저도 포로수용소 같은 곳에 갇히면 용기를 잃는 경우가 수없이 많다. 어쩌면 미국의 저임금 노동자들이 일하는 환경, 포로수용소보다 백만 배 천만 배 더 화기애애한 환경에서도 그와 비슷한 현상이 벌어지는지도 모른다. 어쩌면 제리스에서 한두 달 더 일했더라면 나도 십자군을 방불케 하는 내 기상을 되찾았을지도 모른다. 하지만 한두 달 더 일했다면 내가 완전히 다른 인간으로 변화해 버렸을 가능성, 조지를 먼저 고발할 수 있는 인간으로 변했을 가능성도 있다.

하지만 내가 어느 쪽으로 변하게 될지 밝혀내는 것은 계획의 일부가 아니었다. 빈곤하게 사는 경험을 하기로 정한 한 달이라는 기간이 거의 끝나갈 무렵 나는 꿈꾸던 일자리를 찾았다. 객실 청소 일이었다. 그래도 얼마간의 신용이라도 쌓았을 것이라고 추측되는 유일한 곳인 제리스가 소속된 호텔의 인사과에 걸어 들어가서 월세를 내려면 두 번째 일자리를 찾는 것이 시급하다고, 그러나 프런트 데스크 일은 할 수 없다고 호소해서 얻어 낸 결과였다. "좋아요." 인사 담당자는 거의 내뱉다시피 말했다. "그럼 객실 청소밖에 없군요." 그는 나를 객실 청소 매니저 마리아에게 데려갔다. 몸집이 작고 부산스러운 인상을 주는 히스패닉계 여성 마리아는 나를 '베이브babe'라고 부르며 첫인사를 하고 바로 긍정적인 태도의 중요성을 강조하는 팸플릿을 건넸다. 근무 시간은 아침 9시부터 필요할 때까지, 시급은 6.10달러, 1년에 일주일 휴가가 있었다. 내 훈련을 맡은 중년의 아프리카계 미국인 카를로타를 만나보니 건강보험에 관해서는 물을 필요도 없겠다는 판단이 들었다. 자기를 카를라라고 부르면 된다고 말하는 그의 위쪽 앞니가 하나도 없는 게 보였기 때문이다.

객실 청소 일을 한 첫날, 그리고 내 프로젝트의 마지막 날(그때까지는 마지막 날이 될지 몰랐지만) 카를라는 심기가 불편했다. 우리가 청소해야 할 방은 열아홉 개로 대부분 '체류 중'이 아니라 '체크아웃' 방이었다. 체크아웃 방은 침대보를 모두 갈고, 진공청소기를 밀고, 목욕탕 대청소까지 해야 했다. '체류 중'이라고 표시된 방 중 하나가 '체크아웃' 방이라는 것이 밝혀지자 카를라는 마리아에게 전화를 걸어 항의했지만 물론 아무 소용이 없었다. "빌어먹을 침대보나 갈아." 카를라가 그렇게 지시했고, 나는 그가 목욕탕 청소를 하는 동안 침대보를 갈았다. 한시도 쉬지 않고 네 시간 내내 나는 침대보 교체 작업을 했다. 퀸사이즈 침대 하나당 4분 30초 정도가 걸렸지만 더 서둘러야 할 이유가 있으면 3분 안에도 끝낼 수 있었다. 진공청소기를 대신해서 바닥에 떨어진 부스러기 중 큰 것들을 손으로 집어 치우기도 했지만, 많은 경우 무게가 13킬로그램이 넘는 그 괴물 같은 진공청소기를 청소 카트에서 내려 씨름하듯 바닥 청소를 하는 수밖에 없었다. 간혹가다 카를라는 'BAM'이라고 써 있는(부티르산 어쩌고저쩌고하는 것의 약자인데 걱정되는 성분인 부티르산 뒤의 글자들은 모두 지워져서 뭔지 알 수가 없었다) 병을 건네며 욕실을 청소하라고 했다. 새로운 서비스 윤리에 자극을 받아 일을 더 잘해야 한다는 의무감을 느낄 겨를도 없이 나는 그저 욕조에 붙은 음모, 적어도 눈에 보일 정도로 짙은 색의 음모를 씻어내는 데 주의를 집중했다.

사실 '체류 중'인 방에 문을 열고 들어가 청소를 하는 것에 대해 일종의 기대감이 있었다. 완전히 모르는 사람의 비밀스러운 실제 삶을 엿보는 경험 말이다. 그러나 방에 있는 물건들은 거의 대부분 평범했고, 놀라울 정도로 단정하게 치워져 있었다. 지퍼까지 잠가서 정리해 놓은 면도 키트, 벽에 붙여 가지런히 벗어 놓은 신발(옷장이 없기 때문에), 스노클링 안내문, 가끔 빈 와인 병 한두 개가 놓여 있는 게 전부였다. 우리를 지탱해 준 것은 텔레비전이었다. 〈제리 스프링어 쇼〉와 〈샐리〉 그리고 〈하와이 파이브-오〉를 거쳐 연속극으로 이어졌다. 〈제리 스프링어 쇼〉의 '거절은 받아들일 수 없어'와 같이 특히 우리를 사로잡는 코너가 나올 때면 우리는 침대 가장자리에 앉아 낄낄거리며 텔레비전을 봤다. 마치 우리가 아무 전망도 없는 지루한 일을 하고 있는 것이 아니라 파자마 파티라도 하고 있는 것처럼. 연속극이 방영될 때가 최고였다. 카를라는 목욕탕을 청소하거나 진공청소기를 돌릴 때조차 한마디도 놓치지 않으려고 소리를 최대치로 올렸다. 503호에서 마르시아가 로런 문제를 제프에게 따졌고, 505호에서 로런이 연인의 속임수에 당한 불쌍한 마르시아를 놀렸다. 511호에서 헬렌이 어맨다에게 에릭과 헤어지면 1만 달러를 주겠다고 제안하자 카를라는 어맨다가 힘들어하는 표정을 직접 보기 위해 목욕탕에서 나왔다. "돈 받아." 그는 조언했다. "나라면 분명 받을 텐데."

시간이 흐르면서 우리가 청소하는 관광객들을 위한 호텔 방과 텔레비전 연속극에 나오는 화려한 인테리어들이 한데 뒤섞이기 시작했다. 우리는 더 나은 세상으로 들어갔다. 안락함만 있는 그 세상에는 날마다 휴가여서 성적인 음모와 계략으로 가득한 시간을 즐기기만 하면 됐다. 그러나 우리는 이 환상의 세상에 무단침입을 한 대가로 허리 통증과 갈증이라는 비용을 지불해야만 했다. 거울들, 호텔 방에 너무 많이 붙어 있는 거울들에 비친 나는 쇼핑 카트를 밀고 도시 거리를 활보하는 부랑자 같은 모습을 하고 있었다. 두 치수쯤 크고 땀에 전 호텔 유니폼 폴로셔츠에 턱까지 흘러내린 땀이 꼭 침을 흘린 것처럼 보이는 후줄근한 행색이었다. 그러던 중에 카를라가 30분 동안 점심 휴식을 갖자고 선언하자 큰 안도의 한숨이 절로 나왔다. 하지만 우리 청소 카트에 걸려 있던 비닐봉지에 든 핫도그가 체크아웃한 방에서 나온 쓰레기가 아니라 카를라의 점심이었다는 것을 깨닫고 내 입맛은 천 리 밖으로 달아나고 말았다.

오후 3시 30분에 퇴근하겠다고 요청하는 내게 객실 청소 담당 동료 하나가 지금까지 객실 청소와 제리스의 일을 병행하는 데 성공한 사람은 아무도 없었다고 경고했다. "어떤 젊은 애가 닷새 정도 하는 데 성공했었어. 근데 넌 젊은이도 아니잖아." 그 유용한 정보를 염두에 두고 나는 46번 트레일러로 돌아가서 애드빌(이번에는 유명한 제약 회사 제품으로) 네 개를 삼키고, 샤워를 한 다음 몸을 움츠려서 좁은 의자에 앉아 다음 근무에 대한 마음의 준비를 하려고 시도했다. 마르크스가 '노동력의 재생산'이라고 불렀던 활동, 즉 노동자가 다시 일할 준비를 갖추기 위해 하는 활동은 거기서 그쳤다. 첫 번째 근무에서 두 번째 근무로 순조롭게 넘어가는 과정에서 예상치 못했던 장애는 내 갈색 제리스 바지였다. 엊저녁 40와트짜리 불빛 아래서 하와이안 셔츠를 손으로 빨 때만 해도 깨끗해 보였던 그 바지가 햇빛 아래서 보니 케첩과 랜치 드레싱으로 얼룩져 있었다. 나는 한 시간 정도 되는 내 휴식 시간의 대부분을 바지에 묻은 얼룩을 젖은 스펀지로 닦아 낸 다음 자동차 트렁크 위에 널어 말리는 데 썼다.

적어도 내가 머릿속에서 만든 이론으로는 카페인을 충분히 마시고 점점 더 눈에 밟히는 조지의 고통을 모르는 척하기만 하면 투잡을 뛸 수 있었다.♦ 적발된 후 며칠 동안 조지는 자신이 처한 곤경을 이해하지 못하는 듯했고, 우리의 수다도 계속됐다. 그러나 마지막 두세 번 근무 때는 면도도 하지 않고 초조한 모습을 보였고, 그날은 눈 밑에 다크서클이 짙게 내려온 얼굴에 거의 유령 같은 얼굴이 되어서 나타났다. 한번은 내가 구운 감자에 곁들일 사워크림을 작은 종이컵에 채우느라 정신이 없는 순간 조지가 다가와 우리가 공유한 어휘의 한계를 시험하려는 듯한 얼굴로 말을 걸었지만, 그 순간 테이블에서 나를 부르는 소리가 들려 자리를 떠야 했다. 나는 그날 밤 번 팁을 모두 그에게 줘야겠다고 결심했고, 저임금 생활을 하면서 돈을 규모 있게 쓰는 실험은 잠시 잊어버리기로 했다. 밤 8시에 엘런과 나는 악취가 진동하는 부엌 카운터에 함께 서서 간식을 먹었다. 하지만 점심도 맥너겟 한 줌으로 때웠는데도 모차렐라 치즈 스틱을 세 조각밖에 먹지 못했다. 나는 나

♦ 1996년, 두 개 이상의 직장을 가진 노동자 수는 780만 명으로 전체 노동자의 6.2퍼센트였다. 남성과 여성이 비슷한 비율(각각 6.1, 6.2퍼센트)이지만 성별에 따라 일의 종류는 다르다. 하나 이상의 직장을 가진 사람들의 3분의 2 이상이 직장 한 곳에서 풀타임으로, 다른 곳에서 파트타임으로 일한다. 정말 소수의 영웅적인 사람들(남성의 4퍼센트, 여성의 2퍼센트)이 두 개의 풀타임 직장에서 동시에, 그리고 영구적으로 일한다. (〈CPS에 발표된 다수 직장에서 일하는 노동력에 관한 새로운 데이터New Data on Multiple Jobholding Availabe from the CPS〉, 존 F. 스틴슨John F. Stinson, 《월간 노동 리뷰》, 1997년 3월 호)

1장 가진 자와 가지지 못한 자

자신에게 피곤하지 않다고 일렀다. 그러나 얼마나 피곤한지를 모니터할 수 있을 정도로 '내'가 남아 있지 않을 수도 있다는 생각이 들었다. 내게 그 상황을 더 정확히 이해할 수 있는 정신이 남아 있었더라면 파국의 물결이 이미 나에게 밀어닥치기 시작했다는 사실을 감지했을 것이다. 근무하는 조리사는 일을 시작한 지 얼마 안 되는 헤수(표기는 Jesus) 단 한 사람뿐이었다. 그리고 근무 시간 중간에 나타나 인계를 받아야 하는 조이는 몸에 딱 붙는 하얀 원피스를 입고 칵테일 바에서 누군가를 기다리다가 바람이라도 맞은 것처럼 화가 머리끝까지 난 상태였다.

그리고 올 것이 오고야 말았다. 완벽한 폭풍, 그보다 더 나빠질 수 없는 상황이 들이닥친 것이다. 내가 담당하는 테이블 중 네 개에 손님이 동시에 배치됐다. 나도 이제 테이블 네 개 정도는 능숙하게 처리할 수 있었다. 조금 시차를 두기만 하면 말이다. 27번 테이블에 음료를 가져다주는데 25번, 28번, 24번 테이블 손님들이 부럽다는 듯이 쳐다보고 있었다. 25번 테이블에 음료를 서빙하자 음료 주문조차 하지 못한 24번 테이블이 으르렁대듯 나를 노려봤다. 28번 테이블은 여피 분위기가 나는 네 명의 젊은이였다. 모든 곁들임 음식을 다 주문하고 시저 샐러드를 하나 주문하는데도 일생일대의 고민거리라도 되는 듯이 끙끙거릴 게 분명했다. 25번 테이블은 중년의 흑인 커플로, 아이스티가 상큼하지 않고, 테이블이 끈적거린다고 불평했다. 그 말이 사실이긴 했다. 그러나 24번 테이블에서는 금세기 최고의 기상 이변이 벌어지고 있었다. 영국 관광객 열 명이 마치 미국에 대한 경험을 전적으로 입을 통해 받아들이겠다고 결심이라도 한 듯 열 명 모두 음료를 적어도 각각 두 개 이상씩 주문한 것이다. 아이스티와 밀크셰이크, 미켈롭 맥주와 물(레몬 한 조각을 꼭 넣어서) 등에 더해 브랙퍼스트 스페셜, 모차렐라 치즈 스틱, 치킨 스트립, 케사디야, 치즈를 넣은 버거, 치즈를 넣지 않은 버거, 체더 치즈를 얹은 해시브라운, 양파를 곁들인 해시브라운, 그레이비 소스를 끼얹은 해시브라운, 양념한 감자튀김, 양념하지 않은 감자튀김, 바나나 스플릿 등 주지육림을 방불케 하는 주문이 들어왔다. 불쌍한 혜수! 불쌍한 나! 세 번이나 음료 리필을 하기 위해 왔다 갔다 한 후 음식을 쟁반에 가득 담아 들고 도착해 보니 자신이 프린세스 다이애나나 되는 줄 아는 여자 하나가 소시지를 곁들인 팬케이크와 치킨 스트립을 함께 먹을 수 없다며 거부했다. 지금에야 밝히는 사실이지만 치킨 스트립을 전채 요리라고 생각했기 때문이란다. 다른 사람들은 그냥 식사를 시작하고 싶은지 모르겠지만 미켈롭 맥주를 석 잔째 들이켠 '프린세스 다이애나'는 일행 전체가 전채 요리를 끝내기 전에 메인 요리를 부엌으로 돌려보내야 한다고 고집했다. 그 와중에 여피들은 디카페인 커피를 리필해 달라며 내게 손을 흔들어댔고, 흑인 커플은 미국 흑인 지위 향상 협회에 당장이라도 고발할 태세를 취했다.

그다음에 일어난 일의 많은 부분은 전쟁의 포화로 가려져 흐릿하게만 기억에 남아 있다. 혜수가 무너지기 시작했다. 음식을 조리하기는커녕 주방 카운터에 놓인 주문 프린터가 빠른 속도로 뱉어 내고 있는 주문서를 채 다 뜯어내지도 못하고 있었다. 천하무적 엘런마저도 스트레스로 하얗게 질려 있었다. 24번 테이블에 다시 데운 메인 요리들을 가져갔지만 너무 차갑다거나 전자레인지에서 다 말라 버렸다는 이유로 모든 음식을 거부했다. 거부된 음식을 가지고 부엌으로 돌아가자(커다란 쟁반으로 세 번에 걸쳐) 조이가 양손을 허리에 올린 채 내 앞을 가로막아 섰다. "이게 다 뭐지?" 음식을 말하는 것 같았다. 손님들이 거부한 팬케이크와 다양한 맛의 해시브라운, 토스트, 버거, 소시지, 달걀 요리들 말이다. "어… 체더 치즈를 곁들인 스크램블 에그와… 그리고 저건…." 나는 대답을 하기 위해 최선을 다했다. "아냐." 그가 내 얼굴에 대고 소리를 질렀다. "정통 스크램블인지, 슈퍼 스크램블인지, 아이오프너 스크램블(아침에 눈을 뜨게 할 만큼 맛있는 스크램블 에그라는 의미로 식당마다 조리법이 다르다-옮긴이)인지 말해 보라고!" 나는 주문서를 보고 힌트를 찾아보려 애썼지만 엔트로피는 음식뿐 아니라 내 머릿속에서도 작동하기 시작해서 원래 주문서는 거의 알아볼 수가 없었다. "정통 스크램블하고 아이오프너 스크램블도 구분을 못 한다고?" 그는 분노에 찬 목소리로 물었다. 사실 내가 아는 건 내 다리가 눈앞의 상황에 흥미를 잃었고, 접히겠다는 의도를 뇌에 전달했다는 사실뿐이었다. 나를 구출한 것은 한 여피였다(다행히 내 담당 테이블의 여피는 아니다). 그 순간 그 구세주 여피가 주문한 지 25분이나 됐는데 아직도 음식이 나오지 않는다고 항의를 하러 부엌에 불쑥 들어온 덕분이었다. 조이는 그에게 빌어먹을 부엌에서 나갈 것을 정중히 권고한다고 소리 지른 다음, 이번에는 분노를 헤수에게 쏟아 내고 강조하기 위해 빈 쟁반을 집어 던졌다.

나는 그 자리를 떴다. 항의를 담은 파업이 아니라 그냥 자리를 떴다. 잔업을 끝내지도, 신용카드로 지불된 팁을 계산하지도, 심지어 현금으로 받은 팁도 챙기지 않은 채. 그리고 물론 조이에게 퇴근해도 되는지 허락도 받지 않고 그냥 자리를 떴다. 놀랍게도 허락받지 않고도 그곳을 떠나는 것이 가능했다. 허락받지 않고도 문이 열리자 내가 지나가도록 열대의 무거운 밤공기가 열렸고, 주차해 둔 곳에 내 차가 그대로 있었다. 복수심이나 자기 정당성도 느껴지지 않았고, 미운 사람에게 엿을 먹인 후에 드는 안도감도 없었다. 그저 피할 수 없는 패배감이 젖은 담요처럼 내 온몸과 주차장 전체를 덮었다. 내가 이번 일을 시작한 것은 과학적인 탐구심에서, 수학적 가정을 시험해 보기 위해서였다. 그러나 긴 근무 시간 내내 쉴 틈 없이 정신을 집중하며 생긴 터널 시각tunnel vision으로 인해 어느 시점부터인가 그 일은 나 자신에 대한 시험대로 변하고 말았다. 이제 내가 그 시험에서 낙제한 것이 명백해졌다. 나만 실망스럽게 일을 끝낸 데 그치지 않고 조지에게 내 팁을 주는 것조차 잊고 말았다. 그리고 그 부분이 가장 마음 아팠다. 어쩌면 게일이나 엘런처럼 열심히 일하고 관대한 마음을 가진 사람들이라면 그 이유를 이해할 것이다. 나는 울지 않았다. 하지만 몇 년 만에 처음으로 눈물샘이 아직 거기에 있고, 언제라도 임무를 수행할 준비가 되어 있다는 것을 깨달을 수 있었다.

트레일러촌에서 이사를 나오면서 나는 46번 트레일러의 열쇠를 게일에게 주고, 내 보증금이 그의 이름으로 이체되도록 했다. 그는 조앤이 여전히 밴에서 살고 있고, 스튜는 허스사이드에서 해고됐다고 전했다. 조지는 그 후 어떻게 되었는지 소식을 듣지 못했다.

한 달 사이에 나는 약 1040달러를 벌었고, 식비, 유류 비용, 세면 도구 구입비, 세탁 비용, 전화 요금, 그리고 기타 공과금에 517달러를 썼다. 처음 찾았던 500달러짜리 원룸에서 계속 살았다면 세를 내고 22달러가 남았을 것이다(결국 월초에 내가 지녔던 현금보다 78달러가 적은 액수다). 이 기간에 나는 유니폼으로 입기 위해서 산 바지를 제외하면 옷을 한 벌도 사지 않았고, 처방전이 필요한 약을 사지도, 병원에 가지도 않았다(결국 채소가 부족한 식단을 보충하기 위해 비타민 B를 사기는 했다). 편의점 대신 마트에 더 자주 갔더라면 식비를 좀 더 줄일 수 있었을지 모른다. 하지만 햄버거와 감자튀김을 많이 먹은 4주 사이에 거의 2킬로그램 가까이 체중이 빠졌다는 것도 주지할 만한 사실이었다.

한부모 가정 여성들이 받아 오던 복지 수당이 중단된 이후 어떻게 이런 저임금 노동을 하면서 살아남았는지, 앞으로 어떻게 살아남을지 나는 상상할 수가 없었다. 어쩌면 아이를 돌보고, 빨래를 하고, 연애를 하고, 식사를 준비해서 먹는 등 생활에 필요한 모든 일을 풀타임으로 근무하는 사이에 비는 한두 시간 안에 해치우는 방법을 찾아낸 것일지도 모르겠다. 어쩌면 차에서 살기 시작했는지도 모른다. 차가 있다면 말이다. 확실한 것은 나는 투잡을 뛰는 데 실패했고, 일자리 하나로는 사는 데 필요한 돈을 충분히 벌지 못했다는 사실이다. 나는 장기적으로 가난한 사람들이 상상도 할 수 없는 유리한 조건을 가졌는데도 불구하고 말이다. 나는 건강과 체력, 고장 나지 않은 차를 소유하고 있었고, 돌보고 먹여 살려야 하는 아이도 없었다. 캐스린 에딘Kathryn Edin과 로라 레인Laura Lein은 최근 펴낸 책《입에 풀칠하며 살기: 한부모 가정 여성들은 어떻게 복지와 저임금 노동을 극복하며 살아남을까Making Ends Meet: How Single Mohers Survive Welfare and Low-Wage Work》에서 저임금 노동을 하며 사는 삶이 부족하나마 복지 수당을 받으며 속수무책으로 사는 것보다 더 어렵고 궁핍하다는 결론을 내린다. 그리고 내가 한 경험은 그들이 내린 결론에서 한 치도 어긋나지 않았다. 일을 하는데도 빈곤에서 벗어나지 못하는 사람들의 경제 상태는 피할 수 없는 불황을 감안하지 않더라도 단기적으로나 장기적으로 더 악화될 것이 확실하다. 앞에서도 언급했지만 복지 수당이 끊긴 후 노동 시장으로 밀려 들어오는 비숙련 노동자들의 영향으로 임금과 고용 기회는 더 나빠질 것이다. 경제가 전반적으로 하향 곡선을 그리면 그 현상은 더욱 증폭될 것이다. 물론 근로 빈곤층은 그 폭풍을 빈약하나마 구세주 같은 역할을 할 수도 있는 복지 혜택에 전혀 기대지 못하고 마주할 것이다.

복지 개혁의 배경에는 아무리 보잘것없는 노동도 도덕적으로 희열을 주고 심리적으로 사기를 높인다는 가정이 깔려 있다. 그러나 현실의 노동은 모욕과 스트레스로 가득한 경우가 더 많다. 그럼에도 극도의 저임금 노동마저도 다른 결점을 보충할 만한 장점이 한 가지 있는 것은 확실하다. 그것은 바로 하는 일이나 그 일을 하고 받는 임금과 비교할 수 없이 훨씬 똑똑하고 재미있고 사랑이 넘치는 사람들 사이에 생기는 동지애다. 당연한 말이지만 언젠가 그 사람들이 자신이 얼마나 가치 있는 사람인지를 깨닫고 그에 맞는 행동을 취할 것이라는 기대에 희망을 걸어 본다.

✤   바로 이 식당 웨이트리스, 호텔 객실 청소부 일을 시작으로 저자는 1998년부터 2000년까지 3년에 걸쳐 가정집 청소부, 요양원 보조원, 월마트 매장 직원 등으로 일하며 최저 임금 수준의 급여로 정말 살 수 있는지를 체험했다. 그리고 자신의 워킹푸어 생존기를 담아 2001년 《노동의 배신》을 출간했다(국내 출간 2012년). 《노동의 배신》은 출간 이후 미국에서만 150만 부 이상 팔렸으며, 《가디언》 선정 '21세기 가장 뛰어난 책 100권' 중 13위에 이름을 올렸고, 전 세계 10여 개 언어로 번역 출간되면서 '현대의 고전' 반열에 올랐다. 무엇보다 이 책은 현실을 바꾸는 기폭제가 되었다. 예일대학교를 비롯한 600여 개 대학의 필독서로 선정된 뒤, 수많은 지역 모임에서 이 책을 대량 구매하여 시의회 및 주의회 의원들에게 배포했다. 그 결과 29개 주가 최저 임금을 인상했고, 2007년에는 연방 정부가 최저 임금을 인상하기에 이른다.

변태적인 가학피학성 공공 정책

《가디언The Guardian》, 1993

사담 후세인에 필적할 정도로 미국을 위협하고 있는 내적 요인은 복지 제도일지도 모른다. 이미 저명한 권위자들은 복지가 빌 클린턴이 진짜 남자인지를 확인해 줄 중요한 시험대라고 선언했다. 그는 정부 돈으로 먹고살겠다는 저 방탕하고 게으른 자들에게 보수적인 정책통들이 요구하는 것처럼 철퇴를 내릴 정도로 강인할까? 아니면 사람들이 줄줄이 굶어 죽을까 봐 벌벌 떠는 도나 샬레일라 Donna Shalala(클린턴 행정부에서 8년간 보건복지부 장관을 역임한 인물 - 옮긴이) 같은 사람들에게 무릎을 꿇을 것인가? 모든 사람의 관심이 거기 쏠려 있었지만 사실 양쪽 진영 모두를 만족시킬 만한 저비용의 기발한 해결책이 있다는 사실을 아무도 모르는 듯하다. 복지 수당을 받는 사람들에게 그 쥐꼬리만 한 돈을 계속 받아 가도록 허락하고, 그 대신 주기적으로 공개 매질을 받도록 요구하는 것이다.

말 같지도 않은 소리라고? 그럴지도 모른다. 하지만 처벌하는 것은 이미 이 시대의 주요한 문화적 테마가 된 지 오래다. 마돈나의 노래와 안무들을 보자. 신체 결박과 채찍이 강조되지 않는가. 혹은 섹스 파티의 피학대성애자들처럼 클린턴에게 "고통과 희생!"을 요구하며 펄펄 뛰는 저명한 권위자들의 말을 들어 보라. 재정 적자 문제를 두고도 이제 미국은 엉덩이를 한번 제대로 얻어맞아야 된다고들 한다. 그렇다면 그런 매질은 누가 당하는 게 제일 좋을까? 바로 돈도 없고, 빽도 없고, 정치적 힘도 없는 사회 계층이다.

신자유주의자에서부터 신보수주의자들에 이르기까지 모두 무엇인가 해야 한다는 데에는 동의한다. 중요한 것은 돈이 아니라 원칙이다(복지 비용은 연방 예산의 1퍼센트밖에 되지 않는다). 수십 개 대학과 연구소에서 학자인 체하는 남성들은 15세의 소녀가 임신을 핑계 삼아 임대료를 내지 않고 생애 최초의 원룸을 얻으려 하는 것을 두고 입에 거품을 물고 뒤로 넘어간다. 복지 혜택을 최장 2년으로 제한하겠다는 클린턴의 공약이 널리 환영받은 이유가 바로 그 때문이다. 클린턴은 그 2년 동안 직업 훈련과 보육을 제공하지만, 그 후에는 쓰레기를 뒤져 음식을 찾아 먹든 말든 모르는 척하겠다고 약속했다.

그러나 복지 혜택과 매질을 결합한 프로그램은 모든 면에서 월등하다. 첫째, 직업 교육과 강제 현장 실습을 아무리 많이 한다고 해도 이 프로그램보다 더 효과적이지는 않을 것이다. 복지 수급자들은 수십 년간 수십 가지의 근로 복지 제도(실업자에게 일정한 노동을 하게 하고 복지 혜택을 주는 제도-옮긴이)와 근로 동기 부여 프로그램에 본인의 의사와 상관없이 참여해 왔다. 입사 면접 시 어떤 옷을 입어야 하고, 구인 광고에서 자신에게 맞는 일자리를 어떻게 찾아야 할지, 문서 작성과 간단한 회계 업무는 어떻게 보는 것인지 등도 배웠다. 하지만 그 효과는 가장 열렬한 복지 제도 지지자들마저 미미하다고 인정할 정도로 약소하다. 수입도 눈곱만큼밖에 늘지 않았기에 결국 다시 복지 혜택을 받아야 하는 처지로 돌아가곤 한다. 이는 복지 수급자들이 구제 불능의 게으름뱅이여서가 아니다. 빈곤선 아래의 급여를 받으면서 1년 내내 풀타임으로 일하는 사람들이 이미 노동 인력의 18퍼센트를 차지하고 있는 노동 시장에서, 최저 임금을 지급하는 일자리가 특히 아이를 돌봐야 하는 여성에게 돌아갈 확률은 매우 적기 때문이다.

둘째, 복지 혜택과 매질을 결합한 프로그램은 지금까지 시행된 어떤 근로 복지 제도보다 훨씬 저렴하다. 복지 수급자 전체를 노동 시장에 진입하도록 준비시키는 데 드는 비용이 적게 잡아도 1년에 500억 달러라는 추산이 나와 있다. 현재 복지에 들어가는 돈의 대략 2배 정도 액수인 이 돈의 절반가량은 보육에 사용될 것이다. 그러니 복지 수급자들을 훈련시키고 집 밖으로 내몰아서 무슨 낙을 볼 수 있다는 말인가? 복지 수급 대상자에 해당하는 1000만 명에 달하는 어린이들, 현재 집에서 엄마들이 돌보는 이 어린이들을 보육 시설로 보내 다른 가난한 여성들의 돌봄을 받는 사이 아이들의 엄마는 데이터 입력이나 햄버거 패티를 뒤집는 일을 하게 될 것이다. 이렇게 해서 결국 얻는 것은 말할 것도 없이 취학 전 아동들을 이리저리 이동시키는 결과뿐이다.

그러나 복지 혜택과 매질을 결합한 프로그램의 진짜 장점은 이 접근법이 빈털터리가 된 채 사회 가장자리로 밀려난 사람들을 향한 징벌적 분노의 분출구가 될 수 있다는 점이다. 오늘날 '최하층민'이라고 애매하게 규정된 이 계층은 '네 이웃을 사랑하라'고 설파한 예수의 산상수훈이 기이하게 뒤집힌 나머지 다른 어느 사회 계층보다 더 큰 분노를 사고 있다. 빈곤층을 벌줄 필요가 있다는 정서는 이미 현재의 복지 체계에 내장되어 있어서, 수급자들은 이 정부 부처에서 저 정부 부처로 계속 찾아다니며(아이들을 데리고 다녀야 하는 경우가 많다), 자신의 재정 상태와 잠자리 문제, 집안일 처리 습관 등 매우 사적이고 은밀한 부분까지 까발림을 당하곤 한다. 이런 행정적 괴롭힘은 견딜 수 없는 지경까지 이르러 생활보장 대상자 신분을 포기하는 빈곤층 여성들이 많다. 그러니 매질로 피를 볼 수 있으면 얼마나 더 생생한 효과를 거둘 수 있을지 상상해 보라!

마돈나는 차치하고라도, 가학피학성 변태 성욕은 최근의 정치적 분위기와도 딱 들어맞는다. 지난 20년간 우리가 뽑은 대통령들은 정부의 가장 주된 기능이 어떤 형태로든 '처벌하는 것'이라는 사실을 잘 이해했다. 가용 자금은 모두 군부로 쏟아져 들어갔고, 그 결과 미국 군부는 회초리를 든 여사감처럼 전 세계를 휘저으며 위세를 부렸다. 그레나다Grenada, 파나마, 리비아, 이라크처럼 못된 나라들은 회초리로 제대로 매질을 당한 후 구석에 가 있으라는 벌을 받았다. 백악관에서 끌려 나오는 와중에도 조지 부시는 사담 후세인에게 다시 한번 화풀이를 했고 《타임》은 그것을 '볼기 때리기spanking'라는 적절한 표현으로 묘사했다.

국내적으로도 처벌의 테마는 엄격히 지켜지고 있다. 정부의 다른 기능들은 모두 시들시들 사라져 가는 와중에도 교도소 체제는 점점 더 강화되어서 미국은 교도소 수감자 비율이 러시아 다음으로 높은 나라가 됐다. 가난한 남성들에게는 교도소가, 가난한 여성들에게는 복지가 마련되어 있다. 성별에 따라 처벌이 더 가벼우면 불공평하지 않은가.

복지 수급자들이 뭘 잘못해서가 아니다. 오히려 그들은 재원이 부족한 학교에 다니며 무관심 속에서 자랐고, 많은 경우 남편과 남자 친구들의 폭력에 시달렸고, 트레일러촌이나 소말리아의 수도 모가디슈Mogadishu를 연상케 하는 도시 빈민가에서 아이들을 혼자 키우도록 버림받은 사람들이다.

그러나 우리 모두는 '복지 개혁'이 무슨 뜻인지 이해한다. 쉬운 말로 바꾸면 그것은 누군가 처벌을 받아야 한다는 뜻이다. 여성들이 복지의 그물에서 밀려나 실업자 혹은 빈곤선 이하 수당을 받고 일을 하게 되면 궁극적으로 처벌받는 것은 그들의 아이들이다. 매질의 가장 큰 장점이 바로 이것이다. 그 방법은 단 한 명의 어린이도 굶기지 않고 동시에 복지를 반대하는 사람들을 만족시킬 수 있을 것이다.

1장 가진 자와 가지지 못한 자

대격차 사회: 사장들 vs. 노예들

《네이션The Nation》, 2007

최근 밝혀진 몇 가지 사실들로 인해 점점 심화돼 가는 미국 사회의 불평등이 새롭게 관심의 대상이 되고 있다. 기업의 고위 경영진들 정도 되면 팀을 이루어 일을 하고(사람에 따라서는 그것을 패거리 혹은 갱단으로 볼 수도 있겠지만) 그렇게 해서 거둔 결실을 공정히 나눠 가지리라 생각할 것이다. 나도 그렇게 생각했다. 하지만 현실은 그렇지 않았다. 고위 경영진들에게 들어온 보수 인상이라는 물은 모든 요트를 똑같이 부상시키지 않았다. 우리가 우려해야 하는 것은 CEO와 그보다(그녀라는 대명사를 쓸 수 있는 사례는 극히 드물다) 두 직급 아래 간부 사이의 임금 격차다.

MIT의 카롤라 프리드먼Carola Frydman과 연방 준비제도 이사회의 레이븐 E. 색스Raven E. Saks의 최근 연구에 따르면 30~40년 전까지만 해도 주요 기업의 CEO들은 같은 기업에서 세 번째로 높은 간부에 비해 80퍼센트가량 더 높은 보수를 받았다. 그러나 21세기 초에 접어들면서 그 두 간부 사이의 임금 격차는 260퍼센트까지 증가했다.

자, 이번에는 경제 스펙트럼의 가장 밑바닥에서는 무슨 일이 일어나고 있는지 살펴보자. 여러 곳의 푸드뱅크(가난한 사람들에게 무료로 음식을 나눠 주는 곳-옮긴이)를 훑고 다니는 저임금 노동자들과 종이 박스를 바람막이 삼아 노숙하는 돈 한 푼 없는 사람들이 떠오를 것이다. 그러나 경제 스펙트럼의 최하층은 심지어 그보다 한참 더 낮다. 2007년 5월, 롱아일랜드의 나무가 우거진 교외 주택가에 사는 한 백만장자 부부가 체포된 사건이 있었다. 5년 동안 두 명의 인도네시아인을 노예로 부린 혐의였다. 그 기간에 이 여성들은 한 달 보수로 100달러씩을 받고, 굶주린 상태로 바닥에 매트를 깔고 자면서 얻어맞고, 담뱃불로 지져지는 등의 괴롭힘을 당해야 했다.

이는 단발성 사건이 아니다. 새로 형성된 '톱' 클래스가 수억 달러의 보수와 전용기, 수천 평에 달하는 마린 카운티의 별장 등의 호사를 누리는 동안 새로이 형성된 '바닥' 클래스는 노예 생활을 하고 있다. 미국 노예의 일부는 롱아일랜드에서 갇혀 산 인도네시아인들처럼 감금된 채 가사 노동에 시달리는 사람들이다. 그 외에도 열악한 업장이나 레스토랑에서 노동력을 착취당하는 사례도 있고, 제대로 된 일자리를 준다는 거짓말에 속아서 고향을 떠나와 미국 내 사창굴로 흘러 들어간 최소 1만 명에 달하는 성노예가 있다.

CEO들과 노예들. 그들은 양극화된 미국 계층 사회의 극단에 존재한다. 그러나 동시에 많은 직종에서 평행적 분열parallel splitting이 일어나고 있다. 예를 들어, 일인자로 인정받는 수준의 대학교수들은 수십만 달러의 연봉을 받고, 거기에 더해 컨설팅 수임료나 특허 수익, 바이오테크 기업에서 받는 자문료 등을 챙기는 경우가 많다. 교수직의 다른 극단에는 한 학기에 5000달러도 안 되는 보수를 받으면서 보험 등의 혜택도 없고 종신 교수직을 받을 가능성도 없이 격무에 시달리는 강사들이 있다. 몇 년 전에 맨해튼에 있는 노숙인 쉼터에서 기거하면서 대학 강의를 다니던 강사 이야기가 화제가 된 적도 있다. 웨이트리스, 청소부 일을 하면서 강의를 하는 강사는 수없이 많다.

법조계는 또 어떤가. 한 시간에 수백 달러씩을 청구하는 법무법인이 있는가 하면 열악한 조건에서 시간당 19달러에서 25달러를 받으며 일하는 프롤레타리아 임시직 변호사들도 있다. 임시직 변호사들의 고충을 고발하는 블로그(http://temporaryattorney.blogspot.com)에 들어가 보면 화장실도 제대로 갖춰지지 않은 지하실에 빼곡히 앉아 하루 열두 시간씩, 주 6일을 일해야 한다고 호소하는 임시직 변호사들의 글을 수없이 발견할 수 있다. 《아메리칸 로이어American Lawyer》에는 뉴욕의 주요 기업에서 일하는 임시직 변호사가 '죽은 바퀴벌레 사체가 널려 있는 창문도 없는 지하 방에 갇혀서 일하고 있다'는 기사가 실렸다. 그 방의 출입구 일곱 개 중 여섯 개가 잠겨 있었다.

미국 사회의 극심한 양극화 현상이 점점 더 심화된다는 사실을 생각하다 보면 '암흑 에너지'를 떠올리지 않을 수가 없다. 빅뱅의 에너지만으로는 설명할 수 없는, 빠른 속도로 은하계들 사이의 거리를 벌리고 있는 그 신비로운 힘 말이다. 우주의 모든 물체는 다른 물체를 밀어내는 힘을 가진 게 아닐까. CEO가 CFO(재무 최고 책임자), COO(운영 최고 책임자) 등을 멸시하고 멀리하는 것처럼 말이다. "저 녀석들이 너무 가까워졌잖아. 내 보수를 더 많이, 많이, 많이 올려야 해!"

각각의 은하계는 서로를 필요로 하지 않기 때문에 내키는 대로 갈 길을 가면 되지만, CEO는 동료 간부들이 필요하다는 점에서 다르다. 저명한 교수가 자기 강의를 맡길 강사를, 법무법인이 격무에 시달리는 임시직 변호사를 필요로 하는 것과 마찬가지다. 어쩌면 그 CEO 중에는 집에 가서 가사를 담당하는 노예들이 청소해 놓은 마호가니 나무 패널이 덧대어진 방에 앉아 싱글몰트 위스키를 홀짝거리는 사람이 있을지도 모른다.

왜 맨 윗자리에 앉은 사람들은 자신이 다른 사람들의 노동에 의존해야 한다는 사실을 품위 있게 인정하지 못할까? 우리에게는 탐욕이 야기시킨 폭발적인 거리 두기를 상쇄할 모종의 끌어당기는 힘이 필요하다. 그렇지 않으면 우리 사회는 우주를 흉내 내다가 산산조각으로 폭발해 버리고 말 것이다.

1장 가진 자와 가지지 못한 자

모든 게 불법 이민자들의 탓이라면

바버라의 블로그Barbara's Blog, 2006

내가 운영하는 웹사이트의 대화방에서 벌어지고 있는 불법 이민자에 대한 사람들의 대화를 읽다 보면 만감이 교차한다. 그중 어떤 사람은 이렇게 선언하기도 했다. "가장 첫 단계는 밀입국자들과 비자 만료 후에도 불법 체류를 하는 사람들을 추방하는 것이다. 그러면 곧바로 수백만 개의 일자리가 생겨날 것이다." 30대 중반 남성이라고 밝힌 그 누리꾼은 루 돕스Lou Dobbs(CNN 앵커-옮긴이)의 강경한 〈구멍 난 우리의 국경Our Broken Borders〉 시리즈를 애청해 온 것이 틀림없다. 그 프로그램에서는 미국이 겪는 경제 문제의 약 51퍼센트를 불법 이민자들의 탓으로 돌리곤 한다. 사실 돕스가 문제의 원인 중 나머지 49퍼센트를 '대기업'에 돌린다는 점도 언급하는 것이 공평하기는 하겠다.

나도 미국과 멕시코를 가르는 국경을 여러 차례 넘어 봤지만 내 눈에는 그렇게 구멍이 숭숭 뚫린 것으로 보이지 않았다. 티후아나Tijuana(미국과의 국경에 자리한 멕시코 도시)에 세워진 태평양까지 뻗어 있는 거대한 담장 너머로 중무장을 한 요새 같은 것이 보인다. 바로 미국이다. 가난한 쪽에서는 '기회의 땅'이라고 보는 곳이다. 미국으로 돌아오던 어느 날 국경 검문소를 통과하기 위해서 엄청나게 길게 늘어선 차량 행렬에 합류한 후 깡마르고 핼쑥한 얼굴로 아기를 업은 사람들이 간식이나 값싼 장신구 등을 들고 이 차에서 저 차로 헤매는 것을 보며 50분을 기다려야 했다.

놀라운 사실은 너무도 많은 수의 멕시코인(그리고 다른 중남미인들)이 목숨을 걸고 국경을 건너와 이 적대적인 미국의 문화를 감수하려 한다는 사실이다. 이 사실은 캘리포니아에 들어서자마자 도로변에 설치돼 있는 '인간 횡단자 주의human crossing'(보통은 밤중에 도로를 건너는 야생 동물을 주의하라는 표지판이 많이 보이는 것과 대비되기 때문에 더욱 의미가 있다-옮긴이)라는 경고판을 보면 더 실감이 난다. 경고판에는 사슴이 아니라 함께 뛰어가는 일가족의 실루엣이 그려져 있어서, 국경 바로 북쪽에서 차에 부딪힐 확률이 가장 높은 대상이 무엇인지를 잘 알려 준다.

이제 우리 미국인들은 중남미계 불법 이민자 중 가장 높은 비율을 차지하는 직업군의 생활이 어떤지를 엿볼 기회를 얻었다. 건설업, 이사업, 조경업 등에서 일하는 일용직 근로자들의 생활 말이다. 미국의 주요 대학 세 곳이 합동으로 진행한 2006년 연구에서 미국에서 일하는 일용직 근로자의 4분의 3이 불법 이민자들인 것으로 밝혀졌다. 그들의 생활이 비참하다는 사실은 그리 놀랍지 않은 일이다. 중위 소득의 불법 이민자도 한 달 소득이 700달러에 불과하고, 대부분 건강보험은 꿈도 꾸지 못하는 데다, 절반이 한 번 이상 고용주들에게 보수를 떼였다고 응답했다.

이것이 양심 없는 고용주들이 불법 이민자들을 좋아하는 이유다. 착취를 해도 반격할 수가 없기 때문이다. 그래서 루 돕스 등에게 하고 싶은 말로 처음 내 머릿속에 떠오른 대답은 '불법 이민자들이 미국인들과 일자리 경쟁을 하지 않도록 하려면 그들을 착취하는 것을 당장 멈추고 미국인들과 동일한 법과 규제의 보호를 받도록 하라'는 것이었다.

위에서 언급한 연구 결과 중 정말 놀라운 사실은 설문에 응답한 일용직 근로자의 49퍼센트가 그들을 고용한 주체에 대해 자영업자도 소기업도 아니었으며, 대기업은 더욱더 아니었다고 답한 부분이다. 고용주의 49퍼센트는 미국의 일반 가정이었다. 루 돕스의 프로그램에 베이 뷰캐넌Bay Buchanan(보수 논객이자 정치인 팻 뷰캐넌의 누이)이 출연해서 불법 이민자들을 고용하는 '대기업'들을 맹렬히 비난한 적이 있다. 그러나 알고 보니 현실에서는 바로 그의 이웃이 불법 이민자를 고용해 페인트칠을 하고 잔디를 깎고 있었다.

위선이 너무 심해서 구역질이 날 것 같다. 지난 몇 년에 걸쳐 우리는 일용직 근로자들을 고용하는 장소에서 반이민 시위가 벌어지는 것을 목격해 왔다. 캘리포니아주의 버뱅크에서 롱아일랜드의 서퍽 카운티에 이르기까지 도로 모퉁이, 혹은 많은 경우 홈디포(건축 자재, 공구, 원예 재료 등을 파는 대규모 체인점-옮긴이) 주차장에서 이런 시위가 벌어졌다. 하지만 정의감에 불타는 시위자 중 건축이나 잔디 깎는 일은 아니더라도 보육이나 가사 도우미로 불법 이민자를 고용한 사람은 얼마나 많을 것인가?

나도 한 토론 참여자의 "'아무도 하고 싶어 하지 않는 일'을 한다는 이유로 이 노동자들의 영향력을 간과하는 상아탑의 '전문가'들에 대해 싫증이 난다"는 발언에 동의한다. 버펄로에 사는 지미라는 친구를 예로 들어 보자. 그는 일하던 자동차 공장에서 1990년대에 해고당한 후 안정적인 직업 없이 이 일 저 일 전전하며 살았다. 이제 그는 허리케인 피해를 복구할 일손이 부족한 사우스플로리다로 이사할 준비를 하고 있다. 그의 계획은 무엇일까? 일자리를 구하거나 아니면 일손을 구하는 사람의 눈에 띄어 임금은 낮고 승진 기회가 거의 없는 일이라도 하기 위해 홈디포 주차장에서 시간을 보낼 예정이다.

자동차 산업 분야에서 계속되는 재난에 가까운 해고 사태는 홈디포 주차장에서 일자리를 기다리는 이민자들의 대열에 점점 더 많은 미국인이 합류하는 현상으로 이어질 것이다. 그 미국인들은 이제 선택을 해야 한다. 이민자들을 경쟁자이자 적으로 치부할 것인가, 그들을 동료로 보고 힘을 합쳐 더 나은 임금과 근로 조건을 모든 사람이 누릴 수 있도록 싸울 것인가.

물론 나는 그들이 후자를 선택하기를 기원한다. 멕시코 국경을 넘으면서 본 장면이 아직도 머릿속에서 맴돈다. 다 해진 갈색 옷을 입은 갈색 피부의 바싹 마른 남자가 느리게 움직이는 차에 탄

미국인들에게 손으로 깎은 나무 십자가를 팔려고 애쓰는 모습이.
그의 목에는 자신이 파는 것들보다 더 큰 십자가가 걸려 있었다.

높은 담이 정말로 당신을 보호해 줄까

《허핑턴포스트The Huffington Post》, 2007

또 하나의 유토피아 실험이 실패로 끝나는 듯하다. 사회주의 정신을 바탕으로 한 이스라엘의 키부츠kibbutz들이 완전히 자취를 감추거나 점점 더 악랄하게 자본주의화되는 길을 걷더니 이제는 완벽히 편집증적인 주거 단지를 상징했던 게이티드 커뮤니티gated communities(외부인 출입을 제한하기 위해 울타리와 문을 설치한 주거 단지-옮긴이)가 심각한 곤경에 빠지기 일보직전이다. 백인 중상류층이 주로 사는 이 비싼 주거 단지들은 한 번도 멋진 이미지를 누려 본 적이 없지만(짐 캐리 주연의 〈트루먼 쇼〉를 기억해 보라) 이제 깊은 환멸의 온상이 되어 가고 있다.

2007년 워싱턴에서 개최된 미국 인류학회American Anthropological Association 연례 총회에서 세타 로우Setha Low 신임 협회장이 너무도

1장 가진 자와 가지지 못한 자

절망적이고 의기소침한 전망을 발표하자 청중들은 샤덴프로이데 Schadenfreude(남의 불행이나 고통을 보면서 느끼는 쾌감을 뜻하는 독일어-옮긴이)에 가까운 웃음을 터뜨렸다. 로우가 인터뷰를 한 게이티드 커뮤니티의 한 주민은 인종 문제가 극심한 도시에서 몸을 피해 이곳으로 왔지만 이미 여기에서도 두려움 없이 사는 것이 불가능해졌다고 대답했다. 한 주민은 자신의 딸이 극심한 외국인 혐오증을 갖게 되었다고 말했다. 분명 부모의 영향을 받은 현상일 터였다. "차를 타고 가는데 신호등에 걸려 일용직 근로자들 몇몇하고 장비를 뒤에 실은 트럭 옆에 멈춰 섰어요. 딸아이가 얼른 차를 출발시키라고 하더라고요. 그 사람들이 자기를 잡아갈 것 같다면서요. 아이 눈에 그 사람들이 무서워 보였던 거죠."

자기 집 정원을 돌보는 조경사를 두려워하며 사는 집주인들의 우스꽝스러운 광경은 그렇다 치더라도, 이 현상에는 매우 걱정스러운 측면이 있다. 로우는 게이티드 커뮤니티가 일반 주거 지역보다 범죄율이 낮지 않다고 밝혔고, 그 사실은 미국 주택 건설 협회 연구실 부회장인 고팔 알루왈리아Gopal Ahluwalia도 인정했다. "문과 울타리가 설치된 주거 단지와 그렇지 않은 주거 단지가 범죄율 면에서 큰 차이가 없다는 연구 결과가 나와 있습니다." 보안 담당자들은 별다른 확인 없이 사람들을 그냥 들여보내기 일쑤다. 특히 그럴듯한 임무를 띤 것처럼 보이는 사람들은 무사통과시킨다. 작년 봄 플로리다주 포트마이어스의 게이티드 커뮤니티에 이삿짐 트럭을 가장하고 들어가 집 전체의 가구를 훔쳐 달아난 사례도 그렇게 벌어진 사건이었다. 커뮤니티 자체에서 발생하는 범죄도 있다. 사우스캐롤라이나의 힐튼헤드플랜테이션에서는 그곳에 거주하는 10대들이 범죄를 저질러 결국 통행 금지 시간을 정해 운영된 적이 있다.

근래에 들어서는 미국 각지에서 게이티드 커뮤니티의 주택들이 압류되는 사례가 늘고 있다. 그렇다. 50만 달러짜리 주택 매입에 필요한 계약금을 동원할 수 있는 사람들마저도 변동 금리 주택 담보 대출의 이자가 너무 높아지면 집을 빼앗기고 중상류층에서 중하류층으로 전락할 수 있다. 《뉴스위크》는 네바다주 헨더슨의 블랙마운틴비스타스 게이티드 커뮤니티가 압류로 인해 폐허가 되어 가고 있다며 그곳에서는 '한 치도 어긋남이 없이 단정했던 잔디밭이 듬성듬성 누렇게 시들어 가고, 문 앞에 배달된 전화번호부가 몇 주째 방치된 채 사막의 태양 아래 허옇게 변해 가고 있다'고 보도했다. 《올랜도센티널Orlando Centinel》도 이 지역의 한 게이티드 커뮤니티에서 '수없이 많은 주택 보유자가 치솟는 주택 담보 대출의 이자율을 부담할 수 없어 떠났고, 주민이 떠난 자리에는 이끼 낀 수영장과 무릎까지 올라오는 무성한 잡초만 남았다'고 보도했다.

번영뿐 아니라 완벽을 원했던 사람들의 아메리칸 드림, 적어도 인종 청소 버전의 아메리칸 드림이 다시 한번 새드 엔딩을 맞게 된 것이다. 그들의 꿈이 있던 자리에는 이제 창문에 판자를 덧댄 맥맨션(작은 부지에 크고 화려하게 지은 저택-옮긴이)과 사람의 손이 닿지 않아 우거진 잔디밭 위로 날아다니는 비닐봉지, 압류의 물결이 휩쓸고 간 뒤 뱀들이 우글거리게 된 올랜도의 고급 주택가만 남고 말았다. 이민자들과 아프리카계 미국인, 10대, 기타 의심스러운 족속들을 담장 밖으로 쫓아내는 것은 가능할지 모르겠지만 압류 집행인을 막을 수 있을 정도로 높은 담은 없다.

물론 일부 게이티드 커뮤니티는 비교적 큰 타격 없이 버티고 있기도 하고, 그런 곳에 산다고 모두 인종 차별주의자란 뜻은 아니다. 소유한 집을 세놓는 것을 허용하는 곳이나 평범한 중산층이 부담할 수 있는 액수인 25만 달러 정도의 가격에 거래되는 주거 단지라면 여러 계층과 인종이 섞여 살고 있을 확률이 높다. 내가 가 본 유일한 게이티드 커뮤니티는 굼뜨고 해이한 경비원과 허술한 담이 둘러쳐 있는 곳이었고, 나를 초대한 사람 또한 별로 돈이 많지 않고 진보적인 성향을 가진 작가였다. 하지만 모든 게이티드 커뮤니티 주민은 물리적인 담장 뒤에 숨으면 안전하다는 착각에 빠져 산다.

남쪽 국경 1120킬로미터를 쇠벽으로 막아 미국 전체를 게이티드 커뮤니티로 만들어 버리기 전에 우리는 배타적인 담의 얼룩진 역사에 대해 곰곰이 생각해 봐야 한다. 고대와 중세 시대 유럽 도시들은 거대한 성벽을 쌓고 그 뒤로 숨었다. 그러나 성벽이 높고 튼튼해질수록 더 무서운 투석기와 공성 망치 등의 무기와 맞서 싸워야 했다. 동독 정부가 자국을 보호해 주는 '반파시즘의 상벽'이라고 애정을 담아 불렀던 베를린 장벽도 최근 체제에 대항하는 시민에 의해 무너져 내렸다. 반팔레스타인 검문소와 장벽을 점점 더 많이 세워 그 뒤에 숨고 있는 이스라엘은 지난 9월 신나치주의자들의 범죄가 절묘하게도 자국 내에서 터지는 것을 감수해야 했다.

그러나 미국 내 게이티드 커뮤니티의 운명은 결국 시장의 힘으로 결정될지도 모른다. 지난 6월 《새러소타 헤럴드트리뷴Sarasota Herald Tribune》은 '지옥은 바로 게이티드 커뮤니티 안에 있다'고 선언했다. 대규모 주택 건설 업체인 풀테홈스PulteHomes가 실시한 시장 조사에서 50세 이하는 게이티드 커뮤니티에 살고 싶어 하지 않는다는 사실이 밝혀졌다며, 그 지역에서 지어질 다음 주거 단지에는 배타적인 담을 두르지 않기로 결정했다는 내용의 기사였다. 안전에 대한 보장, 아니 적어도 안전을 보장받는다는 약속이 중요할 수는 있다. 그러나 그에 못지않게 중요한 것은 오래된 미국의 정신이다. 사실 이 정신은 미국 정부의 정책에도 영향력을 발휘해야 한다. 바로 몬태나의 내 조상들이 외쳤던 것처럼 "나를 가두지 마!"의 정신 말이다(《나를 가두지 마!Don't fence me in!》는 몬태나 출신 시인 로버트 플레처Robert Fletcher가 쓴 시를 바탕으로 콜 포터Cole Porter가 만든 노래의 제목이다. 이 노래는 20세기 폭스의 뮤지컬 〈카우보이〉에 삽입되어 크게 유행했다-옮긴이).

✤ 이 칼럼을 포함해서 저자는 빈곤과 계급 불평등, 그리고 사회 정의를 무너뜨리고 부를 독식한 1퍼센트의 '꼼수'를 고발하는 글을 모아 2009년 《오! 당신들의 나라》를 출간했다(국내 출간 2011년). 이 책에서 저자는 날카로운 비판과 더불어 '함께 살아갈 수 있는 사회'에 대한 절절한 염원, 그리고 이를 위한 분연한 행동을 촉구한다. 특히 그 행동의 일환으로 저자가 외쳤던 "월스트리트로 행진해 가야 하지 않겠는가?"라는 구호는 불과 2년 뒤인 2011년 '월스트리트를 점령하라(Occupy Wall Street, OWS)'로 우리가 목도한 현실이 되었다.

　　　　　　　　　　　　　　　　　1장 가진 자와 가지지 못한 자

이제 가난한 것도 범죄입니다

《뉴욕타임스New York Times》, 2009

가난한 것이 거의 불법적인 행위로 받아들여지는 시대에 이토록 많은 사람이 빈곤층으로 전락하고 있다는 사실은 정말 유감스러운 일이다. 달러 스토어(모든 물건이 1달러 이하인 할인점-옮긴이)에서 쇼핑한다고 체포되는 것은 아니지만, 길에 나앉을 지경으로 진짜 가난하다면 생명 유지에 필요한 생물학적 활동들, 예컨대 앉기, 자기, 눕기, 어슬렁거리기 등의 행동은 아예 꿈도 꾸지 않는 게 좋을 것이다. 시 당국 관리자들은 극빈자들을 괴롭혀 온 법령에 차별적인 요소가 전혀 없다고 큰소리친다. 대부분의 관계 법령은 1980년대와 1990년대 젠트리피케이션 시대에 만들어진 것들이다. "보도블록에 드러눕는 사람은 노숙인이든 백만장자든 법규를 위반하는 것입니다"라고 지난 6월 플로리다주 세인트피터즈버그

시의 대변인이 말했다. 아나톨 프랑스Anatole France의 영원한 명언 '장엄할 정도로 평등한 법은 부자나 가난한 사람이나 똑같이 다리 밑에서 잠잘 수 없도록 한다'를 간접 인용한 말이었다.

노숙인과 빈곤에 관한 법률 센터National Law Center on Homelessness and Poverty에서 새로 발표한 보고서에서는 경기 부진으로 빈곤층이 늘어가는 상황인데도 논리나 공감력이라고는 눈곱만큼도 동원되지 않은 채 가난을 범죄화하는 움직임이 점점 더 강해지고 있다고 결론짓는다. 보고서에 따르면 2006년 이후 공공장소에서 자신의 가난함을 드러내는 행위를 처벌하는 법령의 수가 꾸준히 증가해 왔고, 무단 횡단, 쓰레기 무단 투기 행위, 뚜껑을 연 채로 알코올을 들고 다니는 것 등 '피해자가 없거나 사회적 피해가 크지 않은' 위반 행위에 대한 범칙금 부과와 체포 건수도 함께 증가했다.

보고서에서는 또 미국에서 '가장 인색한' 도시 열 곳을 거명한다. 호놀룰루와 로스앤젤레스, 샌프란시스코가 왕좌를 차지하고 있지만 날마다 여러 도시가 그에 도전하고 있다. 콜로라도주 그랜드정크션의 시의회은 구걸 행위를 금지시키는 법안을 검토 중이고 애리조나주의 템페는 6월 말 나흘에 걸쳐 대규모 빈곤층 단속에 나섰다. 누가 빈곤층인지 어떻게 알아보는 걸까? 라스베이거스 법에 따르면 '빈곤한 사람은 상식을 갖춘 보통 사람이 보기에' 공적 지원을 '신청하고 받을 자격이 있어 보이는 사람'이다.

머리 손질과 화장을 하기 전 내 모습을 보면 딱 거기 해당한다. 하지만 알 세케이Al Szekely는 24시간 거기 해당한다. 올해 62세인 그는 반백의 머리에 휠체어를 타고 워싱턴 G 스트리트에 자주 나타난다. 그가 1972년 베트남의 푸바이Phu Bai에서 척추에 총알을 맞게 된 것도 결국 워싱턴에서 내린 결정들 때문이었다. 그는 작년 12월까지만 해도 벽과 지붕이 있는 방에 놓인 침대에서 잠드는 사치를 누렸다. 그러나 미결 영장을 손에 쥔 경찰이 그가 머물던 노숙인 쉼터를 한밤중에 급습하면서 그 사치도 끝나고 말았다. 사실을 알아보니 서임을 받은 성직자 출신으로 술, 마약은 가까이 하지도 않고, 숙녀 앞에서는 험한 말을 입에 올리지 않는 세케이 이름으로 발부된 영장이 있기는 했다. '주거 침입죄'(워싱턴 교외 주거 지역의 보도블록에서 잠을 잤다는 죄)에 대한 선고를 받기 위해 법정에 출두하지 않은 후 발부된 영장이었다. 그는 노숙인 쉼터에서 끌려 나와 감옥에 보내졌다. "믿어집니까?" 노숙인 권익 운동가 에릭 셰프토크Eric Sheptock(그 자신도 노숙인 쉼터에서 생활하고 있다)는 나를 세케이에게 소개하며 말했다. "노숙인 쉼터에 있던 사람을 노숙인이라는 죄로 체포한 거죠."

빈곤층에 대해 정부 당국이 품은 적개심의 강도는 입이 떡 벌어질 정도다. 몇 년 전, '폭탄이 아니라 음식을Food Not Bombs'이라는 단체가 전국의 공원에서 배고픈 사람들에게 비건 음식을 나눠 준 적이 있다. 그러나 라스베이거스를 필두로 한 다수의 도시가 공공장소에서 빈곤층과 음식을 나눠 먹는 행위를 금지하는 법령을 통과시켰고, 그 단체 회원 몇 명은 체포까지 되었다. 플로리다주 올랜도에서 '음식 나눠 주기 금지법'이 헌법에 위배된다는 판결을 연방 판사가 내렸지만 현재 올랜도시 당국은 판결에 불복하고 항소 중이다. 그리고 이제는 코네티컷주의 미들타운이 음식 나눠 주기를 단속하기 시작했다.

빈곤이 사람들을 범법자로 만들지만, 범법자가 된 사람들을 가차 없이 빈곤의 나락으로 떨어뜨린다는 것도 사실이다. 워싱턴에서 내가 인터뷰를 한 또 다른 노숙인 스콧 러벌Scott Lovell은 중죄를 저지르고 전과자가 됐다. 열다섯 살에 무장 강도단의 일원으로 스테이크 전문 식당을 습격한 죄였다. 러벌은 중범죄를 지은 전과자라기보다는 오하이오에서 온 여름 관광객 같은 차림새와 말투를 가졌지만 전과 때문에 일자리를 구하는 것이 극도로 힘들다고 토로했다.

알 세케이와 마찬가지로 러벌도 주거 침입죄로 체포당했고 더 깊은 지옥의 나락으로 빠져들었다. 감옥에 있는 동안 노숙인 쉼터의 자리마저 잃었기 때문에 그는 이제 베리존센터 스포츠 구장에서 잠을 잔다. 경비원들에게 쫓기는 것도 문제지만 모기들의 습격도 보통 일이 아니다. 뼈밖에 안 남은 그의 팔은 모기에 물려 붉게 부어오른 부분과 딱지투성이였고, 그는 가끔 그런 팔을 미친 듯이 긁어댔다.

아직 노숙인 신세로 전락하기 전인 사람들이 범죄자가 되는 길에는 두 갈래가 있다. 하나는 채무, 다른 하나는 피부색이다. 물론 어떤 피부색을 가졌든, 혹은 경기 침체 이전에 재정 상태가 어땠든 상관없이 누구나 빚더미에 앉을 수 있고, 우리는 미국이 채무 불이행자를 투옥시키는 법을 폐지했다는 사실에 자부심을 느낀다. 그러나 적어도 한 지역, 텍사스에서는 여전히 교통 범칙금을 낼 돈

1장 가진 자와 가지지 못한 자

이 없는 사람들에게 '범칙금만큼 감옥에서 지내야 하는 벌'을 준다.

법적인 문제는 보통 채권자 중 한 사람이 법정에 출두하라는 소환장을 보내고, 다양한 이유로 그 소환장의 명령에 따르지 못하면서 시작된다. (주소가 바뀌었을 수도 있고, 소환장을 받지 못했을 수도 있다.) 출두하지 못하면 법정 모독죄까지 추가된다. 혹은 매월 내야 하는 자동차 보험료를 한 번쯤 깜빡 잊고 내지 못하는 사이에 자동차 보험이 취소돼 버렸을 수도 있다. 그런 상황에서 가령 전조등이 깨졌다고 교통경찰에게 걸린다면 어떻게 될까? 지역에 따라서는 자동차를 압류당하거나 엄청난 액수의 범칙금을 얻어맞을 수 있다. 이렇게 해서 법정에 소환된다. 예일대학교 로스쿨 교수 로버트 솔로몬Robert Solomon은 "일단 악순환이 시작되면 끝이 없습니다"라며 "점점 가속되는 일만 남았지요"라고 말한다.

가난 때문에 범죄자가 되는 확실한 방법 중 으뜸은 바람직하지 못한 피부색을 하고 태어나는 일이다. 한 유명 대학의 교수가 인종 프로파일링(피부색, 인종에 입각해 수사하는 기법-옮긴이)의 대상이 되었을 때 대중은 격분한 바 있다. 그러나 루디 줄리아니Rudy Giuliani가 뉴욕 시장으로 재임할 당시, 그가 고용한 뉴욕 경찰국장 윌리엄 브래턴William Bratton이 널리 퍼뜨린 '깨진 유리창 이론'과 '무관용'주의(브래턴이 뉴욕 지하철 경찰국장이었을 때 건물에 깨진 유리창이 있으면 그 건물은 버려진 건물이라는 인상을 줌으로써 무단 침입과 추가적인 파괴를 불러일으킨다는 범죄학자 조지 켈링George Kelling의 주장에 영향을 받아 무임승차 단속으로 시작해 지하철 범죄를 대폭 감소시켰다. 그 사실에 주목한 줄리아니 시장이 브래턴을 뉴욕시 경찰국장으로 임명해서 작은 범죄도 용납치 않겠다는 '제로 톨로런스' 즉 '무관용' 정책을 채택했다-옮긴이) 덕분에 어두운 피부색과 가난의 의심스러운 결합은 수십 년 동안 사실상 인종 프로파일링의 표적이 되어 왔다.

경찰이 삼엄한 순찰을 도는 유색인종 주거 지역에서는 담배 꽁초만 잘못 버려도 쓰레기 무단 방출로 잡혀간다. 잘못된 색깔의 티셔츠를 입으면 갱단의 일원이라는 오해를 사서 잡혀간다. 미심쩍은 지역에서는 그냥 걷기만 해도 용의자 혐의를 받을 수 있다. 모두 전직 워싱턴 연방 검사 폴 버틀러Paul Butler의 큰 깨달음을 주는 새 저서 《자유로워지자: 정의에 관한 힙합 이론Let's Get Free: A Hip-Hop theory of Justice》에 실린 내용이다. 눈에 띄기 싫어하고 어벌쩡한 인상을 주면, 그러니까 아마도 공항 같은 곳에서 '과도하게 불안해 보이면' 경찰은 "강제로 멈춰 세워 왜 경찰과의 대화를 피하는지에 대해 조사할 수 있다"고 버틀러는 말한다. 그럴 때 너무 투덜거리면 안 된다. 자칫하면 '체포 불복죄'가 더해질 수 있기 때문이다.

미국 어린이 보호 기금Children's Defense Fund이 "요람에서 감옥까지 이어 주는 급행선"이라 부르는 이 관행에는 연령 제한도 없다. 뉴욕시에서는 공공 임대주택에 사는 친구나 친척을 방문한 10대 청소년도 신분증을 소지하지 않았다가 걸리면 주거 침입죄로 기소되어서 소년원에 들어갈 수 있다고 미국 어린이 보호 기금 뉴욕 지부에서 청소년 정의 프로그램을 운영하고 있는 미시 파루키Mishi Faruqee는 설명한다. 지난 몇 달 사이, 학교에 있어야 할 시간에 거리를 돌아다니는 10대 청소년들에게 범칙금을 부과하고,

경우에 따라서는 수갑을 채우는 도시들이 늘어나고 있다.

로스앤젤레스에서는 무단결석 벌금이 250달러다. 댈러스에서는 500달러까지 내야 하는 경우도 있다. 빈곤선을 넘나드는 사람들에게는 엄청난 액수다. 시민 변론 단체인 '로스앤젤레스 버스 타는 시민 연합Los Angeles Bus Riders Union'은 2008년 한 해 동안 무단결석으로 벌금형을 받은 학생이 1만 2000명에 달한다고 밝혔다.

왜 이 일에 '버스 타는 시민 연합' 같은 곳에서 관심을 보이는 걸까? '무단결석자'로 낙인이 찍힌 학생 중 80퍼센트 특히 중남미계나 흑인 학생들은 단지 만원 버스가 정류장에 서지 않고 지나가 버려서 지각했을 뿐이기 때문이다. 로스앤젤레스에서 내가 만난 사람들 중에는 자녀가 학교에 늦을 확률이 조금이라도 있으면 아예 집 밖으로 나가지 못하게 한다는 사람들도 있었다. 부모들이 자녀를 학교에 가지 못하게 만드는 무단결석 방지 정책, 그야말로 기발하지 않은가.

빈곤층에게 도움이 될 수 있는 공공 서비스 예산은 줄이고 법 집행을 강화하는 것이 패턴으로 고착된 듯하다. 학교와 대중교통 예산을 대폭 삭감하고, 무단결석을 불법으로 만든다. 공공 임대 주택을 없앤 다음 노숙을 불법화한다. 구직 기회가 거의 없는 상황인데 길거리에서 물건 파는 사람들을 단속한다. 빈곤층, 특히 소수 인종 빈곤층은 우리에 갇힌 채 무작위로 가해지는 전기 충격을 피하기 위해 이리저리 뛰는 쥐와 비슷한 경험을 한다.

혹시라도 마리화나를 조금 피우고서 몽롱한 상태로 그런 우리에서 도망치려는 시도를 하는 실수를 저지르면 "딱 걸렸어!"가 반복된다. 그런 시도 또한 불법이기 때문이다. 그 결과 중 하나가 전 세계 최고 수준으로 하늘을 찌르는 미국의 수감률이다. 현재 미국 내 교도소 수감자는 공공 임대주택에 사는 미국인의 숫자 (230만 명)와 맞먹는다.

한편 없어지지 않고 남은 공공 임대주택들은 점점 더 교도소와 닮아 가고 있어서, 거주자들은 약물 검사를 받고, 무작위 경찰 수색을 감수해야 한다. 별로 남아 있지 않은 다 해진 사회적 안전망은 수사망으로 둔갑하고 있다.

내가 미국 전역을 돌아다니며 만났던 사회 운동가들은 경기 부진이 시작된 후 왜 경찰이 '무관용'적 집행을 하는지 이유를 알 것 같다고들 말한다. 로스앤젤레스의 지역 공동체 '유니온 드 베키노스Union de Vecinos'(이웃 연합이라는 뜻의 스페인어-옮긴이)의 레오나르도 빌치스Leonardo Vilchis는 경기 부진으로 재정난에 허덕이는 시 정부들이 "가난한 사람들을 수입원"으로 이용하고 있다는 의혹을 제기한다. 경찰은 언제라도 벌금을 부과할 수 있는 범법 행위를 찾아낼 수 있기 때문이다. 만일 이것이 사실이라면 이보다 더 왜곡된 형태의 수입 창출이 어디 있을까. 6월에 열린 의회 청문회에서 미국 형사 변호인 협회National Association of Criminal Defence Lawyers 회장은 "대중의 안전에 위협이 되지 않는 범죄에 대한 과도한 처벌"의 파행적 실태에 대해 증언했다. 마분지 상자 안에서 자는 것, 회전식 개찰구를 뛰어넘는 것 같은 가벼운 범법 행위를 과도하게 처벌해서 법정과 교도소가 너무 붐비고 큰 비용이 든다는 내용이었다.

퓨 리서치 센터Pew Research Center는 주 정부들이 교정 프로그램에 517억 달러라는 기록적인 돈을 쓰고 있다는 보고서를 발표하고, 너무 '과도한' 수준이라고 결론지었다.

재정적으로 유지가 불가능할 정도로 교도소 수감 인원이 지속적으로 증가하는 현상과 빈곤을 범죄화하는 패턴 사이에 벌어지는 갈등이 빈곤과 처벌 사이의 미친 악순환을 끊을 수 있을 만큼 충분히 클지는 의문이다. 빈곤에 빠진 사람들의 숫자가 늘어나는 가운데(일부 추산에 따르면 2007년에는 370만 명이었고 현재는 450~500만 명으로 증가했다) 일부 주에서는 빈곤을 범죄화하는 기준을 완화하기 시작했다. 마약 사범을 교도소에 보내는 대신 재활 센터로 보내고, 보호 감찰 기간을 줄이고, 법원 출두 시간을 놓치는 등의 기술적인 범법 행위 때문에 교도소에 가는 숫자를 줄이는 식이다. 그러나 이 모든 것을 더 옥죄는 지역들도 있다. 이런 지역들은 '범죄'의 가짓수를 늘릴 뿐 아니라 수감자들에게 방값과 식비를 부과하는 방법을 써서 풀려날 때 다시 범죄자가 될 가능성이 높은 수준의 빚더미에 앉혀 버린다.

어쩌면 이는 증가하는 미국의 빈곤을 완화시킬 수 있는 출발점, 즉 알맞은 가격의 주택, 좋은 학교, 신뢰할 수 있는 대중교통 수단 등을 만들 돈이 없어서 벌어지는지도 모른다. 나는 그렇지 않다고 주장하고 싶지만, 적어도 이것만은 모두 동의해 줬으면 좋겠다. 우리가 가난한 사람들을 정말로 도울 수 없다면, 그들을 계속 괴롭힐 수도 없다는 것을 말이다.

복지 정책의 공공연한 비밀에 대하여

《뉴욕타임스New York Times》, 2009

경기 침체가 다른 건 몰라도 미국의 사회 안전망에 대한 인장 응력 시험 역할을 톡톡히 하고 있다. 수백만 명의 일자리와 집을 갑자기 앗아 가는 갑작스러운 경제적 재난에 우리는 얼마나 잘 대비하고 있을까? 오바마 행정부가 푸드 스탬프(저소득층의 식품 구입을 지원하는 미국 정부의 프로그램-옮긴이)와 실업 수당을 임시로나마 일부 확장하기는 했지만 연방 긴급 사태 관리청Federal Emergency Management Agency이 허리케인 카트리나로 인해 실체를 들켰던 것처럼 경기 침체는 미국 사회 안전망의 맨 얼굴을 그대로 드러냈다. 사방에 물이 차오르는데 지붕 위에 간신히 올라가 있어도 아무도 헬리콥터를 보내서 구조해 주지 않는다는 사실을 우리는 그때 깨달았다.

델라웨어 주민 크리스틴과 조 파렌테Kristen and Joe Parente 부부는 자기들에게 고난이 닥치기 전까지는 '정부의 도움을 구하는 사람들은 일하고 싶어 하지 않는 사람들'이라고 막연히 생각했었다. 파렌테 부부의 문제는 경기 침체 훨씬 전부터 시작됐다. 4대째 파이프 설치 기사로 일하던 조가 허리를 다치면서 가벼운 물건조차 들어 올리지 못하게 된 것이다. 몇 달간 우울증을 앓던 그는 마침내 겨우 힘을 짜냈고 정부 보조를 받아 컴퓨터 수리기사로 재훈련을 받았다. 그러나 컴퓨터 수리기사는 더 이상 수요가 없는 직종이었고 결국 장애 수당을 신청하는 방법만이 남고 말았다. 그러나 장애 수당을 신청한 조는 최근 MRI 영상 자료를 제출해야 자격 심사를 받을 수 있다는 말을 들었다. 캐치 22(조지프 헬러가 소설 《캐치 22》에서 만들어 낸 신조어로 이율배반성, 논리로는 설명이 불가능한 비논리적 논리성을 의미한다-옮긴이)가 딱 이런 경우를 말하는 게 아닐까. MRI를 찍으려면 800달러에서 900달러가 드는데 파렌테 부부에게는 그럴 돈이 없었고, 나머지 식구들과 달리 조는 메디케이드(미국의 빈곤층 대상 의료 보장 제도-옮긴이)를 받을 자격조차 되지 않았다.

10대에 결혼한 조와 크리스틴은 크리스틴이 전업주부로 남아 자녀들을 키우겠다는 계획을 세웠었다. 그러나 조가 일을 할 수 없게 되고, 아이들에게 들어가는 돈은 그대로인 상황이 닥치자 2008년 크리스틴이 웨이트리스 일자리를 얻었다. '강변에 있는 꽤 멋진 곳'에서 일하게 됐지만 불황이 닥쳤고, 그 또한 1월에 해고됐다.

크리스틴은 총명하고 예쁜 여성이었다. 집의 작은 부엌을 관리하는 솜씨로 보건대 식당의 테이블 열두어 개는 아무 문제 없이 효율적으로 처리할 능력이 있어 보였다. 과거에는 마음만 먹으면 며칠 내로 문제없이 일자리를 구할 수 있었지만 이제는 아무 데도 갈 곳이 없었다. 일자리를 잃은 대부분의 사람과 마찬가지로 크리스틴도 실업 수당을 받는 데 필요한, 엄청나게 복잡한 자격 요건과 때로는 제멋대로인 조건들을 맞추는 데 실패했다. 그리고 자동차에 문제가 생기기 시작했다.

그래서 2월 초, 파렌테 부부는 절박한 사람들이 마지막으로 찾는 곳, '빈곤 가정 일시 부조Temporary Assistance for Needy Family'를 찾아갔다. 아직도 '복지 센터'라고 부르는 사람이 많지만 이 프로그램은 전신인 '부양 아동 가족 부조Aid to Families with Dependent Children'와 달리 직장이 없는 부모들에게 현금을 지원해 주지 않는다. 대신 직장을 가진 부모들의 수입을 보충해 주는 역할만 한다. 의지가 있으면 누구나 일할 수 있을 정도로 일자리가 충분하다는 매우 낙관적인 추정을 바탕으로 세워진 정책이다.

도움을 요청한 뒤 6주가 지나도록 크리스틴은 아무 소식을 듣지 못했다. 돈을 못 받은 것은 물론이고, 전화도 한 통 오지 않았다. 파렌테 부부의 일곱 살 난 딸 브리아나는 학교 수업 중 지니가 나타나면 무슨 소원을 빌겠느냐는 질문을 받고, 엄마가 일할 수 있게 되는 것이 소원이라고 적었다. 집에 먹을 게 아무것도 없기 때문이라는 말도 덧붙여서. 아이의 선생님은 그 소원이 너무 암울해서 다른 아이들의 소원과 함께 벽에 붙여 전시할 수가 없었다.

1장 가진 자와 가지지 못한 자

3월이 될 때까지도 파렌테 가족은 푸드 스탬프나 현금 지원을 받지 못했다. 그러는 사이 부부는 왜 일부 복지 수급자들이 이 프로그램을 '빈곤 가정을 위한 고문과 학대'라고 부르는지 그 이유를 이해하게 됐다. 지원을 시작할 때부터 "모욕적이었다"고 크리스틴은 말했다. 담당자들은 "우리를 거지처럼 대했어요. 마치 우리가 받는 돈 한 푼 한 푼이 모두 자기들 월급에서 나오기라도 하는 것처럼 말이죠."

코네티컷대학교 로스쿨의 카린 구스타프슨Kaaryn Gustafson 교수는 미국 전역에서 "복지 수당을 신청하면 경찰에 체포됐을 때와 비슷한 대접을 받는다"고 말한다. 용의자처럼 사진을 찍고, 지문을 채취하고, 자녀들의 아버지가 누구인지에 대한 길고 긴 심문을 당하기도 한다. 부정 복지 수당 수급을 방지하기 위해서라는 표면적인 이유가 있지만, 그런 경험을 하고 나면 심리적으로 가난한 것이 범죄인 듯 느껴질 수밖에 없다.

델라웨어에서는 지문 채취를 하진 않지만 파렌테 부부는 자동차 유류 비용, 도로 통행료, 베이비시터 비용 등에 대한 지원금을 전혀 지급받지 못한 상황에서조차 일주일에 40군데 이상 구직 신청을 해야 자격이 충족된다는 말을 들었다. 거기에 더해 크리스틴은 하루에 56킬로미터 거리를 운전해서 그의 말을 빌리면 '농담' 수준의 '직업 준비' 강좌를 들으러 가야 했다.

일자리가 전혀 없자, 크리스틴은 자원봉사자 자격으로 지역 단체에서 일해야만 했다. (그가 집에서 자녀들을 돌볼 수 있도록 정부 돈을 쓰는 것은 절대 안 될 일이었다!) 한 달에 475달러와 푸드 스탬프를 받는 대가로 파렌테 가족은 허튼 길로 빠지지 않도록 다양한 형태의 '감시'를 당해야 했다. 그런 감시의 부작용 중 하나는 크리스틴이 자기가 혹시 실수를 해서 프로그램 직원들이 아동 보호 서비스에 자신을 신고할지도 모른다는 두려움에 끊임없이 시달린다는 사실이었다. 그는 다섯 살 난 아들이 누나들과 한 방을 사용한다는 것을 프로그램 직원들이 신고하면 정부에서 '자동적으로' 아이들을 빼앗아 갈지도 모른다고 걱정했다. 물론 아동을 '보호하기 위해' 파렌테 가족이 더 큰 집에서 살 수 있도록 보조할 생각은 아무도 하지 않는다.

임시 지원 프로그램이 지원자들의 접근을 최대한 막도록 고안돼 있다는 사실은 공공연한 비밀이다. 그리고 그 전략은 눈부신 성공을 거뒀다. 이는 정부 보조가 게으름, 방만, 중독 등으로 얼룩지고 병든 '빈곤의 문화'를 장려하기 때문에 유일한 해결책은 복지 혜택을 가능한 한 빨리 중단해야 한다는 원리에 근거한 방침이다. 복지를 '개혁'한 직후 약 150만 명이 복지 수당 수급자 명단에서 사라졌다. 많은 경우, 가령 담당자와의 약속 장소에 나오지 않은 것 등을 비롯한 실수에 대한 '제재' 때문이었다. 변덕스럽고 가혹한 행정 절차에 관한 이야기가 널리 돌았다. 그 후 2001년 불황이 닥쳤을 때도 복지 수당 수급자 수는 크게 증가하지 않았고, 이번 경기 침체에도 최근까지 그 추세는 계속됐다. 조지타운대학교 로스쿨의 복지 전문가 마크 그린버그Mark Greenberg의 말에 따르면 임시 지원 프로그램은 늘어 가는 수요에 대해 "놀라울 정도의 무반응"을 보이고 있다.

푸드 스탬프 신청자는 경기 침체가 시작된 이후 19퍼센트 증가했는데, 이를 보면 일반적으로 푸드 스탬프 형식으로 보조를 받는 것은 훨씬 덜 꺼린다는 사실을 알 수 있다. 그러나 푸드 스탬프마저 죄책감이나 법을 어기려는 의도를 가지고 있다는 불신의 부담에서 자유롭지는 않다. 애리조나, 캘리포니아, 뉴욕, 텍사스 4개 주는 푸드 스탬프를 신청하는 사람들의 지문을 채취한다. 거기에 더해 '매 발톱 작전Operation Talon'이라는 프로그램을 발족해 푸드 스탬프 담당 관리자들과 경찰이 신청자들의 개인 정보를 공유해서 법원 출두 명령에 불응하거나 채무가 있는 등 미결 소환 대상인 사람들이 큰 위험을 감수할 수밖에 없도록 만들었다.

허리케인 카트리나 때와 마찬가지로 제일 먼저 도움의 손길을 내민 것은 정부가 아니라 친지들이었다. 크리스틴과 조는 크리스틴네 형제가 아직 살고 있는 크리스틴의 어머니 집으로 이사를 했고, 정부가 보조금을 지급하기 몇 주 전에 크리스틴이 매주 청소를 도와 온 노인에게서 돈을 빌렸다. 그 노인도 사회 보장 연금으로 살아가는 사람이었다.

나는 복지 개혁의 틀을 짠 사람들이 상상하는 '빈곤의 문화'를 한 번도 목격해 본 적이 없다. 사실 미국 노동자 계층에는 아무런 조건 없이 서로 돕는 전통이 있다. 광부 출신인 우리 아버지는 내가 어릴 적에 돈이 필요하다고 하면 "가난한 사람에게 가라"고 말했었다. 아버지가 즐겨 하는 이야기로 증조할아버지 존 호위스 John Howes의 일화가 있다. 존 할아버지는 오랫동안 광부로 일한 끝에 작은 농장을 살 돈을 모으는 데 성공했다. 마차를 몰고 몬태나

주 뷰트를 떠나다 길을 가던 아메리카 원주민 여성과 그의 아이를 태워 줬다. 존 할아버지는 그의 불운한 인생 이야기를 듣고 모은 돈을 모두 내주고는 그 길로 마차를 돌려 어둡고 위험한 광산으로 돌아갔다.

1960년대 후반 아프리카계 미국인 공동체를 다뤄서 이제는 고전으로 인정받는 연구를 진행한 인류학자 캐럴 스택Carol Stack은 이들 공동체에 서로 주고받으며 지원해 주는 든든한 인간 관계망이 형성돼 있다는 사실을 발견했다. 1990년대에 저임금 노동을 하며 살 때 나는 동료들의 관대함에 크게 놀랐었다. 음식을 나눠 먹고, 일을 도와주는 것은 물론, 심지어 묵을 곳을 제공해 준 적도 있었다. 그런 비공식적인 관계망과 대가 없이 베풀어 주는 친절함은 끊임없는 의혹의 눈길과 마지못해 던져 주는 식의 공식적인 복지 제도를 부끄럽게 만든다.

그러나 친지들이 베풀어 줄 수 있는 관대함에는 한계가 있다. 인간관계는 언제라도 갈등이 생기며 틀어질 수 있고, 크리스틴과 그의 어머니 사이의 관계에도 그 일이 벌어졌다. 결국 파렌테 가족은 친정집에서 나와 현재 살고 있는 윌밍턴Wilmington의 아파트로 이사를 했다. 버클리대학교 사회학과의 샌드라 스미스Sandra Smith는 빈곤이 사회적 관계망 자체를 완전히 말라붙게 해서 아무에게도 도움을 구하지 못하는 상태로 만들 수 있다는 사실을 증명했다. 부자들은 '잘해 주다 심리적으로 질리는 상태'가 되지만 가난한 사람들은 남을 도와줄 재원 자체가 고갈되고 만다.

한편 가난한 사람들의 상호 의존도가 '너무' 높고, 이 점이 그들의 문제 중 하나라고 주장하는 영향력 있는 빈곤 이론이 다수 있다. 이 관점은 루비 K. 페인Ruby K. Payne이 공동 집필한《빈곤에서 탈출하기 위한 다리Bridges Out of Poverty》에 잘 설명되어 있다. 페인은 교사, 사회 복지사, 저소득층을 상대로 동기 부여 강연을 하는 전문 강사다. 그는 가난한 사람들이 역기능밖에 없는 그들의 문화를 버리고 목표 지향적인 중산층 문화를 배워야 한다고 주장한다. 페인에 따르면 빈곤에서 벗어나는 것은 마약 중독에서 벗어나는 것과 매우 유사한 과정이어서, 빈곤에서 벗어나지 않는 쪽을 선택한 사람들과 관계를 끊는 것이 필요할 때가 많다. "빈곤층에서 중산층으로 사회적 이동을 하기 위해서는… 적어도 일정 기간만이라도 우리는 성과를 위해 관계를 포기해야 한다"고 그는 주장한다. 사회로부터 버림받아 절박한 빈곤에 처한 사람들에게 보내는 부유한 사람들의 메시지는 다음과 같다. 우리도, 정부도 당신들을 돕지 않을 거예요. 그리고 서로 돕지도 마세요. 남녀노소를 막론하고 사람이라면 각자 알아서 자기 앞길은 헤쳐 나가야지요.

한편 크리스틴은 완전히 다른 빈곤 대처 방법이 있다는 사실을 배우게 됐다. 그가 자원봉사를 했던 단체인 '즉각적인 개혁을 위한 지역 단체 협회the Association of Community Organizations for Reform Now' 줄여서 에이콘ACORN은 저소득층이 결성한 풀뿌리 단체로, 2008년 대통령 선거 때 공화당원들로부터 유권자 등록 조작 혐의로 공격을 받아 악명을 날린 곳이다. (그 사건은 임시직 에이콘 선거 홍보원이 했던 실수를 곧바로 상관이 정정했던 것으로 드러났다.) 크리스틴은 능력을 인정받아 5월에 유급직을 제안받았고, 이제 아주

적은 정부 보조금만 받으면서 풀타임으로 에이콘에서 일하게 됐다. 동시에 월그린Walgreens(미국 최대의 일용품, 잡화 소매 체인—옮긴이)이 델라웨어에서 메디케이드 처방전을 다루는 것을 중단하기로 결정한 것에 대한 항의 운동을 조직하고, 6월 말에는 워싱턴에서 보편적 건강보험을 요구하는 시위에 수천 명이 참가하도록 조직하는 데 일조했다.

불황은 가난했던 크리스틴을 절박한 빈곤으로 몰아넣었고, 싫든 좋든 새로운 지역 공동체 조직가이자 풀뿌리 운동 지도자로 변신시켰다. 여기서 이야기를 마칠 수 있었다면 더할 나위 없이 좋았겠지만 파렌테 가족은 최근 살던 아파트의 주인으로부터 집을 비워 달라는 통보를 받았다. 크리스틴은 이사 갈 집에 낼 보증금이 부족한 상황에 처했다며 "여기서 사는 여섯 달 정도는 이제 살 만하다고 생각했었어요. 마음을 조금이라도 놓는 순간 매번 망치로 얻어맞는 느낌이에요"라고 말했다.

블루칼라 백인의 위대한 죽음

《게르니카Guernica》, 2015

진보 진영이 백인 노동자 계층에 대해 우려를 표하는 것은 보통 공화당을 지지하는 그들의 투표 성향이 문제 될 때뿐이다. 그러나 최근 이 집단은 다른 이유로 관심의 대상이 됐다. 지난해 노벨 경제학상을 받은 앵거스 디턴Angus Deaton과 앤 케이스Anne Case는 45세에서 54세 사이 백인 노동자 계층의 사망률이 비정상적으로 높아졌다고 지적했다. 부유한 백인들의 평균 수명이 길어지는 추세는 계속되고 있지만, 가난한 백인들의 수명은 줄어들고 있다. 그 결과 불과 지난 4년 사이에 가난한 백인 남성과 부자 백인 남성 사이의 평균 수명 격차가 4년으로 벌어졌다. 《뉴욕타임스》는 디턴과 케이스의 연구를 '소득 격차와 수명 격차, 함께 가는 동반자'라는 헤드라인으로 요약했다.

벌어져서는 안 되는 일이었다. 지난 세기 동안 미국인들은 영양 상태와 의료 서비스가 개선되면서 모든 사람이 더 오래 살 수 있을 것이라며 안심시키는 말에 익숙해졌다. 따라서 블루칼라 백인들이 떼로˙ 죽어 가는 것은 그야말로 예상치 못한 일이었고 《월스트리트저널》의 말을 빌리자면 '충격적인 일'이다.

이런 일은 특히 백인들에게 벌어져서는 안 되는 현상이다. 오랫동안 다른 피부색의 인종 집단에 비해 수입이 더 많고, 더 좋은 의료 혜택을 받고, 안전한 주거 환경의 혜택을 누려 온 그들이 아닌가. 거기에 더해 피부색이 더 어두운 사람들이 날마다 견뎌 내야 하는 정신적 모욕과 육체적 위협으로부터도 자유롭다. 또 인종 간 평균 수명에는 항상 상당한 격차가 있었다. 백인 남성은 흑인 남성보다 5.3년, 백인 여성은 흑인 여성보다 3.8년을 더 산다. 그러나 아주 큰 변화는 아니지만 지난 20년 동안 이 격차가 서서히 줄어들고 있다. 예상치 못한 중년의 나이에 사망자가 급증하는 것은 백인 인종 집단에서만 볼 수 있는 현상이다. 초과 사망의 원인은 자살, 알코올 중독, 약물(주로 마약류) 중독 등이다.

백인들이 흑인들보다 더 효과적으로 죽어 나가는 현실적인 이유가 몇 가지 있다. 무엇보다 백인이 총기를 소지할 확률이 더 높고, 백인 남성이 선호하는 자살 방법이 총기 자살이라는 점이다. 또 다른 이유는 부분적으로 비백인이 약물 중독자일 확률이 더 높다는 편견에 영향을 받은 의사들이 유색인보다는 백인에게 더 강력한 마약성 진통제를 처방하는 경우가 많다는 것이다. (나 또한 마약성 진통제 옥시코돈을 하도 많이 처방받아서 그것만으로도 불법 마약 유통 사업을 시작해도 될 만큼 처방전을 많이 모았다.)

웨이트리스 일부터 건설 노동에 이르기까지 육체노동은 무릎, 허리, 회전근 등에 손상을 주기 쉽고, 이런 손상으로 생기는 통증을 타이레놀로 더 이상 잡을 수 없게 되면 하루하루를 넘기게 해 줄 마약성 진통제를 의사에게 처방받는 경우가 많다.

절망의 대가

그러나 뭔가 더 심상찮은 일이 벌어지고 있다. 《뉴욕타임스》에 칼럼을 기고하는 경제학자 폴 크루그먼도 언급했지만 백인 노동자 계층의 조기 사망률 증가는 '절망'이라는 '질병'에서 비롯된 것이고, 그 절망의 명백한 원인 중 하나가 경제다. 지난 몇십 년간 피부색에 관계없이 노동자 계층은 그다지 좋지 않은 상황을 계속 감내해야만 했다.

내가 성장하던 시기의 미국에서는 튼튼한 허리를 가진 남자, 그리고 그보다 더 중요한 것으로 튼튼한 노조를 가진 남자라면 대학 졸업장 없이도 혼자 벌어서 가족을 그럭저럭 먹여 살릴 수 있다는 확신을 가지고 살 수 있었다. 2015년 현재, 그런 일자리는 모두 없어졌고 소매업, 조경업, 택배 배달업 등 예전에는 여성 혹은 유색 인종들이나 했던 일밖에 남아 있지 않다. 다시 말해 백인 중에서 소득 분포 하위 20퍼센트에 해당하는 사람들은 이제 불안한 일자리, 좁고 위험한 주거 환경 등 가난한 흑인들이 오랫동안 감수해 왔던 물리적인 환경 속에서 살아야 한다는 의미다.

그러나 백인의 특권은 예나 지금이나 경제적 우위만을 의미하지 않는다. 위대한 아프리카계 미국인 지식인 W.E.B. 두보이스 W.E.B. Dubois가 1935년에 썼듯이 "우리가 잊지 말아야 할 것은 노동자들 중 흰 피부색을 가진 사람들은 저임금을 받기는 하지만 공적으로, 심리적으로 일종의 보상을 받아 왔다는 사실이다."

이 보이지 않는 보상 중 일부 요소들은 지금의 시각으로 보면 신기하게 들리는 것도 있다. 노동자 계층 백인들은 "모든 계층의 백인들과 마찬가지로 공공시설, 공원, 우수한 학교 등에 자유롭게 드나들 수 있다"와 같은 두보이스의 단언이 그 예 중 하나다. 이젠 적어도 법적으로는 흑인들에게 금지된 공적 공간은 없다. 그러나 '우수한' 학교에 다니는 학생들은 부유한 백인과 아시아계 미국인이 대부분이고 '다양성'이란 구색을 최소한으로라도 맞추기 위해 몇몇 유색 인종들이 섞여 있을 뿐이다. 적어도 법적으로 따지면 일부 백인들은 경제적 후퇴를 한 반면, 흑인들은 진보를 이루었다. 그 결과 백인들이 누려 왔던 '심리적 보상'이 감소했다.

미국 역사 대부분의 기간에 정부는 초기에 노예 제도, 후에는 인종 분리 정책을 통해 백인들의 권력과 특권을 유지할 수 있으리라 기대했다. 연방 정부의 무게 중심이 마침내 인종 분리 해체 쪽으로 기울기 시작하면서 백인 노동자 계층은 점점 녹아 없어져 가는 자신들의 특권을 스스로 지키기 위해 우편향을 해서 앨라배마 주지사 (그리고 후에 대통령 선거에 출마했던) 조지 월리스 George Wallace와 그 뒤를 이은 도널드 트럼프 같은 사이비 포퓰리스트 후계자들을 지지하게 됐다.

그와 동시에 일상생활에서 백인 우월주의를 수호하는 임무는 연방 정부에서 주 정부와 지방 정부, 특히 지방 경찰로 옮겨 갔다. 그리고 지방 경찰은 우리도 잘 알다시피 그 임무를 너무나도 열심히 수행한 나머지 국내외로 유명한 스캔들을 만들어 냈다. 예를 들어 영국 일간지 《가디언》은 경찰의 손에 죽은 미국인(대부분이 흑인이다)의 숫자를 계속 집계하고 있다(2015년 현재 1209명이다). 한편 '블랙 라이브스 매터Black Lives matter'와 학내 시위 형태로 진행한 흑인 저항 운동은 과거 흑인 민권 운동이 차지했던 도덕적 고지를 점하게 됐다.

문화 또한 느린 걸음이지만 인종 평등을 향해 나아가고 있다. 아니 완전한 평등까지는 아닐지라도 몇몇 분야에서 흑인의 위상이 높아지고 있다. 20세기 초만 해도 전형적인 '니그로Negro'(이 단어는 최근 2~3년 사이 흑인이 아닌 사람들은 입에 올리지 않아야 하는 금기어가 됐다. 문맥상 꼭 써야 할 경우 보통 'n-word'라고 말해야 한다-옮긴이) 이미지는 민스트럴쇼minstrel show(백인들이 얼굴에 검은 칠을 하고 나와 흑인들의 노예 생활을 희화해서 그린 쇼로 19세기 중반 미국 전역에서 인기를 끌었다-옮긴이)에서 그려진 '동네 얼간이'였지만 21세기에 들어서면서 〈덕 다이너스티Duck Dynasty〉(미국 남부에서 오리 사냥 물품 제조업을 하는 가족이 등장하는 리얼리티 쇼-옮긴이) 〈히어 컴스 허니 부부Here comes Honey Boo Boo〉(어린이 미인 대회에 자녀를 출전시키는 가족이 출연하는 리얼리티 쇼-옮긴이)에 등장하는 흑인들의 이미지로 대체됐다. 적어도 대중문화에서만큼은 백인 노동자들이 얼간이처럼 그려지고, 흑인들은 자기주장이 강하고, 세상 물

정에 밝으며, 가끔가다 카녜이 웨스트Kanye West만큼 부자일 수 있
는 사람들이라는 이미지가 널리 퍼졌다. 티나 페이Tina Fey의 〈언브
레이커블 키미 슈미트Unbreakable Kimmy Schmidt〉처럼 일부 매체에서
영리하고 요령 있는 흑인과 덜떨어진 촌뜨기 백인을 대비시켜 웃
음을 자아내는 환경에서는 백인이 우월하다는 느낌을 계속 유지
하는 것이 쉽지 않다. 이런 등장인물과 이야기를 생각해내는 것은
보통 백인들, 그중에서도 중상류층 백인들인데 나처럼 백인 노동
자 계층 부모를 둔 사람들은 그 거만함에 상처를 받기도 한다.

물론 최초의 흑인 대통령 선출이라는 사건도 있었다. 미국에
서 나고 자란 백인들은 '우리나라를 되찾아야 한다'는 말을 하기
시작했다. 그중 좀 사는 사람들은 '티파티Tea Prty' 운동을 시작했
고, 못사는 사람들은 남부연합 깃발 스티커를 자기 트럭에 붙이는
거로 만족해야 했다.

하향 곡선을 그리는 미국

이 모든 변화는 백인의 특권, 특히 특권을 가장 누리지 못하는 백
인들의 특권을 유지하는 것을 더 어렵게 만들었고, 따라서 일부
백인들에게는 그 일이 과거 어느 때보다 시급한 일이 되었다. 가
난한 백인들은 자기들보다 더 상황이 나쁜 사람들, 자기들보다 사
회적 경멸을 더 받는 사람들이 있다는 사실에서 항상 다소간의
위안을 받아 왔다. 자신의 상황이 점점 더 나빠진다고 하더라도
인종적 예속은 그들이 발을 디딜 수 있는 땅이자, 우뚝 설 수 있는

바위였다.

　정부, 특히 연방 정부가 백인 우월주의를 관철시켜 줄 것이라는 믿음이 흔들리자 개인과 소규모 단체가 그 빈틈을 메웠다. 대학 캠퍼스 안에서 작은 소동을 일으키고 트럭을 타고 가다가 인종 차별적인 욕설을 외치는 것에서부터 흑인 민권 운동 시대에 큰 역할을 했다고 명성이 자자한 흑인 교회에서 총기 난사를 벌이는 것처럼 치명적인 사건에 이르기까지 그 활동은 다양하다. 찰스턴에서 바로 그런 범행을 저지른 딜란 루프Dylann Roof는 고등학교 중퇴 학력의 무직자로 알코올 및 마약 남용자로 알려졌다. 그는 법정에서 사형 선고를 받았지만 그런 선고가 아니더라도 이미 조기 사망을 향해 치닫던 사람이었다.

　인종 차별적 공격을 감행하는 백인들은 잠시나마 승리감에 도취될지는 모르겠지만 그런 성과를 거두기까지 상당한 수고를 해야 한다. 가령 트럭을 몰고 가다 조깅하는 흑인이 보일 때 차를 가까이 몰면서 욕설을 내뱉으려면 노력이 필요하다. 또 기숙사 화장실 벽에 분뇨로 인종 차별적 낙서를 하려면 노력도 노력이지만 비위는 또 얼마나 강해야겠는가. 대학생들이 그런 일을 하는 것은 부분적으로 경제적 위협을 느끼기 때문일 수 있다. 대학을 졸업하고 나면 학자금 융자 상환 시작이 바로 코앞에 닥치기 때문이다. 그런 노력과 수고를 아무리 쏟아붓는다 해도, 불안한 경제 체제의 거의 밑바닥을 차지하고 있는 자신의 자리를 유지하는 것도 어려운 마당에 인종적으로 우월하다는 감정에 계속 매달리기란 여간 힘든 일이 아니다.

인종 차별주의자가 자신의 신념을 표현하는 것이 건강에 해롭다는 의학적인 증거는 없다. 따지고 보면 부유한 노예 소유주들은 상당히 건강하게 잘 살지 않았는가. 그러나 계층 하락의 가능성과 인종적 분노가 함께 섞이면 총이 됐든 마약이 됐든 자살을 부르는 절망 상태에 빠질 확률이 매우 높다. 얼음 위에 위태롭게 서 있는 사람은 유리 천장을 깰 수가 없기 때문이다.

진보 지식인들이 백인 노동자 계층의 인종 차별주의를 경멸하며 혼자 고고한 척하는 건 쉬운 일이다. 그러나 이 지식인들을 배출하는 대졸 엘리트 계층 또한 미래에 대한 전망이 어둡고, 젊은이의 경우 상황이 점점 안 좋아지고 있어 곤경에 처해 있다. 대학교수, 언론계, 법조계 등 전문직종 또한 어려움을 겪고 있다. 어떤 피부색이 됐든, 어떤 인종이 됐든 점점 더 빠르게 나락으로 떨어지고 있는 사람들을 비난하는 것으로 자신의 자존감을 지키려는 행동은 비교적 엘리트라 할 수 있는 그들이 범할 수 있는 최악의 실수일 것이다.

2장

몸과 마음을 통제할 수 있다는 착각

암의 왕국에 오신 것을 환영합니다

《하퍼스매거진Harper's magazine》, 2001

그저 잠깐 들러서 간단하게 유방 촬영술 검사를 받으면 된다고 생
각했다. 우체국, 마트, 피트니스 센터처럼 지루하지만 해치워야 하
는 일상적인 일이겠거니 했다. 하지만 탈의실에 들어선 순간부터
주눅이 들기 시작했다. 가슴을 드러내고 엑스레이 촬영을 위해 별
모양 스티커를 유두에 붙여야 하는 특이한 지시 사항 때문만은 아
니었다. 이 모든 과정을 불과 4개월 전에 이미 거친 탓이었다. 물
론 4개월 전에는 50세가 되면 HMO(미국의 민간 건강보험 기관 중
하나-옮긴이) 같은 저렴한 건강보험에 가입한 사람이라면 누구나
해야 하는 정기 검진의 일환으로 검사를 받았을 뿐이다. 그 첫 번
째 검사에서 방사선과 전문의와 산부인과 전문의가 '우려되는 부
분'이 있다는 소견을 냈고, 그래서 나는 의료상의 실수와 부당한

혐의에 대한 누명을 벗고 명예를 회복해야 하는 용의자가 되어 돌아온 것이다. 그러나 유방 조영 촬영기가 보관된 창문도 없는 공간 바로 옆에 조그맣게 마련된 탈의실에는 훨씬 나쁜 무언가가 도사리고 있었다. 나는 거기서 처음으로 이런 상황에 처한 나의 정체성과 나 같은 사람이 향하는 곳이 어디인지, 그곳에 도달하려면 무엇이 필요한지에 관한 세상의 추정이 무엇인지 깨달았다. 눈높이에 알맞은 공간에는 모두 귀엽고 감성적인 장식이 붙어 있었다. 핑크 리본(유방암 환자들을 지원하는 자선단체의 상징-옮긴이), 비대칭적으로 납작해진 가슴 사진, '유방 촬영술 찬양가', '여성들만 이해할 수 있는 것 10가지 리스트'(뚱뚱해 보이는 옷, 눈썹 색깔 등) 같은 것들이 보였다. 그리고 문 바로 옆, 절대로 그냥 지나칠 수 없는 자리에 '오늘 당신을 위해 기도했습니다'라는 제목의 시가 붙어 있었고, 그 주변에는 분홍 장미가 장식되어 있었다.

유방 촬영술의 끝판왕이 무엇인지를 보여 주기라도 하려는 듯 검사는 끝날 기미가 없이 오래 걸렸다. 피트니스 센터에 갈 시간, 저녁 먹을 시간을 지나 내 인생 전반을 잡아먹고도 계속되었다. 기계가 오작동을 해서 가슴이 눌린 채 이상한 각도로 포즈를 취한 것이 허사로 돌아가기도 했다. 대체적으로 엑스레이는 아무 문제 없이 찍혔는데도 저 멀리 있는 사무실에 앉아 지시를 내리면서 잠깐이라도 들러서 설명을 해 주거나 미소를 지어 줄 생각이라곤 눈곱만큼도 하지 않는 방사선과 전문의에게 놀랄 만한 뭔가가 보이는지 검사는 지속됐다. 조영 촬영기를 작동하는 기사에게 호소를 해 봤다. 나는 질병에 대한 위험 인자가 없는 사람이다. 가족 중에 유방암을 앓은 사람도 없고, 아이들도 비교적 젊은 나이에 출산해서 둘 다 모유 수유로 키웠다. 건강한 식사를 하고 술도 많이 마시지 않으며 운동도 규칙적으로 하는데 전혀 사정을 봐주지 않을 거냐고 따졌다. 그러나 그는 기계적인 미소만 살짝 지어 보이고 아무 말도 하지 않았다. 나를 고문하는 것이 미안해서거나, 결국 내가 알게 될 나쁜 소식을 미리 알고 있고, 그래서 나를 불쌍하게 여기거나 둘 중 하나일 것이다. 검사는 한 시간 반에 걸쳐 계속됐다. 유방을 꽉 눌러서 사진을 찍은 다음 기사가 방을 나가 전문의와 상의하고 다시 돌아와 새로운 각도로 더 선명한 사진을 찍자고 하는 과정의 반복이었다. 기사가 방을 나간 짬짬이《뉴욕타임스》를 읽었는데, 전혀 관심이 없는 분야인 연극 평과 부동산 기사까지 모두 읽고도 시간이 남았지만 옆에 놓인 여성 잡지는 들춰 보지도 않았다. 보통 같으면 땀을 흘려도 지워지지 않는 눈 화장법이나 '오늘 밤 멋진 섹스를' 같은 기사를 잠시라도 훑어봤겠지만 이번에는 손이 가지 않았다. 탈의실에서 느낀 심상치 않은 기운이 내 초조한 마음속에서 경고음을 울리고 있었기 때문이다. 바로 '여성성의 죽음'이라는 경고 말이다. 마침내 지역 소식을 알리는 무가지 말고는 읽을 것이 떨어지고 말았다. 그 신문을 펼치자 내가 치명적인 질병을 앓고 있다는 소리를 들을 전망보다 더욱 충격적인 광고가 눈에 띄었다. 핑크 리본을 가슴에 단 '유방암 테디베어'를 판매한다는 광고였다.

그렇다. 죽음 앞에서는 아무리 무신론자라 할지라도 기도가 저절로 나온다. 내 입에서 나온 기도에는 상어에게 물리거나, 벼락을 맞거나, 암살자의 총알에 맞거나, 교통사고를 당해 순간적으로 깨끗이 죽게 해 달라는 낯설지만 애욕처럼 간절한 염원이 절로 담겨 있었다. 미친 사람의 도끼에 맞아서 죽게 해 달라는 것이 내 탄원이었다. 광고 속 곰돌이에 들어 있고, 탈의실 벽에서 스며 나오는 그 끈적거리는 분홍빛 감성에 질식되어 죽는 것만 아니라면 뭐든 받아들일 터였다.

유방암의 세계에 내가 공식적으로 첫발을 내디딘 것은 그로부터 열흘 후 받은 조직 검사를 통해서였다. 아무리 애를 써도 의사에게서 그 이유를 알아낼 수 없었지만 조직 검사는 입원은 필요 없으나 전신 마취가 필요한 외과적 시술이었다. 마취에서 깨어나자 의사는 내가 누워 있는 이동용 침대 발치에 직각으로 몸을 돌리고 서서 무거운 목소리로 선언했다. "불행하게도 암이 있습니다." 마취제에 취한 채 머리를 하루 종일 짜낸 결과 내가 내린 결론은, 그 문장에서 가장 악랄한 부분은 암의 존재가 아니라 나라는 존재의 부재라는 사실이었다. 나, 바버라 에런라이크는 그 문장 어디에도 없었다. 암이 존재하는 지정학적 위치로서도 존재하지 않았다. 내가 존재했던 곳, 아마도 엄청난 존재감은 아니겠지만 그래도 육신과 말과 몸짓이 어우러진 표준적인 사람이 존재했던 곳에 이제는 '암이 있'게 된 것이다. 그 외과 의사의 말에는 내가 '그 것'으로 대체되었다는 의미가 함축돼 있었다. 그것이 나라는 존재의 현 상태였다. 의학적으로 볼 때는 말이다.

인간으로서의 존엄성이 담긴 마지막 자기주장의 제스처로 나는 조직 검사 슬라이드를 직접 보겠노라 요청했다. 소도시 병원에서 그것은 그다지 어렵지 않은 일이었다. 조금 알아보니 병리학자는 내 친구의 친구였고, 그에 더해 내가 세포생물학으로 록펠러 대학교에서 1968년에 딴 먼지 낀 박사 학위도 아마 도움이 됐을 것이다. 나를 '허니'라고 부르는 명랑한 성격의 병리학자는 들여다보는 곳이 두 개 달린 현미경 한쪽에 나를 앉히고 다른 쪽에 자기도 앉아서 포인터를 슬라이드 위로 옮겼다. 그가 포인터로 암세포라고 가르쳐 준 것들은 비정상적으로 활발한 DNA 때문에 파랗게 보였다. 암세포의 대부분은 재미없는 반원형을 그리며 모여 있었다. 마치 막다른 골목에 늘어선 교외의 주택들처럼. 그러나 그다지 아는 것이 많지 않은 내 눈에도 좋지 않은 징조로 보이는 것들이 눈에 띄었다. 그것은 '아메리카 원주민들처럼 일렬종대'로 서서 행군하는 일단의 세포들이었다. 나는 이 세포들을 '적'으로 생각해야 했다. 나중에 그 세포들이 내 몸의 방어군인 림프구와 대식세포들에게 죽임을 당하는 처참한 장면을 시각화할 때 사용하기 위해 머릿속에 저장해야 할 이미지용으로 말이다. 그러나 자기 보존을 위한 합리성과 상치되게도 나는 이 세포들이 콩가 춤을 추듯 일렬로 행진하면서 보여 주는 에너지에 탄복하고 말았다. 후미진 유방 한 구석에서 나와 림프샘과 골수, 폐, 뇌를 잠식하겠다는 그들의 결의가 매우 인상적이었다. 그 세포들도 결국 따지고 보면 다른 세포들보다 조금 더 과격한 '바버라다움'의 일부라 할 수 있지 않은가. 또한 기존 게놈 지도에 담긴 나의 유전학적 한계로 인해 그 세포들과 내가 공유하는 이 완경기를 지난 몸에서 정상적으로 번식할 기회가 없다는 것을 알아차린 반군들이었다. 그래서 봄날의 토끼들처럼 번식해서 내 몸을 탈출할 기회를 노리는 쪽을 선택한 게 아닐까?

이미 그런 선례까지 있었다. 암을 통해 불로장생의 꿈을 이룬 게놈의 선례. 박사 학위 과정이었을 때 나는 체온과 같은 온도로 늘 유지되는 무거운 문이 달린 방 안에서 '헤라HeLa'라는 라벨이 붙은 채 배양된 세포 조직에 대해 질문한 적이 있었다. 알고 보니 '헤라'는 아프리카계 미국인 여성인 헨리에타 랙스Henrietta Lacks를 가리키는 것으로 그의 몸속에 생겼던 종양이 실험실에 있는 모든 헤라 세포의 조상이었다. 의도하지는 않았지만 헨리에타 랙스가 과학에 한 기여는 최근에야 인정받기 시작했다. 그는 죽었지만 그의 종양 세포는 계속 살아남았고, 과학계가 그 세포들에 대해 관심이 없어지거나 누군가가 조직 배양액을 갈아 주는 것을 잊어버려서 아사할 때까지 그 종양 세포들은 계속해서 살아남을 것이다. 어쩌면 그것이 내 반군 세포들의 목표일지도 몰랐다. 나는 텔레파시로 그 세포들에게 엄중한 경고를 보내려는 시도를 했다. 조직 배양액의 도움으로 너희가 나보다 더 오래 살아남을 확률은 0에 가까워. 이런 식의 이기적인 광란을 계속하면 너희는 망할 거야. 바버라 에런라이크 호와 함께 너희 모두가 마지막 세포 하나까지 망하는 거라고. 그러나 나는, 아니 일반적인 다세포 유기체 인간들은 정신 나간 무정부주의적 개인의 욕망보다 대의명분을 더 중시하는 태도에 있어서 과연 좋은 모범이 되어 왔을까? 그제야 나는 부패와 '도덕적 타락' 같은 걷잡을 수 없는 수많은 사회적 문제가 암에 비유되는 이유를 깨달았다. 우리 인간들도 암세포만큼이나 제어 불능인 것은 마찬가지였다.

병리학자를 만난 후 내 생물학적 호기심은 바닥으로 떨어졌다. 어떤 여성들은 유방암 진단을 받은 후 몇 주, 혹은 몇 달에 걸쳐 독학을 해서 자신에게 주어진 선택지를 검토하고 수많은 의사를 만나 보고, 쓸 수 있는 치료법들에 각각 어떤 부작용이 있는지 파악한다는 것을 나도 잘 알고 있었다. 그러나 몇 시간 조사해 보니 나도 다른 유방암 환자들이 걸어간 길을 똑같이 밟을 것이라는 사실이 확실해 보였다. 종양 절제와 유방 절제 사이에서 선택의 기회가 주어질 수는 있다. 그러나 종양 절제는 수술 후 몇 주 동안 방사선 치료를 해야 하고, 어떤 절제술을 선택하더라도 절개 후 림프샘이 공격받았다는 것이 밝혀지면(림프샘이 '영향'을 받았다는 덜 위협적인 표현을 쓰기도 한다) 화학요법 치료를 피할 수는 없다. 모발 손실, 메스꺼움, 구강염, 면역력 저하는 필수적으로 겪어야 하고 빈혈까지 앓을 수 있다. 이런 치료를 해도 '완치' 혹은 그와 비슷한 수준에도 근접하지 못한다. 바로 그 때문에 유방 절제술 말고는 별다른 치료 방법이 없었던 1930년대와 비교해도 유방암 환자의 사망률이 거의 변하지 않고 있는 것이다. 1980년대에 들어서면서 모든 유방암 치료 과정에 거의 표준적으로 포함된 화학요법 치료도 환자들이 믿도록 유도되는 것만큼 확실한 이점이 있는 것은 아니다. 특히 나처럼 완경기가 지난 여성들에게는 더욱 효과가 없어서 10년 생존율을 2~3퍼센트 정도 올리는 것이 고작이라고[*] 당시 미국에서 가장 유명한 유방암 전문의 수전 러브Susan Lov

---

[*]   미국에서는 여성 8명 중 1명이 생애 언젠가는 유방암 진단을 받는다. 진단을 받은

박사는 밝힌 바 있다. 나는 그 비관적인 숫자들을 다 알고 있었다. 아니 대충은 알고 있었다. 그러나 처음 몇 주 동안 내 머리를 감싸고 있던 마취의 안개 속에서 나는 자기방어의 힘을 잃었던 듯하다. 의사와 사랑하는 사람들이 당장 조치를 취해야 한다며 압력을 높이기 시작했다. 암을 죽이자고, 제거해 버리자고 말이다. 끝없는 검사와 전이 여부를 확인하기 위한 뼈 스캔, 내가 화학요법 치료를 견딜 체력이 되는지를 시험하기 위한 최첨단 심장 검사 등은 모두 나와 물체, 유기체와 무기체, 나와 그것의 경계를 흐리게 만들었다. 안내 팸플릿에는 암 환자로서 삶을 살아가는 과정에서 나는 살아 있는 것과 죽은 것의 합성물이 될 것이라고 친절하게 설명되어 있었다. 유방은 조형물로, 머리카락은 가발로 대체되고 나면 내가 '나'라는 단어를 사용할 때 그 '나'는 어떤 의미인 걸까? 나는 전혀 이성적이지 않은 수동적 공격성을 띠기 시작했다. 진단한 건 저들이니 암도 저 사람들 작품이야. 발견한 사람이 고치도록 내버려 두자.

물론 '대체' 요법에 운명을 걸어 보는 방법도 있었다. 멕시코에 가서 대체 요법을 받다가 1997년 결국 암에 굴복한 펑크 소설가 캐시 애커Kathy Acker나 겨우살이 끓인 물을 주사해서 화제가 됐던 배우이자 허벅지 운동 기구 광고 모델이었던 수잰 서머스Suzanne Somers처럼 말이다. 혹은 아무것도 하지 않고 정신적으로

후 5년 생존율은 86.8퍼센트다. 흑인 여성의 생존율은 72퍼센트이고, 인종에 관계없이 림프샘으로 암이 전이된 경우 생존율은 77.7퍼센트다.

내 면역 체계를 독려해 배반을 때린 세포 집단을 처결하도록 명령을 내리는 방법도 있었다. 그러나 나는 한 번도 '자연적인 것' 혹은 '인체의 지혜'를 믿거나 숭배해 본 적이 없었다. 죽음만큼 '자연적인 것'도 없지 않은가. 그리고 내 몸은 언제나 내 등 뒤에 붙어 나를 반대 방향으로 잡아끌고 방해하는 샴쌍둥이처럼 느껴졌다. 흔한 알레르기 항원에 노출되거나 설탕을 조금만 섭취해도 위험할 정도로 과민하게 반응하는 히스테리 가득한 존재 말이다. 나는 과학을 믿어 보기로 했다. 비록 그렇게 하는 것이 내 멍청한 몸을 사악한 광대로 만들어서 먹은 것을 모두 토하고, 벌벌 떨고, 붓고, 신체의 중요 부분을 포기하고, 수술 후 나오는 액체들을 온몸에서 뿜어대는 존재로 만들지라도 말이다. 외과 의사(이번에는 좀 더 상냥하고 솔직한 사람이었다)가 나를 볼 시간을 내주겠다고 했고, 암 전문의와도 약속을 잡았다. 암의 왕국이 나를 환영해 주었다.

다행스럽게도 누구도 이 모든 과정을 혼자 감내하지 않아도 되었다. 베티 포드Betty Ford, 로즈 쿠슈너Rose Kushner, 베티 롤린Betty Rollin 등 선구자적 환자들이 목소리를 내기 전인 30여 년 전까지만 해도 유방암은 침묵 속에서 견뎌 내야 하고, 사망 기사에는 '기나긴 병환'으로 표현되는 비밀스러운 병이었다. '유방'이라는 단어 자체가 성적인 의미와 돌봄의 의미를 지녔으므로, 그 뒤에 어떤 단어가 붙든 간에 뭐든 집어삼키는 괴물을 연상시켜 모든 사람을 두렵게 만들었다. 그러나 이제 유방암은 문화적으로 가장 널리 알려진 질병이 됐다. 에이즈나 자궁 근종, 척추 부상보다 더 존재감이 크고, 심지어 심장 질환, 폐암, 뇌졸중과 같이 여성들의 사망에 크게 기여하는 증상들보다 더 자주 거론된다. 유방암에 관련된 웹사이트만 대략 수백 개가 된다. 뉴스레터, 지원 단체, 하나의 장르를 이룰 정도가 된 1인칭 서술형의 유방암 극복기 서적 등은 말할 것도 없다. 심지어 유방암을 주제로 해 중상류층을 겨냥한《맘 Mamm》이라는 월간 여성 잡지까지 상당 기간 발행됐다. 전국적인 규모의 유방암 기구는 네 개나 됐는데 그중 재정적으로 가장 힘이 있는 단체는 수전 G. 코멘 재단Susan G. Komen Foundation으로, 재단의 설립자는 유방암에서 살아남았고, 부시 대통령이 주헝가리 미국 대사로 지명했던 낸시 브링커다. 코멘 재단이 매년 주최하는 '완치를 향한 경주Race for the Cure'는 유방암에서 살아남은 사람들, 그들의 친구와 가족들이 100만 명가량 참가한다. 그들이 운영하는 웹사이트에는 경주에 대한 소식, 유방암과 싸우는 사람들의 개인적인 이야기들이 실려 있고 유방암 관련 상품들을 살 수 있는 '마켓'도 있어서 새로운 유방암 문화의 축소판을 엿볼 수 있다.

유방암 관련 단체와 행사는 다른 어떤 질병보다 기업에서 넉넉한 지원을 받는다. 낸시 브링커는 유방암에 대한 대중의 '의식' 수준을 높이기 위해서 기업들에 지원을 처음 요청했을 때 얼마나 냉담한 반응이 돌아왔었는지 전한다. 유방 촬영술을 받아야 한다는 태그를 브래지어에 달자는 제안을 하자 브래지어 제조업자는 코를 찡그리며 곤란하다는 반응을 보였다. 기업 기부 파티에서 아무도 춤을 추자고 요청하지 않아 구석에 앉아 있는 인기 없는 왕따였던 유방암이 이제는 무도회의 꽃으로 변신했다. 에이즈는 구걸하러 다니는 거지고, 폐결핵 같은 빈민층의 질병은 친구 하나

없는 외로운 신세지만 유방암은 레블론, 에이번Avon, 포드, 티파니 앤코, 피어1Pier 1, 에스티로더, 랄프로렌, 리 청바지, 삭스피프스애 비뉴 백화점, JC페니, 보스턴 마켓, 윌슨 스포츠 용품 등에서 든든한 지원을 받고 있다. 너무 많아 미처 세지 못한 후원 기업이 있다면 미리 용서를 구한다. 삭스 백화점에서 매출액의 2퍼센트를 유방암 기금에 기부하는 일주일 동안에는 '완치를 위한 쇼핑'에 참여할 수 있고, 청바지 회사 리가 주최하는 '리 전국 청바지의 날'에는 5달러를 기부하는 대신 청바지를 입고 출근하는 특권을 누릴수 있다. 심지어 키네틱스 자산관리 회사Kinetics Asset Management가 암 연구 관련 기업에만 집중적으로 투자하기 위해 새로 출시한 노로드 메디컬 펀드no-load Medical Fund(노 로드 펀드는 브로커를 거치지 않고 판매해서 판매 수수료를 징수하지 않는 펀드다-옮긴이)를 통해 '완치를 위한 투자'도 할 수 있다.

완치를 향한 달리기나 자전거 타기, 등산 등(이 모든 활동이 늘 기업 후원 대상이 된다)을 하지 못하는 사람이라면 유방암 관련 상품을 사는 것으로 후원의 마음을 표현할 수 있다. 유방암의 여러 단계를 거쳐 가는 미국 여성의 수가 220만 명에 달하고, 거기에 염려하는 마음을 가진 친지들까지 합치면 유방암 관련 상품 시장은 상당한 규모가 된다. 그중 한 예로 곰돌이를 살펴보자. 내가 발견한 것만 해도 서로 확연히 다른 네 종류, 아니 네 종의 유방암 관련 곰이 있다. '기억의 곰'인 캐럴, '유방암 연구 재단 곰'으로 화학요법 치료를 받은 후 머리가 빠진 것을 감추기라도 하듯 분홍색 터번을 쓴 호프, 유방암으로 세상을 뜬 낸시 브링커의 언니 수전을 기리기 위한 '수전 베어', 그리고 새로 등장한 '별에게 소원을 비는 닉 앤 노라 곰'이다. 수전 베어와 닉 앤 노라 곰은 코멘 재단 웹사이트의 '마켓'에서 판매되고 있다.

그러나 곰돌이는 핑크 리본을 테마로 한 유방암 관련 상품들이 담긴 화수분의 극히 일부에 불과하다. 핑크 리본이 달린 티셔츠, 데님 셔츠, 잠옷, 속옷, 앞치마, 평상복, 운동화끈, 양말뿐 아니라 반짝이는 분홍색 유리구슬이 장식된 브로치, 핀, 스카프, 모자, 귀걸이, 팔찌 등을 착용할 수도 있고, 유방암 캔들, 핑크 리본 스테인드글라스 장식이 된 촛대, 머그잔, 펜던트, 풍경, 야간 조명 등으로 집 안을 장식할 수 있을뿐더러 '브레스트 체크'라는 이름의 개인 당좌 수표를 발행할 수 있는 특별한 계좌도 있어 공과금을 내거나 '완치를 위한 수표'를 사용할 수 있다. 물론 병을 쉬쉬하며 비밀에 붙이거나 낙인을 찍는 것보다는 제대로 된 의식을 갖는 편이 훨씬 낫다. 그러나 한 친구가 나에게 "나도 죽을 수밖에 없는 인간이라는 사실을 대면하라"고 조언했던 그 존재 의식적 공간이 쇼핑몰과 너무도 닮아 있다는 것은 간과하기가 너무도 힘들다.

한 가지 꼭 짚고 넘어가고 싶은 것은 이런 캠페인이 병든 사람을 이용하려는 교활한 장삿속으로 벌인 일이 아니라는 사실이다. 판매되는 소품과 장신구 중 일부는 유방암을 앓았거나 유방암으로 가까운 사람을 잃은 사람들이 직접 만든 물건들이다. '데이지 어웨어니스 목걸이'를 디자인 한 '재니스' 같은 사람이 그 대표적인 예로, 판매를 통해 벌어들인 수익금의 일부를 유방암 연구에 기부한다. 친구가 양쪽 유방 모두를 절제한 후 '기억의 곰'을 고안해낸 콜로라도주 오로라의 버지니아 데이비스Virginia Davis에게 이 작업은 비즈니스가 아니라 옳다고 믿는 것을 이루기 위한 장기적인 캠페인이다. 올해 그는 중국에서 생산된 '기억의 곰'이 1만 개 가량 판매될 것으로 예상하고 있는데 수익금의 일부를 '완치를 위한 경주'에 보낼 생각이다. 곰돌이가 어린애 취급을 하는 느낌을 줄지도 모르지만(나는 혹시라도 그렇게 보일 수도 있다는 점을 매우 은근하게 암시해 봤다) 아직은 거기에 대한 불평이 전혀 없었다고 한다. 그는 "'우리를 생각해 줘서 고맙다'며, '신의 가호가 있기를 빈다'는 사람들에게서 사랑이 가득 담긴 편지만 많이 받아요"라고 말했다.

유방암 관련 상품을 파는 '마켓'이 극도로 여성적인 분위기를 띠는 것, 가령 웹사이트에서 화장품과 장신구가 가장 눈에 띄는 자리를 차지하고 있는 것은 암 치료로 인해 외모가 피폐해지는 결과에 대한 반응이라 이해할 수 있다. 그러나 유방암 환자를 어린아이에 비유하는 듯한 분위기는 그 이유를 이해하기가 어렵다. 그런 유아적 테마는 곰돌이로 그치지 않는다. 리비 로스 재단Libby Ross Foundation에서 (컬럼비아 장로교 메디컬 센터 등을 통해) 유방암 환자들에게 나눠 준 선물 가방에는 에스티로더 보디크림, 핫핑크 새틴 베개 커버, '화학요법 치료를 할 때 도움이 되는 명상 프로그램'이 담긴 오디오테이프, 박하사탕이 든 작은 통, 유리가 박힌 싸구려 팔찌 세 개, 분홍 줄무늬가 쳐진 '그림 일기장' 그리고 (조금 충격적이게도) 크레용 한 상자가 들어 있었다. 리비 로스 재단의 창립자 중 한 명인 말라 윌너Marla Willner는 크레용을 "다양한 기분과 생각을 표현할 수 있는 그림 일기장에 사용하라고 넣은 것이다"라고 설명했다. 하지만 그도 자기는 한 번도 크레용으로 일기를 써 보는 시도를 해 본 적이 없다고 인정했다. 어쩌면 아이처럼 의존적이 되는 상태로 퇴행하면 길고도 괴로운 치료를 견뎌 내는 데 더 적합한 마음 상태가 될 것이라는 논리일지도 모르겠다. 혹은 사회 일각에 팽배한 특정 젠더 이데올로기의 버전에 따라 여성성이 본질적으로 다 자란 성인의 개념과 배치된다는 개념, 성장이 멈춘 상태라는 개념에 기초한 것일 수도 있다. 전립선암 진단을 받은 남성이 미니카를 선물로 받는 일은 없지 않은가.

그러나 곰돌이를 껴안고 싶은 충동을 느끼는 사람들과 마찬가지로, 나 또한 가능한 한 모든 도움을 받아야 할 필요를 느꼈다. 그래서 탈모에는 어떻게 대처해야 하는지, 종양 절제가 더 나은지 유방 절제가 더 나은지, 어떤 화학요법 치료를 선택해야 하는지, 수술 후 무엇을 입어야 할지, 음식 냄새조차 역겹게 느껴질 때는 무엇을 먹어야 할지 등에 관한 실용적인 팁을 얻기 위해 인터넷을 검색하기 시작했다. 그리고 얼마 가지 않아 내가 흡수할 수 있는 것보다 훨씬 더 많은 정보가 나와 있다는 사실을 깨달았다. 그야말로 수천 명의 경험담이 소개되어 있었다. 가슴에 만져진 혹 혹은 유방 촬영술 결과가 좋지 않았던 것에서부터 시작해서 고통스러운 치료를 받는 과정이 모두 담겨 있었고, 중간중간에 가족, 유머 감각, 종교가 발휘하는 강력한 힘에 대한 언급이 빠지지 않았으며, 거의 모든 이야기가 신입들에 대한 따뜻한 격려의 말로 끝을 맺고 있었다. 어떤 글은 한 문단에 그쳤다. 고통을 함께 견뎌

나가는 동료들이 짧게 손을 흔들어 주는 제스처였다. 하지만 유방을 절제하고 화학요법 치료를 받는 삶을 거의 매시간 기록으로 남긴 글도 있었다.

2000년 8월 15일, 화요일: 네 번째 화학요법 치료를 견뎌 냈다. 오늘은 무지무지 어지럽다. 구토증도 심하다. 하지만 트림은 나지 않는다! 처음이다…. 5분 이상 머리를 들고 있으면 식은땀이 나고 심장이 엄청나게 뛴다.

2000년 8월 20일, 금요일: 저녁 식사 시간 즈음에는 구토증이 너무도 심했다. 약을 먹은 다음 트레이더조에서 사온 밥과 채소 요리를 먹었다. 냄새도 맛도 너무 싫었지만 꾹 참고 먹었다…. 릭이 음료수를 사 와서 그것을 마시니 속이 조금 가라앉는 듯하다.

이런 경험담은 아무리 읽어도 질리지 않았고 멈출 수가 없었다. 나는 잘못될 수 있는 모든 가능성을 예상하며 공황 상태에 가깝게 매료되어서 계속 읽어 나갔다. 패혈증, 삽입물의 파열, 치료를 끝내고 몇 년 후 충격적인 재발, 주요 기관으로의 전이, 그리고 단기적으로 나를 가장 두렵게 만드는 '케모 브레인'이라고 부르는 현상, 다시 말해 화학요법 치료의 부작용으로 간혹 나타나는 인지 능력의 저하 등 잘못될 가능성은 무궁무진했다. 나는 모든 사람과 자신을 비교해 봤다. 나보다 덜 위협적인 상태에 있는 사람들에게는 이기적인 질투심을 느끼고, 4단계(난소암에 걸린 연극 〈위트Wit〉의 주인공이 설명하듯 "5단계라는 것은 없다")에 도달한 사람들을 보

2장 몸과 마음을 통제할 수 있다는 착각

고 몸을 떨면서 내 확률을 끝없이 계산했다.

　유방암을 앓는 사람들 사이에 자매애가 확산되는 데 페미니즘도 큰 역할을 했다는 사실을 깨닫고부터는 나도 희미하게나마 소속감을 느꼈다. 미사여구와 보형물 뒤에 질병 자체를 은폐해야 했던 30년 전만 해도 의학계는 가부장제의 전유물이었고, 여성의 신체는 의학의 수동적인 대상이었다. 내가 1970년대와 1980년대에 활동가로 참여했던 여성 건강 운동은 자립과 상호 지원을 양성화했고, 여성들이 직접 자신의 네트워크를 만들어서 서로 이야기를 공유하고, 의사들에게 의문을 제기하며 연대할 것을 장려했다. 지금 시점에서 보면 한때 그런 행동들이 얼마나 혁명적으로 느껴졌는지 기억해내는 것조차 힘들다. 그리고 요즘 유방암 관련 대화방과 인터넷 게시판에 참여하는 사람 중에서 1970년대 중반에 유방 절제술을 받은 환자들이 상호 지원 그룹을 만들어서 모이겠다는 제안을 했을 때 미국 암 협회가 단호하게 거절했었다는 사실을 아는 사람은 거의 없을 것이다. 이제는 자기 지역의 지원 단체 정보가 담긴 소책자를 손에 쥐지 않고 병원을 나서는 사람은 한 명도 없고, 적어도 내 경우에는 내가 그런 그룹에 별문제 없이 자리 잡았는지를 알아보기 위해 사회 복지사가 확인하기까지 했다. 나도 그런 지원 단체에 참여할 생각을 하니 잠깐 기분이 좋아졌지만 의학계의 승인을 받은 단체라면 더 이상 선동적일 수 없다는 사실을 깨닫자 그 기분은 얼마 가지 않아서 사라지고 말았다.

　사실 온라인과 대면 지원 그룹에 존재하는 희석된 자매애를 빼면, 현재의 주류 유방암 문화에서는 이데올로기적으로나 운동가적 시각에서나 페미니즘적인 요소를 찾아보기 힘들다. 여기서 잠깐 멈추고 내가 방금 한 선언에 대해 몇 가지 조건을 붙이고 넘어가자. 자세히 들여다보면 엄청난 규모의 핑크빛 유방암 전사들 중에도 진정한 페미니스트로서의 정체성을 가진 사람들이 많다. '전염병처럼 확산되는 이 질병을 정복하고' 환자 중심의 치료를 도입하고야 말겠다는 결의에 가득 찬 여성들 말이다. 1970년대와 1980년대에 횡행했던 홀스테드의 근치 유방 절제술에 반대하는 운동을 주도한 것도 여성 건강 운동가들이었다. 홀스테드의 근치 유방 절제술은 유방암 수술 중에서도 가장 야만적인 형태로 꼽히는 치료법으로 유방 조직뿐 아니라 흉부 근육과 림프샘까지 모두 절제해서 영구 장애를 초래하는 치료법이다. 환자를 마취에서 깨우지도 않고 조직 검사에서 바로 유방 절제술까지 감행해 버리는 1970년대에 흔했던 수술 관행을 근절시킨 것도 여성 건강 운동가들이었다. 최근 들어서는 샌프란시스코에 본부를 둔 '유방암 액션Breast Cancer Action'이나 케임브리지에 있는 '여성 공동체 암 프로젝트Women's Community Cancer Project' 등의 페미니즘 단체들이 '고용량 화학요법 치료'에 경종을 울린 사례도 있다. 이 치료법은 치명적인 항암제를 주입하기 전에 골수를 제거했다가 나중에 다시 대체하는 방법인데 전혀 효과가 없는 것으로 판명 났다.

유방암 왕국에 발을 들인 모든 사람과 마찬가지로 페미니스트들도 치료를 원하지만, 그보다 더 강하게 요구하는 것은 이 질병의 원인을 규명하는 것이다. 그러지 않으면 예방할 방법이 없기 때문이다. 부모에게서 물려받은 '나쁜' 유전자는 유방암 원인의 10퍼센트도 차지하지 않는 것으로 추정된다. 그리고 유방암 진단을 받은 여성의 30퍼센트만이 위험군으로 분류된 사람들이다(늦은 나이까지 출산하지 않았거나 완경이 늦게까지 오지 않은 것 등이 위험 요소로 알려져 있다). 지방을 많이 섭취하는 나쁜 생활 습관은 의학계에서 잠깐 큰 호응을 얻었지만 얼마 가지 않아 근거 없는 것으로 판명됐다. 따라서 페미니스트들은 플라스틱, 살충제(DDT나 PCB 등은 미국에서 사용이 금지됐지만 미국인들이 먹는 음식을 재배하는 많은 나라에서 여전히 사용되고 있다), 지하수에 스며드는 산업 폐수 등의 환경적인 발암 물질을 의심할 수밖에 없다고 주장한다. 인간의 유방암과 확실하게 관련이 있다고 입증된 발암 물질은 아직 없지만 다수의 물질이 실험 쥐에게 유방암을 일으킨다는 것이 입증됐고, 산업 국가에서 유방암 발병률이 증가했다는 사실(1950년대와 1990년대 사이 1년에 1퍼센트 정도 증가함) 또한 환경적 요인에 의혹의 눈길을 돌리게 만든다. 이에 더해 산업 국가로 이민을 간 여성들의 유방암 발병률이 그곳에서 태어난 여성들의 발병률을 곧바로 따라잡는다는 연구 결과도 이에 대한 방증이다. 생태학적 요인을 강조하는 페미니스트들의 입장은 코멘 재단과 미국 암 협회 등의 단체로부터는 지지를 이끌어 내지 못했지만 환경 보호 및 반기업적 성향을 띤 다른 사회 운동과는 맥락을 같이한다.

그러나 감성적이고 밝은 응원의 합창 소리로 가득한 근래의 유방암 문화와 페미니스트들의 목소리는 섞일 수 없는 불협화음의 관계다. 유방암이 분홍에서 녹색으로 변하면 기업들의 인기와 사랑을 한 몸에 받을 수 있을까? 유방암의 중립성, 적어도 주류의 시각에서 볼 때 유방암이 가진 중립적인 이미지야말로 큰 시장을 형성하고 있는 중년 여성들의 동반자로서 기업 이미지를 쌓고, 기부를 하기에 딱 좋은 대상으로 유방암의 입지를 굳힌 요인이다. 유방암이라면 "에이즈처럼 암묵적으로 들어 있는 생활 방식이나 성적인 의미로 인해 일부 사람들의 반감을 사는 것을 걱정할 필요가 없지요." 전국 유방암 기구 연합National Alliance of Breast Cancer Organizations 회장 에이미 랭어Amy Langer는 1996년 《뉴욕타임스》와의 인터뷰에서 이렇게 말했다. "바로 그런 점 때문에 기업들은 안심하고 더 자유롭게 유방암 관련 지원을 할 수 있습니다." 여성 건강 운동의 산물인 '전국 여성 건강 네트워크National Women's Health Network'의 설명은 그보다 더 신랄하다. "유방암은 페미니즘에 동조하지 않으면서 여성을 위해 무언가를 할 수 있는 기회를 제공한다."

주류 유방암 문화에서는 분노가 거의 느껴지지 않는다. 환경 문제가 원인일지도 모른다는 언급도, 전이가 된 말기 암을 제외한 거의 모든 사례에서 아픔과 고통을 초래하는 것은 병 자체보다 소위 '치료'라는 사실에 대한 불평도 찾아볼 수 없다. 기존의 치료법에 대한 입장은 간혹 비판적인 시각이 엿보이기는 하지만 보통은 감사한 마음으로 가득해 보이고(잡지《맵》처럼), 전반적인 분위기는 어디로 눈을 돌려 봐도 낙관적이다. 예를 들어, '브레스트 프렌즈Breast Friends' 웹사이트에는 영감을 주는 일련의 인용구들이 실려 있다. '당신을 위해 눈물을 흘리지 않는 것에 대해서는 당신도 눈물을 흘리지 마라.' '슬픔의 새들이 내 머리 위를 날아다니는 것은 막을 수 없지만, 내 머리카락에 집을 짓는 것은 막을 수 있다.' '삶이 그대에게 레몬을 건네거든, 거기서 미소를 짜내라(여기서 레몬은 '형편없는 것 혹은 불량품'을 의미한다).' '배가 들어올 때까지 기다리지 말고 헤엄을 쳐서 나아가 배를 만나라.' 유의 격언이 수없이 게재되어 있다. 상대적으로 수준이 높은《맴》에 실린 칼럼조차도 글쓴이는 암이나 화학요법 치료가 아니라 화학요법 치료가 끝난 것에 대해 탄식하면서, 자신의 분리 불안을 해소하기 위해 암 전문의의 진료실 밖에 텐트라도 쳐야겠다고 농담한다. 유방암의 세상이 너무도 생기발랄해서 불행에 대해 이야기하려면 사과를 하고 시작할 필요가 있다고 느껴질 정도다. '장기적 예후가 좋지 않다'라고 밝힌 '루시'는 유방암에 관한 토론의 장인 '브레스트 캔서 토크breastcancertalk.org'에서 자신의 경험은 "따뜻함과 희망이 가득한 보통의 이야기들과는 다르지만 그래도 사실이다"라고 먼저 밝힌 뒤에 이야기를 시작한다.

나는 유방암에 걸린 여성을 묘사하는 명사가 존재하지 않는다는 사실을 깨달았다. 유방암 캠페인의 부분적 모델이었던 에이즈 운동과 마찬가지로 '환자'나 '희생자'는 자기 연민과 수동적 느낌을 준다는 이유로 정치적으로 올바르지 않다는 판결을 내렸다. 대신 동사가 쓰인다. 치료를 받고 있는 사람들은 '싸우고 있다'고 하고, 거기에 '용감하게' 혹은 '치열하게'라는 형용사를 덧붙여 강조한다. 바람을 맞으며 서 있는 캐서린 헵번을 연상시키는 표현들이다. 일단 치료가 끝난 사람에게는 '살아남은 사람' 혹은 '생존자'라는 지위가 주어지는데, 내가 소속된 지역 지원 단체에 참석하는 여성들도 자신을 이렇게 불렀다. 알코올 중독 지원 그룹인 AA처럼 우리도 둘러앉아 각자의 전투 경험을 공유하고 '살아남았다'라는 사실에 기뻐한다. "안녕하세요, 제 이름은 캐시고, 3년째 살아남은 사람입니다." '살아남기'를 멈추고 매년 유방암에 굴복해 버린 4만 명의 미국 여성 대열에 합류한 사람들을 부르는 명사 또한 없다. 그들은 '싸움에서 졌다'라고 표현되거나 누군가가 '완치를 향한 경주'에 사진을 들고 참여해서 기리는 대상이 된다. 그리고 사라져 간 용감한 자매들, 혹은 전사한 병사들이라고 불린다. 그러나 유방암을 중심으로 형성된 다원주의적 문화 때문에 죽은 사람들을 그다지 중요하게 여기지 않는다. 계속 축하받고 칭찬받을 가치가 있는 사람은 '살아남은 사람들'이다. 그들이야말로 비싸고 고통스러운 치료가 가끔은 효과 있다는 것을 보여 주는, 살아 있는 증거가 아닌가.

약물로 인해 약해지고 겁에 질린 여성에게 지원 단체를 사회 단체로 변신시켜서 그들을 이끌고 거리로 뛰어나갈 것을 기대할 수는 없다. 그러나 절대 평정을 잃지 않는 유방암 문화는 단순히 분노의 부재에 그치는 것이 아니라 이 질병을 긍정적인 것으로 받아들이라는 듯한 느낌까지 줄 때가 많다. '가슴 친구Bosom Buds' 게시판에 올린 '메리'의 글을 한번 살펴보자.

나는 내가 훨씬 더 세심하고 배려심 있는 사람으로 성장했다고 진심으로 믿어요. 이상하게 들릴지도 모르겠지만 예전에는 정말 걱정이 많은 사람이었습니다. 이제 더 이상 걱정하는 데 에너지를 낭비하고 싶지

2장 몸과 마음을 통제할 수 있다는 착각

않아요. 현재는 훨씬 더 즐기며 살고 있기 때문에 여러 면에서 지금이 더 행복하다고 말할 수 있습니다.

'앤디'는 이렇게 썼다.

올해는 평생 최고로 힘든 해였지만 동시에 여러 면에서 가장 보람 있는 해였어요. 나를 짓누르고 있던 짐을 벗어던지고, 가족과 화해도 했거든요. 정말 멋진 사람들을 만났고 내 몸을 잘 돌볼 때 몸도 나를 돌본다는 사실도 배웠으며 삶의 우선순위를 점검하는 기회도 가졌습니다.

《워싱턴포스트》와 인터뷰한 신디 체리는 여기서 한걸음 더 나간다.

다시 과거로 돌아간다면 유방암에 걸리는 쪽을 선택할 것인가? 물론이다! 현재의 나는 과거의 나와 완전히 달라졌고, 그렇게 달라진 것이 기쁘다. 이제 더 이상 돈이 중요하지 않다. 이 경험을 통해 엄청나게 훌륭한 사람들을 만났다. 이제 내게 제일 중요한 것은 친구들과 가족이다.

짧은 경험담들이 수록된 책으로, 낸시 브링커가 서문을 쓰고, 인세 일부가 코멘 재단에 기부되는 《남은 삶의 첫해The First Year of the Rest of Your Life》에는 유방암이 가진 구원의 힘에 대한 증언이 가득하다. '진심으로 내 평생 지금처럼 행복한 적이 없다. 심지어 유방암에 걸리기 전에도 이렇게 행복하지 않았다.' '유방암은 정신을 차리고 내 삶을 한번 돌아보라며 엉덩이를 걷어차 줬다.' '유방암을 앓고 나서는 중요한 것이 무엇인지 아는 더 강한 사람이 됐다.' 그러니 시간을 허비하고, 성적 자신감을 잃고, 림프샘 제거와 방사선 치료로 인해 장기적으로 팔 힘이 약해지는 것 등의 부작용에 대해서 불평하면 안 된다. 니체의 말을 빌리자면, 죽지만 않으면 더 투지에 가득 차고 진화된 새로운 사람으로 탄생하는 것이 가능하다.

밝은 면만 보는 것을 끊임없이 고집하는 이런 태도는 유방암을 통과의례로 탈바꿈시키는 효과를 가져왔다. 분노를 불러일으키는 불의나 비극이 아니라 완경이나 흰머리처럼 생애 주기의 정상적인 이정표 중 하나로 받아들여진다는 뜻이다. 고의적인 것은 절대 아니겠지만 주류 유방암 문화의 모든 면이 이 질병을 길들이고 정상화시키는 데 한몫했다. 재앙에 가까운 진단 결과를 받았지만 반짝이는 유리구슬이 박힌 핑크 천사 브로치를 살 수도 있고, 달리기 경주에 참가하기 위해 훈련을 한다는 목표도 생겼다. 내게 매우 유용했던 수많은 개인적 경험담과 실용적인 팁조차도 유방암과 현재의 야만적인 유방암 치료 관행을 암묵적으로 받아들이자는 분위기였다. 머리에 쓸 멋진 스카프들을 고르느라 바빠서 일시적이나마 대머리가 되고 면역력을 떨어뜨리는 치료 형태 자체에 의문을 제기하는 것을 망각하고 마는 것이다. 이런 각도에서 보기 시작하면 유방암은 미르체아 엘리아데Mircea Eliade가 상세히 연구해 놓은 통과의례들과 많은 부분이 닮았다는 사실을 알 수 있다. 통과의례에서는 제일 먼저 의례를 치를 사람들을 선택한다. 부족 사회에서는 나이가 그 기준이 되지만 유방암의 경우 유방 촬영

2장 몸과 마음을 통제할 수 있다는 착각

술이나 촉진觸診이 그 기능을 한다. 그런 다음 어느 통과의례에서나 필수적인 고통의 단계가 온다. 전통문화에서는 신체 일부를 훼손하거나 할례를 하겠지만 암 환자들은 수술과 화학요법 치료를 거친다. 통과의례를 성공적으로 마친 사람들은 마침내 새롭고 더 높은 위상을 부여받는다. 전통문화에서는 성인이자 투사, 유방암의 맥락에서는 '살아남은 자'가 되는 것이다.

완강할 정도로 낙관적인 현재의 유방암 문화에서 이 질병은 영적으로 더 높은 계층으로 신분 상승을 할 수 있는 보이지 않는 혜택만 가져오는 것이 아니다. 피할 수 없는 신체 훼손의 경험을 통과해서 살아남는 쪽에 서게 되면 더 예쁘고 더 섹시하고 더 여성적으로 될 수 있다. 암 병동 간호사와 '살아남은 사람'들 모두에게서 들은 유방암계의 전설에 따르면 화학요법 치료는 피부 주름을 없애고 더 탱탱하게 만들 뿐 아니라 살도 빠지고, 머리가 다시 나기 시작하면 숱이 더 많아지고, 부드러워지고, 손질하기 쉬워진다. 게다가 어쩌면 예상치 못한 새로운 색의 머리카락이 자랄 수도 있다. 이런 이야기들은 신화에 불과할지도 모르지만 주류 프로그램에 참여할 의사를 가진 사람들에게 자기 계발의 기회는 그 외에도 넘쳐 난다. 미국 암 협회는 '더 나은 모습… 더 나은 기분Look Good... Feel Better' 프로그램을 운영한다. '여성 암 환자들이 암 치료를 하는 동안 자신의 외모와 자기 이미지를 회복시키는 방법을 가르치는' 프로그램이다. 1년에 약 3만 명의 여성이 참여해서 무료 메이크오버를 1회 경험하고, 화장품 산업 노조에서 기부한 화장품 한 세트를 선물로 받는다. 잃어버린 한쪽 가슴에 대해서는… 제거한 쪽에 유방 재건 수술을 받았다면, 다른 한쪽도 보조를 맞춰야 하지 않겠는가? 매년 5만 명이 넘는 여성이 유방 재건 수술을 받고, 그중 17퍼센트가 처지지 않고 아마도 더 크게 재건된 새로운 가슴에 '맞추기' 위해 다른 한쪽 가슴마저 수술을 받는다. 성형외과 의사의 권유를 받아서 그런 결정을 내리는 경우가 많다.

모두가 외형적인 속임수를 쓰는 방법을 선택하는 건 아니다. 그래서 가발이냐 대머리냐, 재건이냐 흉터를 드러내느냐를 두고 벌어지는 의견 충돌은 유방암 문화 속에서 거의 보기 드문 불협화음을 만들어 내곤 한다. 전위적인 성향의 중상류층이 많이 보는 잡지인 《맴》(문학 비평가 이브 코소프스키 세지윅Eve Kosofsky Sedgwick이 정기 기고를 한다)은 '자연스러운' 쪽을 선호하는 경향을 보인다. 이쪽 진영에서는 유방 절제술 흉터가 '섹시'하고, 대머리는 찬양의 대상이다. 《맴》의 2001년 1월 호 커버스토리에는 '머리카락이 없는 자신의 머리를 상실로 보는 대신 기회로 보는 여성들, 장난기를 발휘하고… 새로운 방식으로 진정한 자신과 만나는 기회'라고 생각하는 여성들의 이야기가 실렸다. 한 여성은 두피에 반핵, 흑인 인권 운동, 개구리 등을 임시 문신으로 새겼고, 또 다른 여성은 거의 형광빛이 도는 보라색 가발로 자아를 표현했다. 전혀 꾸미지 않은 자신의 대머리가 "감각적이고 힘이 느껴져서 매일 자신을 새로 창조하는 기분이다"라고 증언한 여성도 있다. 그러나 《맴》은 자신의 상황을 가발이나 스카프로 감추려는 사람들에게도 전혀 유감이 없다고 강조한다. 그저 서로 다른 '미적 감각'일 뿐이기 때문이란다. 어떤 사람은 핑크 리본을 선택하지만 어떤 사람은 유방암을 주제로 한 랄프로렌 핑크포니 제품을 선호하기도 한다. 그러나 유방암이 창의적으로 자아를 재창조할 수 있는 기회, 메이크오버를 할 수 있는 기회라는 데는 모두가 동의한다.

쾌활함을 유지하는 것, 착각과 잘못된 희망을 품는 것까지 포함해서 명랑하고 즐겁게 사는 것은 의학적으로도 이롭다고 인정받는 태도다. 우울하고 사회적으로 고립된 사람들은 암을 포함한 질병에 굴복할 확률이 높은데, 사실 암 진단을 받았다는 사실 자체만으로도 심각한 우울증을 촉발할 수 있다. 권위를 가진 인물에게서 자기가 치명적인 질병에 걸렸고, 진정한 완치법은 아직 존재하지 않는다는 선언을 듣는 순간 질병 자체의 악영향을 넘어서는, 각종 위험이 도처에 도사리고 있는 경계 영역에 진입하는 것이나 다름없다. 오스트레일리아 토착민들을 비롯한 여러 공동체를 연구한 민족지학자들이 설명하는 '부두교 죽음voodoo death'을 생각해 보라. 강력한 저주를 받은 대상이 하루 이틀 사이에 갑자기 죽어 버리는 현상이다. 암 진단도 그와 비슷하게 목숨을 앗아 갈 정도로 기를 꺾는 효과를 낼 수 있고, 실제로 그런 위력을 발휘한 사례가 있다. 따라서 집단적으로 낙관적인 태도를 고양하는 유방암 문화는 의사의 진단에 따라 인위적으로 만들어진 것일 수 있다. '완치를 위한 쇼핑'을 하고, 핑크 리본을 달고, 달리기나 하이킹 행사를 주최하는 등 그날그날 밤을 잘 넘길 수 있는 일이라면 무엇이든 하는 게 좋다고 말이다.

그러나 서로 다른 웹사이트들이 링크로 연결되고, 개인의 경험담과 소박한 노력에서부터 화려한 기업 후원과 대변인으로 나서는 유명 인사에 이르기까지 유방암 문화가 만들어 낸 매끄러운 세상에서는 쾌활한 태도를 보이는 것이 의무적인 조건이 되고 말았고, 이견을 내면 반역자로 여겨지게 됐다. 촘촘하게 짜인 이 세상에서는 조금이라도 다른 의견과 태도를 보이면 미세 조정을 거치고, 의혹을 제기하는 사람들은 구석진 자리로 조용히 돌아가도록 설득된다. 예를 들어 《남은 삶의 첫해》에 실린 모든 경험담의 바로 뒤에는 약간의 부정적인 의견마저도 지우도록 고안된 탐구 문제와 팁이 첨부되어 있다. 하지만 어차피 책에 글이 실린 사람들 중 고약한 의견을 내는 사람이나 불평분자, 혹은 페미니즘 전사라곤 하나도 없기 때문에 실제 이 탐구 문제와 팁들은 그야말로 미세한 힌트에 불과하다.

자신이 불안감이나 '벽'을 조금이라도 가졌다는 사실을 인정하고, 자신의 정서적 안녕을 돌보기 위해 도움을 요청해도 된다고 생각하나요?

당신의 삶에 아직도 풀지 못한 내적 갈등이 있나요? '건강한 애도'를 하고 싶다고 생각하는 부분이 있나요?

'오늘 좋았던 일'이라고 생각되는 것들의 리스트를 만들어 보세요.

나는 시험 삼아 수전 코멘 재단의 게시판에 '화가 난다'라는 제목으로 글을 올려 봤다. 몸을 완전히 쇠약하게 만들어 버리는 치료법, 까다롭게 구는 보험 회사, 환경적 발암 물질 등에 대해 진심을 담아 불평을 짧게 쓴 다음 용기를 내서 '얼간이 같은 핑크 리본'에 관한 험담을 했다. 그러자 올라온 반응은 내가 받은 조직 검사가 필수가 아닌 사치스러운 선택이라고 판정한 보험 회사를 상대로 싸우는 나를 응원하는 댓글 몇 개를 제외하면 모두 힐책과 비난 일색이었다. '수지'는 "이런 말은 정말 하고 싶지 않지만 원글님 태도가 정말 불량하네요. 그런 태도는 일말의 도움도 되지 않을 거예요"라는 댓글을 남겼다. '매리'는 살짝 더 관대한 태도를 보였다. "바버라, 지금 시점에서 중요한 것은 행복까지는 아니더라도 평화로운 삶을 구축하는 데 모든 에너지를 집중해야 한다는 사실이에요. 암을 앓는다는 것은 정말 불운한 일이고, 아무도 왜 우리가 이런 일을 겪어야 하는지 알지 못합니다. 그러나 앞으로 남은 삶이 1년이 됐든 51년이 됐든 그 삶을 분노와 불평 속에서 산다는 것은 정말이지 낭비가 아닐 수가 없지요. 당신이 평화를 찾기를 빕니다. 그럴 자격이 있는 분이니까요. 우리 모두 그럴 자격이 있습니다. 신의 은총이 당신과 함께해서 신의 보살핌을 받을 수 있기를 기도할게요. 당신의 자매, 매리."

그러나 '키티'는 내가 돌았다고 생각하는 듯했다. "상담을 받으세요. 일분일초라도 빨리…. 제발 도와줄 수 있는 사람을 찾길 빕니다. 이 게시판의 모든 이가 당신이 삶을 100퍼센트 즐길 수 있기를 기도할 겁니다."

'게리'라는 원군도 있었다. 그는 모든 치료 과정을 다 거쳤지만 이제 말기 암 단계에 들어선 여성이었다. "저도 화가 납니다. 기부로 모은 그 많은 돈과 살아남은 사람들의 웃는 얼굴들을 보고 있으면 유방암을 앓는 것이 괜찮은 일인 것처럼 착각하게 만들어요. 하지만 괜찮지 않아요!" 그러나 게리의 메시지도 게시판의 다른 메시지들과 마찬가지로 '유방암을 이기고 살아남는 것은 어떤 의미인가?'라는 조롱하는 듯한 제목 아래 게시되어 있었다.

'문화'라는 단어만으로는 이 모든 것을 묘사하기에 불충분한 느낌이 든다. 불과 지난 15년 사이에 유방암을 둘러싸고 형성된 분위기는 컬트, 혹은 광신적 숭배 집단을 닮았다. 200만 명이 넘는 여성과 그들의 친지를 모두 합한 규모를 생각하면 본격적인 종교 집단이라고 하는 편이 더 맞을지도 모르겠다. 곰돌이, 핑크 리본 브로치 등의 상품들은 고통받는 사람들을 위안하고 그들이 가진 믿음의 가시적인 증거가 되는 부적이다. 경험을 고백하는 것은 간증의 역할을 하는데 17세기 청교도들이 앞다퉈 냈던 고백적 자서전의 행적을 그대로 따르고 있다. 제일 먼저 위기가 온다. 그 첫 단계는 유방암을 진단받거나, 청교도의 경우 하늘에서 들려오는 엄중한 신의 목소리를 통해 자신이 죽을 수밖에 없다는 것을 갑자기 깨달으면서 위기가 닥치는 시점이다. 그런 다음 기나긴 역경이 온다(유방암은 치료, 청교도는 악마와의 내적 갈등). 마지막으로 구원을 받았다는 행복한 확신, 유방암의 언어로 말하자면 살아남았다는 확신이 온다. 그리고 대부분의 종교와 마찬가지로 유방암도 부흥회와 같은 과시적인 행사와 순례자들이 있고, 믿음이 깊은 사람들이 함께 모여 숫자에서 힘을 얻는다. 매년 열리는 '완치를 위한 경주'에는 80개가 넘는 지역에서 총 100만 명이 넘는 사람이 참여한다. 그중 워싱턴 D.C.에서 열리는 행사는 7만 명이 참가해서 가장 큰 규모를 자랑하는데, 최근에는 댄 퀘일 부부와 앨 고어 부부도 참석했다. 모든 것이 이 경주에서 절정을 이룬다. 후원을 하는 유명 인사와 기업들을 선보이고, 관련 상품을 판매한다. 뉴욕주 시러큐스 출신의 '스윙잉, 싱잉 서바이버스Swinging, Singing Survivors' 같은 신인들의 데뷔 무대가 되기도 한다. 그리고 이 경주에서 선택받은 자들은 자신의 특별한 위상을 재확인한다.《워싱턴포스트》에 실린 한 참가자의 글을 잠깐 살펴보자.

> 나는 '전투의 상흔'을 입은 가슴을 활짝 펴고 내셔널몰 공원으로 갔다. 분홍 셔츠, 분홍 모자, 분홍 신발끈 등을 착용하고 유방암 전쟁에서 함께 싸운 동지들과 자랑스럽게 걸었다. 나는 1995년 마흔네 살에 유방암 2기 진단을 받았다. 그 경험은 지금까지도 계속해서 내 삶을 재정립하고 있다.

1990년대 초부터 유방암 연구에 대한 연방 정부의 자금 지원을 늘리라는 요구를 하기 위해 대규모 옥외 집회를(경주가 아니라 항의 시위) 열곤 했던 페미니즘 유방암 운동가들은 기업의 후원을 받는 이 분홍색 행사와 거리를 둔다. 예를 들어 케임브리지의 여성 공동체 암 프로젝트의 회원이자《어두운색의 리본: 20세기의 유방암, 여성, 그리고 그들의 주치의A Darker Ribbon: Breast Cancer, Women, and Their Doctors》를 펴낸 엘런 레오폴드Ellen Leopold는 이런 행사들이 매우 비효율적인 자금 모금 행사라고 비판해 왔다. 한 예로 사흘에 걸쳐 약 96킬로미터를 걷는 행사를 후원하는 '에이번 브레스트 캔서 크루세이드Avon Breast Cancer Crusade'는 모금된 자금의 3분의 1 이상을 고정 간접비와 광고에 사용하고, 코멘 재단도 총수입의 25퍼센트를 이와 비슷하게 사용한다. 레오폴드와 의견을 같이하는 기업계 자선 담당자도 한 명 있다. 기업들을 위해 자선 경주 행사를 주최하는 일을 하는 롭 월슨Rob Wilson은 "뛰거나 자전거를 타는 대신 사람들이 자선 단체에 돈을 직접 기부하는 쪽이 훨씬 쉽고 더 생산적이다"라고 말한다.

진정한 믿음을 가진 사람들의 입장에서 보면 그런 비판들은 초점을 잘못 이해한 데서 나온 것이다. 그들이 바라는 궁극적인 목표는 '사람들의 의식'을 높이는 것이기 때문이다. 이 질병을 널리 알리기 위해 할 수 있는 것(핑크 리본을 달고, 곰돌이를 사고, 경주에 참여하기 등)은 무엇이든 다 해서 다른 여성들에게 유방암 검사를 받도록 계몽해야 한다. 그들은 바로 이런 이유에서 '살아남은 자'들을 찬양하는 문화가 생겼다고 설명한다. 여성들이 정기 검사를 받지 않는 것은 유방암 진단을 받는 것이 사형선고나 다름없다고 느껴서일 가능성이 높다. 건강한 신체로 활짝 웃는 살아남은 자들은 정기적으로 유방 촬영술 검사를 받고, 조기 발견을 하고, 진단 후 치료를 받도록 격려할 수 있는 가장 좋은 홍보 수단이라는 것이다. 물론 이 과정에서 유방암 카드와 풍경을 파는 소상공인들부터 여성 친화적 이미지를 쌓고자 하는 대기업에 이르기까지 모두 혜택을 보는 것은 사실이다. 수술, '유방 건강 센터', 화학요법 치료를 위한 '주입 시술실', 방사선 치료 센터, 유방 촬영술 센터, 화학요법 치료로 인한 구토를 방지하는 구토 방지제와 에스트로겐에 민감한 종양을 가진 여성들을 위한 호르몬 치료제 타목시펜 등으로 1년에 120억에서 160억을 벌어들이는 유방암 산업은 말할 것도 없다. 그렇다고 불평할 필요가 있을까? 분홍빛 색안

경을 끼고 보면 유방암 산업 전체(가장 소박한 단계의 지원 단체와 웹사이트에서부터 치료를 제공하고 경주를 후원하는 기업들에 이르기까지)가 동반 상승효과를 내는 아름다운 장면을 연출하고 있지 않은가? 광신적인 숭배 행위, 관련 상품, 증언 등은 더 많은 여성에게 유방암 검진을 받도록 홍보하고 그렇게 검진을 받은 여성 중 일부는 실제 유방암 진단을 받을 테니 종교 집단의 성도도 더 많아진다. 동시에 의료 상품과 서비스를 제공하는 기업들과 자선 단체를 후원하는 기업들의 고객도 늘어날 것이다.

이런 문화가 생명을 보존하는 동반 상승효과를 낸다는 입장이 신빙성을 얻으려면 현재 나와 있는 유방암 진단법과 치료법을 과학적으로 신뢰할 수 있어야 한다. 그러나 비극적이게도 이 방법에 대해서 과학적으로 상당한 의혹과 반대 의견이 제기되고 있고, 심지어 부정하는 경향까지 감지된다. 예를 들어, 정기적인 유방 촬영술 검사는 로지 오도널Rosie O'Donnell이 우리에게 지금 당장 가서 '가슴을 짓누르자'고 호소했던 것처럼 유방암 운동의 주된 목표다. 그러나 이에 대해 유방암 전문가가 모두 열성적으로 동의하는 것은 아니다. 자가 진단과 비교할 때 유방 촬영술의 유익한 영향은 최대한 좋게 말해도 모호한 수준이고, 유방 촬영술이 유방암 치사율에 미치는 긍정적인 영향은 거의 무시해도 될 정도라는 것이 널리 인정받는 대규모 연구들이 내린 결론이다. 우선 첫째로, 암 검사에서 양성 반응이 나왔다고 해도 그중 2건 내지 4건 정도가 잘못된 결과로 추정되며, 그런데도 수천 명의 건강한 여성이 불필요한 조직 검사와 불안감을 견뎌야 한다. 또한 유방 촬영술이

100퍼센트 정확하다고 전제하더라도 '조기 발견'이라는 훌륭한 목표는 현재의 독단적인 유방암 문화가 인정하는 것보다 훨씬 더 도달하기가 어려운 이상이다. 유방 촬영술로만 감지할 수 있는 작은 종양은 크기가 작다고 해서 꼭 새로 생긴 양성 종양이라는 뜻은 아니다. 보통 이용되는 수술 관행으로 감지할 수 있는 유일한 전이인 림프샘 전이가 되지 않았다고 하더라도, 이미 혈액을 타고 퍼져 다른 기관에 전이됐을 가능성이 있다. 남캘리포니아 메모리얼 암 연구 재단Memorial Cancer Research Foundation of Southern California의 데이비드 플로트킨David Plotkin 원장은 정기적인 유방 촬영술의 혜택은 "완전히 증명되지 않았고, 혜택이 있다고 하더라도 많은 여성이 희망하는 것만큼 크지 않다"고 말한다. 최근에 하버드 의과 대학에서 은퇴한 외과 의사 앨런 스피백Alan Spievack은 거기서 한 걸음 더 나간다. 정기적인 유방 촬영술 검사에 관한 수십 건의 연구를 분석한 그는 유명한 영국 외과 의사 마이클 바움Michael Baum 박사의 말을 빌려 이것이 "서구 여성들에게 자행된 가장 큰 기만 중의 하나"라고 결론 내린다.

조기 진단을 할 수 있는 확실한 방법이 있다 하더라도[♦], 현재까지는 확진을 받은 후, 그다음 단계에 받는 치료법의 안전성도 보장할 수 없고, 상당한 부작용을 감당해야 한다. 유방암 진단을 받은 여성 중에는 오래 살아남아서 유방암이 아닌 다른 원인으로

♦ 종양이 자라는 속도와 종양에 혈액 공급이 얼마나 되고 있는지를 측정하는 새로운 진단 기법이 개발되고 있지만 아직 상용화 단계는 아니다.

사망하는 사람도 많다. 이 운이 좋은 여성 중 일부는 아마도 수술, 화학요법 치료, 방사선 치료에 더해 경우에 따라 타목시펜과 같은 항에스트로겐제를 쓴 치료법의 혜택을 입은 사람들일 것이다. 그러나 치료 없이도, 혹은 수술만 받고도 살아남았을 사람들도 많다. 종양이 천천히 자라는 종류거나 원래 자기 몸의 방어 체계가 성공적으로 작동해서일 수도 있다. 그런가 하면 세포를 죽이는 치료법을 아무리 강력하게 써도 유방암으로 사망하는 여성들도 있다. 문제는 이 세 그룹을 구분할 방법이 없다는 것이다. 그래서 플로트킨의 말을 빌리자면 매년 유방암 진단을 받는 수천 명의 여성에게 "조기 진단의 유일한 효과는 자신에게 병이 있다는 사실을 알면서 살아야 하는 기간을 늘려 주는 것 말고는 없다." 이 여성들은 의학적 치료를 전혀 받지 않았더라도 같은 기간을 살았을 테지만, 같은 시간을 죽음의 위협과 몸을 쇠약하게 만드는 치료의 그림자 밑에서 보내야 한다.

현재의 진단 방법과 치료법이 완전히 혹은 부분적으로 실패하는 확률을 고려하면, 미국의 광적인 유방암 컬트는 과대망상증의 확산으로 평가할 수도 있다. 사망률을 무시하고 살아남은 쪽만 강조하며, 제한적인 효과밖에 없다는 것으로 잘 알려진 의학적 치료법을 모두가 이의 없이 따르도록 강요하고 있기 때문이다. 가부장적인 의료 관행은 구시대의 것이라고 생각하는 사람이 많겠지만 곰돌이, 크레용, 온 사방에 등장하는 분홍색 등 유방암 문화에 팽배한 유아적인 테마는 순종을 강요하는 메시지를 보낸다. 어린 소녀 상태로 퇴행해서 비판적인 판단을 유보하고 아버지를 대체

한 의사가 내리는 지시를 잘 따르라는 메시지 말이다.

그보다 더 나쁜 것은 환경적 요인이라는 귀찮은 문제를 강조하지 않음으로써 유방암 컬트는 여성들을 소위 '암 산업 복합체'에 사기당하는 '호갱님'으로 만들어 버린다. 한 손으로는 발암 물질과 질병을 만들어 내고 다른 한 손으로는 비싸고 준독극물 수준의 치료제를 만들어 내는 다국적 기업들의 고객으로 말이다. 예를 들어, '유방암 인식의 달'을 후원하는 아스트라제네카Astrazeneca(타목시펜 제조사)는 2000년 기업 구조 재조정을 거치기 전까지 미국 환경 보호국EPA이 '인체에 발암 가능성이 있는 물질'이라고 분류한 아세토클로르acetochlor를 대량 생산한 장본인이다. 이런 식으로 고약하게 이익이 접합되는 부분 때문에 '암 예방 연합Cancer Prevention Coalition'은 '유방암 인식의 달'을 공식적으로 비난했다. 환경적 요인에 관심이 많은 암 예방 연합은 이 행사가 "여성들로 하여금 병의 원인을 제공하는 대표적인 오염 배출자와 부지불식간에 손을 잡도록 유도하기 위해 기업이 발명한 홍보 도구일 뿐"이라고 선언했다. 아스트라제네카는 살충제를 더 이상 생산하지 않지만 암 예방 연합은 기존의 유방암 캠페인이(미국 암 협회 또한) 유방 촬영술을 맹목적으로 신뢰하는 문제와 환경 문제를 조심스럽게 회피하는 것에 대한 비판을 계속해 오고 있다. 2001년 6월 12일 보도자료에서 암 예방 연합 회장이자 의사인 사무엘 S. 엡스타인Samuel S. Epstein과 의사 출신 사회 운동가로 잘 알려진 쿠엔틴 영Quentin Young은 미국 암 협회를 맹비난했다. 협회는 "오래도록 암 예방에 대해 관심을 전혀 보이지 않았을뿐더러 심지어 적대적인 태도까지 취해 온 전적이 있다… 그 한 예로 최근 클로라인 연구소 Chlorine Institute와 공동으로 발표한 성명서에서 전 세계적으로 유기 염소계 농약을 계속 사용하는 것을 정당화하고, 식품의 잔류 농약이 피할 수 있는 아동 암의 원인이라는 사실을 별것 아닌 것으로 만들려는 관련 산업계의 입장을 옹호했다. 미국 암 협회가 7억 달러에 달하는 연간 예산 중 0.1퍼센트 미만의 자금만을 환경 및 직업적 암 발병 요인 연구에 할애한 것만 봐도 협회의 정책 초점이 어디에 있는지 잘 알 수 있다"라고 발표했다.

정말 강하게 비판하자면, 유방암 컬트는 전 세계적으로 자행되는 독살 음모의 공범이다. 암을 정상적인 것, 예쁜 것으로 만들고 심지어 긍정적이고 부러워할 만한 것으로 왜곡시키고 있기 때문이다.

3개월에 걸쳐 받은 화학요법 치료가 끝난 후, 암 병동 간호사가 전화로 "내 혈액 검사 결과가 훌륭하다"며 축하 인사를 하자 나는 겸손하게 공을 돌렸다. 달력에 하루하루 날짜를 지워 가며, 프로틴레볼루션 건강 음료로 연명하고, 소설과 일로 도피한 것 말고는 그야말로 나는 아무것도 한 일이 없다고 답했다. 그가 검사한 종양 지수로는 앞으로의 예후를 거의 예측할 수 없고, 반란을 일으킨 세포가 화학요법 치료에서 몇 개나 살아남았는지 알 도리가 전혀 없으며, 어쩌면 그 세포들이 내 몸의 다른 어디에선가 새로이 자리 잡고 자라고 있는지도 모르지만 나는 예의상 그 말을 하지 않았다. 간호사는 내게 자부심을 가져야 한다고 강조했다. 나는 이제 살아남은 사람이고, 바로 그날 저녁에 시내에서 열리는

'생명을 위한 계주Relay for Life' 행사에서 호명될 자격이 있다고 말했다.

그래서 나는 계주 행사가 열리는 한 중학교 운동장으로 갔다. '살아남은 자들의 행진'이 시작되기 직전이었다. 모인 기금은 유방암뿐 아니라 일반적인 암 연구에도 기부되기 때문에 소수의 남성도 포함해서 약 100여 명이 여덟 명 내지 열두 명씩 횡대를 지어 운동장을 돌았다. 그러는 동안 확성기에서는 우리 이름과 각각 얼마나 오래 살아남았는지 방송됐고, 경품 추첨과 음식 판매대에서 일하는 사람들이 거의 전부인 관객들이 산발적으로 박수를 쳤다. 판매대에 비닐로 포장된 분홍색 '호프 베어'들이 쌓여 있는 것을 제외하면 여느 축제와 별반 다르지 않았다. 행사는 작은 마을의 동네잔치에서 느낄 수 있는 따뜻함이 있어서 좋아하지 않을 수가 없었다. 연대의 상징으로 통하게 된 노래 〈위 아 패밀리We Are Family〉가 확성기에서 울려 퍼지고 다양한 연령층이 임시로 마련된 무대에서 들썩들썩 춤을 추기 시작하자 분위기가 무르익었다. 그러나 이 행사에서 모인 기부금은 멀리에 있는 미국 암 협회로 갈 것이고, 암 협회는 그 돈을 어디에 쓸지에 관해 우리 의견을 묻지도 않을 것이었다.

나는 예전에 알고 지내던 사람이 보여 그에게 다가갔다. 같은 동네에 사는 지식인 중 한 명이었다. 하지만 오늘 그는 '살아남은 사람'들이 입는 분홍색과 노란색이 섞인 티셔츠를 입고 미국 암 협회의 '생존자 메달'을 보라색 줄에 달아 목에 걸고 있었다. "살아남은 기간은 언제부터 세는 거예요?" 나는 그에게 물었다. 그의 이름과 함께 확성기로 발표된 5년 반이라는 생존 기간이 내가 기억하는 것보다 길게 느껴졌기 때문이다. "진단받은 날부터 세는 거예요, 아니면 치료가 끝난 날부터 세는 거예요?" 내 질문이 그를 짜증 나게 하거나 혼돈시키는 것 같아 나는 정말 묻고 싶은 것은 아예 묻지도 못했다. 암이 점점 악화되어 가고 있다면 어느 시점부터 살아남은 사람의 옷을 벗고 사실은 '죽어 가는 사람'이라는 사실을 인정해야 하는 걸까? 거의 주목받지 못하고 있기는 하지만 죽은 자들도 우리와 함께하고 있지 않은가. 주니어 사이즈 햄버거와 감자튀김 정도가 들어갈 만한 종이봉투들이 트랙 가장자리에 죽 놓여 있었다. 그 봉투들에는 죽은 자들의 이름이 적혀 있었고, 그 안에는 양초가 들어 있었다. 해가 진 후 진짜 계주가 시작될 때 초에 불을 켤 예정이었다.

내 지인은 나를 데리고 몇 명이 모여 있는 곳으로 가서 소개했다. 한 명도 빠짐없이 살아남은 사람들이 입는 티셔츠를 입고 있었다. 모두 유방암 희생자였지만 그들 앞에서 물론 나는 희생자라는 단어를 입에 올리지 않았다. "살아남은 사람이라는 표현이 모두 괜찮아요?" 내가 묻자 놀랍게도 두세 명이 목소리를 높였다. 한 명은 "재수 없게 느껴진다"고 말했고, 다른 한 명은 "말이 씨가 될 수도 있어서 싫다"고 대답하면서 살짝 몸서리를 쳤다. 결국 암은 유방을 비롯한 몸의 전략적 요충지에서 재발할 수도 있지 않은가. 하지만 아무도 내가 그 표현에 반감을 표시한 이유에 대해 동조하거나 거들지는 않았다. '살아남았다'는 표현이 죽은 사람들과 죽어 가는 사람들을 폄하한다는 내 의견 말이다. 우리가 살아남은 것은 죽은 사람들보다 더 열심히 '싸워서'일까? 우리는 죽은 사람들보다 더 용감하고, 더 나은 사람이라고 주장할 수 있을까? 유방암 컬트에는 왜 죽음을 품위 있게 받아들이는 태도가 설 자리는 없는 것일까? 암이 됐든 다른 불운이 됐든 우리 모두에게는 그래야 할 때가 올 수밖에 없지 않은가.

여기는 내가 동지들을 만날 수 있는 곳이 아니었다. 유방암은 적어도 내게 정체성이나 긍지를 줄 수 없었다. 내 글에 댓글을 남겼던 죽어 가는 게리가 썼듯이 "괜찮지가 않다!" 다른 암, 그리고 천천히 고통스럽게 죽어 가는 어떤 불운과 마찬가지로 유방암은 혐오스러운 것이고, 인간으로 인해 그 원인과 고통이 초래됐다면 범죄 행위다. 유방암을 경험하면서 내가 배운 진실은 바로 이것이다. 나는 더 예뻐지거나, 더 강해지거나, 더 여성스러워지거나, 더 영적인 사람이 되지 못했다. 그저 더 깊은 분노를 느끼게 됐을 뿐이다. 내가 '치료 과정'을 견디는 것이 가능했던 것은 항암제의 부작용으로 잠 못 이루던 밤에 치밀었던 영혼을 정화하는 듯한 분노와 뻔뻔한 보험 회사 관계자들과 환경을 오염시키는 장본인들을 마지막 한 사람까지 핑크 리본으로 목을 조르고 말겠다는 결심을 했기 때문이다. 암으로 죽든 다른 원인으로 죽든, 물론 나는 그런 날을 볼 정도로 오래 살지는 못할 것이다. 그러나 지금 확실히 아는 것이 하나 있다. 나는 내 생애의 마지막 밤이 와도 곰돌이를 안고 잠자리에 들지는 않을 것이라는 사실이다.

2장 몸과 마음을 통제할 수 있다는 착각

✤　　유방암 투병을 통해 저자는 '암은 축복'이라는 극도의 긍정적인 태도와 그것을 반영한 유방암 캠페인을 목격하고, 사회 속에 파고든 긍정 산업의 규모가 실로 엄청나다는 것을 깨닫는다. 이를 계기로 저자는《시크릿》《긍정의 힘》등 자기계발서의 메시지, 초대형 교회의 모순적인 설교, 동기 유발 강사들과 기업들의 커넥션, 그리고 세계를 재난에 빠뜨린 서브프라임 모기지 사태까지 차근차근 더듬어 가며 '긍정주의'의 실체를 추적한다. 그런 뒤 자본주의와 철저한 공생 관계를 맺고 있는 긍정 이데올로기의 문제점을 고발하는 책《긍정의 배신》을 2009년에 출간한다(국내 출간 2011년). 불편한 사회 현실들을 외면하게 하고, 긍정을 강권하며, 실패의 책임을 각 개인에게 돌리는 긍정주의의 실체를 까발리는 이 책을 두고 독자들은 '신자유주의의 매트릭스에 눈을 뜨게 했다'라고 평가한다.

건강과 도덕성에 대한 흥미로운 진실

《리어스Lear's》, 1990

광고 속 대화는 진지한 도덕적 토론의 특징을 모두 갖추고 있다. 남자는 찰나에 지나가 버리는 말이나 만나기 힘든 삶의 즐거움이 오면 움켜쥐어야 한다고 주장한다. 여자는(황금 시간대 텔레비전 광고임을 감안해서 남자와 함께 아침 식사를 하는 여자가 그의 아내일 것이라 추측한다) 선함과 자기 절제라는 도덕적 우위를 고수한다. 우리는 어떤 해결책이 나올지 이미 알고 있다. 갓 구운 쿠키 같은 맛을 내는 동시에 콜레스테롤 수치를 낮추고 골다공증을 예방하며 감추고 싶은 출렁거리는 살을 없애 줄 무언가가 나올 것이다. 그것은 우리가 이미 아는 사실이다. 그러나 우리가 알지 못하는 것이 하나 있다. 언제부터 아침에 먹는 시리얼이 '도덕적인 문제'가 되었느냐는 것이다.

도덕성은 이제 더 이상 문명사회의 두드러진 특징이 아니다. 1980년대를 지나면서 도덕성은 정치인들에게 버림받고, 월스트리트에서 짓밟혔으며, 텔레비전 전도사들에 의해 더럽혀졌다. 비유적으로 말하자면 우리는 단것에 눈이 멀어 식이섬유를 섭취해야 한다는 사실을 잊어버린 것이다. 그냥 비유를 하자면 말이다. 선한 덕목을 중요시하는 태도는 공적인 영역에서 자취를 감춘 다음 우리가 먹는 시리얼과 운동 습관, 그리고 흡연, 독주, 기름진 음식 등에 대한 공격적인 대응 태도에서 부활했다.

우리는 건강이란 것을 반드시 지켜야 하는 도덕적 덕목이라는 개념으로 재정립했다. 우리 영혼의 현재 상태를 생각해 보면 꽤 영리한 수다. 덕을 갖춰야 할 장소를 영혼이 아니라 탄탄한 복근과 꿀벅지, 심혈관으로 옮김으로써 미국인들은 지구상에서 가장 선한 사람은 아닐지라도 가장 절박하게 은총을 갈구하는 사람이라는 위치를 차지한 것이 확실하다. 미국인은 매년 피트니스 센터 회비로 50억 달러, 비타민 구입비로 20억 달러, 집에서 사용하는 운동 기구 구입비로 거의 10억 달러, 러닝머신과 계단 오르기 운동 기구에서 닳아 없앨 운동화 구입비로 60억 달러를 쓴다. 우리는 숙취처럼 근육통을 남기는 활동과 정신이 제대로 박힌 시대였다면 사료라고 부를 만한 음식을 반긴다. 오늘날 건강하고 싶다고 말하는 것은 무엇이 중요한지 제대로 이해했다는 의미다. 우리는 '좋은 사람'이 되고 싶어 한다.

내가 아침으로 먹는 시리얼을 생각해 보자. 위에 순간접착제처럼 붙어서 떨어지지 않을 것 같은 이 물질은 아무 맛도 아무 색도 없다. 영리하게도 포장 상자에는 이 시리얼이 맛이 좋을 것이라는 약속도, 보기 좋을 것이라는 약속도 전혀 씌어 있지 않다. 소위 건강에 좋은 점들조차도 아주 작은 글씨로 대충 인쇄되어 있다. 이 시리얼이 소비자들을 유혹하기 위해 내건 개념은 그보다 훨씬 더 고상한 것이다. 제조업자는 상자 뒤편에서 "이 시리얼을 먹는 것이 옳은 일이다"라고 외친다. 악의 유혹이 아무리 매혹적이라 할지라도 우리 모두가 옳은 일을 하고 싶어 한다는 것을 잘 알기 때문이다.

도덕성과 건강을 혼동하는 태도는 내가 다니는 피트니스 센터에서도 예외 없이 팽배해 있다. 피트니스 센터에서 현재 내건 표어는 '건강은 나와의 약속!'이다. 우리가 맺는 인간관계에서는 이제 거의 찾아보기 힘든 가열한 도덕성이 함축된 그 '약속'이라는 단어가 바로 여기에서 등장한다. 탈의실에서는 마치 기적적인 갱생의 효과를 발휘하는 교도소의 수감자들이 나누는 대화처럼 끝없는 반성과 새로이 다지는 결의만이 오간다. "아침에 도넛을 먹지 말았어야 했어요." "2주일이나 안 왔으니 오늘 그 대가를 치르게 되겠지." 얼마나 치열하고 단단한지에 따라 서열이 매겨진다. 물렁거리고, 느리고, 쉽게 지치는 사람은 한 치의 동정도 받지 못하고 차갑게 무시당한다.

건강은 거의 어디에서나 일종의 '미덕'으로 인정받는다. 적어도 민족지학적 흔적을 남길 정도로 영향력이 있는 문화라면 건강에 해로운 것은 지양하도록 하는 행동 패턴을 장려한다. 그럼에도 불구하고 대부분의 사람들은 건강이란 것이 그 자체로서의 성

2장 몸과 마음을 통제할 수 있다는 착각

취가 아니라 건강이 가진 '잠재력'이 더 중요하다는 사실을 인정할 것이다. 노틸러스 머신(웨이트 트레이닝 기구-옮긴이)으로 단련된 상체 근육을 가졌다는 것은 내가 도끼로 나무를 패서 땔감을 만들거나 트럭에서 짐을 내릴 수 있다는 의미다. 그렇다고 내가 그런 일을 할 생각이 있는 건 전혀 아니다. 인류 문화에서 가치를 인정받는 것은 많다. 용기, 자손 번식력, 손재주, 사냥감을 적중시키는 능력 등. 그러나 행위 자체가 아니라 그 행위를 할 수 있는 능력에 가치를 두는 것은 아마 인간뿐일 것이다.

그렇다면 우리로 하여금 마치 뭔가 순수하고 숭고한 것을 성취하기라도 하는 것처럼 달리기를 하게 만들고, 무거운 웨이트 기구를 들게 하고, 용을 쓰게 하고, 자신의 신진대사를 모니터링하도록 만드는 것은 무엇일까? 사회학자 로버트 크로퍼드Robert Crawford는 미국에 '건강 제일주의'가 팽배하게 된 시기가 중산층 사이에서 불안감이 퍼진 것과 때를 같이한다고 주장한다. 20세기 초, 경제가 혼란에 빠지고 노동 투쟁이 극심해지면서 화이트칼라 미국인 사이에 최초로 1980년대 스타일의 건강 열풍이 시작됐다. 하이킹을 하고, 자전거를 타고, 웨이트 기구를 들면서 전반적으로 시어도어 루스벨트가 말한 '분투하는 삶'이 주목받기 시작한 것이다. 정수된 물을 마시고, 도정이 되지 않은 곡류를 섭취하기 위해 법석을 떨었다(에너지원으로 단것을 선호하는 경향은 여전했지만). 도를 넘긴 일부 사람은 '전기 벨트', 진동 의자, 고환 받침이 있는 옷, '물 요법', 오래 씹기, 관장 자주 하기 등의 방법까지 동원하기도 했다. 그러는 동안에도 계속 '올바른 삶'과 '신성한 건강의 법칙'을 되뇌며 도덕성을 내세웠다.

우리 세대의 건강 및 운동 열풍 또한 경제적 근심과 함께 시작됐다. 바로 경제가 스태그네이션에 빠지기 시작한 1970년대의 일이다. 대학 졸업장을 소지하면 적어도 택시 운전을 하는 것보다 더 나은 수입을 보장받던 시대가 막을 내렸다. 다른 때 같았으면, 가령 1930년대나 1960년대 같았으면 경제적 변화를 위해 힘을 합쳤을 수도 있다. 그러나 1970년대는 자기 자신과 친해지는 것 그리고 나를 제일로 두고 나만을 생각하는 것 등의 화두가 휩쓴 시기였다. 세상을 바꾸는 것보다 우리의 몸을 개선하는 것이 더 중요하게, 혹은 더 실현 가능성이 높게 보이던 때였다. 우리는 공적 영역에 대한 참여와 항거가 갖는 도덕성을 조금씩 조금씩 내려놓고 그 자리를 건강이라는 개인적 도덕성으로 채우기 시작했다.

우리가 건강에 매료된 것이 효과를 발휘했다. 미국 내 흡연자 수가 줄었고, 독주 소비량도 줄었다. 섬유소는 더 많이 먹고 지방은 더 적게 먹었다. 미국인들의 심장 질환 발병률도 계속 줄어들고 있고, 기대 수명은 늘어나는 추세가 됐다. 의사들에게 덜 의지하고 자신의 건강을 스스로 책임지려는 의식이 높아졌다. 컨디션이 더 좋아진 건 말할 것도 없다. 적어도 버번 대신 에비앙을 마시고 포커 대신 라켓볼을 칠 재원과 동기가 충분한 사람들은 말이다. 개인적으로는 나도 의자와 한 몸이 되어 살던 예전에 비해 운동을 열심히 하는 지금 훨씬 더 강한 자신감을 느끼고 병도 더 잘 이겨 낼 것이라 믿는다.

그러나 건강과 건강 제일주의는 다르다. 합리적인 목표로 건강을 생각하는 것과 초월적 가치로 건강을 생각하는 것도 다르다. 건강과 도덕성을 혼동하면서 우리는 더 신경질적으로 되고, 참을 줄도 더 모르게 됐고, 궁극적으로 개인이 제어할 수 있는 한계 밖에 놓인 질병의 근원을 대면하는 데 더 익숙지 않게 됐다. 예를 들어 희생자를 비난하는 것은 피할 수 없는 건강 제일주의의 부작용이다. 건강이 우리 개인의 책임이라면 병에 걸리는 것도 우리의 잘못이라는 논리를 적용할 수도 있기 때문이다.

전화로 자기 언니가 자궁 근종 수술을 하게 됐다는 이야기를 전한 친구가 생각난다. 매우 지적이고 공감력도 훌륭하며 (말할 것도 없이) 운동도 열심히 하는 친구였다. "이해할 수가 없어." 친구는 그렇게 털어놨다. "언니도 운동을 했을 텐데 말이야." 그 말에는 '충분히 운동을 하지 않은 게 틀림없다'는 암시가 깔려 있었다. 섬유종과 근육 사이에 어떠한 연관성도 존재하지 않는데도 말이다. 그러나 우리 모두는 16세기 기독교인들처럼 모든 병이 과거에 저지른 죄의 대가라고 생각하게 됐다. 시카고 시장 해럴드 워싱턴 Harold Washington이 심장마비로 사망하자 조문객 중 일부는 그의 삶을 기리고 업적을 칭송하면서도 그가 콜레스테롤을 많이 함유한 옛날식 남부 흑인 요리를 즐겼다는 약간 심술궂은 코멘트를 섞기도 했다. 우리도 누군가가 암에 걸렸다는 소식을 들으면 마음속에서 그들의 생활 습관을 되짚어 보면서 그들이 범한 치명적인 실수는 무엇일까 생각해 보곤 한다. 기름진 음식, 흡연, 혹은 '분노를 너무 억누른 것'이 암을 불렀을까 추측해 보는 것이다.

제대로 따져 보면 환자의 생활 습관이나 도덕성의 결여를 탓할 수 없는 병이 엄청나게 많다. 예를 들어 암으로 인한 사망 중에서 1년에 2만 5000건은 기업식 영농법에서 아낌없이 사용하는 제초제가 근본 원인이다. 매년 1만 명의 미국인이 산업 재해로 목숨을 잃는다. 그에 더해 2만 명이 일터에서 석면, 유해 용해제, 방사능 등의 발암 물질 노출 때문에 사망하는 것으로 추산되고 있다. 모두 예방 가능하지만 미도정 귀리나 관절에 무리를 주지 않는 에어로빅으로 예방할 수 없는 죽음들이다. 환경으로 인한, 혹은 직업으로 인한 질병은 시민이 지금보다 훨씬 엄격한 사회적, 정치적 규제를 요구해서 법제화하고 법을 시행해야 예방이 가능하다.

심지어 건강하지 못한 생활 습관도 개인적 원인뿐 아니라 '환경적' 원인 때문일 수 있다. 식습관과 흡연 습관을 예로 들어 보자. 섬유소를 열심히 챙겨 먹는 중산층은 담배를 피우고 푸드 스탬프로 감자칩과 탄산음료를 사 먹는 게토 주민을 깔보기는 쉽다. 그러나 저소득 지역에서는 편의점과 패스트푸드점이 거의 유일한 식품 판매 창구인 경우가 많고, 옥외 광고판과 텔레비전 광고가 그들이 접하는 가장 중요한 영양 관련 '정보' 제공자다. 동기 부여의 문제도 있다. 자기 앞에 펼쳐진 삶이 길고 희망적이라면 담배를 끊고 단것을 덜 먹겠다는 결심을 할 만도 하다. 그러나 앞으로 대면할 삶이 그다지 길지 않고 그다지 달콤하지 않다고 판단된다면 어떤 생각을 하게 될까?

통계적으로 볼 때 섬유소를 많이 먹고 조깅을 하는 사람들은 화이트칼라 중상류층에 많다. 블루칼라와 핑크칼라(사무실과 식당 등에서 주로 여성들이 종사하는 저임금 직종-옮긴이) 직종 종사자들은

2장 몸과 마음을 통제할 수 있다는 착각

에비앙보다는 버드와이저를, 데친 연어보다는 미트로프를 선호한다. 그리고 그중 많은 수가 여전히 흡연자다. 전문직 및 관리직 종사자들 사이의 흡연자 비율이 35퍼센트인데 반해 블루칼라, 핑크칼라 직종 종사자 중 51퍼센트가 담배를 피운다. 이런 사실은 사회적 우려를 촉발해야 마땅하다. 간부들뿐 아니라 조립 라인 노동자들에게도 맞는 심혈관 강화 피트니스 프로그램을 특별히 고안해야 하지 않을까? 트럭 기사들과 타이피스트들에게 피트니스 센터 할인권을 발급하는 것은 어떨까? 극빈층에게 영양제를 공급하는 것도 좋겠다. 그러나 건강 제일주의는 그런 조치를 취하는 대신 오래 지속된 편견만 강화하는 것에 그치고 만다. 건강한 생활 습관이 뛰어난 도덕성의 표현이라면, 노동자 계층은 촌스럽고, 예의가 없다는 등 지금까지 우리가 믿도록 만들어져 온 모든 편견이 맞을 뿐 아니라 도덕성까지 결여돼 있다는 뜻이 된다.

이런 왜곡된 연유로 건강 제일주의는 부자들의 우려를 잠재워 주는 역할을 한다. 일자리를 잃은 노동자가 아무리 웨이트 훈련 기구 앞에서 땀을 흘려도 그의 상황은 나아지지 않고, 에어로빅 운동을 아무리 해도 사립학교 학비가 낮아지지는 않는다. 그러나 운동은 하는 당사자들로 하여금 배가 나온 대중보다 자신들이 우월하다는 느낌을 갖게 해 준다. 희생자를 탓하는 문화의 뒷면에는 자축이라는 혐오스러운 분위기가 깔려 있다. '우리'가 다른 사람보다 더 똑똑하고 더 탄탄한 미래를 바라지는 못할지라도 더 강한 자기 절제와 순결함을 가졌다고 자부할 수 있는 것이다.

그러나 종국에 가서는 (그리고 그 종국이라는 것은 기필코 오고야 만다) 희생자를 탓하는 것이 누구에게도 도움이 되지 않는다. 그 희생자라는 것이 '다른 사람', 즉 더 뚱뚱하거나 더 게으르거나 담배와 지방에 더 중독된 '다른 사람'이 아닐 수도 있기 때문이다. 우리 모두는 언제고 죽게 될 운명이라는 것, 그리고 죽음에 이르기 전 우리 중 거의 전부가 질병, 장애 그리고 상당한 고통을 감내해야 한다는 것은 부인할 수 없는 사실이다. 건강 제일주의의 마지막 비극은 우리가 전혀 준비하지 못한 상태로 피할 수 없는 운명을 맞이하도록 한다는 점이다. 건강이 도덕적 순결함의 징표라고 믿는다면, 건강에 작은 문제가 생기는 것도 죄의 결과라 하지 않을 수 없고, 결국 죽음은 우리 모두를 실패자로 만들고 말 것이다. 장수는 엄청나게 흥미로운 인생의 업적이 아니다. 같은 맥락에서 운동도 인생을 걸고 수행해야 할 과업이 아니다.

우리는 건강 제일주의자가 되지 않으면서 건강을 유지할 방법을 어떻게든 찾아야 한다. 건강은 참으로 좋은 것이다. 건강하면 더 활동적으로 되고, 아마도 행복감을 느끼는 데도 도움이 될 것이다. 그보다 더 좋은 것은 건강한 사람은 뭔가를 할 수 있다는 사실이다. 예컨대 대규모 공해 유출자들이나 폐기물을 무단 반출하는 기업에 맞서 싸울 정도로 강하고, 수많은 사람을 빈곤과 위험한 일자리로 모는 경제 체제에 항거할 정도로 질기고, 구성원을 불안하게 만드는 대신 더 잘 돌볼 수 있는 사회를 요구할 정도로 날쌔고, 힘이 세게 만들어 주는 것이 바로 건강이다.

건강은 좋은 것이다. 그러나 '올바름' 혹은 '선함' 그 자체는 아니다. 고대 그리스의 올림픽 출전자들도 그 점에는 동의할 것이다.

삶이 공허하다 느껴질 땐 기름을 드시죠

《로스앤젤레스타임스Los Angeles Times》, 2002

상류층을 초조하게 만들어 손톱을 물어뜯게 하는 것은 주식시장만이 아니다. 지난 5년간 부자들의 자존감을 높이는 데 일조했던 저지방 고탄수 식생활이 완전히 신빙성을 잃었다. 탐욕이 부르주아 계급의 주된 악이었다면, 저지방 식단에 대한 헌신은 그 악을 상쇄하는 평형추였다. 회계 장부를 조작하고 회사 자산을 탕진하는 CEO라면 달걀 프라이 두 개, 베이컨, 해시브라운으로 하루를 시작하지 않았을 것이라고 장담할 수 있다. 버터를 넣지 않은 저지방 머핀과 얇게 썬 멜론이 월스트리트 범죄자들의 추진 연료였고 지방은 프롤레타리아들의 것이었다.

그러나 그런 독단적인 신조는 더 이상 먹히지 않는다. 다수의 영양학 전문가들이 저지방 식단이 날씬한 몸매를 유지하고 심장 질환을 예방하는 데 도움이 되지 않는다고 주장하고 있다. 잘 알려진 대로 미국을 전염병처럼 휩쓴 비만의 증가는 1980년대의 지방 반대 캠페인과 정확히 시점이 일치한다. 이 캠페인은 저지방을 내세운 쿠키, 케이크, 감자칩, 냉동 고기찜 요리 등의 출시와 함께 활발히 전개됐다. 수백만 명의 미국인이 '죄책감을 전혀 갖지 않아도 되는' 순 탄수화물 식단을 게걸스럽게 먹어 치우기 시작했고 많은 사람이 예상치 못한 부작용을 경험했다. 그중에서도 피트니스 센터에 돈을 내고 크로스컨트리 머신 위에서 오랫동안 운동할 여유가 없는 사람들은 특히 극심한 피해를 입었다.

나도 나름의 과학적인 연구를 통해 위 결과를 재확인할 수 있었다. 내 연구에는 정확히 두 사람이 표본으로 사용됐다. 《뉴욕타임스》의 건강 칼럼니스트이자 채소와 전분을 제외한 모든 음식을 격렬히 거부한 지 오래된 제인 브러디Jane Brody와 나 이렇게 딱 두 명이다. 1980년대부터 지치지 않고 저지방 식단을 대중에게 장려해 온 사람이 바로 브러디다. 그는 '과도한 단백질 섭취는 간, 신장, 뼈에 해롭다' '감량을 위해 빵으로 배를 채우자' '지방이 식품 첨가 화합물보다 몸에 더 나쁘다'는 등의 칼럼을 써 왔다.

1999년에 그가 쓴 칼럼에서 밝혔듯이 브러디는 성장기에도 슈레디드 휘트(아침 식사용 곡물 시리얼. 섬유소가 많다는 이미지를 내세워 광고하는 제품이다-옮긴이)와 오트밀, 찰라(유대인들이 즐겨 먹는 빵), 유대인식으로 조리한 호밀과 베이글을 주로 한 고탄수화물 저지방 식생활을 했다. 아마도 베이글에 크림치즈도 바르지 않고 먹었을 것이다. 반면 나는 이누이트족의 쓸개라도 무리가 되었을 식생활을 하며 자랐다. 매일 아침 달걀을 먹고, 점심에 고기, 저녁에 또 고기를 먹었으며 늘 그레이비 소스나 팬에 고인 기름을 곁들였다. 브로콜리에서 브라우니에 이르기까지 모든 것에 버터를 발라 먹었다. 버터와 버터가 만날 때 인터페이스에 생기는 마찰 부재의 문제만 아니었더라면 버터에도 버터를 발라 먹었을 것이다.

정반대의 식생활을 하며 아동기를 보낸 브러디와 나는 어떻게 성장했을까? 브러디 자신이 인정한 바에 따르면 그는 20대 중반에 150센티미터 남짓의 키에 88사이즈를 입는 진짜 뚱뚱이가 되어 있었다. 나는 비슷한 나이에 170센티미터의 키에 엽기적으로 수척한 49킬로그램이었다.

시간을 빨리 돌려 현재로 와 보자. 지금쯤 브러디는 놀라울 정도로 늘씬해져 있을 것이라고 추측할 것이다. 다른 건 몰라도 운동을 그토록 열심히 하는 사람이니 말이다. 그렇지 않으면 저 지방에 대한 신념을 어떻게 감히 그토록 강하게 설파할 수 있겠는가? 나도 이제는 더 이상 브라우니에 버터를 발라 먹지 않는다. 어쩌면 브러디의 지칠 줄 모르는 설교에 영향을 받아서인지도 모르겠다. 하지만 우리가 먹을 수 있는 버터의 하루 총량을 브러디가 권장하는 양으로 정한다면, 즉 1테이블스푼으로는 작은 사이즈의 샐러드에 넣거나 통밀 크래커 하나에 발라 먹을 양도 되지 않는다. 나는 여전히 빵은 버터를 먹기 위한 핑계, 닭고기는 그레이비 소스를 먹기 위한 핑계, 차가운 닭고기는 마요네즈를 먹기 위한 핑계로 여긴다. 결과는? 옷은 55사이즈를 입고, 의사들은 내 콜레스테롤 수치를 보고 샘을 내면서 '너무 낮다'고 투덜거린다. 변론 이상 끝!

이런 실제 사례로도 설득이 되지 않는 사람이 있다면 고탄수화물 저지방 식단이 왜 더 살찌게 만드는지에 대해 확실한 과학적 설명이 나와 있으니 참조하기 바란다. 탄수화물 식사, 특히 설탕과 정제 밀가루가 주를 이루는 식사를 하고 나면 혈당이 치솟는다. 그리고 거기에 대한 대응으로 인슐린이 분비되고 나면 혈당이 갑자기 뚝 떨어지게 되는데 그럴 때 우리는 어지럽고, 신경질이 나고 두통을 느끼는 경우가 많고 확실히 먹기 전보다 더 배가 고파진다. 물론 지방과 단백질도 많이 먹으면 살이 찌지만 적어도 지방과 단백질은 음식이라고 부르는 물질이 원래 해야 하는 역할, 즉 뭔가를 먹었다는 느낌을 주는 역할은 충실히 해낸다.

살을 빼고 싶어 하는 사람이 존재하는 한, 두 가지 상반된 의견을 가진 의사들 사이의 논쟁은 계속될 것이다. 그러나 지금까지 지배적이었던 저지방 식단의 장점이 허위였다는 것이 사실로 밝혀진 마당에 왜 톱밥 같은 음식을 자진해서 먹겠다고 하는 사람들이 있는 걸까?

부자들에게는 자신을 돋보이게 하는 믿음의 존폐가 걸린 상황에서 어쩌면 증거나 사실이 별로 상관없기 때문인지도 모른다. 지난 10~20년 사이 저지방 식단은 흰 빵과 인조 섬유질을 거부하고 통밀빵과 천연 섬유질을 소비하는 사람들의 사회적 계층을 표시하는 중요한 지표였다. 그래도 모르겠다면 기름grease라는 단어가 갖는 여러 사회적 의미를 생각해 보자. 기름 치는 사람(정비공, 기계공 등), 기름기로 끈적거리는 식당greasy spoon(작고 값싼 식당) 등에서 기름은 어떤 의미를 갖는가? 영양학적으로 올바른 생활을 하는 중상류층 지인들 사이에서는 저녁 초대 손님에게 프랑스식 빵과 파스타를 내놓고 후식으로 퍽퍽한 비스코티 한 접시를 내놓는 것이 적절한 메뉴로 통한다. 참고로 버터는 달라고 해도 소용없으니 말도 꺼내지 않는 편이 좋다.

그러나 저지방에 대한 맹렬한 신봉이 어떤 비판에도 살아남을 수 있는 것은 상류층이 저지방을 선한 덕목과 연결 짓고, 지방은 늘 방만하다는 의심을 받는 하류층과 연결 짓기 때문이다. 저지방주의가 탐욕이라는 동전의 뒷면이라고 하는 데는 다 그만한 이유가 있다. 뿌리 깊은 청교도 정신에 약간의 민주적인 이상주의가 가미된 미국 문화에서는 누구나 부자가 되고 싶어 하지만 아무도 배부른 자본가fat cat라고 불리고 싶어 하지 않는다. 우리가 지구의 자원을 독차지하고 있는지는 모르지만 자신들은 적어도 고대로부터 인류가 갈망해 온 지방은 피하고 있다고 부자들은 말하는 듯하다. 그들에게 저지방 식단은 모피 코트 아래 입은 헤어셔츠(종교적 고행을 위해 털이 거친 천으로 만들어 입는 셔츠-옮긴이)다. 끝날 줄 모르는 탐욕을 상쇄하기 위해 날마다 행하는 고행인 것이다.

굳이 최근 몇 년 동안 벌어진 금융계의 야바위 행적까지 브러디 탓을 할 생각은 없다. 그러나 그 두 행동 방식이 연결된 것은 명백하다. 저지방 저단백질 식단의 장기적인 부작용이 무엇일지 추측하기는 어렵지 않다. 바로 끊임없는 욕구 불만과 무시할 수 없이 계속 뭔가를 더 원하는 배고픔이다. 저지방 식단을 유지하는 수천 명에 달하는 고소득자에게 돈은 음식을 통해 섭취하지 못하는 지방의 대리물이었을 것이다. 물론 그 깊은 욕구 불만을 돈으로는 절대 해결하지 못했겠지만 말이다. 이 효과가 가장 눈에 띄게 보인 곳은 실리콘밸리 지역이다. 닷컴 열풍과 버클리를 중심으로 한 북캘리포니아의 탄수화물 기피증이 겹쳐 재앙에 가까운 결과를 낸 곳이 바로 이 지역이다. 이 지역을 휩쓴 1990년대 말의 '비이성적 과열'은 사실 명품 머핀과 한 덩어리에 5달러씩이나 하는 명품 빵들을 먹은 후 생긴 저혈당증 때문에 일어난 현기증의 결과였던 것이다.

지방 결핍증을 경험하고 있는 기업 간부들을 향한 내 조언은 다음과 같다. 시장에 대한 걱정은 잠시 잊고 밖으로 나가 베이컨 치즈 버거와 감자칩을 드시라. 돈에 조금 여유가 있는 사람이면 이탈리아식 베이컨 판체타를 많이 넣은 까르보나라 스파게티도 괜찮다. 음식을 한 톨도 남기지 말고 싹싹 긁어서 드시라. 그런 다음 턱에 기름기가 흘러내리는 것쯤 그냥 무시하고 의자 등받이에 푹 기대어 편히 앉아 주변 사람들을 향해 미소를 지어 보자. 어쩌면 난생처음 이만하면 충분하다는 느낌이 무엇인지 이해할 수 있을지도 모른다.

2장 몸과 마음을 통제할 수 있다는 착각

구멍 뚫린 정신 건강 의료 시스템

《네이션The Nation》, 2007

2007년 4월 16일, 조승희라는 내성적이고 말이 없던 아이가 버지
니아공과대학교 캠퍼스에서 총을 난사해 32명을 살해했다. 대량
살상 무기Weapons of Mass Murder(대량 파괴 무기로는 충분히 공포감과
사악함을 전달할 수 없게 되자 새로 만들어진 용어다-옮긴이)를 둘러
싼 문제는 차치하고도 이 학살 사건은 미국의 정신 건강 의료 시
스템의 현실에 대해 많은 점을 시사한다. 미국에서는 정신 질환이
있다는 진단을 받아 내기가 엄청나게 쉽다. 초등학교 4학년짜리가
의자에 앉아 몸만 꼬아도 ADHD 딱지가 붙고 정신 질환 약 처방
전을 받을 확률이 높다. 그러나 진짜 미치광이, 즉 자신을 '물음표'
라고 소개하고, 유혈극에 대한 에세이를 제출하는 종류의 사람에
대해서는 취할 수 있는 조치가 전혀 없다.

조승희가 조용히(매우 조용히) 학업에 정진하는 동안 평범하고 전혀 난폭하지 않은 수백만 명의 사람이 1994년에 개정된 정신장애 진단 통계 매뉴얼 〈DSM-IV〉에 의거해 심각한 정신 질환 진단을 받았다. 미국에서는 1년에 어린이와 청소년의 약 20퍼센트에게 정신 질환자라는 딱지를 붙인다. 물론 성인들도 이러한 딱지 남발 현상에서 소외될 걱정을 전혀 하지 않아도 된다. 광고를 오래 보고 있으면 자신이 사회 공포증, 우울증, 스트레스, 혹은 모종의 성적 무관심증(적어도 나는 광고에 그토록 자주 등장하는 발기 불능에 육체적 원인만 있다고 생각할 수가 없다) 등을 겪는다는 확신을 가지게 된다.

《하퍼스매거진》에 실린 '우울증을 제조하다'라는 칼럼을 살펴보자. 매사추세츠 종합병원에서 진행한 '경미한 우울증'에 관한 연구에 참여하고 싶었던 이 칼럼의 저자 개리 그린버그Gary Greenberg는 자신이 걱정하고 있는 문제들을 열거했다. 그중에는 글이 막혀 도저히 써지지가 않음, 정원에 잡초가 우거짐, 은행 잔고가 점점 줄어듦, 부모 노릇 하기가 힘듦 등이 포함되어 있었다. 다시 말하면 중년에 접어든 중산층 미국인이 겪는 전형적인 슬픔과 걱정거리라고 할 수 있다. 그러나 슬프게도 그는 '경미한 우울증' 연구 대상이 될 자격이 없다는 판정을 받았다. 의사는 그린버그가 "심각한 우울증에 시달리고 있다"고 말했다.

다수의 정신과 의사가 정신 건강 의료 시스템에서 주안점을 두는 목표는 사회적인 제어라고 지적해 왔다. 평범하고 활동적인 아홉 살 어린이를 얌전히 앉아 있게 만드는 것, '은행 잔고가 점점 줄어드는' 상황에 처한 성인에게는 약을 먹이거나 훈련을 통해서 자신의 운명을 받아들이도록 만드는 것 등 정신과 치료의 목표는 '건강'이 아니라 사회적 규범을 준수하도록 만드는 것이다. 나는 경찰 심문서 느낌을 주는 '고용 전 인성 검사'를 받을 때마다 그 지적이 얼마나 사실에 가까운지 절감하곤 한다. '이전 고용주에게서는 얼마나 훔쳤습니까?' '코카인을 파는 것에 대해 반대합니까?' '약간 환각 상태에 빠졌을 때 일하기가 더 수월하다는 느낌을 받습니까?'라는 문항을 보라.

널리 사용되는 마이어스 브릭스 인성 검사는 또 어떤가. 그 검사는 외톨이 성향이 있는 사람들을 가려내는 데 매우 집착한다. 인사과의 누군가가 이 검사 결과를 보고 지원자가 자기 회사에 '잘 맞는 사람'인지 여부를 정할 수도 있다. (그런데 마이어스 브릭스 인성 검사에는 누군가가 어느 날 자동 소총을 들고 출근할 가능성이 있는지 여부를 감지할 수 있는 영역은 포함되어 있지 않다.)

그러나 '인성'과 흔해 빠진 신경증에 대해서는 이토록 주의를 기울이는데도 불구하고 우리가 앞에서 언급한 정신 질환이 끼치는 영향에 대해서는 속수무책이라는 점을 감안하면 뼈아픈 질문을 던지지 않을 수가 없다. 조승희의 비정상적인 면을 미리 발견했다면, 가령 그가 18세가 되기 전에 문제를 발견했다면 성공적인 진단과 치료가 이루어졌을까? 저널리스트 폴 레이번Paul Raeburn이 2004년 발간한 저서 《밤에 익숙해지기: 자녀의 우울증과 조울증 이해를 향한 부모의 원정Acquainted with the Night: A Parent's Quest to Understand Deperssion and Bipolar Disorder in His Children》에서는 그 질문에 대한 답은 '아니요'라고 명백히 밝힌다.

자신의 아이들이 문제를 보이기 시작하면서 레이번은 전화 번호부만 봐도 치료 전문가나 증상이 심한 경우 입원 치료가 가능한 수많은 시설을 찾을 수 있다는 사실을 깨달았다. 그러나 선택 가능성을 가진 다양한 치료 방법과 시설들을 연결하는 '시스템'은 전혀 없었다. 나름대로 선택한 이론적, 약리학적 원칙에 따라 독립적으로 움직이는 치료 전문가들은 병원 시스템과 전혀 연결되어 있지 않았고, 병원 또한 퇴원한 후 환자를 돌보는 것에 대한 방법이나 시스템을 갖추고 있지 않았다.

치료비도 문제다. 1990년대에 의료 남용을 막기 위해서 건강보험 부문에 '관리 의료 제도'가 확산됨으로써 정신 질환 치료에 대한 지출이 55퍼센트나 감축됐다고 레이번은 말한다. 이로 인해 정신 건강을 돌보는 치료는 빈곤층은 말할 것도 없고 중산층에게도 너무 비싼 영역이 돼 버렸다. 정신 질환 진단을 받은 어린이와 10대 중 4분의 3이 아무런 도움도 받지 못하는 것은 의심할 나위 없이 바로 이런 이유 때문일 것이다.

제대로 작동하는 정신 건강 진단 및 치료 시스템을 갖추지 못하고, 따라서 살인을 저지를 정도로 심각한 정신적 문제를 가진 사람을 조기에 발견하고 치료하지 못한다면, 우리가 어차피 해야 할 일을 꼭 해야 할 이유가 하나 더 생긴다. 바로 살인 도구를 손에 넣을 기회를 제한하고, 손쉽게 권총을 구입할 수 없도록 해야 한다.

2장 몸과 마음을 통제할 수 있다는 착각

에너지 독립의 열쇠를 찾아내다

《네이션The Nation》, 2008

사람들은 미국의 석유 의존도가 너무 높다는 말을 하곤 한다. 수입 원유, 미국산 원유 할 것 없이 석유를 너무 많이 쓴다는 것이다. 그러나 석유가 정확히 무엇인지 이야기하는 사람은 별로 없다. 석유는 화석 연료다. 하지만 정확히 누구의 화석일까? 대부분 규조류라는 작은 식물의 것이지만 스테고사우루스, 브론토사우루스 등 규조류와 동시대에 지구를 누볐던 쥐라기의 바니(어린이를 대상으로 한 텔레비전 프로그램에 출연하는 분홍색 공룡의 이름-옮긴이) 같은 거대 파충류도 몇 마리 들어갔을 확률이 높다. 차를 달리게 하고 집을 따뜻하게 혹은 시원하게 하기 위해 태우는 물질은 다시 말해 고도의 처리 공정을 거친 시체 주스다.

죽은 자들을 존중하는 의미에서라도 한번 생각해 보자. 자신이 약 1억 년 전쯤 만족스러운 삶을 살던 규조류 혹은 육지의 왕자를 자처하며 타르 구덩이 주변을 어슬렁거리던 브론토사우루스였다고 상상해 보는 것이다. 그런데 지금은 어떻게 되었는가? 긴 탄소 사슬 고리 구조의 분자로 이루어진 끈적거리는 침전물로 변해서는 어떤 포유류가 탄산음료와 감자칩을 사기 위해 근처 편의점으로 몰고 가는 스쿠터 안에서 타들어 가는 신세로 전락하고 말았다.

이것은 오래된 인간의 습성이다. 지구상에서 사고로 죽은 존재들을 이용해 생존해 나가는 것 말이다. 일례로 초기 인류가 사냥하는 법을 터득하기 전에는 죽은 동물의 사체를 먹고 살았다는 증거가 발견됐다. 초기 인류는 하늘을 살피다가 시체를 먹는 대머리 독수리들을 발견하면 거기로 달려갔다. 사냥에 성공한 표범이 포식을 마친 뒤 낮잠을 자러 갔기를 빌며 달려가서 남은 고기를 게걸스럽게 먹곤 했다. 위험한 일이었지만 사슴을 쫓아 달리는 것보다는 나았다.

우리는 지금도 쓰레기나 죽은 사체를 먹는 일을 그만두지 못하고 있다. 이제는 대머리 독수리가 아니라 대형 마트 간판을 따라간다는 사실만 바뀌었을 뿐이다. 그런 곳에 들어가면 작게 나눠서 비닐로 단정하게 포장한 뒤 진열해 둔 죽은 짐승을 발견할 수 있다. 사냥은 이미 우리 대신 누군가가 끝낸 상태다. 동물을 죽인 것이 표범이 아니라 적정 수준 이하의 임금을 받는 이민 노동자들이라는 차이가 있지만 말이다.

동료 인간들에게 이 말을 하고 싶다. 죽은 존재들을 이용해

2장 몸과 마음을 통제할 수 있다는 착각

서 살아가는 것을 그만두고 이제 좀 성숙해질 때가 되지 않았는가! 음식은 몰라도 '국립 극지방 야생 동물 보호국'이라는 말을 하는 것보다 더 짧은 시간에 연료의 자급자족을 이룰 수 있는 계획이 내게 있다. 감자튀김 기름 절도 사건에 대한 기사를 읽은 후 생각해낸 아이디어다. 몇몇 절박한 사람들이 식당에서 쓰고 버리는 식용유를 훔쳐 자동차 연료로 쓰려 한 사건이었다. 내 아이디어는 이렇다. 감자튀김을 튀기는 단계를 그냥 생략하고 고에너지 탄화수소를 우리 몸에서 곧바로 추출하는 것이다!

물론 지방 흡입술에 대한 이야기다. 정말로 알 수 없는 것은 MSNBC에 출연해서 끊임없이 연료 가격에 대해 의견을 피력하는 천재들이 왜 지금까지 이 생각을 못 했는가다. 평균적으로 지방 흡입술 한 건당 1.9리터 정도의 액체 지방이 나온다. 얼마 안 되는 양으로 느껴질지 모르지만 미국 전체를 생각하면 엄청난 보유량이라고 하지 않을 수 없다! 미국인의 30퍼센트가 비만이라는 것을 감안하면 9000만 명, 그러니까 약 1억 7000만 리터다. 죽은 규조류가 아니라 우리 배와 엉덩이에서 추출할 수 있는 연료다.

옥수수와 같은 음식에서 추출한 바이오 연료를 인도적으로 대체할 수 있는 방법이다. 이미 알고 있는 독자도 많겠지만 바이오 연료는 먹을 수 있는 식량으로 연료를 만들기 때문에 전 세계적으로 식량 위기를 악화시키고 있다. 그러나 인간을 연료 생산 사이클에 다시 집어넣어 보자. 옥수수를 콘칩으로 만들어 먹으면 체지방이 되어 지방 흡입을 할 수 있다. 살아갈 이유가 다시 생겼다. 심지어 살찌는 것이 애국이라는 논리도 가능하지 않은가.

사실 지방 흡입술에 위험이 전혀 따르지 않는 것은 아니다. 수많은 의학 관련 웹사이트에도 그렇게 나와 있다. 그리고 연비가 낮아서 기름을 많이 잡아먹는 자동차를 몰겠다고 고집하는 사람들은 자기 몸에 보유한 지방을 순식간에 고갈시켜 버릴 수도 있다. 그러다가 핼쑥하고 바늘 자국이 많이 난 모습이 유행할 수도 있다. 이미 개미허리와 엄청난 탄소 발자국(개미허리가 소유한 사륜구동 자동차와 자가 항공기가 만들어 낸)은 막대한 부의 상징처럼 받아들여지고 있지 않은가.

거기에 더해 미국인으로서 가질 수 있는 자긍심도 생각해 보자. 우리가 과학 혁신, 교육 성과, 낮은 유아 사망률 등에서는 세계 정상을 넘볼 수 없다 하더라도 비만 문제로는 자타가 공인하는 세계 1위다. 네이션마스터 웹사이트(http://www.nationmaster.com/graph/hea_obe-health-obesity)에 들어가 보면 체지방 부문에서 미국이 얼마나 압도적으로 1위를 유지하고 있는지 확인할 수 있다. 사우디아라비아, 베네수엘라, 이란 등 대표적인 산유국들은 상위 29위에 들어가 있지도 않다. 우리에게 필요한 것은 지방에 대한 대단한 긍지를 장착하고 동네 편의점에서 지방 흡입술 키트를 판매하도록 하는 일이다. 탄산음료와 감자칩을 사기 위해 스쿠터를 몰고 가는 것이 머지않아 연료 제로섬 게임이 될 수도 있다.

나는 '나'에게 감사합니다

《뉴욕타임스New York Times》, 2015

올해 추수감사절 즈음에는 호박파이에 들어가는 향신료 향기보다 더 진한 무엇인가가 공기 중에서 강하게 느껴졌다. 그것은 바로 감사하는 마음이었다.

11월 내내 공영 라디오 방송국에서는 감사하는 마음을 가져야 한다는 설교 비슷한 짧은 프로그램이 여러 번 방송되다가 급기야 수전 서랜던Susan Sarandon의 나레이션을 곁들인 〈감사의 과학 Science of gratitude〉이라는 한 시간짜리 특집 프로그램으로 분위기는 절정으로 치달았다. 《타임》《뉴욕타임스》《사이언티픽 아메리카》의 기고가들은 감사하는 마음을 갖는 것이야말로 행복의 나라로 가는 확실한 티켓일 뿐 아니라, 심지어 건강 증진에도 도움이 된다고 입을 모아 장담한다. 캘리포니아주립대학교 데이비스캠퍼스 심리학과의 로버트 에먼스Robert Emmons 교수는 '감사의 과학'을 연구하는 전문가로, '감사하는 마음'이 '기쁨과 즐거운' 마음뿐 아니라 면역력을 높이고 혈압을 낮추는 효과까지 있다고 주장한다.

물론 인정받아 마땅한 사람들에게 감사한 마음을 표현하는 건 좋은 일이다. 그러나 이번 추수감사절을 맴도는 감사함의 중심에는 자기 자신이 있다. 어떻게 자신에 대해 더 좋은 느낌을 가질 수 있는지가 주제다.

자기 계발 분야에서 감사한 마음을 강조하는 것은 전혀 새로운 시도가 아니다. 21세기가 시작될 무렵에는 이미 오프라 윈프리를 비롯한 여러 동기 부여 전문가들이 '감사하는 태도'를 가져야 한다고 강조했다. '긍정적인 사고'의 과학적인 근거가 필요할 때 자주 인용되는 '긍정 심리학'의 아버지 마틴 셀리그먼Martin Seligman은 감사하며 살아야 한다는 가르침을 10년 넘게 계속해 오고 있다. 긍정적인 자기 계발 논리에 따르면 경치 좋은 곳을 산책하는 것부터 가족 모임, 감사의 표현에 이르기까지 기분이 좋아지는 일들은 반복할 가치가 있다.

긍정적 사고의 철통같은 요새가 일부나마 무너진 것은 2006년 베스트셀러였던 《시크릿》에서 너무도 뻔히 드러났던 것처럼 그 자체에 내재된 어리석음 때문이었다. 《시크릿》에서는 원하는 것은 무엇이든, 가령 늘 가지고 싶었던 비싼 목걸이 같은 것도 그것을 가지게 되는 장면을 '시각화'하면 현실이 될 수 있다고 선언한다.

주택 소유 희망자들과 약탈적 주택 담보 대출 기관들을 투기 과열로 몰아갔던 긍정적 사고방식은 2008년 세계 금융 위기로 인해 빛이 더욱 바래고 말았다. 그 후 자기 계발 부문은 더 조심스러운 태도를 취하면서 마음챙김, 회복 탄력성 등을 내세우기 시작했고, 아직 약간의 배짱이 남아 있는 사람들은 거기에 감사하는 마음도 보탰다.

적어도 감사하는 마음은 사회 친화적이라는 면에서 다른 자기 계발 테크닉에 비해 더 큰 잠재력이 있다. 감사하는 마음은 누군가를 대상으로 가져야 하는데, 그것이 친구, 멘토, 혹은 가족일 수도 있고 눈에 보이지 않는 신일 수도 있다. 감사하는 마음을 장려하는 책들은 사랑을 담아 인간적인 교류를 하라고 조언한다. 예를 들자면, 도움을 준 동료에게 '감사의 편지'를 쓴다든지 가족에게 그들이 얼마나 훌륭한 사람인지 정성을 담아 이야기하라는 것이다. 도덕적인 의미에서 이런 행동들은 모두 좋은 일이다. 그리고 새로 등장한 감사 전문가들은 그렇게 하면 본인도 좋은 느낌을 가질 수 있다고 장담한다.

그러나 항상 감사의 마음을 갖는 것이 적절한 태도일까? 그에 대한 답은 누가 감사를 하고, 누가 감사를 받는지에 달려 있다. 혹은 양극화가 심한 미국 같은 사회에서는 그런 태도가 넓고도 넓은 부의 격차를 얼마나 메울 수 있는지에 달려 있다. 시급 8달러를 받으며 일하는 월마트 직원인데 올해 회사 지시로 기본 시급이 9달러로 인상되었다고 가정해 보자. 월마트 소유주이며 미국에서 가장 부자인 월턴가 사람들에게 감사해야 할까? 혹은 기본 연봉 약 100만 달러에, 아칸소 벤턴빌의 10만여 평 대지에 지어진 호화 저택에 사는 월마트의 CEO에게 감사해야 할까? 거의 반사적으로 고맙다는 말을 반복하는 사람들은 '얼간이'라고 무시당하는 경우가 있다. 위의 예도 그 단어가 딱 어울리는 상황이다.

자기 계발 분야에서 감사하는 태도가 이런 명성을 누리게 된 것은 보수 성향을 띤 존 템플턴 재단John Templeton Foundation의 공로가 클지도 모르겠다. 자유시장 자본주의를 지지하는 존 템플턴 재단은 2011년 감사 전문가 에먼스 박사에게 560만 달러를 지원했다. 그에 더해 300만 달러를 버클리대학교의 공공의 선 과학 센터Greater Good Science Center에 주고 '감사하는 태도의 과학적 원리와 실천 방법의 확장'이라는 프로그램을 진행하게 했다. 버클리대학교는 앞에서 언급한 공영 라디오 방송의 감사 특집을 공동 제작했다. 존 템플턴 재단은 가난한 사람들의 삶을 직접적으로 향상시키는 프로젝트에 돈을 내는 대신 이런 식의 노력에 훨씬 많은 돈을 들이부어 그들의 태도를 향상시키는 쪽을 선호한다.

감사의 마음을 가지라는 권고의 대상이 되는 사람들에게는 뭔가 고마워할 만한 일이 있을 것이라 추측해도 무리가 아닐 것이다. 1년 내내 고소득을 올리는 남편과 성공을 이뤄 낸 성인 자녀들 모두에게 감사를 하며 지낸 후 《감사 일기The Gratitude Diary》라는 비망록을 펴낸 제니스 캐플런Janice Kaplan 등이 좋은 예다. 바로 이 부분에서 감사하는 태도가 친사회적이라는 약속의 빛이 바래기 시작한다. 물론 '감사합니다'라고 말하는 것이 널리 권장되기는 하지만 대부분의 조언에는 의사소통이나 상호 작용에 대한 언급이 전혀 없다.

CNN.com에 올라온 요가 강사의 조언을 예로 들어 보자. "날마다 반복하는 아침 루틴에 고마워하는 의식을 포함시켜 감사하는 태도를 키워 보자. 감사 일기를 쓴다거나, 긍정의 말을 반복한다거나, 명상을 하는 방법 등이 있다. 포스트잇에 감사할 일을 적어 거울이나 컴퓨터에 붙이는 식의 간단한 방법도 좋다. 휴대전화나 컴퓨터에 '감사하기' 알람이 매일 아침에 울리도록 해서 자극을 받으면 습관을 만드는 데 도움이 된다."

여기서 상호 작용을 하는 주체는 누구일까? 바로 '나'와 '나'다. 하버드 정신 건강 편지Harvrad mental health Letter에서는 감사 편지를 한 달에 한 번 정도 보내라고 권고하지만, 나머지 부분에는 모두 인간적인 접촉이 전혀 필요치 않은 방법들이 나열되어 있다. '마음속으로 누군가에게 감사하라.' '감사 일기를 써라.' '자기가 얼마나 축복받은 사람인지 상기하라.' '명상하라.' 그리고 하고 싶은 사람은 '기도하라.'

따라서 한 푼도 쓰지 않고, 한마디도 입 밖으로 내뱉지 않고도 감사하는 마음의 일일 권장량을 유지하는 것이 가능하다. 그저 마음속에서 감사와 관련된 좋은 마음을 떠올린 다음 따뜻하고 안락한 기분을 즐기면 된다. 이 과정에 사랑이 끼어들 수 있다면 그것은 오직 자신에 대한 사랑뿐이다. 감사함을 둘러싸고 벌어지는 이 야단법석은 결국 자위행위와 다름없다.

그럼에도 불구하고 우리는 더욱더 감사해야 한다. 특히 머리 위에 지붕이 있고, 식탁에 올릴 음식을 가진 사람들은 더욱 그렇다. 그러나 그 감사의 행위는 최근 권장되는 것보다 훨씬 더 치열하고 포괄적이며 포용적이어야 한다. 배추를 밭에서 수확하고, 갈빗살을 다듬고, 이 제품들을 마트로 실어 나르고, 마트 선반에 그것들을 진열한 사람들, 그리고 물론 그 음식을 조리해서 식탁에 올린 사람들은 누구인가? 추상적인 신에게 감사 기도를 드리는 것은 회피다. 그 음식들이 상에 오르도록 하기 위해 수많은 사람이, 그중 상당수가 아픈 허리와 곤궁한 재정 상태를 견뎌 가며 일을 했다.

감사하는 마음을 갖는 데서 가장 어려운 부분은 우리가 진 마음의 빚을 어떻게 표현하는가다. 후한 팁을 주는 것? 혹은 공정한 임금과 더 나은 작업 환경에 대한 그들의 요구를 지지하는 것? 사실 이쯤 되면 더 이상 감사하는 마음을 이야기하는 것이 아니다. 그것은 훨씬 물리적인 충동이다. 구식 표현을 쓰자면 '연대'라고 표현할 수 있을 것이다. 어쩌면 그 충동을 충족하려면 요가 매트에서 몸을 일으켜야 할지도 모르겠다.

3장
지금 여기, 남성에 대하여

강간은 얼마나 '본능적인' 일인가?

《타임Time》, 2000

처음에는 좀 귀엽기까지 했다. 대통령이 모니카의 끈팬티에 정신이 혼미해진 일 말이다. 진화 심리학자들은 그가 자신 안에 내재된 생물학적 충동, 음… 그러니까… 씨를 널리 퍼뜨리고자 하는 욕구에 충실했을 뿐이라고 선언했다. 자연 선택은 번식에 능한 자를 선호한다. 그렇지 않은가? 그러나 최근 들어 다윈의 바보 같은 후배들이 남성의 나쁜 행동을 진화론적으로 설명하려고 시도한 것은 그저 웃어넘길 수가 없다. 진화 이론가인 랜디 손힐Randy Thornhill과 크레이그 T. 팔머Craig T. Palmer는 강간도 자연 선택이 선호하는 또 하나의 씨 퍼뜨리기 기술 중 하나라고 주장한다. 고약하고, 야만적이며, 전희도 없긴 하지만, 목적 달성은 하는 셈이라는 것이다.

물론 손힐과 팔머가 강간을 용인한 것은 아니다. 과학 잡지

《사이언스》 최근 호에 실린 두 사람의 논문은 그들이 집필해 4월 발간 예정인 저서 《강간의 자연사A Natural History of Rape》가 나오기도 전부터 상당한 관심을 끌고 있다. 그들은 '강간은 섹스의 문제가 아니라 폭력과 지배의 문제'라고 주장하는 페미니스트들의 오류를 수정해 주고 싶었을 뿐이라고 말한다. 거기에 다른 무엇보다도 대부분의 강간 피해자들이 가임 연령이고 범행 동기가 성욕임이 분명하므로, 강간의 의도는 비록 무의식적일지는 모르지만 상대를 임신시키려는 것이라는 주장도 곁들여서. 따라서 강간은 병리학적 행동이 아니라 오랜 시간에 걸쳐 내려온 존중받아 마땅한 자손 번식의 전략이라는 것이다. 그러나 '본능적인 것' 혹은 '자연스러운 것'이 항상 아름답고 기분 좋은 것은 아니다.

물론 진화 이론을 인간 행동에 적용하려는 모든 시도를 일괄적으로 거부하는 사람들도 있다. 그런 사람들이 해마다 산타클로스에게 편지를 쓰건 말건 나는 별로 상관할 마음이 없다. 인간이 자연 선택의 영향으로 현재의 모습을 갖게 된 것은 확실하다(요즘 들어서는 정말 선택된 특징들인지 모를 때가 많지만). 우리는 가장 친절하고 가장 현명한 조상들의 후손이 아니다. 우리의 조상은 교활해서, 혹은 운이 좋아서 자손을 갖는 데 성공한 사람들이다. 그렇다고 해서 강간이 정말로 유전자 깊은 곳에 새겨진 자손 번식의 본능을 구현하고자 할 때 남자들이 사용하는 효과적인 전략일까?

그 질문에 '절대 아니다'라고 대답할 진화 심리학자들은 충분히 많다. 그들은 인간 수컷의 '부모로서의 투자'가 갖는 진화적 가치를 강조한다. 여성을 임신시킨 후 함께 살면서 자손을 기르는 것을 돕는 성향 말이다. 선사 시대의 아빠들은 잠들기 전에 이야기책을 읽어 주진 않았을 테지만 가끔은 영양의 뒷다리도 가져오고, 네 발 달린 맹수들의 습격으로부터 가족을 보호하는 데도 큰 역할을 했을 것이다. 그러나 강간범들의 행동 원칙은 뺑소니다. 정자를 여기저기 예치하는 데는 효과적일지도 모르겠지만 어려운 환경에서 살아남을 자손을 생산하는 데는 그다지 효과적이지 못하다. 강간한 후 뺑소니를 친 남자들의 자녀들은 못 먹어서 여위고, 결국 표범의 점심으로 생을 마감할 확률이 높았을 것이다.

다윈주의적 시각에서 봐도 강간은 또 다른 문제를 가지고 있다. 페미니스트들이 주장하는 것처럼 강간이라는 범죄가 '폭력의 문제'가 아니라 하더라도 강간은 항상 폭력 혹은 폭력의 위험을 수반한다. 그렇지 않으면 강간이 아니다. 손힐과 팔머는 여성을 무력화시키는 데 필요한 폭력 외에 '불필요한' 폭력을 경험한 희생자는 22퍼센트에 불과하다고 주장함으로써 강간에 수반되는 물리적 폭력의 수준을 과소평가한다. 그러나 이것만으로도 강간범의 장래 자손의 어머니는 엄청난 상처와 피해를 입은 것이다. 대부분의 강간 피해자들은 정신적으로 장기간에 걸쳐 큰 고통을 경험한다. 우울증, 기억 손실 등을 수반하는 이 정서적 피해는 성공적으로 어머니 노릇을 하는 데 전혀 도움이 되지 않는다. 씨를 심은 '화분'을 깨뜨리지 않고는 씨를 심지 못한다면 상당히 어리석은 다윈주의의 예가 아닌가.

강간범이 사이코패스가 아니라 자기 안에 숨어 있는 구석기인의 본능을 불러낸 보통 사람일 뿐이라고 고집하는 손힐과 팔머의 주장은 의심스러운 처방으로 이어진다. 두 사람은 소년들에게 강간을 하고 싶은 '본능적인' 성적 충동을 억제하는 방법에 대해 제도적으로 교육하자고 제안한다. 물론 아이들은 모든 종류의 공격 행위와 마찬가지로 강간이 잘못된 행동이라는 사실을 배워야 한다. 그러나 강간이 남성의 본능적인 성 충동이라는 것을 강조하면 어린 소년들은 혼돈을 일으킬 것이다. 성적 상상력이 강간 쪽으로는 한 번도 향해 본 적 없는 소년들이 상당히 많지 않을까 추측되는 마당에 그런 메시지는 어떤 효과를 일으킬까?

소녀들에 대한 손힐과 팔머의 처방은 이렇다. 그들은 강간이 정말로 '섹스의 문제'이므로 소녀들은 어떤 옷을 입는지가 매우 중요하다는 것을 배워야 한다고 주장한다. 그러나 미니스커트를 입은 여성이 던들(허리와 상의는 조이고 스커트는 퍼지는 의상-옮긴이)을 입은 여성보다 강간당할 확률이 더 높다는 증거가 어디 있는가? 예를 들어 보스니아에서는 수천 명의 여성들이 강간을 당했지만, 그들 중 비키니나 뷔스티에(어깨와 팔을 드러내는 여성용 상의-옮긴이)를 입은 여성은 거의 없었다.

맞다. 강간은 섹스 비슷한 행위가 수반된다는 의미에서 '섹스의 문제'라고 할 수도 있다. 그러나 한 사람의 고통과 영구적일 수 있는 상처의 대가로 다른 한 사람이 쾌락을 경험하는 이 행위는 상당히 형편없는 '섹스'다. 우리 대부분이 섹스라고 생각하는 것은 사랑과 고무적인 감정을 수반한 상호적이고 참여적인 행동이다. 그게 아니면 적어도 관능적이며 재미있는 일이다. 사실, 가슴이 패인 옷이나 끈팬티를 입어도 안전한 세상을 만드는 것이야말로 남성, 여성을 막론하고 계몽적인 생각을 가진 사람들이 힘을 보태야 할 일이다. 그들이 흔한 건강식품만큼이나 '자연에 충실한' 사람들인지 아닌지는 상관하고 싶지 않다. 섹스와 강간을 구분하지 못하는 남자들은 여성들과 함께하는 세상에 살 자격이 없다.

우리가 '전사'라는 집단적 환상

《타임Time》, 1990

우리는 '원시적' 전사 문화에서는 성인이 되기 위해서 창에 피를 묻히고 적의 목을 베거나 두피를 벗기는 통과의례를 치렀을 거라고 생각하곤 한다. 동아프리카의 마사이 부족을 비롯한 수십 개에 달하는 문화권에서 남자는 전투에서 적을 죽일 수 있는 능력을 증명하기 전에는 결혼하지 못했다. 전사 문화가 만연한 사회에서는 리더십 또한 군사적 기량에 달려 있고, 죽음의 비밀에 둘러싸인 경우가 많았다. 솔로몬 군도에서는 부족장의 위상을 그의 문 앞에 전시된 해골 숫자로 짐작할 수 있었고, 아즈텍 왕들은 인간 포로들의 심장을 신에게 바쳐야 할 의무가 있었다.

모든 전사는 고귀하게 들리는 명분, 즉 영광 혹은 복수를 위해 싸워 왔다. 그들의 진정한 동기, 어쩌면 의식하지도 못했을 동기는 열렬한 토론의 주제가 되고 있다. 일부 인류학자들은 살인 본능을 상정한다. 살아 있는 생물종 중 거의 유일하게 인간 수컷들이 이 본능을 가졌다는 주장이다. 또 다른 학자들은 모든 전투와 싸움에서 물질적인 동기를 찾아낸다. 노예, 가축을 방목할 땅, 심지어 식량으로 인간 고기를 확보하고자 하는 동기가 있다는 것이다. 그런가 하면 남성들의 일반적인 취미 생활, 즉 사냥과 야외 스포츠 등과 전쟁의 유사점을 지적하면서 궁극적으로 남자들을 싸우게 만드는 것은 무료함이라 주장하는 학파도 있다.

그러나 전사 문화에서 어떤 동기가 가장 기본적인 것인지는 중요하지 않다. 공격적인 행동은 그것이 인간의 정신세계에 원래 내재된 것인지 여부와 상관없이 보상을 받는다. 재원이 부족해지면 더 열심히 고안해서 혁신을 가져오는 대신 무장 공세를 펼칠 기회라 여기는 경우가 훨씬 많았다. 거기에 더해 전사 문화 속에서 사는 사람들에게 전쟁은 가장 고귀한 모험이요, 불만을 해소할 기회이자 전설, 노래, 종교적 신화, 개인적인 의미 찾기의 주제로 영원히 반복되는 당연한 테마다. 남자는 전쟁에서 죽고, 삶의 목적을 찾는다.

"미국이 전사의 나라라는 사실을 이해해야 할 필요가 있습니다." 1990년 미국 상원의원 대니얼 패트릭 모이니핸Daniel Patrick Moynihan은 일단의 아랍 지도자들에게 그렇게 말했다. 그는 그 말을 매우 자랑스럽게 내뱉었고, 아마도 거기에 함축된 추악한 의미에 대해 별로 생각해 보지 않은 채 어쩌면 진실을 말했을지도 모른다. 사실, 세계관으로 보나 처신하는 것으로 보나 미국이 '원시적' 전사 문화를 연상시키는 행동을 하기 시작한 것도 사실이다.

우리는 다른 사람의 죽음을 초래하고자 하는 의지에서 리더십을 찾으려 하는 경향이 있다. 미국의 파나마 침공 후, 부시 대통령은 이제 아무도 자기를 '겁쟁이'라 부를 수 없다고 의기양양하게 선언했다. 마침내 그가 '상남자'라는 것을 증명한 것이다. 언론은 더 원시적인 언어로 그를 찬양하면서 그가 "피를 흘리는 것을 마다하지 않음으로써 통과의례를 성공적으로 치러 냈다"고 평가했다.

대통령직보다 더 낮은 관직에도 우리는 전사 문화의 기준을 적용한다. 여성 후보들에게 우리는 여성이라는 핸디캡을 극복하려면 '강한' 이미지를 주는 언사를 해야 한다고 조언한다. 바로 이런 이유에서 다이앤 파인스타인Dianne Feinstein은 사형 제도에 찬성한 것이고, 콜로라도주 상원의원 후보 조시 히스Josie Heath는 18세의 아들을 둔 엄마지만, 전쟁에 찬성하는 표를 던질 준비가 되어 있다고 선언할 필요를 느낀 것이다. 남성 후보들의 군 복무 경력은 면밀한 조사를 받는다. 민간인 정부에서 선거를 통해 선출되어 관리로 일하는 그들이 창이나, 새총 같은 것을 집어 들고 싸워야 할 것이라 생각하는 사람은 아무도 없다. 그러나 그들은 적어도 다른 인간이 죽임당하는 것을 허용할 자세가 되어 있다는 사실을 분명히 해야 한다.

이보다 더 큰 시사점을 주는 사실은 우리가 평화 상태를 불안해하고 따분해한다는 점이다. 냉전이 종식되었을 때 우리는 축하할 이유가 없다고 생각했고, 냉전을 대신해 곧바로 '마약과의 전쟁'에 열을 올렸다. 없어지지 않는 치욕적인 가난에 중점을 맞추고 대중 건강 캠페인이 돼야 했을 그 정책은 군사적인 수사와 힘을 과시하는 새로운 기회로 이용됐다. 몇 달 후, 베를린 장벽이 무너지고 유럽 전역에서 공산주의가 와해될 때도 미국인들은 거리에 나와 춤을 추지 않았다. 방송국들의 조사에 따르면 사람들은 그 뉴스를 보지 않기 위해 채널을 돌렸다. 비폭력 혁명은 우리의 사기를 고취시키지 않았고, 숙적이 없어진 자리에 공허함과 상실감만 남았다.

우리의 집단적 환상은 혼란과 잔혹성, 그리고 비명에 죽어가는 사람들을 중심으로 이루어져 있다. 사랑을 하는 인간의 몸, 특히 쾌락을 도모하거나 사랑을 표현하는 인간의 몸을 보면 우리는 검열하고 싶은 욕구를 느낀다. 우리는 전사의 테마를 선호한다. 상의를 벗어젖히고 탄약대를 둘러맨 채 홀로 싸움에 나가 자기보다 못한 사람들에게 자동 소총의 탄환을 퍼부어 싹 쓸어 버리는 모습을 말이다. 진짜 전쟁만이 실제 사건에 대한 우리의 관심을 불러일으키는 듯하다. 이라크 위기가 발발하면서 뉴스 시청률이 올라가기 시작했다고 방송국들은 밝혔다. 이라크 위기 당시 뉴스 시청률은 심지어 파나마 사태 때보다 더 높았다.

그리고 전사 문화가 늘 그렇듯 엘리트 전사들이 미국 내에서 중요한 위치를 차지한다. 노숙인 문제, 문맹률, 전염병 등 사회적 위기는 어이없을 정도로 배가되고 있지만, 우리의 지도자들은 엄숙한 어조로 할 수 있는 조치는 아무것도 없다고 말한다. 돈이 없다. 우리는 부자가 아니라 가난한 빚쟁이 나라다. 그러는 동안에도 연방 예산의 거의 3분의 1이, 심지어 평화 시에도 전사들과 그들의 무기 제조업자들에게 흘러 들어간다. 이런 우선순위에 대한 의문이 제기되면 어김없이 새로운 '위기'가 발생해 무장 개입, 많은 경우 일방적인 무장 개입의 기회가 생긴다.

사막의 방패 작전Operation Desert Shield(걸프 전쟁 때 미국의 작전명-옮긴이) 당시 미국의 지도자들은 다른 강대국들에게 우리의 전사 계층을 지원할 수단을 제공해 달라고 구걸하는 신세로 전락했다. 우리는 일본, 독일, 소련 등 다른 부유한 강대국들이 그 위기로 잃을 것이 많지 않다거나 그다지 위협이 크지 않다고 판단할 거라고는 꿈에도 생각지 못했다. 산업화된 강대국들이 마침내 평화를 즐기게 된 세상에서 콩만 한 제3세계 전사 국가를 엄청난 무력으로 기죽이는 것 말고 다른 방법이 있다는 것 자체가 우리 상상력의 한계 밖에 있었다. 우리는 우리가 시대착오적인 나라가 될 위험이 얼마나 큰지도 보지 못했다. 평화를 갈구하는 세상에서 전사의 나라로, 최첨단 기술을 지녔지만 부랑자 같은 전사 무리들의 가치를 가진 나라로 말이다.

좌파는 '제국주의'를 탓할지도 모르겠다. 우파는 이 문제를 '국제주의'라고 부를 것이다. 그러나 장기적인 시각을 지닌 인류학자라면 이것은 단지 전사들이 하는 일일 뿐이라고 진단할지도 모른다. 자신이 울리는 전쟁의 북소리와 군가에 취하고, 번뜩이는 쇠붙이와 피를 보겠다는 흥분감에 사로잡혀 그들은 또다시 전장을 향해 진군할 것이다.

마침내 신남성이 도래하다

《뉴욕타임스New York Times》, 1984

지난 30여 년에 걸쳐 거의 10년마다 새로운 '신여성'의 개념이 물결처럼 등장해서 사회를 휩쓸었다. 사회의식이 강한 주부부터 자유로운 독신, 파워 슈트를 입은 기업 간부에 이르기까지 시대에 따라 신여성의 모습은 변천해 왔다. 그러나 남성은 남성성과 마찬가지로 내구성이 더 강한 개념 같아 보였다. 변화가 온다면, 혹시라도 온다면 그것은 여성들, 혹은 페미니스트들이 촉발한 변화일 것이라고들 생각했다.

예를 들어 1970년대 진보주의자들은 페미니즘적 신여성에 맞먹는 신남성이 출연할 것이라 믿었다. 흔히 존 웨인에서 앨런 알다Alan Alda로의 진화로 표현되던 변화를 거친 신남성은 '구식' 남성보다 더 중성적일 것이고, 누가 봐도 개선된 버전일 것이라는 데 이견이 없었다.

그리고 마침내 신남성이 도래했다. 나는 원래 이런 식의 선언을 별로 신뢰하지 않는 사람이다. 새로운 섹슈얼리티, 신보수와 마찬가지로 신남성도 의미 있는 문화적 변화라기보다는 저널리스트들의 허풍으로 끝날 가능성이 높다고 생각했다.

그러나 이번에는 달랐다. 우리가 남성성이란 무엇인가에 갖는 기대와 남성들이 어떤 삶을 살 것인지 선택하는 양상 모두에 변화가 온 것이다.

나는 남성성이란 무엇인가를 정의하는 대중적 이미지가 변화하는 것을 감지하기 시작했고, 그 변화는 내가 아는 남성들에게도 나타났다. 대부분이 30대인 그들은 자신의 감정에 반응할 줄 알고, 아버지 세대와는 완전히 다른 방식으로 사는 게 가능하다는 것을 아는 사람들이다. 한마디로 말하자면 이 남성들은 여성스러워졌지만 그렇다고 그들 모두가 페미니스트가 된 것은 아니었다. 사실 그런 변화는 나를 포함한 페미니스트들의 공로가 아니다. 그리고 우리 덕에 일어난 변화라고 주장하고 싶지도 않다.

지난 15년에서 20년 사이 여성들이 거쳐 온 변화에 우리 모두가 그토록 정신을 빼앗기지만 않았더라도 지금쯤 신남성에 대해서 훨씬 더 많은 주의를 기울이게 되었을 것이다. 불과 한 세대도 지나지 않은 가까운 과거에 페미니스트들이 내걸었던 이상주의를 우리는 이제 약간의 거리감을 느끼며(향수를 가지고, 혹은 안도의 마음으로) 돌아볼 수 있게 됐다. 그때만 해도 생계와 사회적 위치를 모두 남편에게 의존했던 전업주부들은 돈을 받는 직장을 가져야 하는 운명을 남성 혹은 미혼 여성들이 치러야 하는 불운으로 여겼다. 그런 전업주부의 위상, 적어도 대부분의 소녀들이 꿈꾸던 대상으로서의 위상이 너무 갑작스럽게 추락한 나머지 우리는 '여성의 신비'(베티 프리단의 책 제목이기도 하다-옮긴이)와 늘 함께했던 남성성의 개념을 가끔 잊곤 한다.

나는 아버지 세대의 남성, 1950년대에 성인이 된 남성들에 대해 생각해 봤다. 내 아버지와 마찬가지로 그들은 자신의 정체성까지는 아닐지라도 적어도 자신의 남성성을 돈을 벌고 가족을 부양하는 능력에서 찾았다. 이는 선택의 문제였을 뿐 아니라 관습의 문제이기도 했다. 결혼을 해서 가족이 의지할 수 있는 생계 부양자가 되지 못한 남성은 실패자로 간주됐고, 서른 즈음까지도 결혼하지 못한 남성은 '잠재적 동성애자'라는 낙인이 찍혔다. 그 세대 남성들은 여자 같은 것 혹은 나약함을 미국인답지 못한 것으로 인식하는 분위기에 젖어 있었고, 여가 시간에는 여성과 여성적인 것에서 도망가기 위해 스포츠 혹은 사냥에 전념하거나 그도 안 되면 지하실에 박혀 있는 쪽을 택했다.

이제 우리는 대부분의 남성이 그렇지 않다는 것을 알고 있고, 여전히 그 틀에서 벗어나지 못한 사람들은 엄청나게 구식이라 생각한다. 보통 우리는 이런 변화가 예전의 규범에서 벗어나려는 움직임이고, 새로운 가능성이 열리는 것이라 생각한다. 그러나 최근 부상하는 신남성은 기존의 남성에서 단순히 과거의 금기와 불안감만을 뺀 모습과는 다르다. 그들은 새롭고 복잡한 특성과 태도로 남성성을 정의하고 새로운 종류의 남성적 품위를 추구한다.

1950년대 중반의 남성을 기준점으로 신남성의 가장 두드러진 특징은 더 이상 자신의 정체성을 가족 부양자로서의 역할에서 찾지 않는다는 것이다. 그는 현재 가족 부양자일 수도 있고, 언젠가 그런 역할을 하리라 상상할지는 모르지만, 그에게 그런 능력은 더 이상 남성으로서의 성숙함이나 이성애적 성향을 증명하기 위해 화급하게 꼭 보여 줘야 할 증거가 아니다. 사실 그는 결혼 시기를 연기하거나 결혼을 무제한 연기할지도 모른다. 바로 이것이 여성 잡지에서 남자들이 '책임지기를 싫어한다' 혹은 '성인이 되기를 거부한다'고 불평하는 이유다.

그러나 과거 남성들이 져야 했던 책임감의 무게가 줄어들었다고 하더라도 남성들이 느끼는 압박감이 줄어든 것은 아니다. 구남성이 자기의 집과 그 집을 관리하는 아내를 통해 자신의 위상을 표현했다면 신남성은 자신의 노력만으로 위상을 정립해야 할 뿐 아니라 자신이 세상에 내보이는 모습에 대해 깊은 불안감을 가지고 있다. 전형적인 신남성은 자신의 육체적인 건강과 체력 단련에 신경을 많이 쓴다. 간혹 집착적이라고까지 보이는 경우도 있을 정도다. 그는 옷뿐 아니라 음식, 집 안 꾸미기, 가시적인 문화 활동 등 모든 분야에서 스타일에 신경을 쓰는 열정적인 소비자다. 그의 마지막 특징은 과거의 남성성과 가장 대조되는 성향이다. 신남성이 사람들에게 주고자 하는 인상은 압도적이고 강한 이미지가 아니라 순수하고 열려 있으며 감수성이 풍부한 이미지다.

이런 특징들이 모두 한 사람에게서 동시에 발견되는 건 아니다. 남성 개개인으로 보면 아마 중산층과 중상류층 남성들 사이에 이런 특징들이 한 사람에 한두 개씩 퍼져 있는 경우가 더 많을 것이다. 예를 들어, 미국의 수도 워싱턴 D.C.의 봄날 점심시간이면 결의에 가득 찬 표정으로 포토맥강을 따라 조깅하는 혈색 좋은 중년 남성들이 눈에 많이 띈다. 그런 사람들이 새로운 개념의 감수성을 추구하는 사람들일 확률은 낮을 것이다. 하지만 감수성은 이제 남성들 사이에 상당히 널리 퍼진 특징으로, 결혼해서 자녀를 둔 가족 생계 부양자 남성 중에서도 아버지 역할에 대해 도가 지나치게 수다를 떠는 남성을 만나는 경우가 드물지 않다. 그런가 하면 부양자로서의 역할을 거부하는 경향(적어도 돈을 충분히 낼 수 있으면서 자녀 양육비를 내지 않는 남자들의 비율이 높게 나타나는 경향) 또한 너무 널리 퍼져서 그것이 특별히 신남성에만 한정되는 현상이 아닐 수도 있다. 다른 면에서는 구식이지만 과거에는 여성의 영역으로 간주되었던 요리를 하는 남자들도 있다. 같은 맥락에서(나는 아직 한 번도 만나 본 적이 없지만) 운동이나 고급 셔츠를 피하는 상류층 미혼남도 있을 것이다.

그러나 신남성의 원형이라 불릴 자격이 있는 남성들이 점점 더 많아지고 있는 것은 확실하다. 그들은 25세에서 40세 사이로, 독신에 경제적으로 여유 있고, 주로 도시에서 살 확률이 높다. 바로 이 인구 집단에서 과거의 남성적 가치로부터 탈피하고자 하는 움직임이 가장 크다. 이 남성들 사이에서는 새로운 남성성을 정의하는 특징들이 일정한 패턴을 보이기 시작했고, 심지어 그 패턴에 순응하는 움직임까지도 관찰된다. 게다가 이 패턴은 한 세대 이전

3장 지금 여기, 남성에 대하여

의 미국 중산층 남성들을 괴롭혔던 전형적인 기업 간부 타입과는 완전히 다르다.

제프리 A. 그린버그Jeffrey A. Greenberg는 내 연구를 도와준 시장 조사 전문가 해리엇 번스타인Harriet Bernstein과 내가 진행한 인터뷰 대상자 중 한 명이었다. 나는 해리엇의 도움으로 경제적으로 여유 있는 독신 남성 중 자신의 관심사와 가치관에 관해 이야기하는 것을 마다하지 않는 사람들을 만나서 인터뷰했다. 그린버그는 워싱턴에서 신경외과 전공의로 일하고 있는 32세 남성이다. 일주일에 80시간에서 100시간 정도 의사로서 일을 하고 피트니스 센터에서 일주일에 세 번씩 운동을 한 후 남는 시간에는 '예술품을 공부하고 사들이는 데' 전력을 다한다. 최근에는 요리도 열심히 하고 있다. "요리 쪽으로는 전혀 창의성이 없다고 생각했는데 해 보니 저도 상당히 잘하더라고요. 무엇이 맛있는 음식인지 알고 있고, 그런 맛을 낼 수 있습니다." 그는 적어도 일주일에 한 번은 손님을 초대해서 식사를 하고, 자신이 모은 그림과 다양한 음반들을 과시한다. 데이트를 하긴 하지만 아직은 "정착할 자신이 없습니다"라고 그는 말한다.

30년, 아니 20년 전만 해도 제프리 그린버그는 스스로를 '나이 든' 총각이라고 부르는 소수의 미혼 남성 중 한 명이었을 것이다. 아마도 결혼한 친구들은 그를 부러워하면서도 그의 '여자 같은' 취향을 살짝 의심할지도 모른다.

이 글을 쓰는 1984년 현재, 그는 시장 조사 전문가들의 관심과 고급 소비재 공급업자들의 사랑을 집중적으로 받는 인구 집단의 일원이다. 현재 750만 명의 남성이 혼자 살고 있다(1970년의 2배). 인테리어 전문가 조앤 크론Joan Kron이 최근 저서《홈-사이크 Home-psych》에서 언급한 대로 독신남들이 자신의 상황을 통조림을 따서 저녁을 먹고 나무 과일 상자로 가구를 대신하는 식의 임시 생활이라 생각할 확률은 전보다 낮아졌다. 그들은 요리도 하고, 집에 제대로 된 가구를 들이고, 심지어 인테리어 장식까지 한다.《홈 퍼니싱스 데일리Home Furnishings Daily》는 독신남들을 '새로운 타깃'이라 선언했고, 그들이 인테리어 용품을 구매할 때 참고하는 잡지들의 종류와 판매 부수가 급증하고 있다. 지난 몇 년 동안 가장 구독률이 높은 남성 잡지들은(《에스콰이어》《GQ》《M》 등) 섹시한 여성 모델의 사진으로 독자를 유혹하지 않고 늘씬하고 자신감 넘치는 모습을 한 남성 모델의 사진만을 실은 것들이었다.

남성들이 이렇게 변하게 된 원인은 무엇일까? 아니 어쩌면 더 넓게 질문하는 것이 맞는지도 모른다. 우리가 가진 남성성의 개념이 이렇게 변화한 원인은 무엇일까? 그 변화는 부유하고 젊은 독신남들뿐 아니라 경제적으로 운신의 폭이 좁은 중년 기혼남들에게까지 영향을 주지 않았는가? 내가 출연했던 지방 라디오 방송국 토크쇼의 진행자 셸던 코텔Sheldon Kotel은 롱아일랜드에서 회계사로 일하는 40대 초반의 남성이다. 그는 남성들에게 온 이 변화가 지금까지 여성들 사이에서 벌어진 혁명적 변화 때문이라고 진단한다. 그는 1970년대 초부터 "우리는 여성들이 어떤 변화를 겪는지 지켜봤습니다. 그걸 목격하면서 우리도 행동하지 않을 수 없었지요. 여성들은 전통적인 역할을 더 이상 수행하고 싶어 하지 않았습니다. 저도 더 이상 일부 여성들의 식권 노릇을 하고 싶지 않아요."

신남성의 중성적 성향을 긍정적인 개선이라 해석하고 남성 해방론자들의 주장대로 '우리의 여성적인 면을 인지하고 긍정하는' 시도라고 받아들일 수도 있지만, 남성들이 옛날식으로 '정착하지 않으려는 혹은 책임지지 않으려는' 경향을 보이는 것은 페미니스트 여성들에 대한 신경질적인 반응으로도 해석할 수 있다. 1970년대 워런 패럴Warren Farrell부터 1982년 《남자로 산다는 것: 남성성의 역설Being a Man: The Paradox of Masculinity》을 발간한 도널드 H. 벨Donald H. Bell에 이르기까지 남성 해방론을 대변하는 사람들은 자신과 동료 남성들을 페미니즘의 도전에 맞서서 약간의 특권을 포기하는 대신 감수성을 회복한, 더 '온전'하고 '자신을 잘 보살피는' 존재들로 묘사한다.

그러나 도시의 독신남 중 우리가 만나는 신남성들(혹은 남성용 패션 잡지에 등장하는 신남성들)에게서는 지난한 자기 변신의 흔적을 찾아볼 수 없는 경우가 대부분이다. 그들이 전통적인 남성의 역할을 더 이상 수행하지 않겠다는 결정을 내리는 과정에서 페미니즘에 찬성 혹은 반대한다는 등의 이데올로기적 고민은 아무런 역할을 하지 않은 듯하다. 적어도 일상생활만 보면 그들은 페미니즘 같은 것과 전혀 상관없는 다른 것들에 정신이 팔려 있다. 예를 들어 해리엇 번스타인이 인터뷰한 스티븐 G. 덴트Stephen G. Dent는 뉴욕의 개인 투자 기업에서 일하는 29세 남성이다. 덴트는 커리어와 돈 버는 것을 중심으로 자신의 목표를 정의한다. "점수는 그런 식으로 매겨지니까요." 높은 점수를 위해 그는 자신의 시간을 조심스럽게 배분해서, 하루에 열 시간 이상 일을 하고, 약 30분 정도를 유연성 체조와 달리기에 할애한다. 그의 삶에 여성도 분명히 한자리를 차지하지만, 데이트 약속을 하는 데 바치는 시간을 하루 5분 이하로 줄일 수 있어서 기쁘다고 말했다.

덴트는 "감수성은 남자에게 매우 중요한 요소입니다. 성공적인 커리어를 위해 매진하느라 너무 바쁘면 신경 써야 할 것들을 쉽게 잊곤 하거든요"라고 말했다. 그것이 무엇이냐는 질문에 그는 "여성들이 즐기는 것들을 이해하고 좋아하는 것이죠. 예를 들어 윈도 쇼핑 같은 거요. 잠깐 발길을 멈추고 진열된 드레스를 쳐다볼 줄도 모르는 남자는 무감각한 거예요"라고 대답했다.

브라이언 클라크Brian Clarke도 스티븐 덴트와 마찬가지로 계층 상승의 압력 때문에 결혼은 먼 미래의 일로 밀어 둘 수밖에 없다. 유력 지상파 텔레비전 쇼의 조감독인 그는 올해 33세로 하루에 열네 시간 일을 한다.

그의 삶에 페미니즘은 별 의미를 가진 적이 없다. 그는 페미니즘에 관해 공손한 태도로 이야기하긴 하지만 한 번도 본 적 없는 별난 물건을 다루듯 한다. 그럼에도 불구하고 자신을 신남성이라 부르는 것에는 열렬하게 동의한다. "지금 힘든 오르막길을 오르고 있고, 꼭대기가 아직 보이지 않아요. 그래서 아직은 만나는 여성이 없습니다… 어떤 여성을 만나든 첫 데이트에서 '아무런 약속도 할 수 없다!'라고 밝히고 시작합니다." 거기에 더해 그는 고급 취향을 가진 열혈 소비자로,《GQ》《M》《인테리어 디자인》《플레이보이》 등을 구독하면서 유행에 뒤떨어지지 않도록 노력한다. 물론《플레이보이》를 보는 것도 '패션 감각을 위해서'라고 강조한다.

결국 신남성 현상의 모든 면을 페미니즘 같은 하나의 단어로 설명하는 건 불가능하다는 것이 나의 결론이다. 그보다는 새로운 것으로 보이는 이 현상도 그중 적어도 일부는 오랜 시간에 걸쳐 다져진 끝에 나온 것이고, 최근 페미니즘의 부활보다 몇십 년 전에 이미 태동되었다고 주장하고 싶다. 예를 들어 많은 남성이 느끼는 결혼에 대한 거부감은 미국 문화에서 상당히 신망을 얻어 온 전통이다. 값싼 유머(세이디 호킨스 데이마다 데이지 메이의 구애를 피하기 이해 온갖 계책을 부리는 릴 애브너를 생각해 보라)에서부터 고급 예술(소설《이스마엘》이나《디어슬레이어》의 주인공들은 늘 독신이다)에 이르기까지 이런 테마는 넘쳐 난다(40년이 넘게 연재된 미국의 만화 캐릭터인 아름답고 착한 데이지 메이는 남주인공 릴 애브너를 헌신적으로 사랑한다. 그러나 릴 애브너는 데이지 메이에게 별 관심이 없고, 후에 결혼하기는 하지만 그의 애정과 보살핌을 당연시한다. 세이디 호킨스 데이는 1년 중 단 하루 여성이 남성에게 구애할 수 있는 날이다-옮긴이). 레슬리 피들러Leslie Fiedler가 1955년《무지의 종말: 문화와 정치에 관한 에세이An End to Innocence》에서 주장했듯이 미국 문학의 고전은 대부분 소년의 모험을 찬양하는 내용이지, 20세기 중반 정신분석가들이 그토록 좋아하는 '성숙한 이성애'를 주제로 다루지 않는다.

남성들의 억울함과 분노의 원인을 찾는 것은 어려운 일이 아니다. 개척 시대에는 남성을 길들여 문명의 세계로 이끄는 역할이 여성들에게 주어졌다. 도시화와 산업화가 진행되면서 여성들은 이전 역할에 덧붙여 남성들에게 재정적으로 의존하게 됐다. 냉소적인 남성의 시각에서 보면 결혼은 남성이 여성을 먹여 살리는 의심스러운 특권을 얻기 위해 자신의 자유를 포기해야 하는 제도다. 혹은 H.L. 멘켄H.L. Menken의 말을 빌리자면 결혼은 남성이 "더 나은 상대를 찾을 가능성이 없다는 결론을 내리고 자기에게 눈을 돌린 첫 여성에게 자신의 자유와 재산과 영혼을 바치는 것"이다. 따지고 보면 여성이 결혼 생활에 전통적으로 기여하는 것은 집안일처럼 하찮은 일이나 정서적 지원과 같이 눈에 보이지 않는 일이었다. 남편은 전통적으로 자신의 임금 전부 혹은 상당 부분을 결혼 생활에 투자하는데 이 부분은 필수적인 요소라고 인정을 받고 측정도 가능하다. 물론 동네 술집이나 다른 여자에게 이전하는 것도 가능한 부분이다.

그러나 결혼 제도에 대한 남성들의 불만이 저들끼리 투덜거리고 여성 폄하적인 농담을 주고받으며 푸는 정도의 문화적 암류의 수준을 넘어서기까지는 세 가지 조건이 충족되어야만 했다. 그 첫 번째 조건은 남성이 혼자 사는 게 물리적으로 가능할 뿐 아니라 상당히 안락하게 살 수 있게 된 것이다. 19세기 가정에서는 아침 식사를 차리거나 셔츠 한 장을 빠는 데도 긴 시간의 노동이 필요했다. 독신으로 사는 특권은 하인들을 고용할 돈이 있거나, 미혼

자매가 많은 사람만이 누릴 수 있는 일이었다. 평범한 남성은 결혼하거나 하숙집에 들어가서 살지 않으면 안 됐다. 결혼으로부터 해방되기 위한 두 번째 조건은 남성들이 자기 돈을 가족 부양보다 더 나은 곳에 쓰는 방법을 찾는 일이었다. 과거에 남성들은 주로 술과 도박에 돈을 썼지만 우리 모두 납득할 수 있는 이유에서 그 두 가지 여가 활동은 확실한 신분 하락으로 이어졌다. 세 번째 조건은 사회적 관습에 순응하지 않는 남성에 대한 벌칙, 즉 미성숙, 무책임, 성적 일탈 가능성 등의 시선이 없어지거나 뒤집힐 필요가 있었다.

지난 수십 년 사이, 남성의 자유에 필요한 이 모든 조건이 충족되었다. 가전제품, 아파트의 급증, 값싼 외식 문화 덕분에 평범한 소득 수준의 남성들도 독신 생활을 부랑 생활의 연장 이상의 선택지로 고려하는 것이 가능해졌다. 필립 로스가 1950년대에 자신의 저서 《남자로서의 나의 삶My Life as a Man》에서 밝혔듯이(그때까지는 아직 사회적으로 쉽게 받아들여지지는 않았지만) 젊은 남성이 "통조림을 따서 바로 식사를 하건 카페테리아에서 밥을 먹건, 자기 방 청소와 침대 정리를 스스로 하건, 법적 제약 없이 마음 내키는 대로 사는 것"이 가능해졌다. 그에 더해 1950년대에 나온 두 가지 혁신, 즉 냉동 식품과 다림질이 필요 없는 옷의 도래 덕분에 살림에 털끝만큼의 소질도 없는 남성마저도 원하면 자급자족적인 생활을 하는 것이 가능해졌다.

어쩌면 그보다 더 중요한 것은 그때까지만 해도 가족 위주의 개성 없는 상품을 내놓던 소비재 시장에 심각한 세분화의 기미가 보이기 시작했다는 사실이다. 1950년대에 《플레이보이》가 거둔 성공은 남성 대상 문화 잡지의 중흥을 가져왔다. (《플레이보이》는 《트루True》《폴리스 가제트Police Gazette》《파퓰러 미케닉스Popular Mechanics》 등의 잡지와 구별하기 위해 '문화 잡지'라는 표현을 썼다.) 이런 문화 잡지들은 독립적인 삶을 추구하는 수백만 명의 남성에게 술, 스포츠카, 스테레오 장비, 휴가 등을 광고할 수 있는 기회를 제공했다.

《플레이보이》의 경우 광고와 더불어 남성의 반란을 장려하는 사설과 아내들을 '기생충'으로, 남편들을 '노예'로 묘사하는 특집 기사들을 실었다. 휴 헤프너는 《플레이보이》 창간호에서부터 전자동 잔디깎이와 정원 가구 말고도 돈을 더 잘 쓸 수 있는 곳이 널렸다는 것을 암시했다. "우리는 우리 아파트를 좋아한다… 우리는 칵테일을 만들고 오르되브르를 즐긴다. 오디오로 분위기 있는 배경 음악을 틀어 놓고, 여성 지인을 초대해 피카소, 니체, 재즈, 섹스에 대해 조용히 토론하는 것도 즐긴다." 이 모든 것이 1953년치고 너무 여성스럽게 느껴질 경우에 대비해 잡지의 한가운데 센터폴드에는 풍성한, 심지어 도전적인 느낌까지 드는 이성애적 사진이 실렸다.

새롭고 개인주의적인 남성의 라이프스타일이 물리적으로 가능해지고 상당히 매력적인 선택지가 되자마자 그런 식의 생활에 대한 위상이 높아지기 시작했다. 1960년대부터 전문가들은 결혼과 전통적인 성 역할을 천편일률적으로 찬양했던 과거의 태도에서 후퇴하기 시작했다. 인간 잠재 능력 회복 운동을 계기로 탈바꿈한 심리학의 담론도 정신 건강의 기준을 '성숙'에서 더 광범위한 개념의 '성장'으로 변화했다. '성숙'은 심지어 전문 문헌에서마저도 결혼을 해서 정착하는 상태를 일컫는 암호로 통용되었던 데 반해, '성장'은 합당한 선택지가 여러 개라는 사실을 암시하거나 거기에서 한발 더 나아가 하나의 직관 혹은 경험에서 다음 직관이나 경험으로 계속 옮겨 가라는 긍정적인 지시로 받아들여질 수 있었다. 한편 남성의 심장 질환이 전염병처럼 확산되는 현상에 충격을 받은 의학계는 남성을 더 약한 성으로 묘사하고, 이렇게 남성이 여성보다 더 취약해진 것은 부분적으로 생계유지의 부담감 때문이라는 암시를 하기 시작했다.

전업주부가 과거에는 분노하는 남성에 붙어 사는 기생충에 불과했다면 이제 살인의 공범이 되어 열심히 일하고 자신에게 주어진 역할에 충실한 부양자를 살해할 잠재력을 지닌 존재라는 이미지를 갖게 된 것이다. 이 인과 관계에는 과학적인 근거가 전혀 없지만 관습적인 성 역할에 긴 그림자를 드리웠다. 1970년대에 접어들자 남성의 분노를 대변하거나 그들의 해방을 지지하는 사람들은 전통적인 남성 역할의 대가가 심리적 정체와 지루한 성생활에 그치는 것이 아니라 위궤양, 심장 질환 그리고 조기 사망이 될 수 있다는 것을 절대 잊지 않고 강조했다.

이제 미혼 남성에 대한 의심 섞인 비난의 눈길은 대부분 효력을 잃었다. 건강하고 열심히 일하며, 어디에도 매이지 않은 듯한 남성의 이미지가 대중 매체에 넘쳐 난다. 잡지《티비 가이드》에 실린 광고에 상냥한 인상의 남성이 자전거를 타고 등장하고, 그 아래 씌어 있는 '제로 디펜던츠Zero Dependents'라는 카피가 그 예다(제로 디펜던츠는 약물 등에 중독되지 않았다는 뜻과 부양해야 할 가족이 하나도 없다는 뜻을 동시에 가지고 있다-옮긴이).

아마도 가장 중요한 사실은 이제는 여성 소비자와 평생 가는 동맹 관계를 맺지 않고도 남성들이 자신의 사회적 위상을 만족스럽게 표현하는 것이 가능해졌다는 점이다. 드넓은 정원이 딸린 저택은 여전히 중요한 사회적 위상의 표현이지만 자신의 사회적 위상을 과시할 수 있는 유일한 방법은 아니다. 잘 꾸민 아파트, 와인에 대한 해박한 지식, 혹은 요리 솜씨 같은 것도 중산층 혹은 중상류층에 속하는 사람이라는 증거가 될 수 있다. 그리고 이런 조건들은 이제 결혼처럼 복잡한 관계에 얽매이거나 약간 '퀴어queer하다'(기묘하다는 의미와 동성애자라는 의미가 둘 다 있다-옮긴이)라고 비칠 위험을 감수하지 않고도 충족시킬 수 있게 됐다.

페미니즘이 예전 스타일의 전형적인 남성성의 틀을 깨는 데 기여한 것은 확실하다. 이데올로기적인 면에서, 페미니즘 운동은 '역할'이라는 사회학적 용어를 대중화시켰다. 여성성뿐 아니라 우리가 가진 남성성이라는 고정관념을 둘러싼 사회적 책략을 명확히 까발려 준 언어적 돌파구였던 것이다. 실용적인 면에서 페미니스트들은 남성 혹은 여성이 상대방에게 자동적으로 의지하지 않아도 되는 세상, 양성이 모두 부양을 책임질 수 있는 세상을 상상해냈다. 베티 프리단Betty Friedan은 "어쩌면 여성들 자신이 짐이 되는 대신 세상에서 살아가기 위한 전투의 짐을 남성들과 함께 지기 시작하면 미국의 남성들이 더 오래 살게 될지도 모른다"고 추측했다. 글로리아 스타이넘Gloria Steinem은 남성들에게도 페미니즘을 지지하라고 촉구하면서 그렇게 해도 남성들은 "관상동맥 질환 말고는 잃을 게 하나도 없다"고 말했다. 그러나 페미니즘으로 인해 결정타를 맞은 것은 나이 든 남성들뿐이다. 젊은 나이에 결혼해서 열심히 일하고, 감정을 드러내지 않고 결국 '일을 하다 죽음을 맞이한' 남성들 말이다. 페미니즘이 부흥한 1960년대와 1970년대에 접어들 무렵 미국 문화는 신남성을 받아들이고, 그들을 치사하거나 퀴어한 존재가 아니라 건강하고 심리적으로 깨어 있는 사람들이라고 생각할 준비가 이미 되어 있었다.

신남성이 여성 한 명과 약속을 맺고 정착하는 것을 꺼리는 현상을 그저 오래된 남성의 분노에서 기인한 것이라고 치부한다 하더라도 누가 먼저 시작했는가와는 상관없이 양성 간에 벌어진 전쟁의 부산물이라고만은 설명할 수 없는 신남성의 특징들이 있다. 결혼을 했든 독신이든 이 신남성들이 집착을 보이는 대상은 해방감이 아니라 불안감인 듯하다. 그리고 그 불안감은 비교적 최근 들어 시작된 현상이지만 매우 현실적인 계층에 대한 불안에서 기인한다고 나는 생각한다.

신남성, 신여성과 같은 사회적 이상주의를 탄생시킨 산실이었던 중산층 전문직 종사자들이 궁지에 몰려 있다. 1950년대와 1960년대까지만 해도, 이 계층의 젊은 남성들은 약간의 자격만 갖추고 출근하는 것을 빼먹지만 않으면 사회적 위상이 높아지고 안정적인 커리어를 보장받을 것이라는 확신이 있었다. 전문직 일자리뿐 아니라 기업과 정부의 행정직도 늘어 가고 있었고, 경영 및 '정신적' 노동을 하는 노동력에 대한 수요가 커지면서 고등 교육 기관의 일자리도 확장되었다.

그러다가 1970년대에 기나긴 경제 침체가 왔고, 공무원부터 대학의 역사학 교수에 이르기까지 그들이 갈 만한 산업 부문 전체가 위축되고 말았다. 이전까지 중산층이었던 교육받은 젊은이들이 무더기로 계층 하락을 해서 택시 기사, 웨이터, 목수 등이 됐다. 동시에 의사, 법률가, 경영진 등 평생직장으로 유망한 직종들에는 위험할 정도로 지원자가 몰렸다. '사라져 가는 중산층'에 관해 최근 나온 연구 결과를 보면 과거 중산층이었던 사람들의 대다수가 (일자리가 부족해서, 그리고 일을 하는 사람들은 인플레이션과의 싸움에서 져서) 궁핍해진 한편, 극소수만이 신분 상승을 해서 새로운 금융 및 첨단 기술 분야의 신흥 상류 계급을 형성하고 있다는 것을 알 수 있다. 우리가 살펴보는 신남성은 주로 후자 혹은 적어도 가까스로 중산 계층에 매달리는 데 성공한 사람들이다.

계층이 급속도로 재정비되는 시대에는 계급을 표시하는 휘장에 더욱 관심이 크게 쏠린다. 누가 자기와 사회적으로 동급인지, 누가 아닌지를 알 수 있는 작은 힌트들 말이다. 미국이 번영을 구가했던 1960년대와 1970년대 초에는 반문화 운동의 영향으로 일시적으로나마 아이비리그 중퇴자들이 젊은 참전 용사와 어울리고 멋쟁이 전문직 종사자들이 무학의 거리 부랑자들과 섞이는 것을 마다하지 않았다. 아방가르드한 남성의 패션은 민주적인 데가 있었다. 청바지, 금색 체인 목걸이, 어깨까지 기른 머리 스타일은 중

3장 지금 여기, 남성에 대하여

년의 정신과 전문의, 젊은 트럭 운전사, 퇴근 후의 세금 전문 법률가 모두가 선호하는 스타일이었다. 시중으로 흘러나온 군수 물자를 가지고 멋을 내고, 록스타를 흉내 내는 유행 덕분에 계층적으로 유망한 사람과 영원히 가망 없는 사람을 구별할 방법이 별로 없었다.

불안감이 팽배해진 1980년대에 접어들면서 계층 간의 선이 성급하게나마 다시 그어지기 시작했고, 신남성의 여러 특징은 사회적으로 안전한 계층을 구분하는 선의 '바깥쪽'이 아닌 '안쪽'에 속해 그냥 중산층이 아니라 중상층이라는 것을 표현하는 노력으로 이해됐다. 예를 들어, 신남성의 소비문화는 남의 시선을 의식한다는 느낌이 들 정도로 엘리트주의를 지향했다. 이탈리아산 니트 스웨터, 더블브레스트 재킷 등은 자연스럽고 소박한 면 셔츠와 청재킷을 대체했다.《에스콰이어》는 '우아한 옷차림의 부활'을 선언하면서 폴리에스터 양복뿐 아니라 후줄근한 교수님 스타일, 보헤미아풍 옷차림의 종말을 고했다.

유행하는 음식도 꾸준히 젠트리피케이션을 거쳐서 전통적으로 남성적인 음식이라고 여겨지던 칠리나 구운 육류 등은 이제 천박한 음식으로 통하게 됐다.《GQ》최근 호에는 독자를 향한 다음과 같은 조언이 실려 있다. 음식 전문지《고메Gourmet》에 실렸어도 너무하다 싶을 정도의 내용이었다. "두 사람의 저녁 식사를 뭔가 더 뜨거운 것으로 발전시키려면 캐비어를 다시 꺼내라. 이번에는 생굴 위에 캐비어를 얹거나 녹인 버터를 곁들인 구운 감자 위에 스푼으로 떠 놓고 크렘 프레쉬crème fraîche를 올린 다음 잘게 다진

파를 뿌려라. 아니면 크림과 버터로 볶은 파스타에 트러플을 곁들여라. 블랙 트러플, 화이트 트러플을 가릴 필요는 없다." 상남자는 키쉬(스페인식 달걀 요리-옮긴이)를 먹지 않을지도 모르지만(어차피 키쉬는 프롤레타리아 음식으로 정착되고 있다) 신남성은 스시와 차가운 샐러드 파스타를 좋아하고, 그 음식들이 또 평민의 음식이 되면 다른 패셔너블한 음식으로 옮겨 갈 자세도 되어 있다. 《M》은 반농담으로 독자들에게 페스토 요리와 화이트와인 스프리츠와 함께 스시도 이미 한물갔다고 경고한다.

소비 취향은 신남성을 규정하는 계층 휘장 중 가장 눈에 띄는 요소일 뿐이다. 이런 취향을 통해 그들은 자신을 과거의 화이트칼라 남성만이 아니라 자기 세대의 불운한 남성들과도 구분한다. 또 다른 휘장은 체력 단련에 대한 헌신, 특히 가장 고립적이며 공개적인 형태의 운동, 즉 달리기다. 달리기는 1970년대에 시작된 새로운 활동으로 확실히 중상류층의 전유물이다. 뉴욕 로드 러너스 클럽의 프레드 리보우Fred Lebow는 전형적인 마라토너가 '34세, 대졸, 건강하고 부유한' 남성이라고 묘사한다. 《뉴욕타임스》의 여론 조사에 따르면 1983년 뉴욕시 마라톤 대회 참가자의 46퍼센트가 4만 달러 이상 연봉을 받는 사람들이었다(참가자의 85퍼센트가 남성이었다). 구남성은 담배를 피우고 마티니를 너무 많이 마시며, 한가롭게 골프를 즐겼다. 신남성은 담배를 피우지 않고(남성들 사이에서 흡연은 블루칼라의 특징으로 자리 잡아 가고 있다), 술은 조금씩 마시며, 달리기를 하지 않으면 피트니스 센터나 스파에 다닌다.

달리기를 하는 사람들이 자신의 사회적 위상을 확립하기 위해 뛴다고 주장하지는 않겠다. 적어도 의식적으로는 그렇게 하지 않을 것이다. 달리기는 1970년대에 중산층을 사로잡은 체력 단련에 대한 집착의 한 현상이고, 이에 관한 사회학적으로 만족스러운 해석은 아직도 찾아볼 수 없다. 어떻게 보면 달리기는 1950년대부터 미국 남성들을 괴롭혀 온 심장 질환 망령에 대한 직접적인 대응이라고 볼 수도 있다. 혹은 1970년대와 1980년대에 팽배한 직업 불안정에 대한 반응일 수도 있다. 그리고 어쩌면 어떤 남자들은 아내에게서 멀어지기 위해 달리는지도 모른다. 존 업다이크의 《달려라 토끼》의 마지막 장면에 나오는 래빗 앵스트롬의 크로스컨트리 달리기를 변형한 형태라고 할 수도 있겠다. 도널드 벨 Donald Bell은 달리기(와 채식주의)를 시작한 이유가 "완벽하다고 할 수 없는 결혼 생활에서 느끼는 고통과 좌절감에서 탈출하기 위해서"였다고 말한다.

그러나 개인의 동기가 무엇이든 간에 충분히 많은 수의 중상류층 남성이 달리기 습관을 가짐으로써 달리기는 그들의 계층적 휘장으로 자리 잡게 됐다. 달리기는 앉아서 일해야 하는 직장을 가졌다는 사실을 공개적으로 알리는 운동이고, 한때 서로 다른 계층의 남성들을 한데 어울리게 했던 소프트볼과 야구 같은 민주적인 스포츠를 완전히 대체했다.

마지막으로 신남성의 가장 유망한 특징이 하나 남았다. 바로 감수성이다. 나는 아무런 망설임 없이 이 특징이야말로 중상류층의 휘장이라고 선언할 수 있다. 신남성이 그렇다고 굳건하게 믿고 있다는 사실 자체만으로도 그렇게 볼 이유가 있다고 본다. 10년

이 넘는 긴 기간에 걸쳐 감수성은 교육받은 중산층 남성과 갱생의 의지가 없는 블루칼라 형제들을 구분하는 내면의 특징으로 고착화되었다. '그들'은 아치 벙커(1970년대 시트콤 〈올 인 더 패밀리 All In The Family〉의 등장인물로 고집 세고 독선적인 백인 노동자의 전형으로 통한다-옮긴이)이고, '우리'는 더 진보적이고 의사 표현이 분명한 아치 벙커의 사위다. 웰슬리칼리지의 여성학 연구 센터Welleseley College Center for Research on Women의 원장이자 남성의 성 역할에 대해 광범위한 연구를 진행해 온 신중한 학자 조지프 H. 플렉Joseph H. Pleck조차도 블루칼라 남성이 '전통적인' 남성의 성 역할에 갇혀 있다는 편견을 반복하는 데 그치고 만다.

물론 감수성을 측정하고 그 특성으로 사회 계층을 표현하는 공식을 정립한 사람은 아무도 없지만, 시장 조사 전문가 주디스 레인저Judith Langer는 상품에 대한 반응을 보일 때나 여성과의 관계를 이야기할 때 '전통적' 혹은 '마초스러운' 가치관을 덜 보이는 쪽은 오히려 블루칼라 남성들이었다는 연구 결과를 발표했다. "블루칼라 남성들'만' 그런 개방적인 태도를 보인다고 주장하는 것은 물론 아니다. 그러나 블루칼라 노동자들에게 적용되는 전형적인 이미지가 매우 제한적이라는 것을 지적하고 싶었다"라는 것이 그의 결론이다.

나는 고학력이며 계층 상승 중인 남성들에게 특별한 종류의 감수성이 있다는 개념이 생긴 게 상당 부분 언어의 효과가 아닐까 하는 의심을 지울 수가 없다. 적어도 감수성을 보이는 어휘는 남성다운 예의범절의 일부가 됐다. 신남성이라면 무감각하다거나

고의로 '자신의 감정을 돌아보지 않는다'는 사실을 인정하려는 사람은 아무도 없을 것이다. 그와 동시에, 감수성에 대한 인식이 확산되면서 자신의 감성을 돌보는 데서 오는 치유적 효과에서는 멀어지고 소비 지상주의를 더 잘 받아들이는 것, 다시 말해 마음 가는 대로 쇼핑해 대는 행태를 무의식적으로 받아들이는 풍조로 와전되었을 가능성도 있다.

이런 성향이나 취향만을 놓고 보면 신남성과 신남성과 같은 계층의 여성들을 구분하는 것은 불가능하다. 치마 정장을 입은 이 부류의 여성들은 결혼과 임신을 미루고, 긴 시간 일을 하며, 자신의 시간을 매우 계획적으로 사용한다. 그들은 또 음식과 옷 유행이 어떻게 변화하는지 주시하고, 예전 같으면 단순히 살이 찌지 않은 정도로 충분했을 테지만 이제는 체력 단련에도 신경을 쓴다.《계층: 미국의 사회적 계층에 대한 안내서Class: A guide through the American Status System》에서 폴 퍼셀Paul Fussell은 중상류층(나는 거기에 무너져 가는 중산층의 위쪽 부분에서 미끄러지지 않기 위해 애쓰는 부류도 보태고 싶다)이 '역할 반전 현상'을 가장 크게 보이는 계층이라고 설명한다. 미국인들이 이상적으로 생각하는 남성성의 구버전과 신버전의 핵심적인 차이는 바로 여기에 있다. 구버전의 남성성은 여성성에 대비하는 것으로 스스로를 규정했고, 관습에 대한 순응이나 지나친 경쟁 등에 대한 불안감을 거세에 비유해서 표현했다. 새로운 남성성은 성별 간의 선을 긋는 것보다는 미약하기 그지없는 계층 간의 구분을 유지하는 데 더 신경을 쓴다. 요즘의 중상류층 혹은 신분 상승을 꿈꾸는 남성들은 성별 구분이 없는 세상으로 떨어지는 것보다 계층 하락을 훨씬 더 두려워한다.

커리어의 전성기에 이를 때까지 독신으로 남을 가능성이 크다는 사실, 혹은 결혼을 하더라도 아내의 외모와 취향으로 자신이 평가될 가능성이 적다는 사실은 남성들이 계급에 더 민감해지는 현상을 강화한다. 중산층의 구남성은 돈 걱정을 할는지는 모르지만 이웃들의 이목에 신경 쓰는 것은 아내에게 미뤄도 됐다. 구남성은 캐서롤 같은 오븐 요리나 카나페에 대해 전혀 몰라도 상관없었다. 아내가 다 알아서 할 테니까. 그는 복잡한 사회관계를 헤쳐 나갈 걱정도 하지 않았다. 그런 감수성은 아내 담당이니까. 그러나 1980년대의 신남성은 기혼이든 미혼이든 자신의 재치, 다른 사람과의 '공감 능력', 근육질 몸매 등으로 자기가 평가받을 수 있다는 사실을 잘 알고 있다. 아내가 없거나 적어도 도움 줄 사람이 없는 경우 신남성은 자신의 사회 계층을 표현하는 데 필수적인 행동들을 모방해야만 한다. 설령 그런 행동이 과거에는 여성적이라고 치부되었던 것들이라 할지라도 말이다. 중성적 효과는 그 과정에서 이미 시작된다.

이 시점에서 페미니스트들은 질문을 던진다. 이 신남성의 모습이 우리가 원했던 남성상일까? 몇 년 전만 해도 페미니스트들은 전통적인 남성성에서 멀어지는 변화라면 무엇이든 환영할 마음이 있었다. 베티 프리단은《두 번째 단계The Second Stage》에서 "미국 남성들의 조용한 움직임은 남성으로서의 그들의 정체성에 대한 역사적인 변화고, 페미니즘 운동으로 촉발된 변화의 한계를 넘어선 현상"이라고 평가하면서, 이것이 "엄청나게 진화적인 발전"일 수 있다는 의견을 피력했다.

순진한 시대에 나온 글이다. 당시는 콜렛 다울링Collette Dowling이 '신데렐라 증후군'이라 부른 현상, 즉 남성에게 본능적으로 의존하려는 여성의 성향에 대한 토론이 벌어지던 때다. 또 다른 베스트셀러에서 이름을 따와 정착하기를 거부하는 남성의 성향을 묘사한 '피터팬 증후군'과 대조되는 사회 현상이었다. 최근 몇 달 사이에 신남성 혹은 신남성의 여러 특징에 대한 페미니스트들의 공격이 큰 규모는 아니지만 연이어 등장했다.

《워싱턴시티 페이퍼Washington City Paper》에는 '벌레 같은 남자들Wormboys'에 관한 매우 냉소적인 기사가 실려서 뜨거운 논쟁의 대상이 되었다. 글을 쓴 데버라 라아크Deborah Laake는 여성과의 관계에서 '수동적'인 남성을 묘사하면서 그들은 "결혼이나 자녀 이야기만 나와도 몸을 사리고, 상황이 나빠지면 전혀 믿을 수 없게 될 사람들"이라고 혹평했다. 그가 인용한 한 여성의 말에 따르면 이 신남성들은 약속을 하고 정착하는 것을 너무도 두려워한 나머지 여성에게 저녁 식사를 같이하자고 말하는 것마저 주저한다. "그런 남성들은 '같이 한잔할까요?' 하는 쪽을 선호하는데, 그렇게 하는 것이 그다음 행보에 대한 부담이 없기 때문이지요." 그 기사의 후폭풍을 과장하고 싶은 생각은 없지만, 몇몇 남자 동료가 내게 와서 어색하게 웃으며 내가 새로 쓰는 글이 '겁쟁이들과의 전쟁'에 관한 것인지 물었다는 사실까지만 이야기하고 넘어가자.

그들이 초조해하는 것도 이해하지 못하는 바는 아니다. 우리 세대의 페미니스트들은 남성들에게 변화하라고 요구했지만, 어떻게 변화할지에 대해서 구체적으로, 혹은 참을성 있게 설명하진 못했다. 남성들이 조금이라도 감수성을 보이거나 성장할 때마다 그것이 마치 진화적 진보나 되는 양 박수를 쳐 줬다. 우리는 여성화되어 가는 남성의 취향마저도 반겼다. 스물다섯 살에 요리를 잘하고 집 안을 잘 꾸미는 남성이 나이가 들어 중년이 될 즈음에는 헌신적인 아버지와 남편이 되어 있을 것이라 예상했기 때문이다. 우리가 놓친 것은 남성들이 자기 나름의 궤적을 그리며 변화하고 있고, 그 결과물이 '현재 여성의 모습'이 아니라 과거 여성에게 기대됐던 모습, 즉 허영심 많고 피상적이며 사회적 계층에 연연하는 모습에 더 가까울 수 있다는 사실이다.

그러나 우리가 사는 시대는 어떤 형태의 수정주의도 보수주의의 먹잇감으로 변화해 버리기가 쉬운 시대이므로, 우리가 신남성을 좋아하지는 않지만 구남성으로 돌아가는 것을 반길 생각도 전혀 없다는 사실을 확실히 강조해 두는 편이 좋을 것 같다. 신남성이 외모에만 관심이 많은 허영이 스머프 같다면, 구남성은 나쁘게 말하자면 폭군에다 깡패였고 지금도 그렇다. 좋게 말해도 구남성은 지루하기 짝이 없어서 충실한 밥벌이 능력이 남성성의 시험대였던 시대에 수많은 여성은 제임스 딘, 엘비스 프레슬리, 잭 케루악Jack Kerouac 등 손에 넣을 수 없는 모험의 냄새를 풍기는 소수의 남성들을 비밀리에 연모했었다. 여성들은 《플레이보이》의 칼럼니스트들이 생각하는 것처럼 남성을 노예로 삼고 싶어 하는 것이 아니라 그들과 모험을 함께하는 세상을 적어도 환상 속에서라도

3장 지금 여기, 남성에 대하여

떠올렸던 것이다.

이제 우리 여성들은 페미니즘 운동 덕분에 일말의 기회라도 노릴 수 있게 됐다. 개인주의, 모험(프리단이 여성들에게 제시했던 '세상과의 전쟁')은 더 이상 남자들만의 특권이 아니게 됐다. 그러나 이 모험을 남녀가 함께하려면 남성들이 변화해야 하고, 그 변화는 지금까지 보여 온 것과는 다른 양상이 되어야 할 것이다. 지금까지 우리는 남성에게 더 여성처럼 되라고, 덜 공격적이며 자신과 다른 사람의 감정을 더 잘 돌보는 사람이 되라고 요구하는 것으로 만족해 왔다. 한때 혁명적인 것으로 간주됐던 그 메시지는 소비문화의 중성적인 바람에 휩쓸려 사라지고 말았다. 남성들에게 더 부드럽고, 더 자아도취적이며 수용적으로 되어야 한다고 가장 크게 외치는 것은 바로 시장market이고, 신남성은 그런 요구의 결과물이다.

따라서 남성에게 여성과 더 비슷해지라고 요구하는 것만으로는 더 이상 충분치 않다. 우리는 이제 남성들에게 여성과 남성이 '모두 될 수 있는 것'처럼 되라고 요구해야 한다. 내 마음대로 할 수 있다면, 내가 원하는 신남성은 충분히 느끼고 감사하고 감상할 줄 알며, 감수성을 지니고, 친밀한 관계를 형성할 수 있는 사람일 것이다. 너무 오랫동안 여성적이라고 여겨졌던 특성들이다. 그러나 나의 신남성은 그 모든 덕목을 갖춘 동시에 약속을 하고 정착할 줄 아는 사람이다. 약속하고 정착한다는 말은 너무도 남용되어 왔지만 나는 그것이 가족과 친구들뿐 아니라 우리가 함께 살아가는 전반적이고 광범위한 비전에도 적용되어야 한다고 생각한다. 페미니스트로서 나는 그 비전에 남성과 여성의 평등과 더불어

(거의 잊힌 사회적 목표를 상기하자면) 인간들 사이의 평등도 포함되어야 한다고 덧붙이고 싶다.

미투 운동, 가부장제의 기를 꺾다

《배플러The Baffler》, 2018

가끔은 어설픈 극보수주의 '전략가' 덕분에 어떤 현상을 제대로 된 역사적 시각으로 보게 될 때가 있다. 스티브 배넌Steve Bannon은 최근 한 저널리스트와 이야기를 나누면서 미투 운동을 '반가부장적 운동'이라고 부르면서 "만 년이 넘는 역사를 와해시킬 것"이라고 말했다. 그건 사실이다. 그러나 가부장제와 문명을 동일시하는 듯한 암시는 미투 폭로가 한 건씩 나올 때마다 더욱 말이 되지 않아 보인다.

우리는 가부장제가 여성들을 고개 들지 못하게 하고, 젊은 남성들을 일탈하지 못하게 하는 매우 엄숙한 제도라고 생각하도록 배워 왔다. 지난 몇 세기에 걸쳐 가부장제는 명예, 전통, 권력, 영광을 가장 중요한 가치로 내세워 왔다. 피라미드에서 고층 빌딩까지, 그리고 고대 그리스 신전의 단순한 선에서부터 19세기 유럽 수도를 장식한 신고전주의 건축물의 장엄함에 이르기까지 모두 가부장제를 가시적으로 표현한 것이라고 받아들여져 왔다. 제복을 입고 줄을 잘 맞춰 선 군인들과 마음을 휘젓는 군가는 가부장제가 가장 신성시하는 의례들을 장식했다.

벌거벗은 이와 얼빠진 이

그러나 권력과 돈을 모두 가진 남성들이 하나둘씩 차례로 미투 운동에 희생되는 요즘, 가부장제는 얼마나 우스워 보이는가. 우리는 베르사체 바지까지 가지고 있던 얼뜨기 중도주의자 찰리 로즈Charlie Rose가 카지노 억만장자 스티브 윈Steve Wynn과 마찬가지로 벌거벗고 여성 직원들 사이로 걸어 다니는 것을 즐겼다는 사실을 알게 됐다. 〈투데이 쇼〉에 진지한 맛을 보태는 역할을 했던 매트 라우어Matt Lauer가 사무실에 성인 용품들을 잔뜩 가지고 있다가 젊은 여성이 올가미에 걸려들면 사용했다는 것 또한. 세상에서 가장 강한 나라의 대통령이 창녀를 불러 모스크바의 호텔 방 침대에 소변을 누게 하고 자기와 비슷하게 생긴 모델이 표지를 장식한《포브스》잡지로 엉덩이를 얻어맞는 것을 즐겼다는 주장도 나왔다.

물론 페미니스트들은 가부장제를 둘러싼 영광스러운 구름 안에 본질적으로 내재된 잔인성과 폭력을 이미 예전부터 간파하고 있었다. 그러나 우리는 그 심각성을 놓치고 있었다. 페미니스트들이 강조하는 '강간은 섹스가 아니라 권력의 문제다'라는 말을 생각해 보자. 거기에는 강간범이 강간을 즐기는 것이 아니라는 의미가 내포되어 있다. 그저 남성들이 오래도록 누려 온 권력을 행사하는 것일 뿐이다. 다시 말해 그는 일종의 일을 하는 것이다. 동료 엘리트 남성들을 위해 봉사를 수행하는 것 말이다. 섹스, 그리고 그에 따른 쾌락의 가능성, 적어도 남성이 경험하는 쾌락은 페미니스트들이 남성의 폭력에 대해 이야기하고, 강간과 성폭력을 남성 중심주의의 실천으로 간주하는 담론에서는 거의 거론되지 않는다. 마치 여성들을 향한 경고가 담긴 공익 광고처럼 말이다.

그러나 권력을 쥔 남성들의 성희롱 전력에 대한 폭로가 산처럼 쌓여 가는 것을 보면 페미니즘이 가부장제를 너무 심각하게 받아들인 듯하다. 어쩌면 성범죄는 권력 관계의 끝없는 재생산에 관한 것이 아닐 수 있다. 어쩌면 그냥 남자들이 재미를 좀 보는 것인지도 모른다. 유모, 가정 교사, 아내 등의 눈을 피해 과자를 훔쳐 먹는 것처럼 말이다. 힐러리 클린턴의 전 '신앙 고문'이었던 호색한을 고발한 여성 중 한 명은 그가 "나를 마치 간식이라도 되는 것처럼" 쳐다봤다고 말했다. 사람, 심지어 예쁜 여자가 아니라서 새참으로 손쉽게 먹을 수 있는 간식거리로 말이다. 바로 하비 와인스타인이 여성을 이런 식으로 취급했다. 직원으로 위장 고용된 포주가 이 거물이 외국의 도시를 방문할 때 굶지 않도록 여성들을 줄 세워 대령시켰던 것이다. 이 모든 작태에 뚜렷이 드러나는 특권 의식은 뉴트 깅그리치Newt Gingrich가 "쿠키를 찾을 것을 기대하며 아침에 눈을 뜨는 행복한 네 살 아이" 같은 느낌이 든다고 했던 말을 떠올리게 한다.

권력의 맛

이론적으로는 우리도 퇴근 후 집에 가서 아내를 때리거나 강간하는 억눌린 노동자 계층 남성에게 내키지는 않지만 약간의 동정심을 품을 수도 있을 것이다. 그렇게라도 하지 않으면 그가 어떻게 권력의 맛을 조금이라도 보겠는가? 그러나 현재 문제가 되는 성희롱 스캔들의 한가운데 선 남성 중 많은 수는 자신의 지위나 돈을 휘둘러 이미 충분히 권력의 맛을 본 사람들로, 일상생활에서 쾌락이나 아부에 굶주린 부류가 아니다. 이들은 5성급 호텔에 묵으면서 전용 비행기로 여행하고, 자신이 원하는 것을 열성적인 부하 직원들이 어떻게든 해서 바치는 것에 익숙한 계층이다.

그럼에도 그들은 성접대를 원한다. 런던의 프레지던츠 클럽Presidents Club에 회원으로 가입한 수백 명의 은행가와 백만장자는 수당을 받고 음료 서빙 업무를 하는 짧은 치마 차림의 젊은 여성들을 괴롭힌다. 도미니크 스트로스칸Dominique Strauss Kahn이 개최한 섹스 파티도 생각해 보라. 말 잘 듣는 창녀들과 100퍼센트 남성 기업가와 IMF 관리들로만 이루어진 파티였다. 열거하자면 끝이 없다. 베를루스코니Silvio Berlusconi가 개최하던 주지육림의 파티, 트럼프의 난잡한 여자관계, 그리고 빌 클린턴. 1950년대로 거슬러 올라가면 휴 헤프너의 제국이 있다. '플레이보이'에게는 '플레이메이트'가 계속 공급될 필요가 있다는 아이디어를 기초로 건설된 제국이었다.

재미는 한 번도 역사를 움직이는 주된 힘이 되어 본 적이 없다. 그러나 어쩌면 이제부터 재미, 그리고 일반적인 '쾌락의 추구'

를 더 진지하게 대해야 할지도 모르겠다. 눈을 다시 들어 런던 혹은 마드리드의 위대한 건축 유산을 살펴보라. 이 대리석 건축물들을 짓는 데 필요한 부는 어디서 왔을까? 물론 전쟁, 정복을 위한 전쟁에서 얻은 것이다. 그리고 전쟁은 무엇인가? 그것은 지옥이다. 적어도 그렇게 말들 한다. 그러나 남성들에게 전쟁은 최고의 모험이다. 특히 전장으로 저벅저벅 걸어가는 남성이 아니라 뭔가를 타고 갈 수 있는 남성에게는 더욱 그렇다.

지난 1만 년의 세월 동안 로마인들의 정복 전쟁부터 바이킹의 약탈, 그 뒤를 이은 십자군 원정, 20세기의 세계 대전에 이르기까지 전쟁은 항상 보물과 쾌락의 획득, 즉 약탈과 강간의 기회를 제공했다. 영광과 명예를 얻을 기회도 넘쳐 났다. 간혹 죽은 뒤에 얻는 영광과 명예이긴 하지만 말이다. 그러나 그것을 '문명'이라고 부를 수는 없다.

그렇다면 21세기를 사는 여성은 가부장제의 잔해를 헤쳐 나가면서 무슨 생각을 해야 할까? 첫째, 여성들은 남성과 계층의 권위에 기댄 허위와 마주칠 때마다 큰 소리로 웃어 줘야 한다. 대통령, 혹은 존경받는 예술가 혹은 교수가 사적인 자리에서는 여성 앞에서 자기의 성기를 흔들어 대는 것을 좋아한다는 사실을 기억하자. 그 여성은 오즈의 마법사가 사악한 광대지만 여전히 광대에 불과하다는 것을 상기해야 한다. 그다음 왕좌에서 쫓겨난 가부장들에게 걸맞은 벌을 생각해내야 한다. 그런 남자 모두를 커다란 방에 한꺼번에 가둬 놓고 하이테크 성인 용품을 가득 채워 준 다음, 죽을 때까지 자위하도록 해 주는 건 어떨까?

그 임무를 마친 다음 여성들은(가부장제를 피해 나온 남성 불온 분자들도 끼워 주자) '여성적 쾌락'을 추구하는 세상은 어떤 모습인가에 주의를 돌릴 수도 있을 것이다. 그 세상은 무지개 빛의 친절한 곳일까? 아니면 그 나름의 황홀경과 죄악으로 요동치는 곳일까?

4장

여성들이 계속 써야 하는 이유

페미니즘 때문에 여성이 불행해졌다고?

《로스앤젤레스타임스Los Angeles Times》, 2009

페미니즘은 여성들을 비참하게 만들었다. 적어도 그것이 최근 나온 한 연구에서 사람들이 가장 크게 배운 교훈인 듯하다. 벳시 스티븐슨Betsy Stevenson과 저스틴 울퍼스Justin Wolfers가 내놓은 〈감소하는 여성 행복의 역설The Paradox of Declining Female Happiness〉이라는 제목의 보고서는 1972년 이후 여성들이 점점 더 불행해져 왔다고 주장한다. 모린 다우드Maureen Dowd와 아리아나 허핑턴Arianna Huffington은 이 소식을 침울한 당혹감으로 맞이했지만 의기양양한 반응이 더 많이 눈에 띄었다. '거 봐, 내 그럴 줄 알았어' 유의 반응 말이다.

잡지 《슬레이트Slate》가 운영하는 온라인 여성 잡지 더블엑스DoubleX 웹사이트에 실린 칼럼에서는 이 연구 보고서를 읽고

"1960년대와 1970년대의 페미니즘 운동은 여성들이 쏟아 낸 불평을 선언문으로 포장해 왔다… 더불어 그들이 부르짖은 문란한 여성의 성적 권력은 매춘에서 유두 피어싱에 이르기까지 모든 것, 다시 말해 징징거림, 'womyn'(여성들이라는 뜻으로 men 앞에 wo를 붙인 women이 아닌 새로운 철자로 여성을 부르는 페미니즘 단어)과 끈팬티를 모두 페미니즘적 행동으로 떠받들었다"라는 결론을 내린다. 필리스 슐래플리Phyllis Schlafly 같은 사람은 좀 더 정색하며 이렇게 반응했다. "페미니즘 운동은 여성들로 하여금 스스로를 억압적 가부장제의 희생자로 보게 만들었다. 여성들은 그런 체제 안에서 자신의 진정한 가치를 절대 인정받지 못하고 성공은 이룰 수 없는 목표라고 생각하게 되었다… 희생자임을 자처하는 태도로는 행복을 느낄 수가 없다."

그러나 우리가 SSRI 항우울제(선별적 세로토닌 재흡수 억제제-옮긴이)에 중독된 것이 글로리아 스타이넘 같은 사람들 탓이라고 하기에는 아직 이르다. 스티븐슨과 울퍼스의 연구로 인해 높은 사람들이 머리를 긁적이고 있긴 하지만 다음의 문제들을 지적한 사람들은 거의 없다. 첫째, 행복 연구 자체에 전반적으로 문제가 있다는 사실. 둘째, 특히 이 연구에 대해 의혹을 가질 만한 이유가 몇 가지 있다는 사실. 셋째, 이 연구를 액면 그대로 받아들인다 해도, 페미니즘이 누군가의 행복에 끼친 영향에 관해 아무것도 알려 주지 않는다는 사실 말이다.

우선 행복이라는 것은 본질적으로 측정이나 정의가 어려운 개념이다. 철학자들은 몇 세기에 걸쳐 이에 관해 논쟁을 벌여 왔다. 설령 행복을 부정적인 감정보다 긍정적인 감정을 더 자주 느끼는 상태라고 단순하게 정의한다 해도 누군가에게 행복하냐고 묻는 것은 그들에게 수많은 감정과 순간의 평균을 내라고 요구하는 것과 같다. 고지서를 보고 기분이 나빴지만 친구에게서 전화를 받고 기분이 나아졌다면, 내 상태를 뭐라고 묘사해야 할까?

이에 대해 잘 알려진 심리 실험이 하나 있다. 참가자는 삶의 만족도에 대한 설문지에 답해야 한다. 그러나 응답을 하기 전에 설문과 전혀 관련이 없어 보이는 종이 한 장을 복사해 달라는 부탁을 받는다. 그리고 참가자 중 무작위로 선택된 절반에게 복사기 위에서 10센트짜리 동전을 발견하도록 한다. 이 실험을 진행한 두 명의 경제학자는 다음과 같은 결론을 내렸다. "복사기 위에서 동전을 발견한 후 삶에 대해 만족한다고 응답하는 비율이 상당히 높아졌다. 그러나 그 동전은 수입에 전혀 영향을 주지 못하는 액수였다."

방금 거론한 이 행복 연구에 사용된 데이터를 보자마자 머릿속에 빨간 경고등들이 켜지기 시작한다. 반지성주의자가 되고 싶지는 않지만, 설문에 대한 남성과 여성의 반응 방식에 관련된 미가공 데이터에서는 육안으로 식별이 가능한 어떤 경향성도 보이지 않기 때문이다. 오직 '순서형 프로빗 추산ordered probit estimates'이라고 부르는 불가사의한 통계 조작을 거친 다음에야 저자들은 어떤 경향을 추출해 낼 수 있었다. 그리고 그 경향이라는 것은 매우 작은 움직임이었다. "조사를 시작한 시점(1972년)에 그다지 행복하지 않다고 응답한 여성은 남성보다 1퍼센트포인트 낮았다. 2006년에

접어들면서 이 범주에 든다고 응답한 여성이 1퍼센트포인트 증가
했다." 이런 정도의 차이는 가령 서로 다른 물리학적 조건에서 빛
의 이동 속도 변화에 관한 것이라면 충격적인 의미를 가질 것이
다. 그러나 행복처럼 매우 모호한 주제라면, 흠, 패러다임을 뒤엎
을 만한 결과라고는 할 수 없다.

　게다가 여성들이 절망의 늪에 빠져들고 있다는 생각은 저자
들이 제시하는 단 하나의 '객관적인' 측정 결과와 상반된다. 바로
자살률이다. 행복은 물론 주관적인 상태지만 자살은 부인할 수 없
는 냉엄한 현실이다. 그리고 자살률은 사회학자 에밀 뒤르켐Emile
Durkheim이 이에 관한 책을 출간한 1897년 이후 비참함의 정도를
표현하는 금본위제로 사용돼 왔다. 스티븐슨과 울퍼스는 다음과
같이 보고한다(아마 조금 겸연쩍은 태도일 것이라고 상상해 본다). "남
성 자살률은 대부분의 조사 기간에(1972년~2006년) 비슷한 수준으
로 유지되었음에도 불구하고 여성 자살률은 감소세를 보이고 있
어 보고서에 기록한 참가자들의 복지 경향과 상반되는 추세를 보
였다." 여성들이 더 우울해졌는지는 모르겠지만 남성들이 자신의
관자놀이에 총알을 박을 확률은 더 높아졌다.

　저자들을 포함해서 아무도 지적하지 않은 데이터상 문제가
하나 더 있다. '여성'들이 아주 조금 더 우울해졌는지는 모르겠
지만 흑인 여성들은 점점 더 행복해지고 있다는 사실이다. 저자들의
말을 인용하자면 "아프리카계 미국인들의 행복감은 남녀 모두 높
은 상승 곡선을 그렸다… 추정치를 보면 흑인 남성보다 흑인 여성
의 복지가 더 많이 좋아진 것으로 나타난다." 이 보고서의 제목은

〈감소하는 백인 여성 행복의 역설〉이라고 붙였어야 했다. 하지만 그런 제목을 붙이면 멜라닌과 레스틸렌(주름 제거용 필러 주사제-옮긴이)을 이용해 문제를 해결할 수 있다는 뜻으로 받아들여질 위험이 있기는 하다.

하지만 일단 이 연구 결과가 합당하다고 간주하고 (백인) 여성들이 1972년 이후 남성들에 비해 덜 행복해졌다는 주장이 사실이라 생각해 보자. 그렇다고 그들의 삶을 망친 것이 페미니즘이라고 할 수 있을까?

스티븐슨과 울퍼스는 그렇게 생각하진 않는다. 이들은 "상대적으로 여성의 복지 상태가 악화된 현상은… 직장을 다니는 여성과 전업주부, 나이 든 여성, 젊은 여성, 그리고 교육 수준과 상관없이 전반적으로 나타났다"고 보고한다. 거기에 더해 자녀를 둔 여성과 그렇지 않은 여성들 사이에서도 차이가 없었다. 페미니즘이 문제였다면 기혼 여성보다는 이혼 여성이, 전업주부보다는 직업을 가진 여성이 덜 행복할 것이라 예상할 수 있다. 여성 자아 성취의 제1원칙으로 꼽히는 자녀 문제도 그렇다. 실제로 자녀를 가진 여성이 그렇지 않은 여성보다 '덜' 행복한 것으로 조사됐다.

그리고 페미니즘 운동이 그렇게나 큰 우울함의 원인이었다면 제2세대 페미니즘 운동이라는 유독 가스에 직접적으로 노출된 사람들이 가장 불행하리라 짐작할 수 있다. 그러나 논문의 저자들은 "1970년대의 시위와 열정을 경험한 여성과 단순히 그 시기에 태어난 여성들 사이에 행복감의 차이는 전혀 관찰되지 않는다"라고 보고한다.

이 보고서에서 알 수 있는 것이 조금이라도 있다면 그것은 결혼, 자녀 등이 여성을 행복하게 만들어 주지 않는다는 사실이다. (유두 피어싱에 관한 결과는 아직 확인되지 않았다.) 그 점에 관해서는 '선택지가 너무 많은 것' 혹은 소위 '워라밸'이나 '재혼, 육아 후 취직' 등도 별 상관이 없는 듯하다. 스티븐슨과 울퍼스의 연구가 옳다면 여성의 행복은 빈곤과 인종 차별 등을 포함해 그들이 실제 영위하는 삶과 무관하다는 결론을 내릴 수 있다. 그 '행복'이라는 것이 무엇인지는 모르겠지만 말이다.

그렇다면 이미 2년 전에 발표된 바 있는 와튼 연구를 가지고 갑자기 왜 이렇게 법석을 떠는 것일까? 가장 큰 이유는 엄청난 속도로 책을 펴내는 경영 컨설턴트 마커스 버킹엄Marcus Buckingham이 새로운 책을 홍보하면서 이 연구를 인용했기 때문이다. 버킹엄은 《리더십@매니지먼트First, break all the rules》《위대한 나의 발견 강점 혁명Now, Discover Your Strengths》 등으로 널리 알려진 저자다. 그의 새 저서 《나이 들수록 멋지게 사는 여자Find Your Strongest Life》는 천편일률적인 긍정적 사고방식 자기 계발서의 전형이다. 제일 먼저, 이메일 계정명(카운티스1, 러비더비 등)으로만 신분을 밝힌 불행한 여성들이 보낸 심금을 울리는 인용구들을 보여 준 다음, 그는 '성공한' 여성들의 이야기를 들려 준다. 그런 후 이런 책에 늘 나오는 자가 진단 과정이 따른다. '자신이 수행하도록 원래 정해진 역할'이 무엇인지를 진단하는 것이다(창조하는 사람, 돌보는 사람, 영향을 주는 사람 등). 그리고 책의 앞, 뒤, 중간에는 끊임없이 독자가 살수 있는 연관 제품들에 대한 광고가 나온다. 버킹엄이 제작한 '동영상 설명', 행복에 도달하는 '연습'을 하는 '참가자 안내서' 그리고 '멋진 삶을 살 수 있는 8가지 계획' 등에서 고를 수 있다. 《허핑턴 포스트》는 버킹엄이 계속해서 자기가 만든 제품을 광고할 수 있도록 칼럼 기고가 자리를 줬다.

늘 있는 일이다. 뭔가를 팔기 위해서는 먼저 그 뭔가가 해결할 수 있는 끔찍한 문제를 찾아내야 한다. 1980년대에 실리콘 삽입술이 유행하기 시작하자 의사들은 난데없이 '소小유방증'이라는 증상을 발견했다. 가슴이 작은 '병'이다. 더 최근 들어서는 거대 제약 회사들이 여성용 비아그라를 찾기 위해 열을 내는 사이 43퍼센트에 달하는 놀랍도록 많은 여성이 '여성 성기능 장애'를 앓고 있다는 연구 결과가 나왔다. 이제 '불행'이 화두로 오른 지금 '치료'를 위한 방법들은 눈부시게 다양하다. 주류업자, 초콜릿 제조업자, 로맨스 소설 출판사에 모두 주목하라!

포르노 반상회를 개최합니다

《마더존스Mother Jones》, 1986

법무 장관이 음란물에 대한 수렵 허가를 선언한 후 나는 물 만난 물고기처럼 신이 났다. 군이 말하지 않아도 짐작했겠지만 음란물에 관한 미즈 위원회Meese Commission의 보고서를 말하는 것이다. 이 보고서는 일반 시민 단체들에게 가능한 한 모든 수단을 동원해 이 구역질 나는 물건들과 싸우라고 촉구한다. 스프레이 페인트, 용접기, 마늘과 십자가든 뭐든! 미즈 위원회는 풀뿌리 민주주의 정신에 입각해서 무엇을 찢어발기고 태워 버릴지, 무엇을 도서관 서가에 보관할지에 대한 결정권을 우리에게 맡겼다. 그렇다고 음란물 관련 지침이 전혀 없는 것은 아니다. 위원회의 일원인 프레더릭 샤워Frederick Schauer(잡지 《펜트하우스》를 보는 난잡하고 정신 나간 사람들에게는 종종 '골든 샤워'라고 불린다)가 고인이 된 한 판사가 내린 하드코어 음란물에 대한 정의, 즉 "보면 안다"를 만족스럽다는 듯 인용했기 때문이다.

흠, 나도 보면 안다. 모두 미즈 보고서가 사려 깊게도 음란물이 "여성에게 피해를 주는 것"이고 특히 "우리 사회에서 벌어지는 여성에 대한 다양한 비폭력 형태의 차별 및 종속과 인과 관계가 있다"라고 주장해 준 덕이다. 나와 함께하는 작은 시민 모임은(학부형 회의, 배우자 없는 부모 모임, YWCA 에어로빅 수업 동료들로 이루어진 그룹이다) 곧바로 문제의 심장부를 공격하기로 결정했다. 낮 시간대 텔레비전 프로그램, 서양 문명의 위대한 고전, '여성은 군축 협정을 이해 못 한다'고 했던 도널드 리건Donald Regan의 의견이 실린 문헌 등 정식으로 출판된 글이든, 갈겨쓴 잡문이든 상관없이 모든 성차별의 징후를 우리의 공격 대상으로 삼은 것이다.

미즈 위원회가 왜 조사 대상을 좀 더 섹시한 성차별 자료, 흔히 음란물이라고 알려진 분야에 국한했는지는 이해할 수 있다. 대부분 백인, 남성, 공화당원(서로 겹치는 부분이 많은데도 모두 따로 나열해서 미안한 마음이 든다)으로 이루어진 그룹이 보통 같으면 빈민가의 더럽고 어두운 작은 상점에서나 구할 수 있는 자료를 몇 달에 걸쳐 골똘히, 그것도 우리가 낸 세금을 써 가면서 열심히 보는 일이 얼마나 자주 벌어지겠는가?

그러나 대단히 미안하지만 나는 위원회가 조사 대상의 범위를 너무 좁게 잡았다고 생각한다. 여성을 상대로 한 폭력, 그중에서도 가장 불쾌한 형태인 '종속'은 상업적 포르노 산업이 시작되기 수천 년부터 존재해 왔다. 가령 사비니인들에 대해 강간을 자행했

4장 여성들이 계속 써야 하는 이유

던 고대 로마인들은 단체로 음란물을 보고 흥분해서 그런 일을 벌인 것이 아니다. 중세에 수천 명의 마녀를 화형시켰던 수도사들은 또 어떤가? 그들도 포르노 잡지를 본 다음에 그런 짓을 하지는 않았을 것이다.

나는 여성에게 해가 되는 자료를 찾는 작업에 착수한 우리 시민 모임이 성경부터 검토하는 것이 좋겠다고 생각했다. 이렇게 많은 사람이 읽은 책이니 이 세상의 사악함과 모종의 관계가 있을 것이라는 단순한 원리를 적용했을 뿐이다. "이리 모여 보세요." 나는 동료 시민들에게 말했다. "미즈 위원회의 그 용감한 사람들이 구강성교 놀이나 채찍과 사슬의 쾌락을 보고도 견뎌 냈으니 우리도 용기를 내서 창세기를 견뎌 봅시다."

솔직히 말해서 우리는 고전을 면치 못했다. 근친상간(롯과 그의 딸들), 단체 할례, 간음, 그리고 씨를 여기저기 뿌리는 이야기들 등에 걸려 넘어지지 않기가 힘들었기 때문이다. 그러나 낯이 아무리 뜨거워도 시민으로서의 의무감을 저버릴 수는 없었기에 우리는 계속 견뎠고, 결국 성차별주의의 사례를 많이 찾을 수 있었다. 너무도 노골적이고 험악한 그 예들에 비하면 폴린 레아주Pauline Réage의 에로티시즘 문학의 고전 《O 이야기The Story of O》는 여성 참정권 안내 책자처럼 느껴질 정도였다. 이브와 그의 딸들이 슬픔 속에서 자손을 낳을 것이라는 저주가 나오기도 하고, 자손을 낳는 것만이 유일하게 여성이 해야 할 일인 듯한 암시가 수없이 언급되었다. 군중 앞에서 여성이 발언하는 것이 금지되었고, 차별 철폐 같은 문제에는 아무 신경도 쓰지 않은 채 이삭의 후손이 세세손

손 널리 퍼져 나가며 가부장적 왕조를 확고히 하는 것을 용인하는 듯한 묘사도 많았다. 그리고 남편에게 '복종'하라는 매우 변태적인 문구들도 있었다. 이것이 가정 폭력을 권장하는 게 아니고 무엇이겠는가?

우리는 지체 없이 새로 설치된 미즈 위원회 핫라인을 통해 우리가 발견한 사실을 보고했다. '가족에게 적합한 도서'라고 널리 광고되고 있지만 친애하는 닥터 루스Ruth Westheimer(미국의 인기 있는 성 심리 상담 전문가 겸, 방송인, 저술인-옮긴이)의 볼을 붉히고, 글로리아 스타이넘의 팽팽한 이마에 주름살을 만들기에 충분한 자료였다. "아, 네." 전화를 받은 위원회 직원이 말했다. "그런데 그 자료가 자위에 사용될 수 있습니까? 세상에서 제일 고상한 척하는 감리교 신자를 제외한 모든 사람이 그 자료로 인해 성적 흥분을 느낄 수 있습니까? 왜냐하면 아시다시피 성차별을 강화하고 일상적인 남성 우월주의를 극렬한 여성 혐오로 만드는 것은 바로 그 성적 흥분이기 때문입니다."

우리는 이 책으로 인해 흥분 상태에 빠진 듯한 텔레비전 전도사들을 여럿 봤고, 종교적 황홀감이 그저 성기를 간질이는 것보다 훨씬 더 효과적으로 성차별을 강화할 수 있다고 주장했다. 그러나 우리는 뒷마당에서 성경을 태우는 것을 멈추고 마지못해 더 폭력적이고, 최근에 나왔으며, 시각적인 요소가 더 많이 포함된 자료들에 주의를 돌리자는 데 합의했다.

일주일 후 우리는 핫라인에 다시 전화를 해서 영화 〈코브라〉와 〈고릴라Raw Deal〉, 그리고 드라마 〈마이애미 바이스〉 중 에피소드 세 편, 일명 별들의 전쟁Star Wars의 중요성을 설파한 대통령의 연설을 고발했다. 우리는 위 자료들이 여성들에게 피해를 줄 뿐 아니라 모든 형태의 인명, 다시 말해 남성, 여성, 이미 태어난 인간, 아직 태어나지 않은 인간 모두의 생명을 존중하지 않는다고 주장했다. "그런데 그 자료들이 야한 겁니까?" 전화를 받은 사람이 지친 목소리로 물었다. "그러니까 섹시하냐고요?" 상의를 입지 않은 아널드 슈워제네거나 화장을 떡칠한 레이건 대통령의 모습을 보고 우리가 느낀 것은 살짝 속이 뒤집힌 것 말고는 없었다는 사실을 인정해야 했다.

이제 마침내 우리에게도 요령이 생겼다. 미즈 위원회가 지적한 폭력, 성차별, 심지어 성적 폭력은 문제의 근원이 아니다. 문제는 섹스 그 자체. 특히 어떤 식으로든 여성이 관련된 섹스 말이다. 그래서 지난 몇 주간 우리 반음란물 시민 모임은 바이브레이터 여섯 개의 모터를 고장 내고, 탐폰 상자 안에 들어 있는 노골적인 안내문 300장을 태우고, 동네에 배포된 〈우리 몸, 우리 자신Our Bodies, Ourselves〉 팸플릿 중 거의 절반을 파쇄하는 데 성공했다. 정말이지 힘든 일이었다. 하지만 에드 미즈Ed Meese가 계속 강조하듯 누군가는 해야 할 일이다.

'여성' 기업가들을 위한 성공 전략

《뉴리퍼블릭The New Republic》, 1986

나 정도로 나이가 든 독자 중에는 '해방된 여성'이라고 하면 단정치 못한 행색의 급진파에, 노브라로 악명이 높고, 자본주의와 가부장제라는 쌍둥이 악마를 비난하느라 목소리가 쉬어 버린 여자를 떠올리는 사람들도 있을 것이다. 하지만 이제는 서류 가방을 든 단정한 옷차림의 기업 간부 타입으로 시장 점유율과 기업 담보 차입 매수에 관해 능숙하게 이야기할 줄 아는 모습이 해방된 여성의 전형이다. 사실 기업 부문에서 여성의 입지가 그나마 확고해진 것은 많은 부분 과거 급진적인 페미니스트들의 분노 덕분이다. 여성은 경영진의 30퍼센트, 1986년 현재 MBA 졸업생의 40퍼센트를 차지한다. 우리는 말 그대로 먼 길을 왔다. 비록 처음 출발했던 방향은 아닌 게 분명하지만 말이다.

여성들이 기업 분야로 대거 진출하면서 그들을 대상으로 조언과 영감을 주는 일로도 작은 산업이 형성됐다. 《새비Savvy》《워킹 위민Working Women》 등의 잡지에는 성생활에서부터 소프트웨어에 이르기까지 모든 것에 대한 조언과 더불어 간혹 부티크 숍을 운영하다가 눈 깜짝할 사이에 다국적 기업의 CEO로 등극한 여성들에 대한 영감을 주는 이야기도 등장한다. 1970년대 중반 이후 여성 기업인들에게 무슨 옷을 입어야 하는지, 상관을 어떻게 칭찬해야 하는지, 그리고 필요할 때 부하 직원을 어떻게 해고할지 등을 가르치는 책들이 수십 권 출간됐다. 심지어 CD라는 단어를 들으면 이자율 8퍼센트의 금융 상품이 아니라 시민 불복종civil disobedience을 먼저 떠올리는 나 같은 구식 급진파마저도 '네트워킹 브런치'에 참석해서 동료 여성 기업가들을 만나 보라는 초대장이나 항공사의 상용 여성 고객이 누리는 특권에 대한 안내 책자가 담긴 우편물을 수도 없이 받는다.

그러나 그들에게 쏟아지는 모든 관심과 한때 양복을 입은 남성들에게 국한되었던 고액 연봉, 그리고 얼마간의 특혜를 받을 가능성이 있는 직위로의 승진 가능성에도 불구하고 여성 기업가들의 세상을 얼룩지게 하는 불안감이 있다. 그들을 대상으로 조언하는 산업이 계속 호황을 누리는 현상 자체가 그들이 지금 어떤 문제를 경험하고 있다는 의미일 것이다. 비슷한 예를 들자면 미국 기업들이 국제 경쟁에서 살아남는 법을 잘 알고 있다면, 새로 부상한 동양적 세계관에 입각해 기업을 경영하는 법에 관한 책이 매주 한 권꼴로 쏟아져 나오지는 않을 것이다. 같은 맥락에서 여성들이 기업에서 자신이 하는 역할에 자신감이 있다면 어떻게 처신해야 할지에 관해서 그토록 상세한 조언을 들으려고 돈을 지불하지는 않을 것이다("바에 들어설 때는 서류 가방이나 파일 같은 것을 들고 가라… 상냥한 표정을 짓고 고개를 바짝 세워라… 음료를 주문한 다음에는 서류를 한두 장 뒤적거려서 [비즈니스우먼이라는 사실을] 다시한번 주변에 상기시켜라"라고 《러티샤 볼드리지의 경영인 예절 가이드 Letitia Baldrige's Complete Guide to Executive Manners》는 조언한다).

또한 여성들이 아직도 초조한 태도의 신참 같은 위치에 머물러 있지 않다면 노골적으로 모순되는 조언이 남발하는 시장이 형성되지도 않았을 것이다. 인간미를 빼고 더 남성적이어야 한다는 조언(샬린 미첼Charlene Mitchell과 토머스 버딕Thomas Burdick의 《더 라이트 무브스The Right Moves》)과 주변을 더 잘 보살피고 직관적이 되어야 한다는 조언(메릴린 로든Marilyn Loden의 《페미닌 리더십Feminine Leadership》)처럼 말이다. 유니폼처럼 간주되는 일반적인 투피스 치마 정장(1982년경까지는 필수였던)을 입을 것인가 혹은 거기서 탈피해 좀 더 부드럽고 개성 있는 원피스를 입을 것인가? 어떻게 스트레스를 정복할까? 혹은 어떻게 스트레스를 추동력으로 전환할 수 있을까? 어떻게 성적인 면을 한 치도 내보이지 않도록 억누를 것인가? 아니면 어떻게 '성적 흥분감으로 인해 고조된 에너지를 집중시켜 생산성이 가장 높은 사람이 될 수 있을까?'(레슬리 앨드리지 웨스트오프Leslie Aldridge Westoff의 《코퍼레이트 로맨스Corporate Romance》) 이토록 상반되는 조언이 난무하는 것을 보면 그중 대부분은 효과가 없다고 유추할 수밖에 없다.

문제가 있다는 더 직접적인 징후들도 보인다. 적지만 상당수의 여성이 결국 모든 것을 다 갖겠다는 목표를 포기하고, 기업에서 차지하고 있던 자리에서 물러나 그동안 쌓은 경영 지식을 부엌 인테리어와 아기 돌보기에 활용하기 시작했다. 이런 복고 여성들이 '그럴 줄 알았어' 식의 특정 부류 저널리스트들에게 큰 먹잇감을 안겨 줬다는 사실은 놀라운 일이 아니다. 한 달이 멀다 하고 남편이 버는 7만 5000달러의 연봉만으로 '연명하면서' 아내는 다른 엄마들이 기다리는 놀이터로 돌아가기로 결정했다는 사연이 매체를 장식한다. 이 트렌드가 현실에서 실제 벌어지고 있는 것도 사실이다. 여성 기업인들을 주고객으로 하는 주요 잡지의 편집자들은 우려를 금치 못한다. 《월스트리트저널》에서 기자로 일하다가 그만두고 《우리 같은 여자들Women Like Us》이라는 책을 쓰기 위해 그와 함께 1975년 하버드경영대학원을 졸업한 동창들을 인터뷰한 리즈 로만 갤리스Liz Roman Gallese도 그런 우려를 한 사람 중 하나였다.

갤리스가 인터뷰한 여성들은 대부분 일을 하다가 그만둔 사람들이 아니었다. 그들은 부적에 가까운 위력을 지닌 하버드 MBA 간판을 지닌 거의 최초의 여성 집단이지만 남성 동창들에 비해 성공을 거두지 못했고, 양성 간의 차이는 졸업 후 매년 점점 더 벌어지고 있었다. 게다가 그다지 행복해 보이지도 않았고, 호감이 가는 사람들도 아니었다. 그중 가장 성공을 거둔 수전은 가족에 대한 책임이나 의무를 지닌 여성들에 대해 경멸하는 태도를 보였다. 동창 중 가장 명석한 피비는 거의 병적으로 다른 사람들 위에 군림하려고 애썼다. 모린은 아직 갓난아기인 딸을 별로 좋아하지 않는 것처럼 보였다. 조사를 한 82명의 여성 중 35명이 졸업 후 한 번 이상 심리 치료를 받은 경험이 있었고, 네 명은 폭력을 휘두르는 남편과 결혼한 전력이 있었다. 세 명은 거식증 혹은 폭식증을 앓았고, 두 명은 기독교 원리주의자가 되어 있었다. 비참한 개인적 상황들을 고려하면 조사 대상의 5분의 2가 "커리어에 대해 애매한 태도를 취하거나 노골적으로 야심이 없다고 답했다"라는 사실이 그다지 놀랍지 않다.

여성 기업인들에게 무슨 일이 벌어지고 있는 것일까? 가장 뻔한 반페미니즘적인 답, 즉 생물학적으로 여성은 성공적인 기업 경영에 맞지 않는다는 답은 갤리스의 연구가 의미하는 것과 거리가 멀다. 자녀를 둔 여성은 기동성이 높은 독신 여성에 비해 결코 야심이 적지 않았다(조사가 진행된 1982년 당시 남편 혹은 자녀를 둔 여성은 소수에 지나지 않긴 했다). 그러나 가장 뻔한 페미니즘적인 답, 즉 여성이 성차별로 인해 좌절하거나 설 자리를 잃는다는 답은 《우리 같은 여자들》에 의해 다시 한번 확실하게 증명된다. 75년간 하버드 MBA를 졸업한 여성 중 많은 수가 남성 동료들에게 무시와 모욕을 당한 경험이 있었고, 승진 기회를 남성 동료들에게 빼앗겼다. 이런 상황에서라면 아무리 강한 결의에 찬 페미니스트일지라도 허버트 J. 프로이덴버거 박사Dr. Herbert J. Freudenberger와 게일 노스Gail North가 그들의 저서 《여성의 번아웃Women's Burnout》에서 거론한 '기업인으로서의 번아웃'을 경험하지 않을 수가 없다. 반페미니스트, 더 정확하게 말하자면 (갤리스와 그가 인터뷰한 여성들과 같은) 포스트페미니스트들에게 성차별은 훨씬 더 큰 상처를 남겼을 것이다. 그들에게 있어서 그런 차별은 보이지도 않고 이름을 붙일 수도 없는 현상이기 때문이다. 어쩌다 무작위로 벌어지는 '차별'이라고밖에 부를 수 없는 그런 현상에 대해서 어떤 조치를 취한다는 꿈조차 꿀 수 없는 것이다.

갤리스는 또 다른 문제를 제기한다. 어떤 형태의 차별보다 근절하기가 훨씬 더 어려울 가능성이 있는 문제다. 호르몬 혹은 역사적인 원인으로 여성들이 갖게 된 인성과 기업의 비인격적인 관료 문화가 맞지 않을 수 있다는 추측이다. 동창 중 가장 성공했고, 동료 인간들과 완전히 다른, 괴물 같은 수전은 그 규칙을 증명해 주는 예외적인 사례다. 그와는 대조적으로 꼭대기까지 오르는 데 성공한 남성들은 완전히 지루하고 남성으로서는 '평범하기 짝이 없는' 경우가 많다는 사실을 언급하면서 갤리스는 어쩌면 그들이 인간적 유대를 얄팍하게 유지하면서 온 정신을 최종 결산 결과에 집중해야 하는 기업 문화에 이상적으로 맞아떨어지는 생물일지도 모른다고 주장한다.

그러나 충고들을 쏟아 내는 책들에 따르면 우리가 이제까지 알고 있던 것과는 달리 기업 문화가 베버가 그리는 엄격하고 비인격적인 성격만을 가진 것은 아니다. 예를 들어, 여성 기업인들에게 '어떻게 하면 더 남성처럼 행동할 수 있는지'를 가르치는 부류를 대표하는 책 《더 라이트 무브스》에서는 "함께 일하는 사람들이 친구라는 생각을 버려라"라고 조언한다. 관료주의적 인성을 가지고 싶어 하는 사람에게 딱 맞는 좋은 충고다. 그러나 동시에 동료들이 자신을 '냉담하고 오만하다'고 생각할 위험을 피하기 위해 '우정의 환상'을 만들어야 할 필요가 있다고 강조한다. 다시 말해 기업 문화에 맞는 '인위적으로 따뜻하지만, 진심을 담은 친절은 베풀지 않는' 유의 성격을 갖기 위해 가식적으로 꾸며야 한다는 뜻이다.

사실 업무 위주의 성과 중심 조직(차라리 이익을 극대화하는 데 헌신하는 100퍼센트 자본주의적 조직이라고 하는 편이 낫겠다)에서라면 어떤 식의 '환상'도 만들어 낼 필요가 없을 것이다. 그저 임무를 수행하는 것으로 충분해야 한다. 그러나 《더 라이트 무브스》에 나오는 설명이나 《우리 같은 여자들》에 소개되는 일화들을 보면 그저 임무를 수행하는 것만으로는 절대 충분치 않은 듯하다. 만일 임무 수행만으로도 충분했다면 훨씬 더 많은 여성이 정상에 올라 있을 것이다. 사람들에게 강한 인상을 남기고, 자기를 좋아하게 만들어야 하는 동시에, 자기가 실제 해낸 것보다 훨씬 더 강력한 성공의 아우라를 전반적으로 뿜어내야 한다. 문제는 여성들이 사무적으로 거리를 유지할 능력이 부족해서가 아니라, 여성이기 때문에 미성숙한 남자들과 인사치레로 가득 찬 기업 문화에 완전히 어우러질 수가 없기 때문이다. 이런 문화는 1950년대에 나온 《외로운 군중The Lonely Crowd》에 잘 묘사되어 있다.

여성 기업인들이 문제를 겪는 것에는 더 깊고 실존적인 문제가 있을지도 모른다. 그들을 위한 자기 계발서를 훑다 보면 이토록 애면글면하는 것이 다 무슨 소용이 있을까 의아해하지 않을 수가 없다. 4만 달러 내지 5만 달러 연봉에 스톡옵션과 내부 수입 할당을 받는 정도로 만족하면 안 될까? 여성 기업인들을 위한, 그리고 그들에 관한 문헌들에서 가장 충격적인 부분은 개인적인 출세 말고는 이런 '게임'을 하는 목적이 무엇인지 거의 거론하지 않는 다는 점이다. 하버드대학교 졸업생들이 됐건 자기 계발서에 익명 으로 인용된 여성들이 됐건 자신을 넘어선 초월적인 책임감, 가령 하다못해 더 나은 장치를 만들어 내겠다는 목표 같은 것을 언급하 는 사람은 단 한 명도 없다. 탈산업화 시대의 미국 기업에서 그런 것을 기대할 수 없다면 뭔가 더 숭고한 조직적인 목표라도 있어야 하지 않을까? ○○기업을 서구 최대 기업으로 키우고 싶다는 유의 목표 말이다. 그러나 그 누구도 기업인의 삶에서 추구하는 거대하 고 원대한 비전은커녕 보수주의자들 사이에서 유행하는 자본주의 의 도덕적 목적성에 대한 의식조차 이야기하지 않는다. 대신 성공 한 여성 기업인들은 "지금 내가 왜 이런 일을 하고 있을까? 이렇게 해봤자 무슨 의미가 있을까?"와 같은 질문만 하거나 "뭔가가 빠진 느낌이에요" 하고 우울함을 털어놓는 것에 그친다.

사실 우리야 가끔가다 엿보는 것이 전부지만 회사 간부들이 날마다 하는 일은 충격적일 정도로 사소한 경우가 많다. 하버드 경영대학원에서 피비가 맛보았던 영광의 순간을 예로 들어보자. 케첩 제조업체인 스머커는 기존 케첩 병으로는 내용물을 쏟아붓 는 게 힘들므로 숟가락을 넣을 수 있도록 주둥이가 큰 병에 케첩 을 담아 팔아야 할까 하는 문제를 제기했고, 이에 대해 피비는 그 렇지 않다고 답했다. 사람들이 병을 흔들어 케첩을 나오게 하는 것을 좋아하기 때문이라는 것이 그 이유였다. 내가 놀란 것은 이 것이 정답이어서가 아니라, 그 답을 듣고 교실 안에 있던 교수와 그 많은 똑똑한 학생들이 경이와 감탄을 금치 못했다는 사실이다. 기업인에게는 케첩 문제가 엄청나게 어려운 지적인 도전일지도 모르겠다. 하지만 여자라면 이런 질문을 하지 않을 수가 없다. "내가 이런 걸 하려고 부엌을 버린 건가?"

모든 다른 조건은 거의 비슷하고 미국이 지금보다 더 순진했던 오래전, 폴 굿맨Paul Goodman은 이렇게 썼다. "우리는 거의 '완전 고용' 수준에 이르렀다… 그러나 필수적, 혹은 의심할 여지 없이 유용하다고 할 만한 일자리는 줄어들었다. 다시 말해 최선을 다하고 온 에너지를 쏟아부어야 하는 그런 일자리, 자신의 명예와 존엄성을 지키기 위해 하는 일은 드물어졌다는 말이다."

유토피아적 사회주의자였던 굿맨은 '남자의 일'이라고 부르기에 충분한 일의 기준을 매우 엄격하게 정의하는 경향이 있었다. 하지만 그는 윌리엄 H. 화이트William H. Whyte, 데이비드 레이스먼David Reisman, 앨런 해링턴Alan Harrington 등이 묘사하는 기업 관행에 의문을 제기하기 시작한 그 세대 남성들을 조금 더 온화한 어투로 대변했다. 1950년대에 소외된 화이트칼라 남성의 대부분은 술로 도피하고 때 이른 관상동맥 질환을 얻었지만 소수는 참선이나 재즈 등에 관심을 가지기 시작했고, 수천 명에 달하는 그들의 아들과 딸들은 결국 굿맨과 힘을 합쳐 1960년대의 반기업적, 반출세 제일주의적 반체제 문화를 만들어 냈다. 그리고 이 반체제 문화는 다른 무엇보다 더 1960년대와 1970년대 초에 일어난 페미니즘 운동의 자양분이 됐다. 바로 그 시기야말로 우리의 이야기가 시작된 시점이다.

초기 페미니즘은 급진주의와 동화주의라는 상반된 경향으로 분열되어 있었다. 사실 처음 분열이 느껴진 것은 남성들이 만들어 놓은 일자리의 위계질서 내에서 상승을 꾀하는 '부르주아' 페미니스트들과 그 위계질서 자체를 없애려는 급진적 페미니스트들 사이의 갈등이 시작된 때였다. 경제적으로 불리한 위치에 있는 대부분의 집단에서 그렇듯이 동화주의가 승리를 거뒀다. 페미니즘 의식을 고양하는 세력은 인맥을 형성하기 위한 세력으로 대체됐다. 슐라미스 파이어스톤Shulamith Firestone(급진적 페미니즘 정치 이론가, 《성의 변증법》 등 다수의 저서를 남겼다-옮긴이)보다 마이클 코다Michael Korda(금융 거래 세계의 탐욕과 사랑, 범죄 등을 다룬 작가-옮긴이)가 더 귀중한 행동 지침을 제공한다고 간주됐다. 과거의 급진적이고, 무정부주의적인 비전이 사라지고, 그 자리에는 《페미닌 리더십》에 잘 요약되었듯이 기존 질서에 동화하다 보면 여성들이 어떻게든 차갑고 가혹한 남성의 세계를 '인간화'할 수 있을 것이라는 막연한 희망이 자리 잡았다. 물론 지금도 급진적인 페미니스트들이 남아 있지만 그들이 파괴하겠다고 열을 내는 것은 성인물을 파는 동네 서점뿐인 듯하다.

페미니즘은 과거에 지녔던 비평의 칼날이 무뎌지면서 역설적이게도 동화주의자 개척자들, 즉 새로운 여성 기업가들이 하는 경험을 정확히 해석할 수 있는 능력도 상실했다. 현재 주류를 이루는 페미니즘으로는 성차별이라는 장애물로 생긴 문제까지는 이해를 하지만, '성공' 자체가 갖는 슬픈 공허감을 어떻게 해결해야 할지에 대해서는 아무런 답도 제시하지 못한다. 나와 최근 대화를 나눈 여성 기업인들은 심지어 인간 노동에 적용되는 '소외'라는 잘 알려진 용어에 대해서조차 대부분이 굉장히 흥미 있는 개념이지만 금시초문이라는 반응을 보였다. 따라서 우리는 베티 프리단이 1960년대 초, 중산층 주부들의 비참함과 (그리고 소외!)를 묘사할 때와 비슷한 인식론적 단계로 회귀했다고 볼 수 있다. 더 나은 단어들이 나중에 나왔지만 당시 프리단은 이것을 "이름이 없는 문제"라고 칭했다.

여성뿐 아니라 남성도 기업에서 살아남기 위한 '게임'이 종국에 가서는 아무 의미가 없다는 사실과 그 게임을 수행하는 사람들의 어리석음을 깨달을 수 있는 능력이 있다. 그러나 사회가 받아들일 수 있는 방법으로 거기서 빠져나올 수 있는 것은 여성들뿐이다. 그 여성들은 멋진 인테리어로 꾸며진 집과 모든 게 갖춰진 아이들 방으로 돌아갈 수 있다. 프리단이 처음 그들을 발견한 곳이 바로 그곳이 아니었던가. (물론 그렇게 하려면 부유한 남편, 그리고 남성적인 성공을 추구하다 가임 연령을 완전히 지나쳐 버리지 않았다는 가정이 필요하지만 말이다.) 사실 그 생활이 케첩의 액체 역학에 관해 궁리하는 직장 생활보다 개인적으로 더 만족스러울 수도 있을 것이다. 폴 굿맨이 뛰어난 통찰력과 그에 맞먹는 무감각을 동원해 설명했듯이 여자들은 '우스꽝스럽게 나이 드는' 걱정은 하지 않아도 된다. 자녀를 기르고 집안일을 하는 것은 본질적으로 의미 있는 일인 동시에 여성들에게 안성맞춤이기 때문이라는 것이 그의 논리니까.

《우리 같은 여자들》에 실린 인터뷰들과 내가 마주한 일화들을 고려할 때 성공적인 여성 중 일부가 아사리판 같은 경쟁을 그만두면서 아기를 핑계로 대기도 한다는 사실을 부인할 수는 없다. 이는 여러 측면에서 매우 바람직하지 못할 뿐 아니라, 특히 자신이 포기한 꿈과 야망 대신 온 정신을 집중할 대상으로 선택한 그 여성들의 자녀들에게는 더욱더 불운한 현상이라고 할 수 있다. 중도 포기자들에게 페기 J. 베리Peggy J. Berry의 《코퍼레이트 커플 Corporate Couple》일독을 권하는 바다. 그 책에는 기업 간부 남편을 둔 여성들에게 해마다 이사를 다녀야 하는 것에 적응하는 법, 남편의 늘씬한 독신 여성 동료들에 대한 질투심을 극복하는 법, 그리고 결국 남편이 직면하게 될 존재론적 위기에서 살아남도록 돕는 법 등에 대한 조언이 나와 있다.

눈부신 성공을 거둔 여성 기업인이 어느 날 갑자기 스프레드시트와 사내 메모들이 널려 있는 자신의 책상을 내려다보면서 "이모든 게 내가 시간을 바칠 가치가 있을까?" 하고 외칠 날이 올 것이라 나는 믿는다. 바로 그 순간 어느 전업주부는 아장거리는 아이가 잔뜩 어질러 놓은 부엌을 둘러보며 똑같은 질문을 던질 것이다. 회사의 멋진 현관을 뛰어나오던 여성 기업인은 거기로 뛰어들어가던 주부와 부딪힐 것이다. 그리고 두 사람은 이야기를 나눌 것이다. 그리고 얼마 가지 않아 그들은 미국 사회의 두 극단, 굿맨의 유토피아주의와 프리단의 페미니즘을 융합할 것이다. 만일 충분히 오래 이야기를 나눈다면 두 사람은 어쩌면… 의미 있는 일을 하고, 남녀가 동일한 임금을 받는 새롭고도 멋진 개념을 만들어낼지도 모른다.

아부 그라이브 수용소가 내게 가르쳐준 것들

《로스앤젤레스타임스Los Anegeles Times》, 2004

부끄러움이라는 것을 아예 모를 것이라 생각했던 사람들, 예를 들어 럼즈펠드 국방 장관 같은 사람도 이라크의 아부 그라이브 수용소 사진을 보고 속이 뒤집혔다고 인정했다.

그 사진들을 본 나는 페미니스트 입장에서 또 다른 느낌, 가슴이 찢어지는 듯한 느낌을 받았다. 나는 원래 이라크에서 감행된 미국의 작전에 대해서는, 그 작전의 목표가 무엇이었든 간에 환상을 가지고 있지 않았다. 그러나 지금 보니 여성들에 대해서는 얼마간의 환상을 가지고 있었던 듯하다.

아부 그라이브에서 자행된 끔찍한 학대 행위로 기소된 일곱 명의 미국 군인 중 세 명이 여성이다. 메건 앰벌Megan Ambuhl 상병, 린디 잉글랜드Lynndie England 일병, 그리고 사브리나 하먼Sabrina

Harman 상병이 그들이다.

우리가 본 사진 중 두건을 쓴 채 벌거벗은 이라크 남성 무리 뒤에 서서 장난기 어린 웃음을 지으며 엄지를 치켜세운 사람이 하먼이다. 마치 "엄마, 저 여기 아부 그라이브에 잘 있어요!"라고 말하기라도 하는 듯한 분위기다. 목줄에 묶인 벌거벗은 이라크 남성과 함께 사진에 등장하는 사람은 잉글랜드다. 알카에다를 위해 홍보를 하는 사람이라면 여성을 혐오하는 전 세계 이슬람 근본주의자들을 흥분시켜 행동을 촉구하는 데 이보다 더 잘 연출된 사진을 찾진 못할 것이다.

아부 그라이브의 사진들에는 이슬람 근본주의자들이 서구 문화의 특징이라고 믿는 모든 것이 다 들어 있다. 제국주의적 오만함, 성적 타락… 그리고 성평등 등이 모두 한 장의 끔찍한 이미지에 잘 보이게 들어 있다.

어쩌면 그렇게 충격을 받을 일이 아니었는지도 모른다. 그럴 만한 상황에 처하면 좋은 사람들도 끔찍한 일을 저지를 수 있다는 것은 우리도 잘 알고 있다. 심리학자 스탠리 밀그램Stanley Milgram이 1960년대에 진행한 유명한 실험을 통해 증명된 적도 있다. 아마도 앰벌, 잉글랜드, 하먼은 선천적으로 사악한 사람들이 아닐 것이다. 그들은 교육받을 기회를 원한 노동자 계층의 여성들로 군대가 징검다리가 될 수 있다는 것을 안 사람들이다. 그리고 입대를 한 후에는 거기에 맞게 적응하고 싶었을 것이다.

여성이 남성에 비해 천부적으로 더 온화하고 덜 공격적이라는 주장을 믿지 않는 나 같은 사람은 특히 충격받지 말았어야 했다. 대부분의 페미니스트처럼 나는 군대 내 여성들에게 모든 기회가 열려 있어야 한다는 개념을 지지해 왔다. 첫째는 여성들도 싸울 수 있다는 것을 알기 때문이고, 둘째는 군대가 저소득층 청년에게 남은 몇 안 되는 기회를 제공한다는 사실을 알기 때문이다.

비록 나는 1991년 걸프 전쟁에 반대했지만 여성 군인들을 자랑스럽게 생각했고, 그들의 존재가 사우디아라비아 사람들을 짜증 나게 하고 불편하게 했다는 사실이 즐거웠다. 나는 마음속으로 시간이 흘러서 여성들이 군대를 변화시키고 타인과 타인의 문화를 더 존중하는 쪽으로 인도하며, 진정한 의미의 평화 유지를 하는 조직으로 만들기를 바랐다. 그게 내가 한 생각이었다. 하지만 이제는 더 이상 그렇게 생각하지 않는다.

다양한 종류의 페미니즘 중 하나가(아니 특정한 종류의 순진한 페미니즘이라고 해야 할지도 모르겠다) 아부 그라이브에서 죽고 말았다. 남성은 영원히 악행을 저지르는 주체, 여성은 영원히 피해만 입는 대상으로 보고, 여성에 대한 남성의 성적 폭력을 모든 부당함의 뿌리로 보는 페미니즘 말이다. 강간은 반복적으로 전쟁의 도구로 사용되었고, 일부 페미니스트들은 전쟁을 강간의 연장으로 보았다. 적어도 우리는 남성의 성적 가학성이 인류의 비극적인 폭력 성향과 관련 있다는 증거를 확보했다고 생각했다. 하지만 그것은 우리가 여성의 성적 가학성을 목격하기 전의 이야기다.

사실 잘못된 것은 이 순진한 페미니즘 이론 자체만이 아니다. 그 이론이 내건 전략과 변화에 대한 비전도 잘못되어 있었다. 그 전략과 비전은 암묵적이든 입 밖으로 꺼내서 노골적으로 말하든, 여성은 남성에 비해 도덕적으로 우위를 점하고 있다는 추정을 골자로 하고 있다. 우리는 여성이 도덕적으로 우월한 것이 생물학적인 이유에선지, 길든 탓인지, 혹은 성차별적 문화에서 여성으로 살아 온 경험 때문인지를 두고 수많은 논쟁을 벌여 왔다. 그러나 우월하다는 추정 혹은 적어도 잔인함과 폭력 성향이 덜하다는 추정은 논쟁거리가 아니었다. 따지고 보면 우리 문화에서 돌보는 일을 더 많이 하는 것이 여성이고, 의견 조사를 하면 남성보다 전쟁을 더 꺼리는 것으로 조사되는 대상도 여성이 아닌가.

지금 이 추정과 씨름을 하고 있는 사람은 나만이 아니다. 《세인트피터즈버그 타임스St. Pertersburg Times》의 칼럼니스트 메리 조 멜론Mary Jo Melone은 2004년 5월 7일 자 칼럼에서 다음과 같이 밝혔다. "나는 잉글랜드의 (두건을 씌운 이라크 남성의 성기를 가리키고 있는) 모습을 뇌리에서 지울 수가 없다. 그것은 우리가 상상하는 여성의 행동이 아니기 때문이다. 30년 전 페미니즘에서 나는 여성이 남성들로부터 불공정한 대우를 받고 있을 뿐 아니라 남성보다 도덕적으로 우월하다고 배웠었다."

만일 그 추정이 정확하다면 그저 우리가 수백 년간 남성들의 세상이었던 곳에 동화되어서 들어가기만 하면 세상을 더 나은 곳, 더 친절하고 덜 폭력적으로 만들 수 있었을 것이다. 여성들이 장군, CEO, 상원의원, 교수, 오피니언 리더 자리에 오르도록 싸우면 됐을 것이다. 그리고 그것이 우리가 해야 할 유일한 싸움이었을 것이다. 일단 권력과 권위를 차지하고, 사회 제도와 기구 내에서 임계 질량을 확보하고 나면 여성들은 자연스럽게 변화를 이끌어 낼 수 있을 것이다. 그것이 우리가 한 생각, 비록 무의식적이지 만 우리가 한 생각이었다. 그러나 이는 사실이 아니었다. 여성은 생각할 수 없는 일도 할 수 있는 존재들이었다.

아부 그라이브의 경우 군부 위계 내에 여성이 충분치 않아 서 학대 행위를 말릴 수 없었던 게 문제였다는 주장조차 할 수가 없다. 수용소는 또 한 명의 여성, 재니스 카핀스키Janis Karpinski 장 군에 의해 운영됐다. 이라크 주둔 최고 미국 정보 장교이자 억류자 들을 석방하기 전 그들의 상태를 점검할 책임이 있는 사람은 바버 라 패스트Barbara Fast 소장이었다. 2003년 이후 이라크 점령 관리 에 대한 최고 책임자는 콘돌리자 라이스였다. 도널드 H. 럼즈펠드 와 마찬가지로 그는 더 이상 부인할 수 없는 사진 증거가 나올 때 까지 학대와 고문이 자행되고 있다는 반복된 보고를 무시했다.

아부 그라이브에서 우리가 확실히 배운 것은 자궁이 양심을 대체할 수 없다는 사실이다. 그렇다고 성평등이 싸울 가치가 없다 는 의미는 아니다. 성평등은 여전히 싸워서 쟁취할 가치가 있다. 만약 민주주의를 신봉한다면 그것은 남성이 해낼 수 있고 성취할 수 있는 모든 것을 여성도 해내고 성취할 권리가 있다고 믿는 것 이다. 심지어 나쁜 일들도 말이다. 그러나 성평등 하나만으로는 정 의롭고 평화로운 세상을 만들어 낼 수 없다.

사실 우리는 여성이 도덕적으로 우월하다고 추정하는 순진 한 페미니즘이 그저 순진하기만 한 것이 아니라 게으르고 과도 한 자기애에 빠진 페미니즘의 형태라는 사실을 깨닫고 겸허한 마 음으로 받아들여야 한다. 자기애가 과도하게 강하다고 말하는 것

　　　　4장 여성들이 계속 써야 하는 이유

은 이 형태의 페미니즘에서는 여성의 모든 승리(승진, 대학 학위, 남성과 함께 군인이 될 수 있는 권리)를 본질적으로 인류 전체의 승리라고 추정하기 때문이고, 게으르다고 말하는 것은 우리가 한 가지투쟁, 성평등을 위한 투쟁만 하면 된다고 추정하기 때문이다. 다양한 분야에 대해 투쟁을 벌여야 하는 것이 우리가 사는 현실임에도불구하고 말이다. 진심으로 미안한 말이지만 평화와 사회 정의를위한 투쟁, 제국주의적 인종적 오만을 근절하기 위한 투쟁을 양성평등을 위한 투쟁 하나에 모두 구겨 넣을 수는 없다.

우리가 필요로 하는 것은 환상이 전혀 없는 강하고 새로운 종류의 페미니즘이다. 여성이 어떤 제도에 동화되는 것만으로는 그제도를 변화시킬 수 없다. 변화를 가져오기 위해서는 이를 위해 싸우겠다고 의식적으로 결심할 필요가 있다. 우리는 여성이 '아니'라고 말할 수 있도록 가르치는 페미니즘을 필요로 한다. 그저 강간범이나 계속 고집을 피우는 남자 친구뿐 아니라 필요하면 자기가 속해 있는 군대 혹은 기업에도 '아니'라고 말할 수 있어야 한다.

요컨대 우리는 지난 수 세기에 걸쳐 남성이 만들어 놓은 제도와 기관에 동화되는 것을 목표로 하는 것에 그치지 않고 거기에침투해서 전복시키는 것을 목표로 하는 페미니즘이 필요하다.

오래된, 그러나 순진한 것과는 거리가 먼 페미니즘 격언을인용하자면, "평등이 목표라고 생각한다면 기준이 너무 낮은 것이다." 남성이 짐승처럼 행동하고 있다면 그들과 동등해지는 것만으로는 충분치 않다. 동화되는 것만으로는 충분치 않다. 우리는 동화될 만한 가치가 있는 세상을 만들어야 한다.

'선천적' 성별 격차라는 망령

《타임Time》, 1992

과학 분야 전체를 뒤져 봐도 남성과 여성은 지적으로 다르게 타고
났다는 연구보다 더 지적인 헛소리로 가득 찬 주제를 찾기는 힘들
것이다. 19세기 생물학자들은 여성의 뇌가 지적 활동을 하기에 너
무 작지만 집안일을 할 정도로는 크다고 믿었다. 작은 뇌 이론이
사멸하자(알고 봤더니 코끼리는 인간보다 더 큰 뇌를 가지고 있었다) 과
학자들은 다양한 뇌엽과 염색체에서 남성이 우월하다는 생물학적
인 근거를 찾기 위해 길고도 성과 없는 시도를 시작했다. 1960년
대에 접어들 무렵 사회학자들은 기나긴 선사 시대의 수렵 채집 활
동을 통해 자연 선택이 이루어져서 남성은 리더십을 발휘하고 탐
험에 나서게 되었고, 여성은 어린이들과 모닥불 주변에 쪼그리고
앉아 있도록 타고나게 되었다고 주장했다.

최근 연구에서는 남성과 여성 사이에 정말로 얼마간의 차이가 있을 수도 있다는 사실이 밝혀졌다. 왜 다르지 않겠는가? 남성과 여성은 서로 다른 호르몬과 신체 기관을 가졌다. 두뇌가 100퍼센트 유니섹스였다면 도리어 이상했을 것이다. 늘 그렇듯 문제는 이 차이들이 양성의 사회적 역할에 어떤 전조 역할을 하는가 하는 점이다. 특히 양성 간에 권력과 기회를 분할하는 데 있어서 말이다.

〈고인돌 가족 플린스톤Flintstones〉에서 답을 얻으려 하지는 말자. 인류가 지구에 출연한 후 10만여 년 동안 어떻게 시간을 보냈는지에 상관없이 이제는 매머드를 쫓거나 맛있는 뿌리를 캐내서 먹고 사는 사람은 거의 없지 않은가. 사실 성별 차이를 낳은 유전적 유산은 이미 인류 고유의 발명, 즉 테크놀로지 덕분에 무의미해졌다. 군사적 용맹은 더 이상 우월한 근육에 의존하거나, 도끼를 휘두르면 닿을 만한 거리를 두고 벌이는 육탄전에 필요한 공격적 분노의 폭발력에 좌우되지 않는다. 탐험 면에서도 몸이 더 가볍고 산소 소비량이 더 적은 여성이 더 '타고난' 우주 비행사의 면모를 갖췄을 수도 있다.

그러나 만에 하나 페미니스트들이 최악의 시나리오라고 여기는 상황이 사실로 밝혀져서 정말로 남성들이 특정 수학 계산에서 더 나은 평균 점수를 냈다고 치자. 그 소식을 듣자마자 여학생들을 모두 가사 실습반(1900년대 초반 과학자가 되고 싶어 하는 여성들에게 유일하게 용납된 분야)으로 되돌려 보내고 싶은 충동이 이는 사람이 있다면 그는 아마도 통계학의 '평균'이 무슨 의미인지에 관해 보충 수업을 들어야 할 것이다. 남성보다 키도 더 크고 힘도 더

센 여성이 있는 것과 마찬가지로 남성보다 기하학과 대수학에 더 능한 여성들이 있다. 3차원 시각화와 높은 수준의 수학이 필요한 엑스선 결정학 분야의 개척자 중 다수가 여성이다. DNA 이중나선 구조를 밝히는 데 결정적인 역할을 한 생물 물리학자 로절린드 프랭클린Rosalind Franklin처럼 말이다.

'선천적' 성별 격차에 대한 모든 연구에 망령처럼 존재하는 문제가 또 있다. 바로 관찰된 차이들이 사실은 문화 요소의 잔재일 가능성이다. 예를 들어 여성들에게 바보인 척해서 '성공'하라고 촉구하는 것처럼 말이다. 여학생들은 사춘기에 성적이 곤두박질치는 경우가 많다. 자연 선택에 적합한 형태가 영리한 소녀와 멍청한 성인 여성이 아닌 이상 중학생 즈음에 뭔가 크게 잘못된 일이 벌어지는 것이 틀림없다. 수백 년 동안 우위를 점하는 성별로 지내 온 남성들이 여전히 자신이 강하고 똑똑하다고 느끼게 해 주는 여성을 선호한다는 것도 부분적인 문제다. 이차방정식을 풀 수 있을 정도로 머리가 있는 소녀라면 그 문제를 못 푸는 척하면서 눈을 깜빡거릴 정도의 머리도 있다.

성별 간의 차이를 만드는 데 어쩌면 교사들이 자연보다 더 큰 역할을 하는지도 모른다. 교사들은 남학생들을 더 자주 호명하고, 그들과 눈을 더 자주 마주치며, 잘하라는 압력을 더 많이 넣는 경향이 있다는 연구들이 나와 있다. 아메리칸대학교American University 교육학과의 마이러 새드커Myra Sadker 교수와 데이비드 새드커David Sadker교수는 교사들이 성 편견에 민감한 의식을 가지고, 'man'이라는 단어를 모든 사람을 가리킬 때 쓴다든지 하는 성차별적 언어를 사용하지 않기 위해 조심할 경우 여학생들이 더 좋은 성적을 낸다는 사실을 발견했다. 단일 성별 학급을 만들어 수학과 과학을 가르치면 여학생들의 성적이 올라간다. 한쪽 성별을 선호하는 분위기가 없고 좋은 성과를 내는 여성을 못마땅해하는 남성들의 시선을 받지 않아도 되기 때문일 것이다.

이렇게 단순한 교육 개혁을 통해 지금까지 거둔 성공은 현존하는 기본적인 사회 문제를 다시 한번 분명히 드러내 준다. 즉, 남성과 여성이 실제로 다른 지적 능력을 타고났을 가능성이 있다면 우리는 그에 대해 무엇을 해야 할까 하는 문제다. 여성들이 감정을 잘 읽는다는 장점을 가졌으므로 심리학 분야에서 남성을 금지시키자고 할 수도 있지만, 남성에게 더 많은 지원을 하자고 결정할 수도 있다. 남성이 수학에 유리한 조건을 가지고 있기 때문에 여성은 에세이나 소네트 등 문학 연구에 국한시키자고 할 수도 있지만, 여성의 수학 교육에 더 많은 노력을 기울이자고 결정할 수도 있다. 현실에서는 이미 남자아이들의 구술 능력이 떨어지는 것을 보완하기 위해 읽기를 초등 교육의 중심으로 만들어서 돕고 있다.

우리는 문화적인 동물이다. 그리고 이런 결정들은 우리 유전자가 우리를 위해 내려 줄 수 없는 문화적인 것들이다. 사실 양성 간 타고난 차이에 대한 모든 논의는 그 자체가 문화적 요인으로부터 크게 영향을 받는다. 예를 들어, 양성 간의 타고난 차이에 대한 연구가 오늘날 왜 이렇게 매력적인 분야로 부상한 것일까? 권력 분할에 대한 오래된 성별 간 분배 구조에 대해 페미니스트들이 조직적인 도전을 하고 있는 이 시대에 왜 하필? 왜 대중 매체들은 과학자들이 성별 간의 차이점을 하나라도 발견하면 그토록 흥분을 하면서, 전혀 차이점을 발견하지 못한 수없이 많은 훌륭한 연구 결과는 무시하는 걸까?

궁극적으로 과학이 어떤 정의를 내리든, '성별 간의 차이에 대한 이해'는 인간의 문화적 처리 방식에 따라 확대될 수도, 축소될 수도 있다. 선택은 유전자가 아니라 우리 자신에게 달려 있다.

4장 여성들이 계속 써야 하는 이유

성희롱에도 계급이 있다

《가디언The Guardian》, 2017
앨리사 쿼트Alissa Quart와 공동 집필

연예계에서 성희롱을 폭로하는 여성의 숫자가 끝없이 줄을 잇고 있다. 그중에는 귀네스 펠트로, 앤젤리나 졸리 같은 유명 스타들도 있지만 첨단 기술 스타트업 회사 대표와 저널리스트, 갤러리 운영자, 프로듀서 등 다양한 인물이 등장 중이다.

그러나 남성의 엽색 행위와 공격으로 가장 큰 피해를 보는 사람들은 연예계보다 훨씬 덜 화려한 직종에서 일하는 여성들이다. 가사 도우미, 웨이트리스, 농장 노동자 등이 바로 그들이다. 저널《젠더, 워크 앤드 오거나이제이션Gender, Work & Organization》에 실린 한 논문의 저자는 5성급 호텔에서 일하는 여성 노동자들에 대한 인터뷰를 기초로 응답자 거의 전원이 고객으로부터 부적절한 성적 접근을 경험했다고 밝혔다. 웨이트리스의 80퍼센트가 성희롱을 당했다는 또 다른 조사 결과도 나와 있다. 믿기지 않지만 여성 건설 노동자도 88퍼센트가 성희롱을 당했다고 한다.

이 숫자들을 보면 희생자의 대부분은 그다지 화려하지 않은 사람이라는 것을 알 수 있다.

그럼에도 불구하고 현재 진행되고 있는 성희롱 담론은 사회 계층 면에서 크게 왜곡되어 있다. 유명한 여성 배우들의 경험을 다루는 기사와 글은 너무 많은 데 비해 동네 식당의 웨이트리스들에 대한 이야기는 너무 적다.

왜일까? 무엇보다도 대부분의 노동자 계층 여성은 홍보 담당자나 변호사를 고용하지 않고, 높은 자리에 앉아 있는 친구도 없기 때문이다(공적 포럼에서 올해 가장 많이 사용된 단어 '용감함bravery'이 그들에게 사용된 적도 거의 없다). 이 여성의 대부분은 자신의 경험을 공개하지도 않는다. 시간당 8달러에서 10달러를 버는 사람은 새 직장을 찾기까지 걸리는 몇 주 동안을 아무 수입 없이 버틸 수가 없다. 적대적인 근무 환경에 대해 불만의 기색을 보이기만 해도 태도 불량 등의 이유로 해고될 수 있고, 이는 합법이다.

블루칼라 노동자와 소매업 종사자들은 성희롱 문제에 관심이 집중되는 것을 반기지만, 그중 일부는 유명 인사들에게 스포트라이트가 집중되는 것에 짜증이 나서 그런 기분에 합당한 반응을 보이기도 한다. 미용사, 웨이트리스, 혹은 가사 도우미와 이야기해 보면 분하고 억울한 감정이 깊은 곳에서 흐르고 있다는 것을 느낄 수 있다.

4장 여성들이 계속 써야 하는 이유

우리는 논문을 제쳐 두고 실제 소셜미디어에 올라오는 여성들의 목소리에 귀 기울여 봤다. "나는 최저 임금이나 저임금을 지불하는 일자리에서 일하면서 성희롱을 당해 왔습니다. 하지만 제 앞에 놓인 선택지는 그냥 참고 견디는 것 아니면 일을 그만두는 것 두 가지뿐이었어요. 그런 일이 있을 때마다 저는 일을 그만둡니다만 그나마 제가 젊고 독신이어서 그럴 수 있는 겁니다. 그렇게 할 수 없는 여성들이 훨씬 더 많습니다." 내 트위터 계정 피드에 올라 온 피츠버그에 사는 직업 예술가 에이미 길링엄Amie Gillingham의 글이다.

작가 줄리 레이Julie Rea도 우리에게 이런 글을 보내왔다. "저는 웨이트리스로 일하면서 셰프, 바텐더, 주방 보조, 취한 고객 등으로부터 성희롱, 성적 농담, 언어폭력을 당했습니다. 최악은 남성 매니저들까지도 그런 짓에 합세했다는 것입니다!"

미시간에 사는 전직 웨이트리스는 트위터에 이런 글을 썼다. "웨이트리스로 일할 때 날마다 성희롱을 견뎌야 했다. 고발할 인사과 같은 건 물론 없었다. 매니저와 소유주가 그런 짓을 제일 심하게 하는 당사자들이었으니까. 입 닥치고 조용히 당하거나 아니면 해고되는 것 둘 중 하나였다. 나는 일자리가 필요했다."

한 시카고 호텔에서 미니바 관리를 담당했던 서실리아는 《허핑턴포스트》와의 인터뷰에서 남성 손님이 방에 들어오라고 했던 일화를 이야기했다. 그 손님은 컴퓨터를 켜 놓고 자위를 하고 있었다. 그 남자는 서실리아가 자기를 봤으면 해서 고의로 그렇게 한 것이었다.

'업무상 출장'의 위험도가 너무 높아지자 시애틀과 뉴욕에서는 호텔 객실 청소 담당자들에게 비상벨을 의무적으로 지급하도록 했다. 성희롱이 매우 흔해지면서 숙박업 구직 웹사이트에는 비록 아무 효과는 없지만 객실 청소를 담당하는 여성들이 자신을 보호하기 위해 어떤 조치를 취할 수 있는지를 나열한 체크리스트가 게재되어 있다.

그들이 받는 위협 중에는 엉큼한 손님들의 자위행위, 앞치마를 잡아채는 손놀림, 그리고 전 IMF 총재 도미니크 스트로스칸이 2011년 호텔 객실 청소 직원에게 했다고 전해지는 침대에 밀어서 쓰러뜨리기 등이 있다.

노조가 강하면 이런 면에서 노동자들에 대한 보호가 더 강화될 것이라 생각할 수 있겠지만 현실을 알고 나면 바로 그 생각을 고쳐먹게 된다. 최근에 나온 보고서에 따르면 국제 서비스 산업 고용인 연맹Service Employees International Unions, SEIU 직원들까지도 성희롱 혐의로 고발되어 조사를 받은 것으로 드러났다. SEIU는 서비스 산업 종사자를 위한 노조 중 가장 규모가 큰 곳인데도 현실이 이렇다.

배우와 모델들을 괴롭히는 일뿐 아니라 웨이트리스와 밭에서 딸기를 따는 여성들을 거칠게 다루는 일 또한 분노할 일이다. ('양쪽 모두/그리고' 캠페인을 벌이는 건 어떨까? 캠페인 이름은 '#거의모두'로 붙여도 좋을 것이다!)

하지만 이런 포괄적인 전략에는 가령 배우 미라 소르비노Mira Sorvino가 겪은 고통을 널리 알리면 그보다 상황이 더 나쁜 여

4장 여성들이 계속 써야 하는 이유

성들도 결국 도움을 받을 것이라는 추정이 깔려 있다. 그러나 나는 이 연관 법칙이 오류일 가능성이 높다고 주장하고 싶다. 이 논리는 기본적으로 여권 신장의 낙수 효과나 다름없다. 그리고 낙수 효과 이론이 다른 분야에서 어떤 성적을 거뒀는지 우리는 잘 알고 있지 않은가.

그렇다면 우리는 유명인이 당한 성희롱이라는 반짝이는 빙산의 일각 아래 숨어 있는 거대한 성희롱의 빙산을 어떻게 캐낼 수 있을까?

바로 지금이 각자의 경험을 공유함으로써 공감대를 형성하고, 이를 통해 힘을 얻을 수 있는 최적기이긴 하지만, 페미니즘 운동에 오랫동안 존재했던 계급 분화를 재생산하고 있다는 느낌이 간혹 들기도 한다. 유명한 희극인, 여성 기업인, 신인 여배우들이 겪는 우아한 고통은 인식하면서도 우리에게 감자튀김을 서빙하고 호텔 방의 베개를 정리하는 사람들의 고통은 전혀 모르는 그런 상황 말이다. 거기에 더해 후자는 수없이 많은 방법으로 괴롭힘을 당한다. 노동자 계층의 여성들은 가방 수색을 당하는 경우가 허다하고(도난 물품을 찾는다는 표면상의 이유를 대고), 수당을 더 받지 않고 초과 근무를 하라는 압력을 받는다. 이런 식으로 아무렇지도 않게 행해지는 괴롭힘은 저임금 노동 현장에서 견뎌야 하는 평범한 모욕의 일부다.

일하는 여성들에게는 자신의 경험을 공유할 안전한 공간이 필요하고, 그런 것은 노동조합과 부유한 페미니스트들이 제공할 수 있다. 공개적으로 폭로할 수 있는 기회와 공적 포럼을 통해 성희롱이 만연해 있을 뿐 아니라 (다행히도) 불법이라는 인식을 확산시켜야 한다.

캘리포니아주에는 고용주가 청소 및 보안을 담당하는 평직원과 매니저급 직원들에게 성희롱을 예방하는 기초 훈련을 제공할 의무가 있다고 명시된 법이 있다. 모던 얼라이언스Modern Allianced와 같은 비영리 단체들은 다양한 직종의 종사자들이 연대해서 성희롱에 맞서 싸우는 것을 돕고 있다. 시카고의 로컬1The Local 1 노조는 역겹지만 정곡을 찌르는 해시태그 #손떼고바지올려#HandsOffPantsOn를 내세워서 관련 법안을 제정하는 데 힘을 보태고 있다.

이와 비슷한 법안을 주 정부와 연방 정부 차원에서 제정하고 전국에서 사용되는 계약서상 언어들을 올바르게 수정하도록 하는 압력을 더 늘려야 한다. 그러나 이런 것들은 여전히 미국의 여성 노동자들을 더듬는 남자들의 손을 살짝 때리는 것에 그칠 뿐이다.

5장

신, 과학, 그리고 기쁨

네 마음이나 챙기세요

《배플러The Baffler》, 2015

2010년대가 시작될 무렵, 샌프란시스코만 지역에서는 대중을 위한 마음챙김 운동이 마치 새로운 앱처럼 유행하기 시작했다. 모든 면에서 새로 유행하는 앱과 비슷한 현상을 보였으며, 곧 마음챙김을 위한 실제 앱들이 대거 쏟아져 나왔다. 이전까지는 책, 유명 강사 CD 등을 통해 자기 계발 분야의 유행이 전파됐다. 하지만 이제 마음챙김은 스마트폰에 담아 휴대할 수 있게 됐다. 마음챙김을 다루는 앱은 수백 개나 되고, 대개는 스마일링 마인드Smiling Mind 혹은 부디파이Buddhify와 비슷한 이름을 가졌다. 보통 정해진 시간에 명상하는 것으로 시작된다. 앱에 따라서 1분밖에 안 되기도 하는 짧은 명상 시간에는 부드러운 목소리와 최면에 걸릴 듯한 음악, 그리고 숲의 전경이나 폭포가 쏟아지는 영상이 나온다.

쉽게 말하면 불교 철학을 잘게 잘라 상용화시킨 것이라 할 수 있다. 테크 산업 분야와 마음챙김 사이의 연결점이 잘 보이지 않는 사람들을 위해 부언하자면 실리콘밸리의 한 벤처 자본가가 자신에게 커다란 영향력을 끼친 마음챙김 안내서를 소개하면서 "아이폰이나 블랙베리에 동봉되어야 할 필수적인 사용 안내서"라고 말한 예가 있다. 그 말만 들으면 석가모니가 평생 보리수나무 밑에 앉아 제품 평가에 매진하기라도 한 것처럼 들리지만, 마음챙김의 사전에 '깨달음'이라는 단어는 설 자리가 없다.

적어도 캘리포니아에서는 블랙베리가 나오기 훨씬 전부터 마음챙김을 비롯해 불교를 대중화한 파생 철학이 유행해 왔다. 내가 처음 그 표현을 들은 것은 1998년 버클리의 한 부자 집주인에게서였다. 집주인은 내게 자신의 아파트를 임대하면서 이 집은 '마음을 다해 챙김'을 받아 마땅한 집이라고 말했다. 마사 스튜어트(살림과 인테리어를 집대성한 가정생활 잡지를 만들어 살림의 여왕으로 통하는 인물-옮긴이) 풍으로 답답하기 그지없게 꾸며진 집이었고, 물론 나는 그 질식할 듯한 장식을 내 마음속에서 지우기 위해 애쓰고 있었다. 그가 말한 '마음챙김'과 불교 철학 사이의 실낱같은 연결 고리는 나중에 내가 보증금을 되찾기 위해 임대인 권리 단체에 도움을 구해야 할 시점에야 드러났다. 집주인은 내 요구에 답하는 편지에서 나 같은 사람들(좌파일 수도 있고, 임대인들을 칭하는 것일 수도 있다)은 티베트인들을 억압하고 달라이 라마를 모욕하는 사람들이라고 비난했다.

샌프란시스코만 지역에서 살던 그 시기에 나는 또 그 동네 부자들은 산에 있는 불교 사원에 들어가서 스트레스 해소하는 것을 좋아한다는 이야기도 들었다. 몇천 달러만 내면 주말에 사원을 방문해서 승려들을 위해 육체노동을 하는 특권을 누릴 수 있다고 했다. 불교, 혹은 불교를 각색한 무엇인가는 적어도 일부 백인들 사이에서 계층 표시의 수단이 되어 가고 있었다. 그리고 실리콘밸리만큼 그 현상이 두드러진 곳은 없었다. 다른 CEO들이 영적인 면을 강하게 드러내기 전부터 실리콘밸리의 스타 스티브 잡스는 불교인지 힌두교인지(그는 이 두 가지 종교를 크게 다르지 않다고 생각하는 듯했다)를 믿는 것으로 유명했다. 마음챙김을 널리 퍼뜨리는 데 큰 공을 세운 이 분야의 권위자 소런 고드해머Soren Gordhamer는 2013년, 구글, 링크드인, 트위터 등을 비롯한 주요 테크 기업들이 '내면에 귀를 기울이고, 거기서 찾은 목소리의 안내를 따르는 경향'이 있다는 사실을 눈치챘다. 그는 그것을 '위즈덤' 즉 지혜라고 부르고, 자신이 매년 개최하는 연례 회의에 위즈덤 2.0이라는 명칭을 붙였다. 샌프란시스코만 지역 엘리트들의 내면에 있는 우쭐함을 잘 표현한 이름이다.

이제 마음챙김은 실리콘밸리와 테크 산업계의 한계를 넘어 또 하나의 대중적인 유행어로 자리 잡았다. 한때 '긍정적인 사고'가 그랬던 것처럼 어디를 가도 그 단어를 피할 수 없을 정도로 퍼진 것이다. 과거의 불교, 그러니까 좀 더 따르기가 힘들었던 불교는 리처드 기어를 제외하면 유명인들의 관심을 거의 받지 못했던 데 비해 마음챙김은 아리아나 허핑턴, 귀네스 팰트로, 앤더슨 쿠퍼 등을 비롯한 수많은 유명인사 추종자를 거느리고 있다. '마음챙

5장 신, 과학, 그리고 기쁨

김 리더십'이라는 개념이 2013년 다보스 포럼에서 대중에게 소개됐고, 위즈덤 2.0 회의가 뉴욕, 더블린, 샌프란시스코 등지에서 열린 후, 거기에 참석한 사람들이 널리 퍼져 이 새로운 마음가짐의 복음을 전파했다. 올해 샌프란시스코에서 열린 위즈덤 2.0 행사에는 구글과 페이스북처럼 익숙한 기업들이 광고주로 나섰을 뿐 아니라 스타벅스, 아일린피셔Eileen Fisher(지속 가능한 패션을 내세운 미국 의류 기업-옮긴이)에서 나온 연사들이 강연을 할 계획이다. 포천 선정 100대 기업에 속하는 건강보험 회사 애트나Aetna는 3만 4000명에 달하는 직원에게 12주 동안의 명상 수업을 제공한다고 발표했는데 애트나의 CEO는 이 프로그램을 고객에게 확대하는 것이 꿈이라고 했다. 마음을 맑게 하면 더욱더 건강해진다는 논리다. 회사의 역사가 19세기까지 거슬러 올라가는 식품 제조사 제너럴밀스General Mills조차도 사옥에 명상실을 마련하고, 7주짜리 명상 코스를 진행한 결과 놀랄 만한 성과를 얻었다고 밝혔다. 《파이낸셜타임스》는 다음과 같이 전한다.

참가자의 83퍼센트가 "날마다 자신의 생산성을 최적화하려는 마음가짐을 갖추기 위해 시간을 낸다"고 말했다. 명상 코스를 거치기 전 이 숫자는 23퍼센트에 불과했다. 82퍼센트는 따로 시간을 내서 여러 임무를 고려한 다음 생산성 가치가 낮은 임무를 제거한다고 답해서 이전의 32퍼센트와 대조를 보였다.

새로 유행하는 미니 명상의 목적 중에서 생산성 강화는 극히 일부분일 뿐이다. '지혜' '연민' 등 보통 같았으면 실리콘밸리나 일반적인 미국 기업 문화를 떠올릴 때 절대 연상되지 않는 심오한 개념들도 미니 명상으로 얻고자 하는 목표에 포함되어 있다. 몇 년 전, 가령 2005년까지만 해도 테크 산업계는 멀티태스킹, 끊임 없는 분할 집중력 등 완전히 다른 종류의 기업 이데올로기를 표방 했다. 걸려 오는 전화를 받으면서 새로운 제품 디자인을 훑어보는 한편 이메일을 확인하고, 말을 걸어 오는 부하 직원들을 피하는 일까지 동시에 해내는 모습을 상상하면 된다. 미친 짓이었다. 그러 나 당시 경영 분야의 자기 계발 서적들은 사람들에게 카페인과 아 드레날린에 취해 '혼란의 물결을 타고 넘으라'고 부추겼다. 근육질 의 늘씬한 몸과 모든 것을 살피는 눈빛은 기업 간부의 상징이나 마찬가지였다.

혼란의 물결을 타는 것에 대한 반발은 갑작스럽게 일어났다. 마치 월스트리트의 늑대들에게 강제로 진정시키는 우유를 마시게 하는 장면을 방불케 했다. 여러 기기를 사용하고 더블샷 에스프레 소에 의존하는 생활이 인간의 마음에 독소가 되어서 집중력을 떨 어뜨리고 인간적 유대를 방해한다는 연구 결과가 계속해서 나왔 다. '기기를 끄고' 온라인 접속을 그만하면 어떨까 하는 대담한 이 야기도 나왔다. 2013년 캘리포니아 북부에서는 '디지털 디톡스'라 는 그룹이 '캠프 그라운디드Camp Grounded'라는 프로그램을 제공하 면서 큰 관심을 끌었다. 그 프로그램은 성인을 위한 여름 캠프로 어떤 전자 기기도 허용하지 않음으로써(술도 마실 수 없고, 자녀도 데리고 올 수 없으며 실명도 밝히지 않고) '놀이'와 대화에 더 집중할 수 있도록 고안됐다. 우리는 한때 인간이 집중력을 무한대로 분산

할 수 있어서, 모든 광고와 오락과 업무를 충분히 소화할 능력이 있다고 상상했다. 그런데 알고 보니 인간의 집중력은 매우 취약하고, 경우에 따라 소진 상태에 이르기도 해서 꾸준히 보수를 해야 하는 대상이었다.

　　재기 발랄함과 창의력의 표현이라고 높이 인정받던 행동들이 21세기에 접어들자 병적 증상이 아닐까 하는 의혹의 눈길을 받았다. 소아 정신과 전문의들은 걸핏하면 사용하던 '양극성 장애' 진단에서 벗어나 집중력 자체에 주의를 기울이기 시작했다. 집중력이 부족한 아동이 너무나 많았다. 사실 그 아이들의 부모들도 기기를 사용하느라 '주의를 집중하지 않은 산만한 부모 노릇'을 한다는 죄책감에서 벗어나기가 힘들었다. 양극성 장애에서 주의력 결핍 장애로 주된 관심이 옮겨 간 시기는 정확하지 않다. 부분적으로는 이 증상들이 '동반이환'(특정 기간 동안 한 종류 이상의 질환이 공존하는 것-옮긴이) 혹은 겹쳐서 존재하는 경우가 많기 때문이다. 그러나 정서가 결여된 프로그램이나 기기들과 상호 작용하는 시간이 점점 더 길어지면서 심리학의 관심 또한 양극성 장애 같은 정서적인 문제보다 ADD, ADHD(주의력 결핍 및 과잉 행동 장애) 등의 인지 문제에 더 초점을 맞추게 됐다.

　　이와 동시에 자폐증과 아스퍼거 증후군 진단이 급증했다. 특히 2001년 《와이어드Wired》에 실린 기사를 보면 실리콘밸리가 있는 샌타클래라 카운티에서 이런 경향이 더 두드러지게 나타났다. 성인들을 봐도 스티브 잡스처럼 뭔가 이상하다는 느낌을 주는 사람들이 많았다. 세밀한 부분까지 집착적으로 신경을 쓰는 상태와 완벽하게 외부와 단절하고 자기 자신 속으로 침잠하는 상태를 반복하는 패턴을 보이거나, 속세를 떠난 듯한 행동과 제어할 수 없이 짜증을 부리는 행동을 오가는 사람들. 일부에서는 눈도 잘 깜빡거리지 않고 거의 감정이 없는 것처럼 행동하는 빌 게이츠에게서 약간의 자폐 증상을 감지하기도 했다. HBO의 드라마 〈실리콘밸리〉에 등장하는 인물들은 모두 '자폐 스펙트럼 안'에 든 것으로 묘사되었다.

이런 연유로 실리콘밸리는 살짝 회개하는 마음으로 마음챙김을 받아들였다. 실리콘밸리의 기업 문화는 '괴짜처럼 행동하기'를 독려했을 뿐 아니라 그런 기업에서 생산해낸 제품을 통해 그 괴짜스러움을 모든 사람에게 전파시키는 듯했다. 우리를 더 스마트하게 만들고 다른 사람들과 더 잘 연결되도록 도와줘야 할 기기들이 사실은 우리 뇌를 교란시켜 '그물망처럼 숭숭 뚫린 뇌'와 '원숭이처럼 흉내 내기 좋아하는 머리'를 만들어 냈고 장시간 앉아 있는 데서 오는 여러 신체 질환을 불러일으킨 것이다. 트위터와 페이스북을 누비고 문자를 주고받고 하이퍼텍스트 같은 링크들을 따라 옮겨 다니는 동안 시냅스가 형성되었다가 파괴되는 양상이 너무도 격렬하면서도 불규칙적이어서 깊거나 심오한 생각을 담을 수 없을 정도로 뉴런의 비계 구조가 취약해지고 있다고 MIT의 셰리 터클Sherry Turkle을 비롯한 전문가들이 경고하고 있다.

일말의 자기반성이라도 할 줄 아는 산업이었다면 전화, 태블릿 등에 경고문이라도 붙였을 테지만 실리콘밸리 사람들은 이 문제에 대한 해결책마저도 즉효약을 원했고, 그중에서도 첨단 기술

5장 신, 과학, 그리고 기쁨

인 동시에 시장성까지 갖췄다면 금상첨화라 생각했다. 마음챙김
은 매우 과학적인 이론을 기초로 했다는 인상을 주는 것이 큰 장
점이었다. '히피풍의 헛소리'나 기타 '정신 나간' 소리가 아닌 것처
럼 보였다. 한 신경과학자는 "1만 시간 이상 명상을 한 불교 승려
는 두뇌 기능이 달라진다"고 보고했다. 초보 명상가들이 짧게 하
는 명상들도 일시적이나마 비슷한 변화를 보이는 듯했다. 이렇게
해서 '명상 신경과학'이라는 새로운 분야가 탄생했고, 신경을 다스
릴 묘책이 필요했던 실리콘밸리는 이 기회를 덥석 잡았다. 사원에
가서 하든, 앱의 안내를 받든 명상을 하면 누구나 자신의 촉촉한
뇌세포에 손을 뻗어 더 차분하고 주의 깊은 방향으로 뇌를 '재조
정'하는 것이 가능해 보였던 모양이다. 옹호자들의 말을 빌리자면
마음챙김은 '신경가소성'을 촉진한단다.

경험에 따라 뇌가 변화한다는 사실에 의문을 제기하는 사람
은 아무도 없다. 과학자들이 추정하는 것처럼 사고라는 것이 어
떤 물리적 기반을 토대로 벌어지는 현상이라면, 사고할 때 두뇌에
는 물리적인 변화가 생길 것이다. 큰 충격을 받거나 무언가에 중
독된 경험은 매우 오래 지속되는 문제로 이어질 수 있다. 잠시 스
쳐 가는 사건마저도 뇌에 화학적 변화를 초래하고 우리는 그것을
기억의 형태로 경험한다. 사실 '가소성'이라는 표현은 끊임없이 변
화하는 두뇌 조직의 상태를 묘사하기에는 턱없이 부족하다. 뉴런,
즉 신경세포는 미세한 세포막의 돌기를 통해 다른 뉴런과 연결되
어서 새로운 시냅스를 형성한다. 자주 활동하는 시냅스는 점점 강
해지지만 활동하지 않는 시냅스는 시들어 간다. 활발한 연결망 속

에 존재하는 뉴런은 번성하지만 잘 사용되지 않는 뉴런은 죽는다. 물론 다 자란 동물의 뉴런도 증식할 수 있다는 증거가 발견되기도 했다.

그러나 명상, 특히 한입거리로 잘게 자른 짧은 명상이 효과적이라는 증거는 어디에도 없다. 2014년, 연방 정부의 후원으로 기존 논문들을 '메타 분석'한 대규모 연구를 통해 얻은 결과에 따르면 명상 프로그램은 스트레스로 인한 증상들을 완화하는 데 도움이 되지만, 긴장 이완, 약물 복용, 심리 상담 등 다른 방법에 비해 더 효과적이지는 않았다. 전 세계적으로 큰 관심을 불러일으킨 이 연구를 모르는 척할 수는 없는 일이다. 명상이 마음을 차분하게 해 주고 '중심을 잡아 주는' 효과가 있을지는 모르지만 같은 시간 동안 골똘히 수학 문제를 풀거나 친구들과 함께 와인잔을 기울이는 것으로도 동일한 효과를 거둘 수 있다. 실리콘밸리의 공헌이라 할 수 있는 마음챙김 앱에 관해서 실시된 최근 연구에서는 이 앱들이 유용하다는 증거가 거의 하나도 없다고 결론을 내렸다. 이 앱들이 마음챙김 훈련이나 건강 개선에 끼치는 영향을 평가하는 무작위 임상 실험 결과는 전혀 찾아 볼 수가 없었다. 따라서 마음챙김을 위한 앱이 가진 가능성은 거의 연구되지 않은 분야로 남았다.

실증적 과학에 기초하고 수많은 엔지니어를 고용하는 산업이 주류를 이루는 실리콘밸리치고는 마음챙김의 과학적 근거에는 놀라울 정도로 호기심을 보이지 않는다. 아마도 '신경가소성'이라는 개념이 너무 매혹적인 탓일지도 모른다. 의식적인 노력을 통해 두뇌를 재조정할 수 있다면 마음챙김은 운동만큼이나 필수적으로 해야 하는 일이다. 두뇌도 '근육'이고, 모든 근육이 그렇듯 훈련을 통해 단련할 필요가 있다. 구글에서 직원 동기 부여에 많은 공을 세운 차드 멍 탄Chade Meng Tan은 얼리어답터로, 구글의 마음챙김 프로그램을 개발했다. 2007년 '내면 검색' 프로그램을 만든 그는 후에 《가디언》과의 인터뷰에서 이렇게 말했다.

> 기업을 이끌면서 직원들에게 운동을 독려해야 한다고 말하면 아무도 이상하게 생각하지 않습니다. (…) 마음챙김과 명상도 마찬가지입니다. 과학적이라는 것을 모두 알기 때문에 이를 둘러싼 신비주의가 사라졌습니다. 앞으로는 마음챙김과 명상이 두뇌를 위한 운동으로 받아들여질 것입니다.

인기도 있고 사용자 평점도 높은 앱인 '겟 섬 헤드스페이스Get Some Headspace'는 머리를 위한 '피트니스 센터 회원증'이라고 광고를 한다. 물론 운동보다, 심지어 요가보다 하기 쉽다는 사실만 다르다. 이 앱을 열렬히 신봉하는 소프트웨어 기업가 한 명은 이렇게 말한다. "결가부좌를 취할 필요도 없어요. 그냥 '플레이'를 누르고 마음을 편히 가지면 됩니다."

하루에 몇 분만 투자하면 되는 명상 이외에 마음챙김을 위해 해야 하는 일은 그저 주의를 기울이는 것뿐이다. 심지어 한 번에 하나씩에만 주의를 기울이면 된다. 동료들이 하는 말에 주의를 기울이고 그들의 눈을 똑바로 바라보면서 그들의 시점으로 사물을 이해하려고 시도한다. 멀티태스킹은 금물이다. 한 번에 한 가지 일만 하도록 주의를 기울이는 사람이 되면 된다. 이보다 더 간단한 일이 또 있을까?

그러나 이렇게 유행이 휩쓰는 동안 아무도 대답하지 못한 질문이 하나 있다. 바로 무엇에 마음을 써야 할까 하는 문제다. 자녀들? 좋다. 하지만 자녀 하나가 비밀을 털어놓으려는 순간 다른 자녀는 방에서 고래고래 소리를 지르고 있다면? 혹은 업무상 점심 식사를 하는데 상대방에게 신경을 쓰는 동시에 음식을 흘리거나 목이 메지 않게 먹어야 하는 상황이라면? 거기다 물을 따라 주는 슬픈 눈의 서빙 직원도 무시할 수 없을 것이다. 집중력을 분산하는 것은 스마트폰이 나오기 훨씬 전부터 수많은 인간 행동에 자연스럽게 배어 있었다. 자녀를 기르고, 많은 양의 음식을 조리하고, 테이블 서빙을 하는 일은 모두 여러 곳에 집중력을 분산해야 가능한 일이다. 인류가 가장 오래도록 해 온 활동인 전쟁 같은 것도 그렇다. 사실 전쟁 이야기를 하는 게 뜬금없는 것은 아니다. 마음챙김 산업에서 군을 상대로 한 마케팅을 시작했기 때문이다. 적으로부터의 공격은 뜻하지 않은 시간에 아무 방향에서나, 다양한 속도로 쏟아질 수 있다. 군인들의 사기를 유지하는 동시에 시시각각 변화하는 지휘관의 명령에도 주의를 집중시킬 필요가 있다. 군인들이 산만하게 스마트폰으로 페이스북이나 확인하고 있을 위험 같은 것은 없다. 문제는 전투라는 위급 상황에 필요한 정신적 용량을 갖추고 있을지 여부다.

실리콘밸리는 2014년 샌프란시스코에서 열린 위즈덤 2.0 회의에서 작게나마 전투의 맛을 봤다. '기업의 마음챙김 3단계-구글의 방식'이라는 제목의 패널 토론이 막 시작된 순간 소수의 시위대가 무대 위로 올라서서 '퇴거민 없는 샌프란시스코'라는 플래카드를 펼쳐 들었다. 구글을 비롯한 테크 기업들 때문에 발생한 젠트리피케이션으로 집세가 올라서 쫓겨나는 사람들이 늘어나는 현상을 지칭한 것이다. 보안 요원들이 시위대를 무대에서 끌어 내려 플래카드를 가지고 실랑이를 하는 동안, 구글의 마음챙김 운동 대표가 읊조렸다. "바로 이 순간을 마음챙김의 기회로 이용할 수 있습니다. 자신의 몸에 주의를 기울여서 지금 무슨 일이 벌어지고 있는지 챙깁시다. 주변에서 갈등 상황이 일어나고 우리 생각과는 다른 이념을 열렬히 믿는 사람들을 만났을 때 어떤 느낌인지 주의를 기울여 봅시다." 토론자들은 대량 퇴거 사태와 노숙인 문제로 잠시 벌어진 소란에 전혀 주의를 빼앗기지 않고 참선을 하는 승려 같은 모습으로 하던 일을 계속했다.

✤   저자는 실리콘밸리에 만연한 바이오 해킹과 마음챙김으로 영생을 이루겠다는 그들의 꿈이 실현 가능한지 따져 보고, 병원과 의료계 현장으로 뛰어들어 현대 의학이 증거에 기반하고 있다는 주장, 예방 의학이 무병장수를 보장한다는 약속이 정말인지 살살이 돌아본다. 그리고 피트니스 센터와 웰니스 업계를 찾아 안티에이징의 비법을 제공한다는 그들의 프로그램과 제품이 실제로 효력이 있는지 살핀다. 그리하여 이 모든 산업과 열풍의 근간이 되는, 우리가 자신의 몸과 마음을 통제할 수 있다는 기본 전제가 과연 '과학적'으로 사실인지 검증한다. 이를 갈무리한 책 《건강의 배신》을 2018년 출간하여(국내 출간 2019년) '언제부터 생로병사가 이토록 부자연스럽고 불편한 일이 되어 버렸는가?'라는 질문에 답함으로써 삶과 죽음의 경이로움과 경외감을 우리에게 되돌려 주었다.

애니멀 테라피의 빛과 그늘

《배플러The Baffler》, 2012

여행 산업 분야에서 제공하는 다양한 이국적인 경험 중에는 사자, 산양, 회색곰, 돌고래, 고래를 직접 만나는 체험도 있다. 사람들이 그런 상품에 끌리는 이유는 명백하다. 자연으로 나가 인상적인 풍경을 감상하면서 책이나 텔레비전에서만 보던 동물들을 직접 눈으로 보고, 그 과정에서 환경 보호 의식을 기를 수 있는 기회이니 얼마나 매력적인가.

그러나 야생 동식물을 만나는 체험 상품의 효과가 요즘 들어 더 거창하게 마케팅되고 있다. 보통은 명상이나 단식 혹은 기도 등을 통해서나 도달할 수 있는 상태를 이런 체험을 통해 얻을 수 있다는 광고가 나오기 시작한 것이다. 예를 들어, 요즘 세계적으로 인기를 누리고 있는 고래 관측 투어에 관해서 인터넷 검색을 해 보면 멕시코 바하칼리포르니아, 호주 시드니, 아이슬란드 레이캬비크를 막론하고 고래를 통해 '영적 체험'을 할 수 있다고 주장하는 여행사들을 쉽게 찾아볼 수 있다.

솟구쳐 오르는 눈물을 삼켜야 했다는 고객에서부터 이 체험을 한 후 새로운 인생관을 갖게 됐다는 고객들의 만족스러운 후기를 읽다 보면 휴가 여행이 비전을 찾기 위한 원정처럼 느껴진다. 영국인들은 자기 나라를 떠나지 않고도 '빅캣big cat과의 조우'를 통한 '영적 이벤트'를 경험할 수 있다. 그 빅캣(사자, 호랑이 등 대형 고양이과 동물-옮긴이)들이 편리하게 우리에 갇혀 있긴 하지만 말이다. 수 세기에 걸쳐 야생 동물을 귀찮은 존재 혹은 식용 고기로 취급해 온 인류가 마침내 그들을 신령스러운 존재로 추켜세우기 시작했다.

다행스럽게도 엄청난 돈을 쓰거나 뱃멀미를 견디지 않고도 동물과 영적 조우를 할 수 있다. 급하면 반려동물로도 비슷한 효과를 거둘 수 있기 때문이다. 인터넷은 평범한 개와 고양이들이 주는 힐링 효과에 대한 글로 넘쳐 난다. 2002년에 출간된 책《반려견의 신비: 동물, 인간 내면의 안내자Mystical Dogs: Animals as Guides to Our Inner Life》에서 뉴에이지 저자 진 휴스턴Jean Houston은 반려견이 스트레스를 받은 인간에게 평정심을 불러일으켜 줄 뿐 아니라 우주적 조화를 경험하는 여정의 안내자가 될 수 있다고 찬양한다. 그는 책에 다음의 지시 사항을 남겼다.

반려견의 안내를 받아 영혼의 깊숙한 곳으로 침잠하고 또 침잠해서 가장 깊은 단계인 영적 영역에 도달하라. (…) 이 단계에서는 신의 존재, 혹은 우주적 정신의 존재를 느끼는 경우가 많다. 이 영역에 이르면 이미지, 사고, 육체적 감각, 감정 등이 모두 융합되는 의미 있는 과정을 거쳐 자아 발견, 자아 변혁, 영적 깨달음이라는 절정에 이른다. 사람에 따라 신비로운 통합을 경험하기도 할 것이다. 자신이 한 독특한 경험에 대해 기록하는 것을 잊지 말자.

빌리프넷Beliefnet과의 인터뷰에서 휴스턴은 반려묘 또한 "반려견과 마찬가지로 우리의 영적 깊이를 환기시킨다"라면서, 달라이 라마의 집에 반려묘가 넘치게 많다는 것을 예로 들었다. 영적으로 준비가 된 사람은 곤충, 새, 나비 등 거의 모든 동물을 통해 깨달음의 영역으로 진입하는 것이 가능하다.

특히 반려견은 영적 안내자, 무당, 치유자 등이 동물에 의지하는 이 새 유행이 제공한 기회를 가장 잘 포착한 듯하다. 오래도록 짐 끌기 혹은 집 지키기 등 블루칼라 노동자 신분에서 벗어나지 못했던 개들이 이제는 '테라피 개'와 같은 전문직을 가질 수 있게 됐다. 벨라 더 복서Bella the Boxer라는 이름의 전문직 개가 경영 지침서를 출간했다. 《직업 반려견의 비밀: 잠재력을 발현해 성공을 창조하라Secrets of a Working Dog: Unleash Your Potential and Create Success》에서는 '포지티브pawsitive(긍정적이라는 의미의 positive와 동물의 발을 뜻하는 paw를 합친 합성어-옮긴이) 사고'의 힘을 강조한다. 이런 조언을 하는 벨라는 어떤 자격을 갖췄을까? 과거에는 개들한테 주어지는 기회가 제한적이었다는 사실에 대해 불평을 늘어놓은 다음 벨라는 독자에게 정형화된 이미지에서 탈피해서 "날카로운 경영 감각과 두뇌를 활용하는 새로운 종류의 직업 반려견 군단에 합류하자. 양치기 개로 남지 말고 인간 화이트칼라 계층의 일부가 되자"라고 조언한다.

벨라는 기업 다섯 개 중 한 개가 일터에 반려견을 데리고 오는 것을 허용하고, 그렇게 출근한 개들은 인간의 사기를 드높이고 창의력을 증가시키며, 스트레스를 줄여 준다고 보고한다. 미국 내 수만 마리에 달하는 공식 '테라피 개'의 일원이 되어 호스피스와 요양원에서 환자들을 돌보는 것이 벨라의 꿈이다.

유일신이 출현하기 이전의 사회였다면 동물 치료사 혹은 동물을 통한 깨달음 등을 하나도 이상하게 받아들이지 않았을 것이다. 그들은 동물 신이나 반인반수 신(고대 이집트에서 숭배했던, 사자 머리를 한 여신 세크메트처럼) 혹은 인간의 모습을 한 신이지만 항상 동물과 함께 등장하는 신(힌두교 여신 두르가는 호랑이를 타고 다닌다)을 숭배했다. 심지어 거의 인간의 모습을 한 그리스의 신들도 간혹 동물의 모습을 취하기도 했다. 제우스가 백조로 변신해서 레다를 겁탈한 이야기 등을 보면 처음에는 이 그리스의 신들도 동물 신에서 변화를 거친 것이 아닌가 짐작된다. 몸집이 크고 강한 힘을 가진 동물들(곰, 황소, 사자, 상어, 뱀)은 거의 모두 인간의 숭배 대상이었다. 기독교 선교사들이 도착하기 전 내 조상인 켈트족들은 말의 모습을 한 에포나 여신을 숭배했다. 알래스카의 마카족은 육체적, 영적 자양분을 공급하는 '고래 신'을 섬겼다.

사실 동물과 종교적 숭배의 관계는 호모 사피엔스가 완전히 진화하기 전부터 존재했을 가능성도 있다. 왜 인간은 신이 존재한다는 상상을 해 왔을까? 가장 최근에 나온 인지 과학 분야 연구에 따르면 키 큰 풀이 조금만 흔들려도 표범 혹은 그에 맞먹는 위험한 존재가 공격하기 직전이라고 상상하는 것이 생존하는 데 큰 도움이 됐기 때문이다. 인지 과학자들은 우리 두뇌를 '과도하게 활성화된 존재 탐지 장치'라고 부른다. 우리는 구름에서 얼굴을 보고, 천둥소리에서 꾸짖음을 듣고, 초월적 존재가 우리를 둘러싸고 있다고 느낀다. 우리 인류는 다른 '존재'들, 즉 발톱을 한 번 휘두르거나 지느러미로 한 대 치거나 해서 몇 초 만에 우리 목숨을 앗아갈 수 있는 존재들로 가득한 행성에서 진화해 왔기 때문이다.

유일신을 섬기는 종교가 출현하고 인간의 모습을 한 기독교의 '아버지' 같은 신이나 너무 추상적이어서 어떤 형상으로 표현할 수 없는 신을 섬기게 되면서 동물들은 소위 '인간의 상상력 신전'에서 추방당하게 됐다. 이 변화는 대략 기원전 2000년에서 서기 700년 사이에 일어났고 지금까지 이 현상은 항상 인류가 진보했다는 증거로 받아들여졌다. '축의 전환'이라고 부르는 이 변화가 야만스러운 짐승을 숭배하는 꼴사나운 모습에서 완벽하고, 지극히 선한 신을 숭배하는 품위 있는 모습으로 진보했다는 것이다. 축의 전환 이후의 시대에 생겨난 종교들에서는 이전의 의식 중 일부에 대해 '불결'하다고 선언했고 그런 종교에서 숭배하던 대상들은 모두 인간보다 열등한 것으로 재분류했다. 폴 셰퍼드Paul Shepard는 저서《디 아더스: 동물들은 어떻게 우리를 인간으로 만들었는가The Ohters: How Animals Mad Us Human》에서 소위 세계 종교의 '인간화' 역사를 다룬다. 요약하면, 종교적인 장소에서 동물의 형상을 삭제하고, 특히 기독교에서 동물을 악마와 연관시킨 역사를 되짚은 것이다. 아시시의 성 프란치스코St. Francis of Assisi 같은 예외도 있지만, 셰퍼드는 13세기 성직자가 회중 앞에서 참새의 털을 산 채로 뽑은 것을 예로 든다. 그 성직자는 불쌍한 그 참새가 새이기 때문에, 그리고 새라는 존재의 타고난 사악함과 죄 때문에 벌을 받아 마땅하다고 주장했다.

육류 섭취를 위해 존재하는 것으로 분류된 동물들을 제외한 나머지 동물들이 마침내 권리를 회복하는 것일까? 이제 황금 송아지를 숭배하거나 표범 신에게 인간을 제물로 바치지는 않지만 미국만 해도 우리는 한 해 500억 달러에 달하는 돈을 반려동물한테 바친다. 대략적으로 '동물들도 사람이다'라는 시각에 바탕을 둔 동물 권리 옹호 운동이 존재하고, 학계에서는 동물 연구학이 새로 생겨서 수의학이나 '돼지 관리학' 같은 분야로 진출하고 싶어 하는 학생들을 가르치고 있다. 마스토돈(코끼리 비슷한 고대 생물로 멸종되었다-옮긴이) 혹은 그와 비슷한 동물을 포함해 홍적세의 동식물을 다시 복원해서 북아메리카의 상당 지역을 '야생으로 되돌리자'는 논의가 진지하게 진행되고 있기도 하다.

이렇게 동물들에게 새로이 쏠리는 관심의 기저에는 그들이 지적으로, 감정적으로, 도덕적으로 인간과 많이 다르지 않다고 생각하는 칭찬할 만한 자유주의적 사상이 깔려 있다. 영화 〈라따뚜이〉의 주인공 생쥐 셰프 레미, 〈랭고〉의 카우보이 카멜레온, 〈쿵푸 팬더〉와 같은 할리우드 출신 동물 영웅들은 열망이 있고, 책략을 꾸미며, 장기적인 목표를 세우는 존재들로, 말할 것도 없이 인간 영화배우들의 목소리로 의사소통을 한다. 현실에서도 과학자들은 동물들이 한때 인간 고유의 능력이라고 간주됐던 영역을 넘나든다는 어처구니없는 사실을 알게 됐다. 동물들은 간단한 도구를 사용할 수 있고, 이타적인 모습을 보이기도 하고, 나름 예술이라고 생각하는 것들을 만들어 내기도 한다. 그들은 논리적으로 사유하고, 기억하며, 우울증이라 추정되는 상태에 빠지기도 한다. 인간 외에도 언어를 사용하는 생물들이 많아서 단지 새, 돌고래, 고래 등에만 국한되지 않는다. 아주 최근에 진행된 연구에서는 다람쥐의 친척 아메리칸 프레리도그들이 어떤 종류의 사람 혹은 생물이 가까이 다가오는지를 서로에게 신호를 보내 알린다는 것을 밝혀냈다. "파랑 (셔츠를 입은) 키 큰 인간이 오고 있어"라고 말할 수도 있고 "노랑 (셔츠를 입은) 키 작은 인간이 온다"라고 할 수도 있다. 새로 부상하는 비평적 동물 연구학에서는 인간과 동물 사이의 경계가 완전히 사라지고 만다. 이 분야에서는 "억압의 일반성을 전체론적으로 이해하는 것을 목표로 한다. 생물종에 따른 차별, 성차별, 인종 차별, 능력 차별, 국가 통제주의, 군국주의를 비롯한 기타 위계적 이데올로기와 제도 등은 모두 서로 연결된 거대한 전 세계적 지배 체제의 일부다"라고 주장한다. 동물들은 인간과 비슷할 뿐 아니라 특히 억압받고 차별당하는 범주의 인간들과 공통점이 많다. 비평적 동물 연구학의 창시자 중 한 명은 "(2009년에서) 10년이 채 지나기 전에" 이 분야가 "여성학, 아프리카계 미국인 연구학, 멕시코계 미국인 연구학, 장애 연구학, 퀴어 연구학 등과 함께 마땅히 받아야 할 대우를 받게 될 것이다"라고 예측했다.

그러나 동물과 인간의 유사점을 강조하는 최근의 추세가 채식주의자 사자가 양과 함께 누워 노는 신新에덴동산의 도래를 의미하는 것은 아니다. 이 개화담론, 즉 동물이 인간과 비슷할 뿐 아니라 우리를 좋아할 것이다, 혹은 적어도 우리에게 큰 원한은 품지 않을 것이라는 추정에는 부적절한 편리주의가 깃들어 있다. 버지니아주의 알링턴 동물 복지 연맹Arlington Animal Welfare League의 조언처럼 "야생 동물을 두려워할 하등의 이유가 없다. 동물들을 건드리지 않으면 동물들도 당신을 건드리지 않을 것이다"라는 말은 누구나 한 번쯤 들어 봤을 것이다. 국립공원 방문객들은 곰을 놀라게 하거나 새끼가 위협받는다는 느낌을 주지 않으면 공격당하지 않으니 안심하라고 안내받는다. 사람의 손에 엄청난 피해를 입어 온 고래들마저도 의인화를 시켜서 적어도 우리 상상 속에서는 완전히 길든 동물의 이미지를 갖게 됐다. 바하칼리포르니아의 고래 관광 상품 안내서에서는 이런 글귀를 발견할 수 있다.

> 고래들은 놀라운 존재들이다. 세상에서 가장 큰 생물 중 하나일 뿐 아니라(흰긴수염고래는 공식적으로 지구상에서 가장 큰 동물이다!) 매우 온화하고 친근할뿐더러 가족 중심적인 생활을 한다. 고래는 1600년경부터 고래 사냥꾼들 때문에 나쁜 평판을 얻기도 했다(고래 사냥꾼들은 고래를 '악마 물고기'라고 불렀다). 어미 고래들은 새끼 고래들을 작살에서 보호하기 위해 난폭해지기도 하기 때문이다. 하지만 좋은 어미라면 새끼를 보호하기 위해 하지 못할 일이 뭐가 있겠는가?
> 다행히도 "고래들은 인간의 손에 당하는 학살에 대해 매우 관용적인 태도를 취해 왔다."

하지만 동물의 선의에 너무 많은 기대를 걸거나, 경계심을 내려놓는 인간에게는 큰 사고가 닥칠 수도 있다. 그런 식의 주제 넘는 행동의 대표적인 사례는 베르너 헤어조크Werner Herzog의 다큐멘터리 〈그리즐리 맨Grizzly Man〉으로 영원히 기억될 환경 운동가 티머시 트레드웰Timothy Treadwell이다. 13년간 여름마다 알래스카의 야생 지대에서 회색곰들과 함께 시간을 보내면서 그들에게 말을 걸고, 책을 읽어 주고, 가끔 토닥이기도 한 끝에 그는 자신이 "야생 동물로 완전히 받아들여져서 이 곰들의 형제가 됐다"고 믿었다. 그가 승리에 찬 결론을 내리고 몇 주 후, 곰 형제들은 그와 그의 여자 친구를 죽이고 시신의 일부를 먹었다. 또 침팬지 님 침스키Nim Chimpsky는 어떤가. 수많은 인간이 그에게 100가지가 넘는 단어를 수화로 표현하도록 가르쳤고, 동시에 술, 마리화나, 종을 넘어선 가벼운 성적 친밀감까지 허락했다. 어쩌면 일관성이 없고, 계속 바뀌는 인간 친구 때문에 화가 났는지 모르겠지만 어느 날 님 침스키는 그의 인간 친구를 공격했고, 그 여성의 얼굴 절반을 물어뜯어 버렸다.

비극으로 끝난 또 다른 인간과 동물 간의 친밀한 관계 중 소설가인 조이 윌리엄스Joy Williams와 그의 독일 셰퍼드종 반려견 호크Hawk의 이야기도 널리 알려진 사건이다. 그는 에세이에 자신의 반려견을 "내 귀염둥이, 내 연인, 우리 잘생긴 녀석, 내 사랑"이라고 묘사했다. 보통은 같이 외출하지만, 아주 드물게 호크를 동반하지 않던 날 그를 개집에 넣으려는 순간 호크가 조이에게 뛰어 올라 그의 가슴과 양손을 '사방에 피가 낭자할 때까지' 물어뜯었다.

그 사건 후 호크는 '안락사됐'지만 조이는 살아남았고 채식주의자이자 동물 권리 옹호자가 됐다.

사실 동물이 대체로 거의 모든 면에서 인간과 다르다는 것(덜 우아하고 어쩌면 더 충동적이고 예측 불가능한 점 등)은 문제가 되지 않는다. 진짜 문제는 동물이 이러저러하다고 말하는 것 자체가 말이 되지 않는다는 사실이다. 동물의 종이 너무 다양하기 때문에 인간과 동물의 차이를 기초로 한 분석은 해파리와 非해파리의 차이에 기초한 가상의 생물학만큼이나 허황되다. 같은 종이라 할지라도 인간이 모두 다르듯 동물도 각각 다르다. 곰의 공격을 피하는 가장 좋은 방법을 딱 하나 대기가 어려운 것도 바로 이 때문이다. 하이킹을 하다가 돌진하는 곰을 만나면 그 자리에 누워서 죽은 척해야 한다고들 하지만 슬프게도 어떤 곰은 그렇게 하면 더 쉽게 공격한다. 거기에 더해 동물들의 적대적인 행동이 모두 인간의 잘못 때문에 벌어지는 것은 아니다. 트레드웰과 윌리엄스는 적절한 선을 넘어서 동물과 너무 친밀해지는 실수를 했을지 모르지만, 2011년 하이킹을 하다 산양에게 찔려 목숨을 잃은 등산객은 그런 실수를 하지 않았다. 그는 하이킹 경험이 풍부한 사람이었고, 산양은 이렇다 할 이유 없이 그를 공격했다(과거에 국립공원 관리인에게서 괴롭힘을 당한 기억이 있는 산양일 수 있다는 추측이 나오긴 했다). 그리고 간혹 선박을 공격하는 고래들의 행동은 어떻게 설명할 것인가? 심지어 생물종을 넘어서는 우호적인 마음으로 넘쳐 나는 고래 관광 선박이 공격을 당할 때도 간혹 있다.

그러니 테라피 개, 특히 그 테라피 개가 융 심리학을 추종하는 개라면 우호적인 협조 관계에 더해 개와 인간 사이에 심각한 문제들이 존재한다는 사실을 고려하는 편이 좋을 것이다. 인간은 개를 불필요하게 학대하고 있고, 좋은 의도에서 우리의 친구라는 이미지가 퍼져 있지만 개들의 조상인 늑대(인간이 '취미로 기르는 늑대'를 포함해서)는 인간에게 치명적인 위협이었고, 지금도 큰 위협이 되고 있다는 사실을 잊어서는 안 된다. 17세기에서 19세기 사이 러시아에서 이탈리아에 이르기까지 늑대의 공격으로 수천 명이 목숨을 잃었고, 그중 많은 수가 어린이들이었다. 18세기 말 프랑스에서는 인간에 대한 늑대의 공격이 너무 잦아지자 정부 차원에서 늑대 사냥이 진행됐고, 프랑스 혁명으로 이 사냥이 중단된 동시에 늑대의 공격이 다시 극성을 부렸다.

더 최근으로 와서 1996년에는 인도 북부 우타르프라데시 Uttar Pradesh 주민 다수가 늑대에게 목숨을 빼앗겼다. 2011년 초, 선례를 찾아볼 수 없는 규모인 약 400마리의 늑대 무리(여러 무리가 연합한 것이니 늑대 군단이라고 해야 할지도 모르겠다)가 시베리아의 한 마을을 포위했다. 다행히 이들은 사람을 공격하지 않고 가축만 잡아먹었다. 한 늑대 전문가는 그 짐승들이 늑대가 아니라 "가축으로 기르는 개와 야생 동물의 혼혈"일 수 있다고 추측했다. 만일 그게 사실이라면 우리는 "사람을 두려워하는 성향이 덜하면서 무리를 지어 사냥하고 먹이를 먹는 본능을 지닌 완전히 새로운 생물종이라는 악몽과 맞서야 할 가능성이 있다"라고 그는 썼다. 앞에서 언급한 호크 말고도 반려견에게 사랑을 듬뿍 쏟는 주인을 공격한 개는 수없이 많다. 무작위로 몇 가지 예를 들어 보자면 지난 5년 사이, 영국 여성이 자다가 반려견인 그레이하운드에게 코를 물어뜯긴 사건, 맨해튼에 사는 한 여성이 키우던 로트와일러 반려견에게 아침 인사를 하려고 몸을 숙이는 순간 머리를 물려 두피가 떨어져 나간 사건 등이 있다.

그렇다고 해서 동물들이 '영적 안내자' 역할을 해내지 못한다거나, 신격 존재를 필요로 하는 우리에게 신의 역할을 해낼 수 없다는 말은 전혀 아니다. 나도 예전에 육지에서 멀리 떨어진 곳까지 카약을 타고 나갔다가 내 카약만 한 크기의 돌고래 두 마리의 에스코트를 받은 경험이 있다. 그 돌고래들은 내 카약 밑으로 잠수를 해서 다른 쪽으로 튀어나오기를 반복하면서 나와 놀이를 하는 듯한 인상을 줬다. 그러는 동안 내내 뜻을 알 수 없는 돌고래 특유의 미소가 얼굴에 고정되어 있었다. 내 카약을 뒤집어엎는 것은 식은 죽 먹기였을 테고, 원한다면 내가 익사할 때까지 물속에 나를 밀어 넣을 수도 있었을 것이다. 하지만 그날 그 돌고래들은 그런 장난을 하고 싶어 하지 않았다. 또 한번은 칠흑 같은 암흑 속에서 1미터도 떨어지지 않은 곳에 서 있는 호랑이에게 회중전등을 비춘 적도 있었다. 튼튼한 담장이 호랑이와 나 사이에 존재했지만 그 순간 나는 동물학자 콘라트 로렌츠Konrad Lorenz가 말한 '하일리거 샤워heiliger Schauer' 즉 '거룩한 몸서림'을 경험했다. 포식자 앞에 선 사냥감이 느끼는 경외심 말이다. 강하고 지적이며 낯선 존재와 눈이 마주치는 경험은 묘하고도 깊은 경외심을 자아냈다. 어쩌면 그것을 영적 체험이라고 할 수 있을지도 모르겠다.

거기에 더해 '전적으로 선하고' '전적으로 완벽한' 유일신 종교의 신들이 별 능력이 없다는 것은 이미 훨씬 전에 인정했어야 하는 사실이다. 지진, 홍수, 쓰나미, 전염병은 물론이고 유일신들의 이름으로 자행되는 그 모든 살인을 생각해 보라. 그리고 포식 관계에 내재된 생물학적 악함은 어떻게 이해해야 할까? 포식 관계는 적어도 5억 년 전 캄브리아기부터 진화의 원동력이 되어 왔지 않은가? 자연의 '이빨과 발톱이 피로 붉게 물들어 있다면' 최고의 신(만일 존재한다면)이 그러한 색의 배합을 좋아하기 때문일 것이다.

무신론자가 아니더라도 이 신정론(악의 존재를 신의 섭리로 보는 논리-옮긴이), 즉 악을 허용한 신을 변호하려는 논리가 바보 같다는 것을 깨닫지 않을 수가 없다. 적어도 지금의 세상에서는 전적으로 선한 동시에 전적으로 완벽한 것은 불가능하다. 혹시라도 신, 혹은 신들이 있다면(모든 가능성을 열어 두기 위해 하는 말이지만) 그 신이 여성이든 남성이든 간에 인간의 관점으로 '선하다'라고 말할 수 없는 것이 명백하다. 적어도 동물이나 동물의 형태를 본뜬 신들은 어느 정도까지는 파악이 된다. 마이클 폴란Michael Pollan의 말을 빌리자면 그런 존재들에서 우리는 "너무도 익숙한 면(고통, 두려움, 다정함)과 절대 범접할 수 없는 낯섦"을 언뜻 볼 수 있기 때문이다.

그러나 그렇게 언뜻 볼 수 있는 기회는 자주 오지 않는다. 우리 대부분은 돈을 내지 않으면 자유 의지를 가진 너구리보다 더 큰 짐승을 만나는 경험을 할 수가 없다. 야생 동물 관광 분야의 기업가들은 그 사실을 너무도 잘 알고 있다. 거대 동물들의 대규모 멸종은(식량을 얻기 위해서 또는 사냥이라는 취미 생활을 하기 위해)

1만 2000년 전 인류가 지구 전체로 퍼져 나가던 시점부터 시작되어서 지난 1~2세기에 극적으로 가속이 붙었고, 그 결과 인류는 매우 외로운 생물종이 되었다. 우리는 그 과오를 보상하기 위해 우리의 잔혹한 손길을 피해 살아남은 희귀한 야생종을 보호하겠다고 나서거나, 보이지 않는 초월적 존재 혹은 신이 우리와 친구가 되어 주고 우리를 위로해 줄 것이라 상상한다. 그러는 한편 우리는 생물이 존재하는 행성을 찾기 위해 은하계를 훑고 있다. 그 탐색을 통해 우리가 찾기를 기대하는 것은 독특하고 다양하며 영감을 주는 존재들, 다름 아니라 한때 지구상에 넘치게 있었던 존재들이다.

신처럼 '보이는' 것들에 대하여

《배플러The Baffler》, 2012

리들리 스콧 감독의 영화 〈프로메테우스〉를 보고 비평가들은 대부분 아서 밀러가 메릴린 먼로를 보면서 했었을 법한 생각을 했다. 멋지고 아름답지만 지적으로 얄팍하다고 말이다. 영화가 엄청난 눈 호강을 시켜 준다는 사실은 아무도 부인하지 않는다. 첫장면부터 백지장처럼 하얀 외계 거인이 아이슬란드를 연상시키는 황무지로 걸어 나와 통에 담긴 찌꺼기 같은 것을 삼킨 다음 온몸이 갈라지면서 수천 마리의 벌레 같은 DNA가 폭포처럼 쏟아져 나오지 않는가. 그러나 〈프로메테우스〉가 이렇다 할 형이상학적 일관성을 갖추고 있지 못하다는 데 비평가들은 거의 모두 동의를 한다. "새로 밝혀진 것은 하나도 없다"라며 《뉴욕타임스》는 "상업적 스토리텔링에서 쓰는 냉소적인 용어를 쓰자면 의미나 울림이 없이 순간적으로 놀라게 하는 정보만을 '내보이는' 것에 그쳤다"고 강조했다. 영화는 우주와 그 속에서 우리가 차지하는 위치를 제대로 설명하기를 거부함으로써 심지어 반지성주의라는 비난까지 받았다. "어려운 문제에 대해 논리적 해결책을 찾아내는 영역에는 발도 들여놓지 않았고, 단지 흥미진진한 비논리적 재료를 한데 섞어 놓은 가마솥에 불과했다"고 제프리 오브라이언Geoffrey O'Brien은 《뉴욕 리뷰 오브 북스New ork Review of Books》에 썼다.

그러나 〈프로메테우스〉에는 매우 명확한 형이상학적 문제 제기가 담겨 있다. 너무 끔찍해서 인정하는 것이 거의 불가능한 문제다. 인간의 살을 파고드는 수많은 외계인의 공격, 기업의 탐욕, 외계인의 대량 살상 무기, HAL(영화 〈2001 스페이스 오디세이〉에 나오는 인공지능-옮긴이)을 방불케 하는 엉큼한 안드로이드(인간 모습의 로봇-옮긴이)를 둘러싼 수수께끼 등을 다 벗겨 내고 남는 기본적인 영화의 플롯을 생각해 보자. 선사 시대의 바위 예술에 남겨진 고고학적 단서들을 따라 일단의 인간들이 1조 달러의 비용을 들여 그 새하얀 거대 외계인이 온 행성(사실은 행성을 도는 위성이었다)을 방문하기 위해 떠난다. 음산한 지면 바로 아래에 징그러운 형상을 한 치명적인 포식자가 우글거리는 그 위성에서 끔찍한 경험을 셀 수 없이 한 후 일행은 영화 첫 부분에 등장해서 지구에 자신의 DNA를 뿌린 그 '창조자'의 클론 혹은 형제가 극저온으로 냉각 보존되어 있는 것을 발견한다. 인간들은 바보 같이 그 클론을 깨운다. 삶의 의미에 대한 세미나라도 기대하고 깨웠는지 모르겠지만 그 외계인은 닥치는 대로 인간들의 머리를 베면서 낮잠에 들기 전에 하려고 했던 일, 다시 말해 지구를 파괴하기 위해 그곳으로 가는 일에 다시 착수한다. 영화에서 감정적으로 절정에 오르는 부분은 스스로 배 속의 오징어 외계인 태아를 꺼내 임신 중단을 하는 광경이 아니라 바로 다음의 장면이다. 연쇄 살인자 외계인에게 엘리자베스 쇼(누미 라파스)가 이렇게 외치는 장면 말이다. "이유를 알아야겠어! 우리가 뭘 잘못했지? 왜 우리를 증오하는 거야?"

사실, 우리는 그 하얀 외계 거인들이 신들인지, 하나의 신이 여럿으로 현시를 한 것인지 혹은 뭔가 더 큰 권력을 위해 활동하는 첩보원들인지 알 수가 없다. 하지만 할리우드 블록버스터 영화에서 신학적인 명확성을 기대할 수는 없지 않은가? 그다지 큰 상상력을 동원하지 않아도 리들리 스콧과 그의 시나리오 작가들이 신이 존재하고 그 신이 '선하지 않다'는 메시지를 우리에게 던지고 있다는 것을 짐작할 수 있다.

이것은 무신론이 아니다. 너무 눈에 띄지 않게 저공비행을 해서 철학자나 문화 비평가들의 레이더에 걸리지 않은 종교적 반체제주의다. 필립 풀먼의 베스트셀러《황금 나침반》3부작이 약간 부실하고 믿을 수 없는 신에 관한 이야기가 아니라 고의적으로 사악한 신에 관한 것이라는 사실을 비평가들이 깨닫기까지 5년이나 걸렸던 것도 레이더망을 잘 피한 또 다른 예로 꼽을 수 있다. 무신론은 정당한 지적 위상을 점유하게 됐고, 일부 경우에는 거의 필수적인 요소로 받아들여졌지만, 버나드 슈바이처Bernard Schweizer가 2010년에 출간한 뛰어난 저서《신을 증오하다: 아직 하지 못한 악신론 이야기Hating God: the untold story of misotheism》에서 말했듯이 도덕적 근거로 신에 반대하는 논쟁은 너무 과격해서 그 존재를 인정하기조차 어렵다. 작가 겸 인권 운동가 엘리 위젤Elie Wiesel의 팬 중에서 그가 "내가 신과의 싸움에서 절대 이길 수 없음을 알지만 여전히 싸운다"라고 말한 것을 아는 사람이 몇이나 될까? 혹은 레베카 웨스트Rebecca West가 "이 범죄 집단의 두목에게 고개를 숙여서 인간의 의지를 모욕할 수는 없다"라고 열변을 토했다는 사실을 아는 사람은? 그가 조라 닐 허스턴Zora Neale Hurston의 사상을 상기시켰다는 것을 아는 사람은 또 얼마나 있겠는가?

더 나은 위상을 누리는 억측의 영역에는 발도 들여놓지 못하게 금지당한 악신론은 공상 과학이라는 비옥한 늪지대에서 번창하도록 내버려졌다. 20세기 초 공상 과학의 고전 중의 하나인 H.P. 러브크래프트H.P. Lovecraft의 1931년 작품 《광기의 산맥》은 소름 끼칠 정도로 〈프로메테우스〉의 예고편 같은 느낌을 준다. 남극 탐사대가 외계인이 건설한 수백만 년 전의 문명을 발굴해내고, 그로 인해 깨어난 외계인은 탐사대의 대부분을 죽인다. 살아남은 한두 명의 인간이 유적을 면밀히 조사한 결과 '옆길로 새서 지구에 도착한 외계인들이 장난 혹은 실수로 지구의 생명을 만들어 냈다'는 사실을 발견한다. 판타지 소설에 나오는 신이 모두 나쁜 것은 아니다. C.S 루이스는 《나니아 연대기》에서 예수를 연상케 하는 사자 신을 등장시킨다. 〈배틀스타 갤럭티카〉의 절정에는 자애롭지만 묘하게 신기술을 반대하는 듯한 신의 환영이 나온다. 그러나 위대한 공상 과학 작품 중 많은 수가 무감각하거나 노골적으로 사악한 신을 등장시키는 방법으로 철학적 흥미를 돋운다. 〈스타트렉V: 최후의 결전〉에 나오는 오만하기 짝이 없는 벌칸족, 〈듄의 신황제〉의 폭압적인 벌레 신, 〈솔라리스〉에 등장해서 속임수를 부리는 바다의 신 등이 그렇다.

이보다 덜 사악한 공상 과학의 신들도 있다. 좀 더 천사 같고 아름답고, 보편적이며 심지어 폭력을 행사하지 않을 때도 가끔 있는 그런 신들 말이다. 올라프 스테이플던Olaf Stapledon의 1937년 작품《별의 창조자Star Maker》는 인간 주인공이 오랜 여행을 한 끝에 별의 창조자인 '영원한 영혼'과 만나는 장면으로 막을 내린다. "거기에는 연민도, 구원의 손길도, 친절한 도움도 없었다. 아니 거기에는 모든 연민과 모든 사랑이 있었지만, 차가운 황홀감으로 절제돼 있었다." 아서 C. 클라크Arthur C. Clarke의 1953년 단편 소설《90억 가지 신의 이름The Nine Billion Names of God》에서는 신의 이름을 모조리 지어내는 어마어마한 일을 하고 있던 티베트 불교 승려들에게 마침내 서구 기술자들이 컴퓨터를 가져와 도움을 준다. 사원을 도망치듯 나와 산길을 걸어 내려가다가 밤하늘을 올려다본 기술자들은 "아주 조용히, 전혀 법석을 떨지 않고 별들이 하나씩 차례로 꺼져 가고 있었다"는 것을 목격한다. 승려들의 말이 맞았던 것이다. 우주의 유일한 목적이 신의 이름을 짓는 것이었으니 그 일이 이루어지고 나면 우주가 계속 존재할 이유가 없어지는 것이었다. 우리로서는 이해할 수 없는 목적을 위해 인간을 이용하는 초월적 존재라는 테마는 클라크의 장편《유년기의 끝》에서 한층 더 발전한 개념으로 등장한다. 머나먼 우주에서 온 외계 지성 생명체 '오버마인드'는 인류를 관리해서 인간들만이 아니라 자신들과도 황홀한 교감을 이루도록 안내한다. 목적이 달성되자 지구는 거기 사는 모든 인간과 함께 폭발하고 만다. 그런 후 오버마인드는 그들만의 특별한 갈증을 해소하기 위해 또 다른 행성과 생물종을 찾아 떠난다.

인류에게 관심이 없는 신이 됐건 인간에게 능동적으로 해를 끼치는 신이 됐건, 선하지 않은 신이라는 개념은 적어도 2000년에 걸쳐 계속되어 온 신을 찬양하는 홍보 활동들과 정면충돌해 왔다. 대부분 합리적이지 않은 내용으로 이루어진 그런 홍보물들은 '믿음이 있는 사람'들이 퍼뜨린 것이다. 그들은 거의 유아적인 특권의식으로 신은 완벽하게 선한 사랑의 존재라고 주장한다. 신은 우리를 위한 '계획을 가지고 있다'는 유의 주장 말이다. 그 계획이 불투명하거나 잘못된 것으로 보일 때가 매우 많지만 그런 것에는 아랑곳하지 않는다. 그들은 또 의료 서비스 상품을 고르는 듯한 태도로 묻는다. 그런 계획을 가지고 있지 않다면 신이 우리에게 줄 수 있는 위안으로 무엇이 있겠는가? 혹은 투정을 부리듯 '완벽한' 신, 즉 완벽하게 선하고, 전지전능한 신을 요구하는 인간 특유의 허영심을 보이기도 한다. 지구에서 최고인 우리가 보이지 않는 누군가를 숭배한다면 그 존재는 상상할 수 없을 정도로 완벽하지 않으면 안 된다는 논리다.

하지만 유신론자만 선한 신을 요구해 온 것은 아니다. 무신론적 관점을 가진 사회과학자들과 사회과학적 원칙에 입각해서 글을 쓰는 사람들도 오래전부터 신이 존재하든 하지 않든 선한 신은 우리에게 좋다는 입장을 견지해 왔다. 그들의 주장은 역사적 서술의 형태를 띤다. 아주 오래전, 그러니까 소규모 공동체 혹은 '원시' 사회에서는 신이 복수로 존재했고 남성적, 여성적 신이 모두 있었으며, 눈에 띄는 도덕적 가치관은 부재했다. 제우스에서부터 야훼, 바알Baal에 이르기까지 거의 사이코에 가까운 이 신들은 피의 희생을 제물로 요구하고 인종 학살을 교사하는가 하면 심지어 제우스의 경우 연쇄 강간범이기까지 하다. 그들은 자신의 행동을 설명하는 논리를 제시하지도 않는다. 욥이 자기가 겪은 고난의 이유가 무엇인지 묻자 신이 준 대답은 사실상 "그냥 나는 그렇게 할 수 있으니까"였다. 그보다 더 오래전인 선사 시대의 신들은 너무도 야만적이고 피를 갈구해서 인간의 형체를 띨 수가 없는 존재들이었다. 고대 이집트의 사자 머리를 한 여신 세크메트와 호랑이 가죽을 쓰고 사람을 먹어 치우는 여신 칼리 등이 그 예다.

공식적인 신의 이야기는 그렇게 계속되다가 기원전 900년에서 기원전 200년 사이, 소위 '축의 시대Axial Age'를 거치면서 신이 극적으로 변신한다. 피의 희생은 서서히 없어지고, 다양한 형태의 여러 신이 한데 뭉쳐져서 하나의 남성적 존재로 융합되고, 평화와 질서에 대한 신의 관심이 우주 전체에 스며 있다는 외양이 갖춰진다. 우리가 마르고 닳도록 듣게 된 신의 구제 이야기에서 야훼는 시편에서 그려진 것처럼 친절한 양치기를 거쳐 마침내 모든 이를 사랑하는 예수로 성장해서 자신을 희생 제물로 바친다. 지중해 연안 밖에서도 이와 비슷한 변화가 일어나서 꾸준히 다신론을 유지한 힌두교에서도 동물을 제물로 바치는 관습을 버리고 숭고한 최고의 신을 만들어 낸다. 무엇이 이런 변화를 가져온 걸까?

종교 역사학자이자 축의 시대에 이루어 낸 진보를 찬양하는 것으로 유명한 캐런 암스트롱Karen Armstrong은 2006년 펴낸 저서 《축의 시대: 종교의 탄생과 철학의 시작》에서 사람들이 폭력을 휘두르는 부도덕한 과거의 나쁜 신들에게 염증을 느낀 것을 그 원인으로 꼽는다. 인도의 후기 베다 시대를 논하면서 암스트롱은 당시 사람들 눈에 전통적인 신들이 '조악하고 만족스럽지 못한 존재로' 보이기 시작했고, 그런 감정은 '숭배할 만한 가치가 있는' 신을 찾는 것으로 이어졌다고 설명한다. 사람들이 더 착하고 예민한 감수성을 가지게 되면서 축의 시대 이전 종교 의식의 주된 부분인 동물을 제물로 바치는 광경을 구경하기보다는 더 '영적인' 경험을 갈구하게 됐다는 것이다. (그는 일부 지역에서 덜 숭고한 이유로 피의 희생을 그만둘 수밖에 없었다는 이야기를 아주 짧게 언급하고 넘어간다. 제단에 바칠 동물이 귀해지기 시작한 것이다.) 암스트롱은 축의 시대의 도래로 인한 유일한 단점은 '여성에 대한 무관심'이라고 지적한다. 사실 '무관심'이라는 단어는 전 세계의 여신들을 대부분 제거한 신학적 변화를 묘사하기에는 매우 소극적인 표현이긴 하다. 그러나 그는 매우 공손한 태도로 가부장적인 유일신 종교가 그어 놓은 한계를 받아들인다. "축의 시대에 여성 자체가 너무도 중요하지 않아졌기 때문에 그 문제를 논의하는 것 자체가 주제를 흐리는 것이 됐다."

2009년 출간된 《신의 진화》에서 박학다식한 로버트 라이트Robert Wright는 신의 '대전환'을 더 객관적이고 세속적인 관점에서 설명한다. 그는 여러 가지 이유에서 사람들, 혹은 적어도 소수의 중요한 사람들이 더 국제적이고 관용적인 시각을 갖추게 됐고, 따라서 보편적이면서도 도덕적으로 존경할 수 있는 유일한 신을 필요로 하게 됐다고 주장한다. 이 관점은 상당히 유용해 보이긴 하지만, 극도로 국제적이고 관용적인 시각을 지녔던 고대 로마인들이 정복한 지역의 사람들이 믿는 신을 바로 흡수해서 다신론적 판테온에 모시기를 주저하지 않았다는 사실에는 들어맞지 않는다. 그러나 라이트는 확고한 역사적 증거를 대야 할 필요성을 느끼지 않는 듯 "도덕적 진보는… 종교 자체의 논리에 기본적으로 내장되어 있고 이는 사회적 진화의 근본적인 방향에 의해서도 영향을 받기 때문이다"라고 말한다. 추측건대, 종교와 사회의 '논리'와 '근본적 방향'이 그렇기 때문에 필연적으로 모든 것이 더 나아질 수밖에 없다는 것은 그저 라이트의 주장인 것 같다. 그는 "문화적 진화는 항상 신학의 추동력이 되어 왔고, 이에 따라 인류는 도덕적 계몽을 향해 나아갈 수밖에 없다"라고 설명한다.

'신무신론자' 크리스토퍼 히친스Christopher Eric Hitchens와 리처드 도킨스, 샘 해리스Sam Harris, 대니얼 데닛Daniel Dennett 등은 축의 시대에 업그레이드된 신이 도래하면서 인류의 선의와 자비 또한 증가했다는 주장을 단숨에 일축해 버린다. 그들은 예수, 무함마드와 같은 선지자들을 동반한 새로운 모델의 신들은 잔혹과 전쟁을 피하게 하는 데 과거의 신들만큼이나 무능력하다는 사실을 지적한다. 신들이 그 명성대로 강한 능력을 가졌다면, 그리고 인간들은 더 선해지지 않았지만 신들이라도 더 선해졌다면, 정말로 신들의 대전환의 깊이와 진지함에 대해 의문을 제기해야 할 것이다. 그런 대전환이 일어나긴 한 것일까? 흥미롭게도 암스트롱과 라이트 둘 다 신의 선함을 찬양하면서도 신에게 어떤 힘이나 주체성을 부여하지는 않는다. 그렇게 하는 것은 그들이 주장하는 학자로서의 객관성을 포기하는 것이나 다름없기 때문이다. 그들이 그린 신은 인간의 필요와 욕망을 투영한 존재에 불과하고, 그런 논리라면 어떤 무신론자도 반대할 수가 없다.

인간이 어떻게 '선하고' 점점 더 유일신의 형태를 갖춰 가는 신에게 애착을 갖게 되었는지를 설명하는 또 다른 이론이 있다. 이 이론은 어떤 달콤함이나 낙관주의도 가미되어 있지 않다는 점에서 신선하기까지 하다. 위르겐 하버마스Jürgen Habermas, 그리고 최근에 상세한 역사적 근거를 장착하고 등장한 로버트 벨라Robert Bellah 등이 지적했듯이 '축의 시대'는 유라시아 지역에서 철기로 된 무기가 나오면서 엄청난 전쟁이 계속됐던 시기다. 군대를 유지하고 전쟁을 치르기 위해서는 강력한 중앙 권력(왕, 그리고 후에 황제)이 필요하다. 이 권력자들은 추종자들을 완전히 힘으로만 다스리는 것이 위험할 뿐 아니라 비효율적이라는 사실을 깨닫는다. 왕이나 황제가 국민의 복종을 받을 자격이 있다고 사람들을 설득하는 편이 훨씬 쉬웠다. 그들이 대변하는, 혹은 심지어 현신한 신들은 초월적으로 선한 존재여야만 했다. 콘스탄티누스 대제부터 히로히토 일왕에 이르기까지 절대 군주들은 복종해야 할 대상일뿐더러 감사와 사랑을 받아 마땅한 존재였다.

물론 축의 시대 이후의 선한 신이 늘 폭군의 편에 선 것은 아니다. 기독교는 노예 해방론이나 21세기 흑인 민권 운동처럼 권력자들과 맞서는 움직임에 영감이 되어 왔다. 그렇다고 해서 선한 신이 꼭 우리에게, 아니 적어도 억압받는 다수에게 좋기만 한 것은 아니다. 축의 시대 이후의 종교는 권력과 자비로움, 위계와 정의가 하나인 것처럼 융합하는 것을 장려하는, 용서할 수 없는 범죄를 저질렀다. 독실한 신자들이 권력자들 앞에 절을 하고 대형 교회가 부와 부자들을 찬양할 때, '선한' 신은 하버마스가 '정당화'라고 부른 임무를 수행하는 것이나 다름없었다.

필립 K. 딕은 1974년 신의 출현을 경험했다. 그의 앞에 모습을 드러낸 신은 공상 과학 소설이 신학에 공헌한 것들을 요령 있게 요약하고 금방 사라졌다. 그 경험은 너무도 충격적이어서 그는 "부처와의 조우라기보다는 뺑소니 차에 치인 느낌이었다"라고 전했다. 그 경험을 한 후 무너져 버린 그는 결국 정신병원에 몇 주간 입원할 정도로 심각한 정신 질환을 앓았다. 그는 이 경험을 자신의 소설 《발리스》에 간접적으로 반영했다. 《발리스》에서 주인공으로 등장하는 저자는 외계에서 온 신을 이해하고 그 존재와 의사소통을 하기 위해 집착적인 노력을 하는 것으로 그 충격적인 경험에 대처한다. 그 신은 "어느 면으로 봐도 유한한 생명을 가진 존재 같지 않았다."(이는 딕이 말한 것이다.) 그가 말한 신, 혹은 신들(딕의 독특한 우주 생성론에서는 적어도 예닐곱은 되는 신이 등장하기 때문에)은 생물학적 존재들과 유사한 점들을 가지고 있다. 그들은 나름의 계획이 있고, 인간들 앞에 모습을 드러내는 행동을 통해 그들이 추구하는 것은 '다양한 생물종 간의 공생'이다.

신이 다른 형태의 생명체 혹은 외계 생물종이라면 그 또는 그들이 우리가 이해할 수 있는 종류의 '선함'을 가지고 있다고 믿을 이유가 없다. 인간이 가진 도덕성은 거의 모두 인간이라는 생물종이 가진 매우 강한 사회성을 통해 만들어진 것이다. 어린 자녀들이 독립적으로 목숨을 부지하기까지 오랜 기간 돌봐야 하고, 진화를 하면서 자신과 이웃을 방어하는 데 다른 이들의 협조가 필요하게 됐다. 인류 역사의 대부분의 기간에 우리는 소속된 무리에 크게 의존하면서 살아왔기 때문에 충성심과 영웅주의, 심지어 이타성과 공감력의 중요성을 강조해야 할 이유가 충분했다. 그 또한 이 덕목들이 완전히 인간에게만 있다고는 할 수 없지만 동물한테서는 찾아보기가 어렵다(물론 인간 사회에서도 드물긴 하지만). 우리는 왜 우주 전체를 관장하는 존재가 어느 행성에 있는 특정 영장류가 지닌 매우 협소한 가치관을 가졌으리라 기대하는 걸까?

게다가 이 신적인 존재가 갈구하는 것이 '다양한 생물종 간의 공생'이라는 딕의 제안은 낙관적인 견해라고 하지 않을 수가 없다. 서로 다른 생물종이 장기적인 관계를 맺는 방법으로 공생만 있는 것은 아니다. 리들리 스콧의 〈에일리언〉에서 묘사된 소름 끼치는 기생 관계, 그리고 이와 더불어 속성 효과를 발휘하는 포식 관계도 고려해야 한다. 사실 자비로운 신이라는 개념에 대한 가장 큰 도전은 인간과 비인간의 세계에 팽배한 포식 관계일 것이다. '선한' 신은 어느 쪽을 선호할까? 영양 아니면 배고픈 아기 사자들을 먹여 살려야 하는 어미 사자? 사냥꾼 아니면 아기 사슴? 찰스 다윈이라면 자비로운 신의 개념을 믿는 것에 가장 큰 걸림돌로 맵시벌을 꼽을 것이다. 맵시벌은 사냥감에 독침을 놔서 마비시킴으로써 유충들이 산 채로 사냥감을 먹을 수 있게 한다. 다윈은 이렇게 썼다. "살아 있는 애벌레의 몸을 안에서부터 맵시벌의 유충이 먹게 하거나 고양이가 쥐를 가지고 놀게 한 것이 자비롭고 전능한 신이라는 사실은 믿기가 힘들다." 아니면 이런 질문을 해야 더 정확할까? 생물종 간 포식 관계가 존재하는 생물학의 세계에서 친절과 사랑은 무엇일까? 알베르트 아인슈타인은 이런 말을 한 적이 있다. "도덕성이 정말로 중요한 것은 우리 인간이지 신이 아니다."

〈프로메테우스〉에서 첫 번째 외계인이 지구에 DNA를 쏟아낸 것은 5억 년 전이다. 영화를 본 관람객 중에는 그 시기가 진화적으로 폭발했다고 추정되는 선캄브리아기 직전일 것이라 추측하는 사람이 많다. 만일 그렇다면 그 외계인은 지구 생명체의 시작을 촉발한 것이 아니다. 지구상에는 선캄브리아기 이전부터 생명체가 존재했기 때문이다. 그 외계인은 그보다 훨씬 끔찍한 영향을 지구에 끼쳤다. 생물종 간 포식을 위한 암호 혹은 각본이라는 질병을 지구에 감염시킨 것이다. '폭발'이 있기 전 땅 위의 생명체들은 대부분 단세포 생물이었고 발톱, 단단한 껍질 등을 비롯한 무기가 될 만한 형태가 화석에서 거의 발견되지 않는 것으로 봐서 상당히 평화로운 존재들이었던 듯하다. 그 후, 생명체들은 크기가 커지고 더 다양해지고 공격용 무기를 더 많이 지니게 되면서 아마도 한쪽은 훨씬 더 포악해졌고, 다른 쪽은 훨씬 더 겁에 질린 채 살았을 것이다. 포식자와 사냥감 사이의 '군비 경쟁'이 시작된 것이다. 사실 이 부분의 인과 관계는 아직 완전히 설명되지 않는다.

과학자들은 포식 관계가 어떻게 시작됐는지, 그리고 캄브리아기를 거쳐 인간, 공상 과학 소설, 신의 개념이 탄생하기까지 폭주 기관차처럼 빨라진 진화에 그것이 어떤 역할을 했는지 아직도 어리둥절해하고 있다.

그 빵 반죽처럼 생긴 외계인이 궁극적인 신들이고 우리가 그들의 도덕성을 꼭 평가해야 하는 존재들이 아니라면 도대체 궁극적인 신들은 누구 혹은 무엇일까? 그 외계인들은 누구를 위해 혹은 누구에 대항하기 위해 일하고 있을까? 〈프로메테우스〉는 동료 인간들이 모두 죽은 후 안드로이드와 누미 라파스가 외계인의 우주선을 다시 제작해서 그 외계인들의 고향이라 추정하는 행성을 향해 떠나는 것으로 끝맺는다. 누미의 목에 걸린 십자가 목걸이는 선한 유일신, 혹은 선한 신들의 존재 가능성을 암시하지만 그것은 열린 가능성으로 남는다. 그리고 물론 속편의 가능성도 열려 있다.

그러나 수많은 비평가의 의견과는 달리 우리는 〈프로메테우스〉의 엄청난 혼란에서 중요한 교훈을 얻었다. 신처럼 보이는 것, 가령 천사들의 합창 소리를 배경 음악으로 깔고 별빛을 흩뿌리며 불의 전차를 타고 하늘에서 강림하는 존재를 목격하더라도 그가 우리의 친구나 구세주일 것이라 생각하면 안 된다는 사실이다. 우리는 그 침입자를 경계의 눈초리로 지켜봐야 한다. 경외하는 자세로 무릎을 꿇는 것이야말로 절대로 해서는 안 되는 행동이다.

신창조주의: 위기에 처한 생물학

《네이션The Nation》, 1997년
재닛 매킨토시Janet McIntosh와 공동 집필

최근에 열린 감정에 대한 학제 간 세미나에서 강연을 위해 연단에 선 사회 심리학자 피비 엘즈워스Phoebe Ellsworth는 올라서기 전부터 꽤 당황한 상태였다. 먼저 강연을 마친 동료들의 경고 때문이었다. 매우 까다로운 이 청중들은 인간의 경험을 숫자 몇 개로 요약해 버리거나 서로 다른 문화에 처한 사람들이 하는 다양한 경험을 쉽게 일반화하는 것을 그냥 넘기지 않을 것이라고들 했다. 엘즈워스는 계획이 있었다. 세미나 주제를 심리학적으로 접근하는 것에 관해서 사회적 역사를 훑고 스스로 비평가 역할을 함으로써 청중들의 비평을 선제 방어할 생각이었다. 그러나 그의 입에서 '실험'이라는 단어가 떨어지자마자 객석 여기저기에서 손이 올라왔다. 청중들은 실험적 접근법은 빅토리아 시대 백인 남성들이 고안한 것이라는 사실을 지적했다. 엘즈워스는 빅토리아 시대 남성들이 끼친 해악이 있다는 점을 인정하는 동시에 그럼에도 불구하고 그들의 노력 덕분에 DNA의 발견이라는 성과도 있었다는 점을 주지시켰다. 여러 패러다임을 오가는 이 짧은 대화는 "DNA를 믿으세요?"라는 반문이 나오면서 중단되고 말았다.

학문적 우파들이 물고 늘어질 일이 또 하나 늘은 걸까? 물론 그렇다. 그러나 이 대화는 단순히 '정치적 올바름political correctness'을 두고 벌이는 신경전의 선을 훨씬 넘어서는 긴장감을 반영하고 있다. 엘즈워스의 경험은 인류학, 사회학, 문화 연구 등을 비롯한 거의 모든 학문 분야에서 문화적 차이를 초월해 모두가 공유하는 생물학적 특성이 존재할 가능성을 일축하는 요즘 세태를 반영한다. 생물학적 설명을 혐오하고, 곧잘 '환원주의적' 설명이라는 낙인을 찍는 이 태도는 세미나에서 입에 올리고, 강연회에서 질문을 하고, 사회 이론에 통합시킬 수 있는 것의 범위를 제한하는 비공식적인 관습으로 작동한다. 이런 반선천주의anti-inatism는 연구 기관들에 현실적인 영향을 끼쳐서 버클리대학교를 포함한 일부 대학에서는 인류학부 중 생물학에 기초해 연구하는 학과를 별도의 건물로 이전했다. 공간적 거리감으로 인식론적 차이를 표현한 상징적인 조치였다.

생물학적 설명을 가장 강력히 반대하는 학자들 중에는 좌파 혹은 페미니즘적 시각을 가진 학자들이 꽤 있지만, 선천주의 이론에 대한 반감 여부가 항상 정치적인 성향과 딱 부합되는 것은 아니다. 중도파 사회학자인 앨런 울프Alan Wolfe가 《뉴리퍼블릭》에 최근 기고한 칼럼만 해도 그렇다. 울프는 출생 순위가 성격에 끼치는 영향에 관한 프랭크 설로웨이Frank Sulloway의 엉성한 다윈주의적 주장(《반항하기 위해 태어나다: 출생 순위, 가족 간의 역학 관계, 그리고 창조적인 삶Born to Rebel: Birth Order, Family Dynamics, and Creative Lives》)을 단숨에 박살 내지만, 우리가 처한 상황을 생물학적으로 설명하고 싶어 하는 사람의 의도 자체에도 의문을 제기하고 싶은 유혹을 물리치지 못한다. 그의 주장의 전반적인 내용은 "인간을 생물학적으로만 해석하려는 것은 인본주의에 어긋날 뿐 아니라 과학적으로도 합당하지 않다"다.

많은 사회 이론가가 선천주의적 생물학 이론을 제약적인 기능으로만 사용한다. 인류학자 마셜 살린스Marshall Sahlins는 이 이론을 '인간의 기능을 제한하는 타고난, 혹은 자연적인 제약 조건들'이라고 정의했다. 이런 관점에서 보면 선천주의 이론은 인간이 어떻게 사고하고, 행동하고, 문화를 형성하는지에 관해 어떠한 긍정적인 통찰도 제시하지 못한다. 그런가 하면 인간이 선천적으로 타고난 것을 연구하는 학문은 전혀 흥미롭지 않을뿐더러 매우 잘못되었다고 생각하는 학자들도 있다. 예컨대, 스탠퍼드대학교의 과학철학 교수 존 듀프레John Dupré는 우리가 통상적인 의미에서 하나의 생물학적 종이라고 생각하는 것조차도 '본질주의자적essentialist'이라고 주장한다. 다시 말해, 인간은 인간의 행동을 조금이라도 이해하는 데 도움이 되는 '보편적 특성'을 공유하는 집단이라고 생각하는 것 자체가 오류라는 의미다. 페미니즘 이론가 주디스 버틀러Judith Butler는 "보편성이라는 이름의 카테고리 안에 극도로 사기 민족주의적인 편견이 깔려 있다는 사실이 드러나기 시작했다"고 일갈했다.

그러나 인간이 생물학적인 면에서 어떠한 '본능'도 공유하지 않는다는 개념 자체가 인간 본성에 관한 이론의 일부다. 따지고 보면, 우리가 침팬지라고 인식하는 신체적 특징과 함께 침팬지가 지닌 특징, 즉 유전적으로 타고난 성향과 예상 가능한 반응을 침팬지들이 가졌다고 추정하는 개념에 대해서는 아무도 의문을 제기하지 않는다. 인간을 우리와 가장 가까운 생물종과도 다르다고 정의하는 것, 생물학의 영향에서 완전히 제외된 유일한 생물종이라고 단언하는 것 자체가 우리를 정의하는 어떤 '본질'이 존재한다는 의미이며, 그 본질이란 우리가 기적적으로 생물학의 영향에서 자유로운 생물종이며, 고유하다는 특성일 것이다. 그런 논리는 결국 종교적 창조주의와 소름 끼칠 정도로 유사한 세계관으로 이어진다. 가장 극단적인 반생물학주의자들은 그들과 대칭되는 기독교 원리주의자들과 마찬가지로 인간은 다른 모든 생명체와 완전히 다르며, 명백히 그들의 '위에' 군림해야 한다고 말한다. 그리고 이 학문적 신창조주의자들은 다시 한번 종교 원론주의자들처럼 마치 인간의 존엄성과 미래의 희망이 그 논리에 달려 있는 것처럼 철통 방어를 한다.

이 세속적 신창조주의가 지금까지 자행된 과도함에 대한 반작용으로 탄생했다는 것은 일부 이해할 만하다. 19세기 이후 보수론자들은 더 평등한 사회 질서가 이루어지는 것을 가로막는, 넘을 수 없는 장애물로 소위 생물학적 차이를 너무도 자주 써먹었다. 다윈주의는 재빨리 사회적 다윈주의로 전용되어서 경제적 불평등과 식민주의를 손쉽게 방어하는 수단으로 사용됐다. 20세기에는 초기 우생학에서부터 《벨커브The Bell Curve》(1994년 하버드대학교의 리처드 헌슈타인과 찰스 머레이가 펴낸 책으로, 인종 간의 지능 차이는 유전적 요인에 기인한다고 주장해서 논란을 불러일으켰다–옮긴이)에 이르기까지 유사 생물학은 백인 우월주의를 강화하는 데 큰 역할을 해 왔다. 가장 최근에는 진화 심리학을 이용해 가부장적 사회를 정당화하려는 움직임도 있었다. 애석하게도 지난 몇 년 사이 지나치게 단순화한 생물학적 환원주의가 대중 매체의 관심을 끌었고, 그 결과 미국에서는 동성애, 남성의 성적 문란에서부터 우울증과 '범죄'에 이르기까지 모든 인간 행동을 싸구려 유전학으로 해석하려는 사람들로 넘쳐 나게 됐다.

물론 과학에 대한 면밀하고 끊임없는 검토는 필수적이다. 그리고 지난 10~20년 사이 과학철학 및 비평이 폭발적으로 늘어난 것은 고무적인 일이다. 에벌린 폭스 켈러Evelyn Fox Keller, 샌드라 하딩Sandra Harding, 에밀리 마틴Emily Martin, 도나 해러웨이Donna Haraway 등의 학자들은 가설을 세우는 과정에서부터 데이터를 모으는 기술에 이르기까지 모든 과정에 개입될 수 있는 편견과 자기 민족 중심주의적 암시에 대해 매우 유용한 비판을 가했다. 페미니스트들(이 글의 저자 중 한 명을 포함해서)은 의학과 심리학에 뿌리박힌 가부장적 편견을 파헤쳤다. 스티븐 제이 굴드Steven J. Gould, 리처드 르원틴Richard Lewontin, 루스 허버드Ruth Hubbard 등을 비롯한 좌파 성향의 생물학자들은 사회 정책의 문제에 생물학을 잘못 적용시킨 사례들을 지적하고 폭로했다. 그러나 현세대의 반생물학주의자들은 매우 다른 이론적인 관점에서 비롯된 광범위한 학문적 추구를 모두 비판한다. 유전자와 호르몬의 효과에 대한 가설부터 타고난 인지 능력과 문법에 관한 논의, 보편적으로 존재하는 의례 행태와 언어학적 상호 작용의 패턴에 이르기까지 그들의 비판은 종류를 가리지 않는다. 이 모든 것은 '본질주의적'으로 분류될 수 있으므로, 따라서 비뚤어지고 정치적으로 해가 되는 시각이라는 것이다. 역설적이게도 인류가 보편적으로 공유하는 특징과 성향에 대한 주장은 사람들 사이의 차이만큼이나 격렬하게 공격을 받는다. 다양한 집단 사이에는 전혀 차이가 존재하지 않지만, 서로 비슷한 집단 또한 하나도 없다는 말을 하고 싶은 듯하다.

사회과학의 여러 분야 중 생물학과 가장 좋은 관계를 맺어온 인류학마저도 이제는 이 문제에 대해 가장 치열하게 의견 차이를 보이는 학문 분야가 됐다. 인류가 보편적 특성을 가지고 있다는 19세기의 주장은 20세기 초 특정 문화에 대해 상세한 연구를 진행한 프랜즈 보애스Franz Boas와 그의 동료들에 의해 뒤집힌다. 1960년대 중반에 접어들 무렵에는 문화인류학에서 생물학적 공통점이 하는 역할은 클리퍼드 기어츠Clifford Geertz의 다음과 같은 발언으로 사실상 완전히 배제되기에 이르렀다. "우리의 생각, 우리의 가치관, 우리의 행동, 심지어 우리의 감정은 우리 신경체계 자체와 마찬가지로 문화의 산물이다."

그 후 10여 년에 걸쳐 인간을 백지상태로 보는 신마르크스주의와 행동주의 이론이 입지를 굳히면서, 다른 학문 분야도 인류학의 모범을 따랐다. 사회학에 끼치는 생물학의 영향이 너무도 완벽하게 청산된 나머지 1979년 니컬러스 페트리자크Nicholas Petryszak는 교과서로 사용하는 사회학 입문서 24종을 분석한 후, "인간이라는 생물종의 타고난 특징이라고 믿어지는 생물학적 요인은 인간의 행동과 사회를 이해하는 데 전혀 관계가 없으므로 고려하지 않아도 된다는 추정이 내가 검토한 모든 서적에 기본적으로 깔려 있었다"라는 결론을 내렸다. 1970년대가 무르익을 무렵 반생물학주의는 진보적인 학자들과 페미니스트들의 구호가 됐고, 자연이라는 쇠사슬에서 인간의 자유를 지키는 방패로 여겨졌다.

'포스트모더니즘'이라는 용어로 다양한 지적 움직임이 한데 뭉친 후에야 학술적 반생물학이 종교적 창조주의와 위험할 정도로 비슷하게 들린다는 사실을 사람들은 깨닫기 시작했다. 포스트모더니즘적 관점은 생물학을 남용한 것에 대한 비평을 넘어서 생물학 자체에 대한 비평, 나아가서는 과학 전체에 대한 비평을 제시하고 합리적 사고라는 개념 자체에까지 도전했다. 학계에서 가볍게 오가는 말투를 빌려 단순하게 말하자면 포스트모더니즘은 거대 담론(뭔가 거창한 설명을 하는 이론이라는 뜻)에 대한 경계심, 본질주의(인간의 타고난 천성에 대한 개념까지 확장되는)에 대한 공포감, 그리고 인간의 자유를 제한하는 유일한 힘이 '권력'이라는 사실에 대한 집착 등을 포함하는 일련의 교리로 요약할 수 있다. 따라서 포스트모더니즘이 가장 강력한 힘을 발휘하는 단계가 되면, 인간에게 보편적 특징이 존재한다는 어떤 주장도 불가능하게 만들고, 과학을 이용해서 인류라는 생물종, 아니 어떤 대상도 탐구할 수 없을 것이라는 의혹을 갖게 한다. 포스트모더니즘은 빼어난 입담으로 진화 이론이 서구 백인 남성이 만들어 낸 성차별적, 인종차별적 이야기에 불과하다고 닦아세운다.

이 새로운 버전의 세속적 신창조주의의 깊은 곳에 깔려 있는 의도는 이해할 만한 것들이다. 우리가 여느 동물과도 다른 것은 사실이다. 언어 덕분에 우리는 더 유연하고 기호론적으로 더 수준 높으며, 의미와 개념들에 훨씬 더 예민한 존재가 됐다. 권력에 대해서는 푸코의 말이 맞다. 권력은 어디에서나 느껴지는 힘이고, 우리의 선호와 생각의 범주, 어떤 삶을 영위할 것인지를 결정하는 기회 등을 모두 지배한다. 인간의 삶에서 그야말로 '자연스럽게' 느껴지는 것마저도 사실은 그 상황에서 만들어진 것인 경우가 많으며, 이는 매우 망각하기 쉽고, 또 널리 알려지지 않은 너무도 중요한 교훈이다. 문제는 반생물학과 단순화된 포스트모더니즘이 혼재하며 생긴 열정으로 인해 인간들 사이에 공통점이 존재할 수 있다는 어떠한 가능성도 모두 없애 버리고 이 영역을 살펴보고자 하는 노력을 묵살하는 경향이 있다는 점이다. 그렇게 해서 우리는 10~20년 사이에 생물학을 남용하지 말자는 건전한 비판 정신에서 새로운 형태의 도그마를 탄생시켰다.

생물학적 배경을 지닌 학자로 선천주의에 기반을 둔 주장을 해서 논란을 불러일으킨 러트거스대학교의 사회 이론가 로빈 폭스Robin Fox는 "그들은 마치 이단적인 교리를 대하기라도 한 것처럼 행동한다"며 이제 세속적 신창조주의 학자들이 다윈주의에 맞서 싸우는 대표 주자로 교회 대신 나섰다고 비꼬았다. 커리어의 많은 부분을 생물학 남용에 대한 비판에 바친 스티븐 제이 굴드 또한 종교적 창조주의자와 학문적 창조주의자들의 열정이 비슷한 데가 있다는 점을 감지했다. 그는 인간 삶의 많은 부분이 보편적이지 않고 불확정적이기는 하지만 "일부 사실과 이론들은 진정으로 보편적이며(사실이기도 하다) 그리고 어떤 종류의 문화적 전통도 그 사실을 바꾸지는 못한다… 아무리 우호적이라 간주되는 좌파 성향 진영에서 내세운 것일지라도 반지성적인 주장은 비판에서 자유로울 수 없다"고 말했다.

신창조주의는 단순히 좋은 의도로 시작한 정치적 행위가 궤도를 이탈한 것이 아니라 생물학, 그리고 과학 전반에 대한 심각한 오해에서 기인한 것이다. 역설적이게도 창조주의자들은 생각이 있는 과학자라면 아무도 원치 않을 확정적인 힘을 자연과학에 부여했다. 그로 인해 생물학은 우리의 날개를 꺾고, 우리가 가진 이상향의 비전을 파괴할 위험이 있는 개념인 '결정주의'와 수사학적으로 묶여 버렸고, 문화의 영역 안에서 벌어지는 사람들 간의 권력 관계만이 자유로 향하는 길을 가로막는 유일한 장애물이라고 간주됐다.

그러나 이런 유의 정형화된 생물학적 결정주의와 문화적 순응성은 자세히 들여다보면 모순을 금방 찾아낼 수 있다. 무엇보다 생물학은 독재적이지 않다. 유전자는 확률에 따라 작동하고, 특정 유전자의 발현 여부는 환경과의 상호 작용에 달려 있다.《이기적 유전자》의 저자이자 세속적 신창조주의와 기독교적 창조주의를

5장 신, 과학, 그리고 기쁨

신봉하는 사람들 모두에게서 진정한 적그리스도라는 낙인이 찍힌 리처드 도킨스는 "유전자가 인간의 행동에 통계학적인 영향을 끼친다고 생각하는 동시에 다른 영향을 통해 이러한 유전자의 역할을 조절하고 재정의하고 돌이킬 수 있다고 믿는 것도 물론 가능하다"라며 이 점을 명확히 했다. 만일 생물학이 독재적이지 않다면, 문화 또한 완벽한 가소성을 가진 영역이 아니다. 민족학을 통해 축적한 지식과 역설적이지만 권력에 관한 포스트모더니즘의 이론 자체를 통해 우리는 생물학적 제한이 없더라도 인간 문화의 틀을 우리가 가진 이상향적 비전에 맞게 다시 짜는 것이 힘들다는 것을 깨달았다. 사실 세속적 신창조주의자들이 차용하는 극단적인 구성주의적 각본에서도 진정한 변화를 꾀할 수 있는 의지와 능력을 가진 사람이 현실적으로 누가 될지 상상하기가 힘들다. 그 주체가 현 상태를 바꿀 동기가 하나도 없는 권력자들이 될 것인가? 아니면 엘리트의 문화적 헤게모니에 의해 선택, 선호, 감성을 완벽하게 조종당하는 피억압 계층이 될 것인가? 오직 정치적인 입장에서만 본다면 세속적 신창조주의는 그들이 박멸하고자 하는 생물학주의 못지않게 비관적이다.

　　이보다 덜 치열한 '환경인가 유전인가'에 관한 논의에서는 다음과 같은 가설이 등장한다. "문화의 중재를 받지 않은 생물학은 없다." 그러나 생물학 본연의 역할을 인정하면서 문화적 중재를 고려하기 위해서는 포괄적이고 복합적인 사고가 필요하다. 이에 대해 피비 엘즈워스는 이렇게 말한다. "문화가 영향력을 행사하고, 인간들 사이에 공통점이 많이 있다는 사실을 동시에 믿으려면 상당한 수준의 모호함을 참아 낼 수 있어야 한다." 초기 사회 생물학자들의 서툰 시도에도 불구하고 인류가 공유하는 보편성의 많은 부분(아마도 대부분)은 훈련받지 않은 눈에는 잘 보이지 않고, 상식으로도 이해하기 어렵다.

마지막으로, 세속적 신창조주의자 중 많은 수가 진화 생물학자들이 우리에게 덧씌우려 했던 종류의 '인간 본성'이 무엇인지를 파악하는 데 몇십 년 뒤처져 있다. 페미니스트들과 진보적인 학자들이 1960년대와 1970년대에 팽배했던 공격적인 '사냥하는 남성'의 이미지에 경각심을 가졌던 것은 충분히 이해할 만하다. 고약하고 야만적인 혈거인으로부터 우리가 진화했다는 사실이 너무나 끔찍하게 느껴진 것이 진화와 인간 특성 사이의 관련성을 부인하게 된 주된 이유였을 것이다. 그러나 현재 진화 이론은 큰 동물을 사냥하는 일이 공동체 경제에 기여한 부분을(과일, 채소를 모으고 죽은 동물의 고기를 먹는 것에 비해) 예전보다 적게 보고, 인간 사회의 저변에 깔린 협동이라는 특성(더 나아가 이타성)과 지적 능력을 새롭게 강조하는 쪽으로 변화했다. 생물학자들이 제시하는 우리 조상에 대한 이야기를 우리가 꼭 좋아해야 할 필요는 없지만, 예전보다는 훨씬 좋아하기 쉬운 조상들의 모습을 생물학에서 제시하고 있기는 하다.

인간을 완전히 순수한 문화적 맥락의 산물로만 묘사하는 세속적 신창조주의자들의 입장은 생물학적인 오류일 뿐 아니라 상식에도 어긋난다. 세속적 신창조주의자들이 전용한 과장된 포스트모더니즘적 시각으로 보면 서로 다른 문화 사이의 진정한 이해와 의사소통은 불가능하다. 그들은 관습의 모든 의미는 시엽석으로 만들어진 기호학적 그물과 떼려야 뗄 수 없는 관계에 있기 때문에 '의식' 혹은 '두려움'과 같은 현상을 문화적 맥락 밖에서 이해하려는 것은 실제로 그것을 파괴하는 것이나 마찬가지라고 주장한다. 물론 지역에 따라, 공동체에 따라 그런 범주는 서로 다른 특징을 가지는 것이 분명하고, 문맥을 이해하려는 노력을 조심스럽게 기울이는 것은 지역적 의미를 잘 포착하기 위해 필요한 일이다. 그러나 엘즈워스의 말대로 "포스트모더니즘이 요구하는 '동일성'의 수준에서 과연 같은 문화에 속한 두 사람이 서로를 이해하는 게 가능할까?" 물론 그 누구도 타인을 이해하지 못한다는 것이 이 문제에 대한 포스트모더니즘의 궁극적인 응답일 것이다. 그러나 이런 허무주의는 조금만 깊이 들여다봐도 무너져 버리고, 상식에도 부합하지 않는다. 우리는 감정, 의도, 완전히 말로 표현되지 않은 뉘앙스 등을 통해 타인을 이해한다. 그리고 그런 요소들은 우리가 기본적인 감정적, 인지적 성향을 공유하지 않으면 의사소통 전달 과정에서 모두 사라지고 말 것이다.

인간이 가진 보편적인 특징을 부정하는 신창조주의의 주장을 따라가다 보면 지적으로나 현실적으로나 막다른 골목에 봉착하고 만다. 인간이 다른 인간과 어떠한 생물학적 공통점도 가지고 있지 않다는 주장을 함으로써 세속적 신창조주의자들은 그들 자신이 지키려는 정치적 견해의 근간을 흔들어 버렸다. 캘리포니아 주립대학교 산타크루스캠퍼스의 의식의 역사 프로그램 소속 바버라 엡스타인Barbara Epstein은 "사회적으로 구성된 것 이외에 인간이 타고난 천성이 전혀 없다면, 특정 담론에 의해 만들어진 것 말고 어떠한 욕구나 능력도 없다면, 사회적 비평을 할 근거도 항의나 반항을 할 이유도 없다"고 말했다. 사실 마르크스 같은 대표적인 사회 구성주의자들이 내놓은 이론마저도 인간의 유사성에 대한 암묵적인 추정이 그 배후에 깔려 있다. 마르크스의 소외론에는 (일부 해석에 따르면) 자본주의로는 충족되지 않는 인간 고유의 욕구가 있다는 전제가 있다.

영장류 친척들처럼 인간이라는 생물종도 개체들 사이에 비슷한 정신적 구조와 동일한 일련의 반응을 보일 잠재력을 가졌다는 사실을 인정하는 것이 그토록 자존심을 짓밟는 일일까? 영장류 친척들처럼 우리가 DNA 복제 규칙에 따른다는 사실(중력의 법칙은 말할 것도 없고)을 인정하는 것이 모든 자유 의지와 혁명 가능성을 포기하는 것일까? '결정론'에 대한 혐오에 집착한 나머지 학문적 창조주의자들은 포스트모더니즘이 내놓은 최고의 통찰을 망각했다. 우리는 다양한 특징을 가진 존재지만 그중에서도 기호와 '문자'를 가진 존재들이라는 통찰 말이다. 우리는 여러 면에서 DNA의 제한을 받지만 DNA를 발견하기도 했을 뿐 아니라 거기서 한 발 더 나아가 우리가 가진 생물학적 유산을 'DNA'라는 멋진 기호로 요약할 수 있는 능력을 가졌다.

한 가지 좋은 소식은 혁신적인 변화가 금방 올지도 모른다는 사실이다. '앨런 소칼Alan Sokal의 《소셜 텍스트》 날조 사건'(현란한 과학적 언어를 사용해서 글쓴이도 이해하지 못하지만 그럴듯하게 들리는 글이 남발하는 현상을 비꼬기 위해 뉴욕대학교 수리물리학과의 앨런 소칼이 물리학적으로 말이 안 되는 논문을 소셜 텍스트라는 저널에 제출하고 받아들여진다. 그러나 논문이 발표되는 날 그는 기자회견을 열고 이 모든 것이 사기극이었음을 밝혀서 큰 논란을 일으켰다-옮긴이)으로 촉발된 조롱에도 불구하고, 뉴스레터, 저널, 학회 등을 통해 미국 전역의 과학자들과 사회 이론가들 사이에 건설적인 논쟁과 대화가 시작되었다. 노스웨스턴대학교, 펜실베이니아주립대학교, 에모리대학교 인류학과를 포함한 몇몇 인류학과들은 문화인류학과 생물인류학 사이의 대화를 장려하고 있다. 상호 작용주의자들의 연구가 왕성하게 발전할 여지가 지금까지는 없었지만 지금까지 이루어 낸 성과만을 고려해도 창조주의자들의 부인과 상관없이 생물학적, 인지적 보편성이 사회 이론과 밀접한 관련이 있다는 결론을 내릴 수 있다. 인류학자이자 역사학자면서 푸코 전문가로 미시간대학교 교수인 앤 스톨러Ann Stoler도 이 관점에 동의한다. 스톨러는 우리가 타고난 인지적 성향을 진지하게 고려하지 않는다면 사회 구성주의자들의 '불편한 질문'을 고의적으로 피하는 것이나 다름없다고 주장한다. 즉 인종 차별, 성차별과 같은 억압적 이데올로기가 "현재 누리는 영향력을 얻게 된 이유는 인간 정신의 (보편적) 범주에 의해 그런 이데올로기가 강화되었기 때문이 아닌가" 하는 질문 말이다. 엘즈워스가 말했듯이 인간의 보편성과 문화의 접점 부분이야말로 "흥미로운 질문들이 시작되는 영역"이다.

　　그러나 당분간은 문화와 생물학이 겹치는 부분을 이해하기 위해서는 미묘한 뉘앙스를 놓치지 않고 이해할 줄 아는 자세를 갖춰야 할 필요가 있다. 좌파 성향이라고 알려진 학자들도 자주 취하는 무관용의 태도는 입으로나마 인간의 자유를 부르짖는 학문적인 전통과 어울리지 않는다. 게다가 서로 다른 성별과 인종, 문화 사이에 어떠한 실제적 공통점도 존재하지 않는다고 보는 정치적 견해에 지적 근거를 제공해 주는 악영향까지 끼치고 있다는 사실을 잊지 말아야 할 것이다.

6장

중산층 몰락 사회의 탄생

깃발과 십자가, 그리고 가족의 가치

《우리 생애 최악의 해The Worst Years of Our Lives》, 1990

1980년대 어느 시점엔가 미국인들은 일련의 '전통적인 가치관'을 새로 개발해 장착했다. 언젠가 '레이건 혁명'이라고 불릴지도 모를 현상의 일부라 할 수 있겠다. 세련된 껍질로 포장된 조악한 도덕성을 내걸고 백악관의 그릇을 바꾸는 데 20만 달러를 쓰는 한편, 사면초가에 몰린 중앙아메리카의 소농들에게는 대혼란을 선물한 시기기도 하다. 새 전통의 근원을 살펴보면, 모두 훌륭하다. 경제 정책은 부르봉 왕조에서 배워 왔고, 외교 정책은 유라시아 스텝 지역을 누비던 유목민 문화를 참고했으며, 정신적인 부분은 우리에게 최악의 적수이자 최고의 고객인 시아파 근본주의자들의 뻔뻔스러운 편협성을 모방해 왔다.

물론 이 모든 새로운 '전통'이 순수한 미국적 기원을 가지고 있다고 주장해 볼 수도 있다. 우리도 다른 나라만큼이나 많은 악덕 자본가와 군사 분야 모험가들을 보유한 것이 사실이고, 무지와 편협주의를 신의 은총으로 위장하는 진취적인 전도사들은 또 얼마나 비정상적으로 많은가. 미국 대륙의 원래 주인이었던 사람들의 눈으로 보거나 아프리카에서 끌려와 미국을 농업 강국으로 만든 노동자들의 눈으로 보면 우리의 '전통적 가치'는 언제나 심한 편견, 탐욕, 공격성, 그리고 소위 '사랑의 하느님'이라는 존재에게 근거 없는 요구를 하는 행동으로 요약할 수 있지 않은가.

보는 각도에 따라 가장 비뚤어진 것일 수도 있지만, 어쨌든 이 시대의 새로운 가치 중 그나마 가장 친절한 것은 '전통적인 가족관'이다. 사실 나도 '애국심' 혹은 '신앙심' 등이 새로운 전통으로 자리 잡는 것까지는 참을 수 있었다(기꺼이는 아니고 간신히). 그 전통에 '가족'이 강제로 포함되기 전까지는 말이다. 1980년대 전반에 걸쳐 정치적 우위를 점한 세력들은 공격적이라고까지 할 만큼 언제나 '가족 지향적'이었다. 그들은 '가족'을 운운하면서 실제로 가족이라는 단위가 깨지지 않도록 유지하는 사람들, 즉 여성들의 권리를 짓밟아 왔다. 인종 분리를 하고 백인들로만 이루어진 '기독교' 학교를 만드는 일을 정당화하는 데도 가족을 들이댔다. 외설적이거나 역겹거나 불쾌하다고 생각되는 의견들, 가끔은 그저 다를 뿐인 의견들을 묵살하는 데도 애국심, 신앙심과 함께 가족이라는 전가의 보검을 뽑아 들곤 했다.

사실 나도 가족에 뿌리를 둔 사람이다. 가족이 나를 낳고 나를 키웠다. 스스로 의롭다고 생각하는 우파들이 끼친 한 가지 건

전한 영향은 나로 하여금 내 조상들의 전통적인 가치관을 더 강하게 따르도록 만든 것이다. 내 조상들은 의심스러운 정치적, 윤리적 가치관을 가진 사람들이 아니다. 그렇다고 요즘 보수 엘리트들이 그토록 미워하는 '진보 엘리트'들도 아니다. 내 조상들은 푸른 눈을 가진 스코틀랜드계 아일랜드 핏줄을 가진 민주당 지지자들이었다. 소규모 농장 운영자, 철도 건설 노동자, 광부, 가게 주인, 농장에서 일하는 이민 노동자들. 다시 말해서 그들은 '진짜' 미국인의 전형이었다. 그리고 그들의 가치관은 요즘 여론에 영향을 끼치는 사람들 사이에서는 인기가 없겠지만 그와 상관없이 미국 전통의 일부다. 물론 내가 볼 때는 미국 전통의 가장 좋은 부분을 이룬다고 할 수 있다.

그럼 우리 가족을 소개해 볼까. 아버지부터 시작하자면, 그는 어머니와 함께 내가 급진주의, 페미니즘, 그리고 1980년대를 기준으로 볼 때 전반적으로 반항적인 태도를 갖도록 한 원류라고 할 수 있는 인물이다.

의식을 회복했는지 확인할 때, 혹은 정신 능력을 시험할 때 제일 먼저 묻는 질문 중 하나는 "지금 미국 대통령이 누구입니까?"다. 알츠하이머병을 앓는 와중에도 우리 아버지는 그 질문에 대한 답을 항상 잘 맞혔다. 아버지는 신경과 전문의의 무지함이 놀랍다는 듯 푸른 눈을 크게 뜨고는 위풍당당한 분개심을 섞어 코웃음을 치며 쏘아붙이곤 했다. "레이건이잖아, 그 바보 같은 개자식." 내가 보기에는 가성비가 높은 질문이었다. 두 사람에 대한 평가를 질문 하나로 할 수 있었으니 말이다.

아버지가 사귀게 된 수많은 알츠하이머병 환자와 마찬가지로 우리 아버지 또한 레이건 대통령이 텔레비전에 나오는 모습을 즐겨 봤다. 텔레비전에 방영되는 대부분의 프로그램에는 좀처럼 반응하지 않는 아버지였지만, 그 영감이 등장하면 얼굴 아래쪽은 진지하기 그지없는 표정을 유지하면서도 눈만큼은 게걸스럽게 반짝였고, 몸을 앞으로 기울이고는 비아냥 섞인 코웃음이 터져 나오는 것을 참지 못했다. 아버지는 좌중의 누구보다도 이제 막 벌어질 상황을 기다리며 비웃어 줄 자세가 돼 있었다.

그러나 제일 우스운 것은 올리버 노스Oliver North였다(레이건 행정부가 자신들이 적성국이라 칭한 이란에 무기를 불법 판매한 자금으로 니카라과 콘트라 반군을 지원한 것이 발각되어 야기된 정치 스캔들. 노스는 '이란-콘트라'라고 이름 붙인 이 스캔들의 주역이었다-옮긴이). 아버지는 아픈 사람치고는 매우 훌륭한 패러디를 연출하곤 했다. 오른손을 왼쪽 가슴에 착 가져다 대고 굳은 자세로 전방을 노려보면서 낮고 굵은 목소리로 "아마-리-카에 신의 가호를God Bless Am-ar-ica!" 하고 선언했다. 아버지가 노스의 증언을 제대로 이해하지 않은 것은 확실했다. 솔직히 누가 그의 증언을 모두 이해했겠는가? 하지만 소리를 하나도 듣지 않고 몸짓만 봐도 메시지는 충분히 전달되었다. 눈물 어린 애국심, 과장된 자기 연민, 지위가 높은 남성에 대한 감동적인 노예근성. 노스를 영웅으로 보는 사람이 많다고 전하는 내게 아버지는 인상을 쓰면서 짜증 난다는 듯이 손을 휘저었다. 올리버 노스야말로 아버지가 내게 경계해야 한다고 경고했던 종류의 사람이었다. 아주 오래전 아버지가 세상에서 가장 똑똑한 사람이었을 때 말이다.

아버지는 몬태나주 뷰트의 구리 광산에서 일하는 광부였다. 뷰트는 술집, 취객들의 소동, 노예근성과는 거리가 먼 노동자들로 떠들썩한 산속의 작은 도시였다. 아버지는 매처럼 날카로운 눈을 가진 분이었고, 심지어 고등 교육에 잠깐 발을 담근 후에도 그 날카로운 식견이 무뎌지지 않도록 유지하는 데 성공한 사람이었다. 아버지는 모든 인간을 단 몇 가지 부류로 나눌 수 있다고 봤다. 그 예 중 하나가 '사기꾼'과 '괜찮은 사람' 부류였다. 유명인 중에서는 프랭클린 D. 루스벨트와 화려한 언변의 강경파 광부 노조 지도자 존 L. 루이스John L. Lewis를 제외하면 후자에 속하는 사람이 별로 없었다. 그러나 '사기꾼' 부류에 속하는 사람들은 넘쳐흘렀다. 그리고 나로서는 한참 클 때까지 이해할 수 없었던 이유로 그 사람들은 돈과 권력 주변에 빽빽하게 모여들어 있었다.

아버지는 가짜 금이나 황철광 같은 것과 진짜 금을 구별하는 방법을 비롯해서 인생에 유용한 여러 가지 지혜를 내게 가르쳐주기 한참 전부터 사기꾼을 감지하는 요령을 몇 가지 알려 줬다. 우선 사기꾼들은 '아메리카'를 발음할 때 그냥 '아메리카'라고 하지 않고 입을 더 넓게 벌려 '아마-리카'라고 발음한다. 또 '성조기여 영원하라The Star Spangled Banner'(미국 국가)가 울려 퍼지면 제일 먼저 벌떡 일어나고, 기도할 때 감동을 받았다는 티를 가장 많이 내는 사람들이다. 그들은 건전한 생활을 옹호하고 전쟁을 숭상한다. 근면하게 일하라고 설교한 다음 그렇게 한 사람들에게 쥐꼬리만큼의 보수를 준다. 그들은 다른 무엇보다 자기 나라를 사랑하지만 그 나라를 건설하고, 먹이고, 잘 돌아가게 하는, 눈에 띄지 않는 저임금 노동자들을 멸시한다.

아버지의 세계관에는 또 다른 두 개의 중요한 범주가 자리잡고 있었다. 바로 멍청한 사람들과 똑똑한 사람들이다. 그들을 가르는 선은 계층이나 공교육과는 전혀 상관이 없었다. 사기꾼들에게 속아 넘어가는 사람들은 모두 멍청한 사람들이었다. 아버지가 보기에는 멍청한 사람들이 너무 많았고, 뷰트에서 멀어질수록 그 수가 정비례했다. 적어도 뷰트에는 특정한 종류의 불손한 태도가 강하게 흐르고 있었기 때문이다. 멍청해지지 않기 위한 가장 좋은 예방 주사는 수단을 가리지 않고 가능한 한 모든 것에 대해 공부하고 배우는 것이었다. 그에 더해 아버지는 내게 "항상 왜라는 질문을 던져라"라는 요구를 반복하고 또 반복했다.

마지막 부류는 부자와 빈자였다. 아버지는 가난하다고 해서 자동적으로 덕을 갖추는 것은 아니지만(부모님은 가난에서 탈출하기 위해 엄청난 노력을 했다) 부에는 항상 부정행위가 있었을 것이라는 추정을 했다. 나는 부자들이 가까이 오면 지갑을 쥔 손에 힘을 더 주라고 배웠다. 아버지는 으르렁거리듯 말하곤 했다. "생각해 봐. 애초에 그 돈이 어디서 났겠니?"

그런 교훈을 해석해서 생활의 정치에 적용한 것은 어머니였다. 광부의 아내일 뿐 아니라 광부의 딸이기도 한 어머니는 처신의 원칙을 아우르는 두 가지 규칙을 세웠다. 절대 공화당에 투표하지 말 것, 피켓 라인picket line을 건너지 말 것(피켓 라인을 건넌다는 것은 파업하는 무리에서 이탈하는 것을 의미한다-옮긴이). 사회 활동가로서 어머니의 경력이 절정을 이룬 것은 1964년, 대표 대리로 민주당 전당 대회에 참석하고, 흑인 민권 운동 지도자들과 함께 미시시피 프리덤 데모크라틱 파티가 주최한 연좌 농성에 참여했을 때였다. 어머니의 행동은 '죄책감에 사로잡힌' 진보적인 백인이 참회하기 위해 하는 행동이 아니었다. 어머니는 인종적 편견을 미신이나 기성 종교, 혹은 도를 넘은 채식주의 같은 후진적 사고의 징후와 같은 종류라 생각했다. 특정한 인척 식구를 비난할 때 어머니가 사용한 최악의 욕은 그가 공화당 지지자고, 교회를 다니는 사람이라고 말하는 것이었다. 내가 어른이 된 후 그 사실을 조사해 봤고, 다행히도 그것은 근거 없는 비난으로 밝혀졌다.

분명히 해둬야 할 것은 내 아버지나 어머니가 반항적인 사람들이 전혀 아니었다는 사실이다. 부모님이 내게 가르치려던 가치관은 적어도 우리 부모님이 태어나기 전 세대까지는 '전통적'이라고 받아들여지던 가치관이었다. 아버지에 따르면 수동적인 정신 상태에서 빠져나와 위대한 첫걸음을 뗀 것은 19세기 말 아버지의 외조부모인 존 하우스와 마미 매클로플린 하우스 부부였다. 그들의 반란이 별것 아니라 생각하는 사람도 있을지 모르겠지만, 두 분의 행동은 우리 가족의 '건국 신화'가 되었고, 우리가 지켜야 할 기준이 되었다.

마미 매클로플린은 천주교인으로 성장했고, 1880년대에 몬태나주 서부로 왔다는 사실 말고는 우리는 그에 대해서 별로 아는 것이 없다. 그의 아버지는 아마도 가족을 먹여 살릴 방도를 마련하기 위해 떠돌다가 희망을 찾아 서부로 가서 광부로 정착한 사람 중 하나였을 확률이 높았다. 어찌 됐든 이야기는 그의 아버지가 임종하던 시점부터 시작된다. 마미는 착한 딸답게 옆 동네에 있는 목사를 부르러 갔다. 그러나 목사는 25달러를 선금으로 내지 않으면 오지 않겠다는 메시지를 보냈다. 무법천지의 서부였다는 것을 감안하면 출장 방문을 피하고 싶어 하는 목사의 마음도 이해가 가긴 한다. 그러나 25달러는 너무 심하지 않은가. 아마 증조할머니가 평생 한 번도 지녀 본 적이 없는 액수였을 것이다. 바로 그 탐욕 때문에 교회는 마미 매클로플린의 영혼뿐 아니라 현재에 이르기까지 그의 모든 자손들의 영혼을 잃고 말았다. 효심 때문인지 타고난 지적 능력 덕분인지 모르겠지만 우리 집안 사람들 대부분은 교회, 비밀 결사단, 점성술, 뉴에이지적인 영적 모험 등에 가까이 갈 생각을 전혀 하지 않는다.

이야기는 계속되어서 몇 년 후 마미 매클로플린 자신도 죽음을 맞이하게 됐다. 어린 나이에 자녀 셋을 낳고, 이제 서른한 살밖에 안 된 젊은 나이였다. 아이 셋 중 막내는 아직 갓난아이였는데, 그 아기를 출산하면서 걸린 폐렴 때문에 위독해진 것이었다. 이번에는 부르기도 전에 목사가 달려왔다. 할머니는 십자가를 들 수 없을 정도로 병약한 상태였기 때문에 목사는 병자의 가슴 위에 십자가를 놓고 종부성사를 거행했다. 그러나 마미는 그대로 당하고 있지 않았다. 그는 마지막 순간에 있는 힘을 모두 끌어모아 십자가를 방 저편으로 집어 던진 다음 쓰러져 숨을 거뒀다.

여기까지가 증조할머니의 이야기다. 그의 남편, 존 하우스는 내 기억 속에서 전설에 가까운 존재로 자리 잡고 있다. 몇십 년 전까지도 할아버지는 힘센 광부이자 치명적인 싸움꾼으로 뷰트에서 이름을 날린 인물이었다. 존 하우스에 관한 이야기는 넘쳐 났는데, 모두 세속적인 권위가 됐든 종교적인 권위가 됐든 절대 받아들이지 못하는 성격을 드러내 주는 일화들이다. 예를 들어, 젊은 시절 광부로 일할 때 능숙하게 말을 다루는 그의 솜씨가 광산주의 눈에 들었다. 사장은 할아버지에게 땅 위에서 마차 운전하는 일을 맡겼다. 승진이었고, 경력 면에서도 큰 도약이었다. 하지만 사장은 어리석고도 오만한 실수를 범하고 말았다. 그는 할아버지에게 자기 아내의 마차를 끌 말들을 훈련시키라고 지시했다. 대부분의 사람이라면 그런 부탁을 받았을 때 우쭐해 했을 것이다. 그러나 뷰트에서는 그렇게 받아들여지지 않았고, 특히 할아버지에게는 더욱더 그랬다. 그는 자신이 누구의 하인도 아니라고 선언하면서 그 자리에서 일을 그만뒀다.

아내와 마찬가지로 존 하우스도 무신론자, 아니 당시 표현을 빌리자면 자유 사상가였다. 할아버지도 온타리오의 농장에서 천주교 신자로 성장했으나, 할머니만큼 멋지지는 않지만 지역 성직자와 극적으로 결별했다. 전설에 따르면 할아버지는 사제의 미사 집전을 돕는 복사라는 직위를 이용해서 성수에 소변을 봤다고 한다. 물론 비밀리에 한 일이지만, 그렇게 한 후 부활절 성찬식을 너무도 즐긴 나머지 몇몇 친구들에게 비밀을 털어놓고 말았다. 얼마 지나지 않아 그 사실이 신부의 귀까지 들어갔고, 어린 존은 복사직을 잃었으며, 영원히 지옥 불에서 헤어나지 못할 것이라는 저주를 받았다.

6장 중산층 몰락 사회의 탄생

어릴 때 했던 그 장난이 얼마나 큰 잘못이었는지 실감하게 된 것은 몇 년 후 같은 동네의 여성과 약혼한 후였다. 신부는 그 두 사람의 결혼식을 주관하지 않겠다고 거부했을 뿐 아니라 그 여성이 존과 결혼하는 것을 금지하고, 말을 듣지 않으면 파문하겠다고 선언했다. 이제 존에게 남은 선택은 로키산맥을 향해 서쪽으로 떠나는 길뿐이었다. 그러나 가기 전에 교회에 진 빚을 갚아야만 했다. 전설에 따르면 설교를 듣던 회중이 방해하지 못하도록 동생이 그들을 막는 사이 존은 신부를 설교단에서 끌어내려 한 방 크게 먹인 후 온타리오를 떠났다고 한다.

나는 가끔 뷰트가 전성기를 구가할 때 유행했던 급진주의를 우리 증조할아버지가 받아들였을까 생각해 보곤 한다. 조 힐Joe Hill, 빅 빌 헤이우드Big Bill Haywood, 메리 '마더' 존스Mary 'Mother' Jones 등 뷰트에 와서 선동을 하고 핑커턴 탐정 사무소 직원들(1850년에 설립된 핑커턴 전미 탐정 사무소는 링컨 암살을 예측해 방지하고 갱단을 와해시키는 일도 했지만, 현상금 사냥꾼으로 일하고, 탄광 노조를 박해하는 등 악명 높은 일도 마다하지 않았다-옮긴이)에게 쫓겼던 혁명가들에게 동조했을까? 하지만 그 부분에 대해서는 전해 내려오는 이야기가 없다. 후손들에게 알려진 유일한 이야기는 가족들 사이에서 워낙 자주 회자되어서 또 하나의 '전통적 가치'의 성격을 띠게 되었다.

우리 아버지의 이야기에 따르면, 존 하우스 할아버지는 아이들이 다 성장한 다음에도 비정기적으로 광산에서 일을 했고, 마침내 농사를 시작할 수 있을 정도의 작은 땅을 살 돈을 모았다. 농장

소유주는 할아버지의 꿈이었다. 아마 평생 오랜 시간을 어두운 지하 탄광에서 보낸 사람에게는 커다란 꿈이었을 것이다. 구레나룻을 기르고 땀 냄새가 나는 꼿꼿한 자세의 80대 노인으로만 할아버지를 기억하는 나는 그 진정한 의도를 섣불리 해석할 생각이 없다. 어쩌면 할아버지는 타협하지 않는 자기만의 기독교적인 가치관을 실천하고, 어릴 때 신앙심이 깊은 사람들에게 저지른 실수를 회개하고 싶었는지도 모른다. 그러나 나는 어떤 면에서는 할아버지의 그 꿈이 광부들에게 극도로 인색했던 광산주들에게 반항하는 또 하나의 몸짓이었을 수 있다고 해석하고 싶다.

그들이 무엇을 제안하든 그것을 그다지 원치 않는다는 의사 표현 말이다.

바로 이 가치관이 전통과 가족 구성원들의 충성심으로 성스럽게 쌓아 올려졌고, 내가 보고 배운 것도 그 가치관이었다. 성장 기간의 대부분을 나는 그 가치관이 미국적 정신의 변종 중 하나라 생각했고, 우리 가족이 중산층에 합류하면서부터는 그 별스러움이 더욱 크게 느껴졌다. 1960년대에 들어서서야 나는 우리 가족의 강경한 냉소주의와 괴팍하기까지 한 반항적 기질을 공유하는 사람들이 커다란 세력을 이루고 있다는 사실을 깨달았다. 나는 페미니즘, 반전 운동, 흑인 민권 운동 등을 접하게 됐고, 수백만에 달하는 전 세대와 동 세대 미국인이, 아버지의 말을 빌리자면 "왜?"라는 질문을 할 정도로 똑똑하다는 것을 알게 됐다. 그들은 거기에 그치지 않고 그보다 더 급진적인 질문, 즉 "왜 안 되는데?"라는 질문을 지금까지 던져 왔고, 계속해서 던지고 있다.

그것은 레이건-부시 시대가 도래했을 때 내가 가시고 있던 가치관들이기도 했다. 어릴 적부터 항상 위험하다는 경고를 들어 왔던 바로 그 현상들이 갑자기 현실에 나타나기 시작한 것도 바로 그때였다. 배우를 직업으로 한 사람이 혼신을 다해 펼친 연기에 힘입어 사기꾼들이 권력을 잡았다. '바보'들은 타락한 설교자들과 엄청나게 비싼 교육을 허비해 버린 지식인들에게 이끌리고 그들의 사주를 받았다. 그리고 아버지가 예측한 대로 부자들은 절박하거나 주의가 산만해진 사람들의 지갑에 손을 뻗었다.

나 같은 유의 전통주의자들에게는 매우 힘든 시기가 계속되고 있다. 보통은 유대교-기독교 전통이라고들 하지만 실은 훨씬 더 폭넓은 전통을 아우른 오래된 도덕적 가치관들이 익숙한 논리 체계들과 함께 망설임 없이 버려졌다. 우리는 대통령이 직접 나서거나 그의 똘마니가 앞장서서, 나무가 환경 오염의 원인이고, 복지가 빈곤을 만들어 내며, 대량 파괴를 위해 만들어진 폭격기에 '피스메이커'라는 이름을 붙이는 것이 적절하다고 떠들어 대는 것을 들어야 했다. '테러리즘'은 실종 아동 대신 미국인들에게 가장 큰 두려움이 된 동시에 미국 외교 정책의 가장 강력한 도구가 되었다. 국내에서는 빈곤층과 중산층 모두의 주머니를 탈탈 털어서 나온 잔돈이 이미 과식으로 비만해진 계층에게로 춤을 추며 빨려 올라갔다.

상업의 오랜 윤활유인 탐욕은 건전한 자극제로 추앙받기 시작했다. 낸시 레이건은 1982년과 1983년에 미국이 경험한 극심한 불황을 기념하기 위해서 백악관 인테리어를 완전히 새로 고치는 한편, 특권을 누리지 못하고, 소외되고, 마약에 중독된 사람들에게 "노"라고 말하라고 충고하는 등 마리 앙투아네트를 방불케 하는 행각을 계속했다. 위의 세대들이 월스트리트에서 벌인 경박한 범죄 행위를 잘 보고 배운 젊은이들은 유용한 공부를 버리고, 따지고 보면 쓰리카드몬테(카드 세 장으로 벌이는 도박)와 다를 바 없는 직업이나 투자 은행가를 직업으로 선택했다. 가난한 사람들이 비닐봉지를 입고 종이 상자로 비를 피하는 동안 부자들은 염소 치즈, 호두 기름, 크렘 프레쉐로 채운 배를 꺼뜨리기 위해 거의 벌거 벗고 거리를 달렸다.

심지어 나 같은 사람들까지도 흥분한 사람들을 안정시키고 인간의 부족함을 상기시키는 역할을 어느 정도 할 것이라 기대했던 종교마저 이 서커스에 가담했다. 갑자기 경건한 마음이 동한 수백만 명의 미국인이 기본적으로 다단계 수법에 기초한 번영 복음 제국에 영혼과 저축을 모두 쏟아부었다. 텔레비전 전도사들이 시급 10달러짜리 매춘부들이 보는 가운데 자위를 하거나 종교 테마로 지은 테마파크에서 성행위를 하다가 발각되어서 망신당하는 일이 이어지는데도 사람들의 신앙심은 수그러들지 않았다. 자신의 임신 사실을 행복하게 받아들이지 않는 사람들은 '유아 살인자'라고 비난받았고, 관습적 성 정체성에 맞지 않는 동성 연애자들은 '아동성애자'로 몰렸다. 무신론자들은 악마 숭배자, 공산주의자, 식인종과 한 무리로 분류됐다.

그러나 그런 모든 세태에도 불구하고 반란의 한 줄기는 끊이지 않고 계속되고 있다. 가난이라는 죄를 지었다는 이유로 정신

병원에 감금되는 것을 거부하는 노숙자들이 있고, 국내 문제가 산 직해 있는데도 먼 나라에서 벌어지는 발전만을 축하하는 행태를 거부하는 파업 노동자들이 있다. 사고로 생긴 태아보다 자신의 생 명에 더 높은 가치를 인정해 달라고 요구하는 여성들, 어린 아기 를 따뜻하게 싸 안고 평화 행진에 참여하는 부모들, 유치원 수준 의 상식적인 가치마저 계속 뒤집는 정책에 반대하고 살 만한 세상 을 만들기 위해 시위하는 학생들이 있다.

나는 긍지를 가지고 그들의 주장에 내 목소리를 보탠다. 이 견을 내는 것도 '전통적 가치' 중의 하나고, 혁명을 통해 건설된 공 화국에서라면 우쭐거리는 보수주의보다 훨씬 더 고유한 가치로 인정받을 것이기 때문이다. 페미니즘이 미국에서 태어난 것이나 다름없다는 점을 감안하면 이것도 미국이 전 세계로 수출하는 품 목 중 하나로 간주되어야 할 것이다. 이와 마찬가지로 제3세계의 반란군들이 미국의 흑인 민권 운동의 개념을 차용해 간 것을 볼 때마다 애국심이 내 배 속을 간질이곤 한다. 어떤 이들에게는 치 욕이고 어떤 이들에게는 자랑거리겠지만, 미국의 노동 투쟁 또한 전 세계에서 가장 치열하고 가장 피를 많이 흘린 역사를 가지고 있다.

비열한 악당들이 애국심 뒤에 숨는 경우가 많긴 하다. 그러 나 이견을 내고, 반항을 하고, 가만히 앉아서 당하지 않는 태도야 말로 진정한 애국자들의 의무다.

바쁨이 곧 능력이라는 믿음

《뉴욕타임스New York Times》, 1985

한때 친구였지만 이제는 지인에 불과하게 된 사람이 얼마 전에 전화를 걸어 왔다. 그는 통화 내내 나를 붙잡고 자기가 얼마나 바쁜지 하소연을 했다. 커리어의 미래가 달린 중요한 발표가 사흘 후로 예정되어 있는데 비서가 파업에 들어갔다고 했다. 가사 도우미는 이민국의 그물에 걸려들어 버렸고, 여덟 명을 초대해 놓은 저녁 만찬을 두 시간 만에 준비해야 하는데, 등록해 놓은 시간 관리강좌에 이미 늦은 상태란다. 그는 그동안 쌓인 스트레스의 영향이 이제 슬슬 느껴지기 시작한다고 말했다. 아이들이 엄마가 가끔 자기 이름을 바꿔 부르는 것을 싫어하게 됐고, 화이트와인을 과하게 마시기 시작했다고도 했다.

나는 별로 할 말이 없었다. 그 순간 내가 유일하게 하려던 일은 한 손으로 전화기를 들고 다른 손으로 반대편 발가락을 잡으려고 애쓰는 것뿐이었기 때문이다. 그전부터 그가 내게 전화를 해서 독백을 늘어놓을 때마다 연습을 해서 이제 거의 완벽하게 연마하게 된 기술이었다. 나도 바쁘지 않은 것은 아니었다. 그가 전화에 대고 하는 불평을 들으면서 나는 건조기가 언제 끝날지 신경을 곤두세우고 있었다. 끝나자마자 달려가서 옷을 꺼내 접어야 회복 불가능한 주름이 지는 것을 피할 수 있을 터였다. 하지만 내가 그 작은 데드라인을 언급하면 그는 내가 가사 도우미를 써야 할 정도로 바쁘지 않다고 생각할 것이 뻔하기에 나는 그가 "근데 말이야, 지금 전화할 시간이 없어. 이만 끊을게" 하고 통화를 종료할 때까지 그냥 인내심을 가지고 "어, 응" 하는 소리를 계속 냈다.

바쁘다는 것을 과시하는 문화가 언제 시작되었는지는 모르겠지만 그것은 내가 아는 계층 상승을 지향하는 커리어 우먼들을 거의 모두 감염시켰다. 가령 이제는 "언제 점심 한번 같이하자"라는 말이 "지금 너랑 대화하는 것보다 훨씬 중요한 일이 있어"라는 뜻으로 쓰이지 않았던 때를 기억하기도 힘들게 되어 버렸다. 심지어 사람들이 뭘 먹는다는 핑계 없이도 만났던 때가 있었다. 입에 음식을 가득 물고 말하는 것이 무례하다고 생각되던 시대였다. 아무도 다이어리를 쓰지 않았던 때도 있었다. 그런 시절, 사람들은 아침에 일어나서 그날 무슨 일이 있을지 알고 싶으면 점술을 쳤다.

물론 여자들만 그런 것은 아니다. 남녀 모두에게 바쁘다는 것은 중상류층의 중요한 휘장이 되었다. 요즘은 아무도 취미가 있다는 사실을 인정하지 않으려 한다. 반면에 가령 신경외과 의사로 일하면서 미술품 거래상을 하는 등 커리어를 두 개 이상 동시에 유지하는 것이 상당히 흔한 일이 됐다. 아마도 조만간 네 개의 수입원을 가진 커플의 고난에 대한 이야기가 들려올 게 분명하다. 한 군데 직장을 다니는 사람들마저도 한 번에 한 개의 일만 하다가 들키는 것을 창피해 한다. 헤드폰을 끼고 조깅을 하는 젊은이가 록 음악을 듣고 있을 것이라고 순진하게 생각해서는 안 된다. 그의 헤드폰에서는 국제 재정법의 원리 혹은 1분 경영법 강의가 흘러나오고 있을 확률이 높다. 심지어 최근에 읽은 기사에 따르면 음식 섭취마저도 '먹는 것'이 아니라 '그레이징grazing'(소가 풀을 뜯듯 하루 내내 여러 번에 걸쳐 가벼운 식사를 하는 것-옮긴이)이 유행이라고 한다. 미확인 식품을 의식적으로 소화시키는 이 행위는 법률 문서 초안을 작성하거나 전화로 고객을 설득하면서, 더 야심 찬 사람이라면 책상에 앉은 채 종아리 근육을 강화하는 운동을 하면서 이루어지는 경우가 많다.

그러나 여성들이 바쁨을 과시하는 것은 상류층의 기준에 부합하는 행동을 하는 것 이상의 의미가 있다. 예를 들어 남성을 매혹시키려면 시간이 남아도는 머리 빈 섹시한 여자 행세로는 부족하다. 상류층의 젊은 남자들은 여러 장의 신용카드를 소지하고, 6시 출발 출퇴근용 델타 항공기에 타려다 밀려나더라도 땅에 쓰러져 울지 않고, 너무 바빠서 섹스도 12분 이상 할 시간이 없는 여자들을 선호하는 듯하다. 거기에 더해 경제적인 현실도 고려해야 한다. 여성 빈곤 사례 중 하나로 전락하고 싶지 않은 여성이라면 손톱 정리와 유혹적인 표정 짓기를 잘하는 것보다 조금 더 어려운 일에서 성공을 거둬야 한다. 그래서 바쁜 것이다. 내 바쁜 친구들에게 물어보면 자기들이 원하는 것은 성공이라고 설명할 것이다.

그러나 원하는 목표가 성공이라면 내가 보기에 사람들이 택한 지름길의 방향은 명백하게 잘못되었다. 진정으로 성공한 사람들을 생각해 보자. 혁신적인 성과를 낸 과학자, 베스트셀러 소설가, 널리 사용되는 새로운 소프트웨어 개발자 등. 대체로 그들은 불안한 표정으로 시계를 흘낏대거나 '할 일' 리스트를 만들어서 계속해서 확인하는 사람들이 아니다. 오히려 큰 성공을 거둔 사람 중 많은 수가 약간 멍한 상태에 빠진 것처럼 보인다. 내가 학생이었던 시절에 강의를 들었던 유명한 교수처럼 말이다. 그는 전자스핀에 대한 강의를 하다 말고 분필 가루의 확산 속성에 너무 정신을 빼앗긴 나머지 강의를 계속하지 못한 적도 있었다. 진정으로 성공을 거둔 사람들은 아이 같고, 쉽게 다른 곳에 주의를 빼앗기고, 약간 비현실적이고 특이한 사람들로, 더운 여름날 막 저녁밥을 먹은 부랑자처럼 보이는 경우가 많다.

진정으로 성공한 사람들의 비밀은 처음부터 바쁘지 않은 방법을 터득한 것이라고 나는 믿는다. 성공한 사람들은 우리가 어릴 때부터 반복적으로 듣고 자란 격언, 즉 뭐든 하려면 잘해야 한다는 격언의 진실을 간파한 게 아닐까. 신경 쓰지 않고 대충 해치워야 할 일도 많고, 아예 할 가치도 없는 일도 많다는 진실 말이다. 개인 수표를 발행하는 직불 계좌의 입출금 내역을 결산하는 일처럼. 무슨 이유에서인지 미국 문화에서는 그런 귀찮기 짝이 없는 수표책 결산을 한 개인의 성숙도와 사업 수완, 수학에 대한 불안감에 대처하는 능력을 평가하는 가장 좋은 시험대라고 여긴다. 그러나 그것은 단지 직불계좌를 전산화하는 추가적인 노력만 기울여도 허무하게 넘을 수 있는 바쁨의 한 형태일 뿐이다. 그리고 그보다 약간 더 우습고 어리석은 일은 자기가 가진 컴퓨터에 대해, 혹은 사려고 고민 중이거나 다른 사람이 쓰고 있다고 들은 컴퓨터의 종류에 대해 아무나 붙잡고 수다를 떠는 것뿐이다.

진짜 성공에 이른 사람들이 절대 바쁘게 살지 않아도 되는 방법을 터득한 사람들이라면, 가장 바쁜 사람들은 결코 성공하지 못하리라는 것도 진실이다. 나는 그 사실을 오래전 웨이트리스로 일할 때 경험을 통해서 직접 터득했다. 중요한 통화를 두 통쯤 대기 상태로 걸어 놓고 20분 후에 중대한 마감이 닥치는 상황이 바쁨의 극치라고 생각하는 기업 간부는 여섯 개의 테이블에서 한꺼번에 계산서와 커피와 유아용 의자를 달라는 요청에 대처하면서 따뜻하고 자연스러운 미소까지 지어야 하는 웨이트리스 일을 해봐야 한다. 웨이트리스는 바쁘지 않을 때마저 소금 병을 다시 채우고 눈에 보이는 대로 포크와 나이프에 광을 내면서 바쁘게 보여야 한다. 그런 노동의 대가로 돌아오는 것은 최저 임금과 테이블에 남겨진 푼돈뿐이지만 말이다. 마찬가지로 전화 교환원이나 일하는 동안 업무 속도를 기록하는 새로운 기계에 데이터 입력을 하는 일 등 스트레스를 많이 받는 모든 일에서 '성공'은 그날의 근무 시간을 별 사고 없이 잘 넘기는 것이다.

바쁨이 성공으로 이어지진 않지만 성공이, 특히 준비되지 않은 사람에게 닥친 성공이 바쁨을 초래한다는 사실은 나도 믿을 용의가 있다. 더 효과적인 쥐덫을 발명했거나 그에 상응하는 혁신을 이룬 사람이라면 생판 모르는 사람이 자기가 쓴 글을 읽어 달라고 조르거나 치욕적인 결과가 따를 수 있는 공개 강연(보통은 중서부 격지에 있는 대학 캠퍼스에서)을 해 달라는 요청들로 괴롭힘당할 것을 예상해야 한다. 그러나 성공으로 인해 더 바빠져서 가치 있는 활동을 할 시간이 줄어든다면(친구들과 대화를 하고, 소설을 읽고, 좋은 일을 위해 자원봉사를 하는 등) 성공이 다 무슨 소용 있겠는가? 그렇게 먼 길을 갔는데 혹은 그렇게 힘껏 뛰었는데 결국 서로를 잃게 된다면 정말 슬픈 일이 아닌가.

미들 클래스 드림의 종언

《로자 룩셈부르크 재단 저널Journal der Rosa Luxembourg Stiftung》, 2013
존 에런라이크와 공동 집필

미국에서 인기에 영합하려는 정치인은 모두 '중산층'을 지키겠다
고 선언하곤 한다. 그 중산층이 무엇인지에 대해서는 전혀 합의
가 이뤄진 적이 없지만 말이다. 지난 1~2년 사이에도 '중산층'의
정의에 대해 모든 사람이 이에 해당된다, 연방 빈곤선 이하 15퍼
센트를 제외한 모든 사람이다, 가장 부자를 제외한 모든 사람이다
등 다양한 정의가 나왔다. 2010년 2160만 달러를 벌어들인 밋 롬
니Mitt Romney는 '아래쪽에 있는 사람'을 제외시키고, '80~90퍼센트
의 미국인'과 함께 자신도 중산층에 포함시켜서 화제가 됐다. 미
국 상무부는 수입액을 근거로 한 정의를 포기하고 2010년 '중산층
가정은 수입보다 열망으로 특징지을 수 있다'며 다음과 같이 정의

했다. "중산층 가정은 집, 자동차를 소유하고 자녀를 대학에 보내고, 건강보험과 연금, 그리고 가끔 가족 휴가를 가질 원한다." 이 정의에 속하지 않는 사람은 거의 없다.

계층은 그 자체가 매우 혼란스러운 개념이다. 특히 직업군이나 소득군에 따라 각각 다른 이해관계를 가졌다는 암시만으로도 '계급 투쟁'을 선동한다고 비난받는 미국에서는 더욱더 그렇다. 계층이라는 것이 모종의 '계급 의식' 혹은 담합이나 일치된 행동이 따르는 개념이라면 '중산층'은 일종의 디폴트 계층이다. 부유층과 빈곤층을 제외하면 남게 되는 그다지 흥미롭지 않은 계층 말이다.

그러나 중간 소득 계층에서 벌어져 온 일들에 관해 더욱 생산적일 수 있는 또 다른 해석이 있다. 1977년, 우리는 '전문직-경영인 계층Professional-Managerial Class' 줄여서 PMC를 따로 분류하자고 제안했다. 그들은 노동자 계층과도 다르고 소기업을 소유한 '구' 중산층과도 구분되며, 물론 부유한 자본가들도 아니기 때문이다.

전문직-경영인 계층 PMC의 기원

PMC를 구분하자고 제안한 것은 1960년대 나타난 '중산층'에 뿌리를 둔 신좌파New Left와 구 노동자 계층 사이의 갈등을 설명하기 위해서였다. 1970년대에 시작된 그 갈등은 커다란 정치적 반발을 일으켰고, 바로 그런 분위기가 레이건 선출로 이어졌다. 우파는 '새로운 계층'이라는 개념의 표면적인 이미지를 왜곡시켜 대학 교육을 받은 전문직 종사자들, 특히 법조인, 교수, 저널리스트, 예술가들이 권력에 굶주린 '자유주의적 엘리트' 집단이 되어 자신들만의 사회주의적 이념을 모든 이에게 강요하려 든다고 주장했다.

PMC는 그 수가 급속하게 늘어났다. 1870년에서 1910년까지 미국 전체 인구는 약 2.4배 증가했고, 구 중산층인 기업가와 독립 전문직 종사자들의 수는 2배 증가한 데 비해 PMC로 분류할 수 있는 사람 수는 거의 8배 증가했다. 그 후 증가세는 더 가팔라졌다. 다양한 실제적, 이론적 문제 때문에 정확한 분석은 어렵지만, 1930년까지도 PMC 종사자 수는 전체 고용인 수의 1퍼센트에도 미치지 못했던 것으로 추산된다. 그러나 1972년에 이르면 미국 내 일자리의 24퍼센트가 PMC 직종이 된다. 1983년에는 이 숫자가 28퍼센트로, 금융 위기 직전인 2006년에는 35퍼센트까지 증가했다.

부상하는 PMC와 전통적인 노동자 계층 사이의 관계는 처음부터 갈등의 골이 깊었다. 다른 전문직 종사자들도 비슷하지만, 특히 관리자들과 기술자들은 직업상 노동자 계층의 삶을 관리하고, 통제하고, 제어하는 일을 한다. 그들은 분업을 주관하고 공장에서 일하는 노동자들의 생활을 분초 단위로 제어하는 기계를 고안하고, 상품에 대한 욕구와 의견을 조작하며, 그 자녀들의 사회화에 영향을 주고, 심지어 그들과 그들의 신체 사이의 관계까지 간섭을 한다.

동시에 사회의 '합리성을 추구'하는 PMC의 역할 때문에 그들은 자본가 계층과 직접적으로 충돌한다. PMC는 노동자들과 마찬가지로, 기업주에게 고용된 직원이자 하급자다. 그러나 생산 과정에서 진정으로 '합리적'인 것이 단기적인 이윤을 내는 최선의 방법이 아닐 때가 많기 때문에 PMC는 자본가와 기업주들로부터 자율권과 자유를 원하는 경우가 많다.

20세기 중반에 접어들면서 PMC가 종사하는 직종이 급증했다. 공교육이 강화되고 현대적인 대학 교육이 도입되었으며 지방 정부의 규모와 역할이 커졌다. 동시에 자선 단체들이 생겨나고 신문 판매 부수가 치솟았으며 전통적인 방식의 여가 활동 대신 대중음악과 엔터테인먼트 산업, 스포츠 산업에 대한 수요가 높아졌다. 그리고 이 모든 발전은 저널리스트, 사회 복지사, 교수, 의사, 법조인 그리고 '예술인(화가, 작가 등을 포함)' 등 고등 교육을 받은 전문가들을 위한 일자리의 증가로 이어졌다.

이들 직업군 중 일부는 어느 정도 자율권을 유지하는 데 성공했고, 그에 힘입어 지배적인 기업 문화에 반대할 수 있는 가능성을 확보했다. 소위 '자유업'이라 부르는 직업군, 특히 의사와 법조인들은 20세기 중반이 지나고 한참 후까지도 기업의 틀 안에 들어가지 않았다. 대부분의 의사와 다수의 간호사, 그리고 과반 이상의 법조인은 독립적으로(개인 클리닉 혹은 개인 법률 사무소) 일했다.

1960년대에 들어 혁신주의 시대Progressive Era가 시작되면서 PMC의 상당수는 최초로 비판적인, 심지어 주류 세력에 반대하는 정치적 역할을 자처할 만큼 자신감을 갖추게 되었다. 일자리는 풍부했고, 아직은 대학 교육을 받아도 평생 갚아야 할 빚더미에 앉지 않아도 됐으며, 물질 만능주의의 인기가 잠시나마 식은 상황이었다. 남부의 흑인 민권 운동과 베트남 전쟁 반대 운동을 지지하던 대학생들은 재빨리 미국 사회 전역에 걸쳐 기업 권력에 대한 저항으로 눈을 돌렸다. 이들이 주목한 기업 권력은 무기 산업의 호전적인 경향부터 대학 관리 방식에 이르기까지 다양했다. 그리고 얼마 지나지 않아 이 저항 정신은 캠퍼스 밖으로 널리 확산됐다. 1960년대가 끝나 갈 무렵 대부분의 자유업 종사자는 모든 직종에 모든 사람이 제한 없이 진출할 수 있게 해야 한다는(예를 들어 여성과 소수 인종의 직종 제한 철폐) 주장과 이 직종들이 내세우는 서비스 윤리가 현실에서도 실행되어야 한다고 주장하는 등의 '급진적 명분'을 신봉하게 됐다.

자본가들의 반격

1970년대부터 자본가 계층은 자신들의 입지를 단호하게 재확립했다. 그 후 벌어진 자본가들의 반격은 물리적으로, 이념적으로 너무도 철저했고 최근의 좌파 이론가들은 그 움직임에 새로운 형태의 자본주의, 즉 '신자유주의'라는 이름을 붙였다.

새로운 경영 전략은 노동 비용을 철저히 줄여서 이윤을 올리는 데 집중됐다. 이 목표를 달성하는 가장 직접적인 전략은 노동력이 싼 해외로 제조업을 이전하는 일이었다. 미국 내에 거주하면서 일자리를 잃지 않은 고용인들은 이전 어느 때보다 더 많은 면에서 엄격한 규율 적용과 제어를 받게 되었다. 일터에서 행해지는 감독이 더 강화됐고, 태만한 사람들을 걸러 내기 위한 약물 테스트가 실시됐으며, 노조 결성을 방지하기 위해 점점 더 전문적인 기술이 동원됐다. 복지 국가의 축소 또한 징계를 강화하는 효과를 발휘해서 노동자들은 일자리를 잃어도 살아남을 수 있다는 자신감을 점점 잃어 갔다.

이러한 반노동 조치의 대부분이 직간접적으로 PMC의 여러 요소에 영향을 끼쳤다. 정부 지출 삭감은 사회 복지사, 교사, 그리고 '돌봄 산업' 종사자들의 일자리 전망을 어둡게 했고, 미국 내 산업체에서 일하는 노동자 계층이 대량 축소됨으로써 중간 관리자들에 대한 수요 또한 줄어들어 인원 감축의 대상이 되는 경우가 점점 잦아졌다. 그러나 자유업 종사자들에 대해서는 특별한 종류의 반감이 존재했다. 이 감정은 보수주의자들이 '최하층'이라고 묘사한 대상에 대해 신자유주의자들이 품은 반감에 거의 필적할 만큼 강한 것이었다. '좌파에 대한 재원 말리기 전략'을 통해 이 진보 엘리트들 혹은 좌파 성향의 비영리 조직들을 말살시키는 것이 신자유주의자들의 주된 프로젝트 중 하나가 되었다.

물론 1980년대 이후 자유업을 방해한 모든 장애물이 신자유주의적 정책을 의식적으로 따랐던 것은 아니다. 기술 혁신, 서비스에 대한 수요 증가, 가차 없는 이윤 추구 문화 등이 모두 '창의적인 일'을 하는 사람들을 포함한 자유업 종사자들을 궁지에 몰아넣는 환경을 조성하는 데 일조했다.

인터넷이 저널리스트, 작가, 편집자 등을 곤경에 몰아넣은 주범이라는 비난을 받고 있지만 실은 기술 혁신보다 경제적인 변화가 먼저 일어났다. 저널리즘 부문의 일자리가 없어지기 시작한 것은 부분적으로는 월스트리트 투자가들의 요구에 대한 반응으로 기업들이 신문과 텔레비전 뉴스 프로그램에서 더 높은 이윤을 쥐어 짜내는 계획을 세우면서부터였다. 이런 정책이 전통적으로 창의력을 주로 사용하는 직업군에 미친 영향은 심각했다. 전속 기자, 편집자, 사진가, 아나운서 등에 대한 대규모 해고와(2001년 한 해만 해도 뉴스룸 직원의 25퍼센트가 해고됐다) 업무량 증가, 월급 삭감에 더해 기업 인수 활동이 벌어졌기 때문이다.

그 후, 그러니까 지난 12~13년 사이 PMC는 1980년대에 산업 노동자 계층이 겪었던 운명을 경험해야 했다. 값싼 해외 노동력이 이들을 대체하기 시작한 것이다. 2000년대에 접어들자 기업들은 새로 개발된 고속 전송 기술들을 도입해 전문직 업무까지 아웃소싱하기 시작했고, 이 추세는 많은 PMC 종사자에게 큰 충격을 주었다.

2008년 이후 금융 산업이 몰락하고 심각한 경기 침체가 시작될 즈음, 신자유주의 정책이 공적 부문과 기업 부문 모두에 끼친 고통은 전통적인 산업 노동자 계층을 넘어서 PMC의 핵심 부문까지 확산되었다. IT 분야, 저널리즘, 학계를 거쳐 법조계에도 실업과 불완전 고용이 흔히 볼 수 있는 현상이 됐다. 젊은이들이 교육의 가치에 대해 믿음을 잃은 것은 아니었지만, 물리학보다는 금융을, 문학보다는 '커뮤니케이션'을 배우는 것이 훨씬 도움 된다는 사실을 재빨리 터득했다. 공평한 '전문가'들이 지배하는 사회를 건설하겠다는 PMC의 오랜 꿈은 피할 수 없는 기업 지배의 현실에 자리를 내줬다.

그러나 PMC의 쇠망을 초래한 것은 더 강력한 집단에 의한 희생만은 아니다. 그들은 스스로 놓은 덫에 걸리기도 했다. 전문가가 되기 위해서 특화된 교육을 받는 데에 들어가는 비싼 비용을 감당하면서 견뎌야 하는 기나긴 시간은 PMC 가족들에게 늘 큰 부담이었고, 그렇지 않아도 넘기 힘든 그 장벽을 노동자 계층이 넘는 것은 거의 불가능했다. 게다가 고등 교육 졸업장과 자격증도 더 이상 PMC에 합류할 수 있는 보증 수표가 아니게 됐다. 학자금 대출로 수만 달러의 빚을 진 대졸자가 시급 10달러를 받고 일을 하거나 아예 실업자로 사는 현상은 바로 이런 배경에서 나온 것이었고, 그들은 '월스트리트를 점령하라Occupy Wall Street' 운동의 상징이 됐다.

계층 의식은 어디로 갔나

탄생한 지 100여 년이 지났지만 PMC는 그들만의 계층을 만들어 내는 데 실패했다. 그들 중 좀 더 잘사는 부류인 기술을 갖춘 전문가들은 동료들을 버리고 보수가 더 좋은 직종을 찾아 자본에 봉사하는 일을 계속하고 있고, 과학자들은 연구를 그만두고 월스트리트로 향하고 있다. 물리학자가 금융계의 투자 분석가 혹은 부자들을 위한 '맞춤 투자 서비스'를 시작하면 하루아침에 수입이 2배가 된다. PMC 중 가장 운이 없는 부류인 저널리스트나 사회학, 문학 박사들은 소매업 종사자로 전락했다. 그 중간에 속하는 의료인, 법조인, 교수 등은 대기업에 의해 자신의 삶이 점점 더 포위되고 심하게 조정되는 경험을 하고 있다. 중간층은 버티지 못했다. '중산층'이라는 이름으로 태어나서 시민의 덕목과 헌신적인 직업의식을 가진 계층이라 자부하던 PMC는 그렇게 무너져 버렸다.

이보다 더 심각한 문제는 PMC가 품었던 꿈, 즉 이성이 지배하고 공공 윤리가 투철한 전문가들이 이끄는 사회를 건설하겠다는 꿈이 이제 완전히 신뢰를 잃어버렸다는 사실이다. 전 세계적으로 이 목표에 가장 가까이 다가서는 듯 보였던 나라들은 엄청난 군사력을 갖춘 독재 국가가 됐거나, 좀 더 최근 들어서는 전체주의적 자본 국가로 변신하고 있다. 미국 내 신자유주의자들은 중국과 소비에트 연방의 사회주의가 터무니없이 실패한 것을 선전 도구로 사용해서 가장 기본적인 공공 분야를 공격하고, 거의 모든 것을 민영화하기 위한 핵심 논리로 삼고 있다.

그러나 PMC 스스로도 '공동의 대의를 옹호하는 자'라는 평판을 잃는 데 한몫했다. 빛나는 의학 연구 성과와 첨단 헬스 케어 산업이 존재하지만, 그 바로 옆에 극심한 빈곤과 짧은 평균 수명이 특징인 도시 빈민가가 존재하고 있는 것이다.

우리는 PMC의 운명을 애도해야 할까, 아니면 더 평등한 미래 사회로 가는 길에 우쭐거리며 저 잘난 맛에 사는 엘리트라는 장애물 하나가 더 없어졌다는 사실에 기뻐해야 할까? 한편으로 보면 구 노동자 계층을 억압하고 무력화시키는 데 PMC가 중요한 역할을 한 것은 사실이다. 그에 더해 그들은 빈곤층과 노동자 계층의 삶을 조금이나마 향상시키는 조치를 반대하는 우파의 공략에 거의 저항하지 않았고 심지어 그에 필요한 인력을 제공하기까지 했다.

그러나 한편으로 PMC는 가끔이나마 '진보' 세력이 되어 가차 없는 이윤 추구에 맞서서 학문과 인적 봉사의 가치를 옹호하기도 했다. 이런 면에서 지난 세기에 PMC가 해낸 역할은 중세 유럽의 수도원들이 수행한 역할에 비견할 만하다. 중세 시대에 바깥세상을 누비는 야만인들로부터 지식과 탐구심을 얼마간이나마 보호하는 역할을 해낸 수도원들 말이다.

신자유주의의 공세로 인해 점점 더 파괴의 정도가 심해지는 이 시점에서 우리가 던질 수 있는 질문은 다음과 같다. 현재 살아남은 세력 중 누가 이 가치들을 지킬 수 있을까? 그보다 더 깊이 들어가서 PMC 덕분에 누적된 엘리트주의에 힘입어 이성이 지배하는 사회에 대한 꿈, 아니 적어도 합리성이 가끔이라도 통하는 사회라는 개념을 보존하는 꿈, 그것을 구제할 방법이 있을까?

살아남은 소수의 PMC 계층에서라도 항거 정신이 회복되려면 전문직 중산층이 현재 하고 있는 경험은 오래전 블루칼라 노동자 계층이 했던 경험을 되풀이하는 것일 뿐이라는 사실을 인식하는 데서 출발해야 한다. 빚더미에 앉은 실업자들과 불완전 고용 상태의 대졸자, 예산 삭감에 고통받는 교사들, 과로와 저임금에 시달리는 서비스 부문 종사자들, 심지어 간혹 내부 고발을 하고 나서는 과학자와 엔지니어들이 경험하는 상황은 모두 20세기 초 숙련 노동자들과 20세기 후반부에 미국 산업 노동자 모두가 겪은 것과 전혀 다르지 않다.

가까운 미래에 현재 남아 있는 PMC들이 전통적인 노동자 계층과 공동 목표를 정립하고 점점 더 강한 연대를 맺어 정치적인 영향력을 발휘할 수 있으리라 기대한다. '점령하라' 운동을 촉발하고, 적어도 당분간 세계적으로 확산되고 있는 정신이 바로 그것이니까.

✤　　2003년 말 미국의 실업률은 5.9퍼센트였고, 그중 중산층으로 대표되는 화이트칼라의 비율은 20퍼센트로 160만 명에 달했다. 높은 성과를 낸 사람들도 해고되고, 중간 관리자도 먹고살기 위해 '투잡'을 뛰는 경우가 늘었다. 경기가 좋아져도 나아지지 않는 상황에 저자는 의문을 품는다. 정말로 화이트칼라들이 회사에서 줄줄이 쫓겨나고 있나? 그런 사람들이 새 일자리를 찾으려면 어떻게 해야 할까? 상황이 그렇게 안 좋다는데 왜 저항의 기미가 전혀 안 보이는 걸까? 그 답을 찾기 위해 저자는 또다시 잠입 취재를 결심한다. 개명하여 새로운 신분을 만들고, 이력서를 꾸미고, 인맥을 만들고, 화장을 바꾸고, 인성까지 개조하는 대대적인 구직 프로젝트에 돌입한 것이다. 그리고 2003년 11월부터 약 10개월간 이루어진 저자의 구직 체험을 바탕으로 2005년 《희망의 배신》을 출간한다(국내 출간 2012년). 기업의 노예가 되거나 혹은 워킹 푸어로 전락하거나 시름시름 죽어 가는 '중산층 대참사' 현장을 적나라하게 드러낸다.

참을 수 없는 화이트니스의 가벼움

《마더존스Mother Jones》, 1988

이 글은 동료 백인들을 대상으로 했으며, 우리끼리 비밀로 했으면 하는 내용을 담고 있다. 지난 수백 년 동안 백인들에게만 닥치는 매우 특별한 문제로 인해 우리가 충분히 고통을 당해 왔다는 사실은 하늘이 알고 땅이 안다. 기독교를 이교도에게 전파하는 일만 해도 그렇다. 너무나 무지몽매해서 기독교로 개종하느니 차라리 죽는 쪽을 선택했던 야만인들을 상대로 그런 일을 해냈으니 얼마나 고생스러웠는가. 햇볕으로 인한 화상은 또 어떤가. 하지만 이제 우리는 그중에서도 가장 심각한 문제에 직면해 있다. 형제자매들이여, 이쯤 되면 무슨 이야기인지 모두 알 것이다. 바로 '땅에 떨어진 자존심' 문제 말이다.

문제는 아시아의 위협에서부터 시작됐다. 오래전, '메이드 인

재팬'이라는 라벨은 주로 싸구려 태엽 장난감과 사무라이 영화에서나 찾아볼 수 있었다. 세탁소집 아이들이나 동네 중국집 요리사의 자녀들이 다니는 학교에 자기 아이를 보내는 것에 대해서 아무도 고민하지 않았다. 하지만 이제 평범한 백인들은 아시아에서 만들어진 단순한 제품들이 어떻게 작동하는지 알기는커녕 사용 설명서조차 읽지 못한다. 비즈니스 영역에서도 마찬가지여서, 우리 중에서도 가장 뛰어난 푸른 눈의 MBA 졸업생마저도 미쓰비시나 도시바의 쇼군들에 비하면 자기는 어린아이나 다름없다고 인정한다. 교육 부문에서도 사정은 다르지 않아 백인 학생들 중 처음으로 수석 졸업생 자리를 차지하는 학생에게 전액 장학금을 지급하겠다는 고등학교들이 나오지 않으면 다행인 상황이다. 힘만 세고 무지하며 약물에 절은 자녀들을 상대하다 절박해진 백인 부모들 중 "제기랄, 스테이시(혹은 숀), 왜 아시아계 미국 아이들처럼 굴지를 못하니?" 하고 외쳐 보지 않은 사람은 한 명도 없을 것이다.

맞다. 이런 현상에 대한 제일 흔한 해석이 무엇인지 나도 잘 알고 있다. 사람들은 백인들에게 확신을 줄 만한 롤모델이 없다고들 한다. 레이건 대통령을 예로 들어 보자. 그의 아들은 자신의 진짜 부모가 흑인 도우미라고 믿으며(혹은 그러길 바라며) 자랐다. 부통령 조지 부시도 그렇다. 그는 방광에 문제가 너무 많은 탓에 지난 8년간 중요한 불법적인 결정이 내려질 때마다 화장실에서 나오지를 못했다. 대법원 판사 후보로 지명됐던 로버트 보크Robert Bork의 임명이 실패로 돌아간 후, 보수파들이 단정하고 마약에 손을 댄 경력이 없으면서 사법 시험에 합격까지 한 백인 남성을 찾기까지 얼마나 오래 걸렸는지 생각해 보라.

이에 더해 백인 남성성의 꽃으로 여겨지는 비흑인 민주당 후보들을 한번 살펴보자. 몇 달에 걸쳐 나왔던 후보 중 제대로 할 말을 생각해낸 사람은 하나도 없었다. 정치 담론은 "오늘도 잘 지내" 유의 백인끼리 하는 잡담 수준으로 떨어졌다.

그러다가 그들은 은밀하게 차례로 제시 잭슨Jesse Jackson을 따라 하기 시작했다. 공직 선거에 출마한 사람 중 가장 전형적인 백인이자 귀족적인 앨 고어마저도 바람막이 등산용 점퍼를 입고 자신이 노동자들의 대변인이라 자처하기 시작했다. 리처드 게파트Richard Gephardt는 잭슨이 즐겨 쓰던 운율을 차용해서 기업들이 서로 '머지(merge, 합병)'를 해서 노동자들을 '퍼지(purge, 몰아내기)'한다고 말했다. 그런 후 얼마 가지 않아 그는 자신이 가난한 남부 흑인 소년으로 성장하면서 겪은 일화들을 떠벌리기 시작했다. 물론 거기에는 어쩌다가 눈썹을 포함한 자신의 온몸이 백인으로 변했는지에 대한 기적적이고 감동적인 경험담도 포함됐다.

딱 보기에도 흑인 후보들이 훨씬 우월해 보이는 선거판과 맞닥뜨린 수많은 백인 유권자는 당황한 나머지 투표를 포기했다. 우리는 흑인들이 두터운 허벅지와 작은 두뇌를 가진 단순한 사람들이라고 생각하고 싶어 했다. 헤드스타트(사립 유치원에 비해 상대적으로 저렴한 미국 공립 어린이집-옮긴이)를 중퇴한 후, 바닥을 쓰는 청소부나 텔레비전 드라마에서 금발 경찰들의 조수 노릇을 하기에 적당한 사람들이라고 말이다. 사실 흑인들이 더 우수한 지적 능력을 갖췄다는 명백한 증거가 있다. 1984년, 로널드 레이건을 은퇴시키는 쪽에 92퍼센트의 흑인들이 표를 던진 데 반해서 그렇게 한 백인의 비율이 36퍼센트에 불과했던 것을 생각해 보라.

텔레비전에 나오는 사람 중 제일 유명한 두 명, 빌 코스비와 모턴 다우니 주니어Morton Downey Jr.를 비교해 보자. 수백만 명의 백인은 '코스'(코스비 쇼의 아버지 역이자 주연인 빌 코스비를 가리키는 말-옮긴이) 말고는 이렇다 할 아버지 같은 존재 없이 성장했다. 사람들이 빌 코스비가 광고하는 것이라면 그것이 설령 피부 표백제일지라도 뭐든 살 것이라는 시장 조사 결과도 있다. 반면 모턴 다우니 주니어가 팔려는 것은 읽는 사람이라곤 없는《재향군인일보》의 광고 면에 익명으로 나지 않는 한 아무도 사지 않을 것이다.

어쩌면 많은 백인이 치욕스러운 마음으로 이 모든 사실이 아이큐 유전 이론이 아니면 설명 불가능하다는 결론을 비밀리에 내리고 있는지도 모른다. 그러나 나는 아직 유전보다는 환경적인 요인으로 설명 가능하다고 생각한다. 예를 들어, 한 세대 전쯤 백인들은 인종이 뒤섞이는 바람에 살기 어려워진 도시 환경을 떠나 백인들만 사는 교외 주택가로 무더기 이주를 했다. 그러나 잔디를 가꾸고 관목을 다듬는 일에 몰두하는 생활이 오늘날 우리 백인들 사이에 흔히 볼 수 있는 아둔한 촌뜨기 같은 사고방식을 퍼뜨리는 데 그토록 효과적일지는 아무도 예측하지 못했다.

동시에 백인 엘리트 계층은 순도 100퍼센트의 백인 문화를 보존하기 위해 하버드대학교 같은 곳에 들어가 높은 담을 쌓고 숨어 버렸다. 그런가 하면 우리 인종 중에서 가장 뛰어난 사람들은 로스앨러모스(미국의 국립 핵 연구소가 있는 곳이다-옮긴이) 같은 곳에 숨어서 이 모든 것을 하루라도 빨리 종결시킬 방법을 찾고 있다. 불행하게도 다른 인종들로부터 극도로 고립된 우리에게는 백인들의 행동에 내재된 자기 파괴적 성향, '서구 문명'이라고 널리 알려진 이 행동의 폐해를 지적해 줄 사람이 주변에 없다.

현실을 솔직하게 받아들이자. 우리는 바깥으로 뻗어 나가는 대신 안쪽으로만 굽고, 배타적이 되었으며, 바보 같아졌다. 인류의 주류에서 단절된 채 살면서 우리는 분홍이 '살색'이고, 마요네즈가 영양가 높은 음식이고, 베리 매닐로우가 뮤지션이라고 믿게 됐다. 우리는 모르고 있지만 전 세계 방방곡곡에서 사람들은 "그 이야기 들었어? 어떤 백인이 말이야…"로 시작되는 이야기를 하면서 웃고 있다.

나도 안다. 참 아픈 이야기다. 낮은 자존감은 정말 좋지 않다. 사람들이 자기를 비웃고 있다는 생각에 정신이 나간 일부 백인들은 심지어 거리를 쏘다니며 유색 인종들을 무작위로 구타하거나 공화당에 표를 던지겠다고 위협하기도 한다.

하지만 단언컨대, 그런 행동은 하등의 도움이 되지 않는다. 백인으로서 긍지를 되찾으려면 우리는 이 좁아터진 게토에서 벗어나 세계로 성큼성큼 걸어 나가야 한다. 물론 처음에는 부끄러운 일을 피하기가 힘들 것이다. 말실수를 하지 않을까, 셈을 틀리지나 않을까, 남반구 지리를 잊어버리지나 않을까 하는 두려움도 피하기 힘들 것이다. 그러나 숀, 스테이시 등 자녀들을 모두 모아 놓고 이렇게 이야기해 주자. "우리도 할 수 있어! 공부를 열심히 하고, 최선을 다하면 우리 같은 사람들도 '성공한 사람'이 될 수 있어!"

두 개의 미국이 온다

《뉴욕타임스New York Times》, 1986

우리의 대부분은 '중산층'이다. 적어도 그렇게 믿고 싶어 한다. 그러나 미국 사회가 점점 더 양극화되고 있다는 징후가 쏟아지고 있다. 지난 10여 년에 걸쳐 부자들은 더 부자가 되었고, 빈곤층의 숫자는 급증했으며 그 중간에 자리한 계층도 예전보다 상황이 좋지 않다. 1980년대 초 경제 부진을 겪은 후 미국이 "부활하고 있다"고 장담한 레이건 대통령의 말이 사실이라면 미국은 낯설고 냉혹한 모습으로 부활하고 있는 듯하다.

아메리칸 드림을 향해 나아가던 미국 사회가 궤도 이탈을 한 것은 1960년대 말이다. 그 시대에 살던 사람들이야 그 사실을 알아차리는 것이 불가능했지만 경제학자 베넷 해리슨Bennett Harrison, 크리스 틸리Chris Tilly, 배리 블루스톤Barry Bluestone 등에 따르면 1960년대 말을 기점으로 미국의 경제적 평등이 줄어들기 시작했다. 제2차 세계대전 직후부터 지속되어 오던 경제적 평준화 추세가 그때부터 유턴하면서 빈익빈 부익부 현상이 심화됐고 중간 계층도 설 자리를 잃었다. 1984년에 나온 미국 하원 합동 경제 위원회 보고서에 따르면, 미국 내 수입 상위 40퍼센트에 해당하는 가정이 보유한 부가 67.3퍼센트에 달한 반면 하위 40퍼센트는 15.7퍼센트만을 차지했다(1947년 이후 최하 수준이다). 중간 20퍼센트의 몫은 17퍼센트로 감소했다.

심지어 일부 경제학자들은 전통적으로 미국 인구의 대다수를 차지하고, 나라의 정체성과 목표 의식을 대표해 오던 중산층이 완전히 사라질 수 있다는 예측까지 내놓으면서, 그럴 경우 매우 부유한 소수와 다수의 절박한 빈곤층으로 사회가 분열되는 개발도상국의 상황이 될 수 있다고 경고했다.

적어도 소비자 선택 면에서 우리는 이미 '두 개로 나뉜 사회'로 가는 길에 접어든 듯하다. 소매업 부문에서 중간층이 사라지고 있는 것이 그 한 예다. 코벳Korvette과 짐벨Gimbels(미국의 중가 백화점)이 종적을 감췄고, 시어스Sears, 로벅Roebuck, JC페니JCPenney 등도 전에 없이 분열된 소비자 시장에서 살아남기 위해서 자리매김하는 데 온 힘을 다하고 있다. 장사가 잘되는 곳은 극도로 부유하거나 극도로 가난한 고객층에 특화된 곳들이다. 노드스트롬Nordstrom과 니만-마커스Neiman-Marcus는 부자들을 대상으로, K마트는 가난하거나 절약해야 하는 사람들을 대상으로 한다. 음식이나 옷이 됐든, 가구가 됐든 어느 분야를 들여다봐도 두 개의 서로 다른 문화가 형성되고 있다는 것을 알 수 있다. 천연 섬유 대 합성 섬유, 목재 수제 가구 대 대량 생산된 합판 가구, 고급 수제 쿠키 대 싸구려 튀김 도넛.

두 개로 분열된 사회로 변화해 가는 현상의 정치적인 여파는(이것이 실제 일어나고 있는 현상이라면) 상당히 암울하다. 투자 금융가이자 인권 운동가인 필릭스 로하틴Felix Rohatyn은 다음과 같이 일갈한다. "민주주의가 살아남기 위해서는 사회가 적어도 공정하다는 외양이라도 갖추고 있어야 한다. 미국 사회는 더 이상 그렇지 않다." 우리는 미국이 균등한 '중산층' 사회라는 기만에서는 벗어났을지 모르지만, 그래도 극도로 돈이 많은 사람들과 극도로 돈이 없는 사람들 사이에 쿠션 역할을 하는 안정적인 다수의 중산층이 존재할 것이라고 기대해 왔다. 양극단이 점점 커지고 경제적 중간층이 더 이상 버틸 수 없게 되면 우리의 정체성과 국가의 미래가 위험에 빠진다.

계층의 양극화 현상에 걸려 있는 것이 너무 많기 때문에 그에 대한 논의 자체도 극단적으로 양극화되어 있다. '비관론자'라고 부를 만한 진영에는 젊지만 명성이 높은 경제학자들이 주로 버티고 있다. 그들 대부분은 상대적으로 부유한 매사추세츠주에 근거를 두고 있다. 반대편에는 워싱턴의 브루킹스 연구소Brookings Institution와 뉴욕시의 콘퍼런스 보드Conference Board라는 두 연구 기관이 있다. 이들은 현재 미국의 경제가 근본적으로 잘못된 부분이 없고, 불평등이 심화되는 것은 단기적인 현상에 불과하다고 주장한다.

두 진영의 논쟁을 듣고 있자면 머리가 멍해질 정도로 전문적인 내용이 대부분이지만, 의견 차이는 통계 숫자가 아니라 이데올로기와 관련이 있는 듯하다. 예를 들어 콘퍼런스 보드의 페이비언 린든Fabian Linden은 '비관론자'들에 대해 이렇게 말한다. "세상이 불완전하고 따라서 변화해야 한다고 믿는 사람들은 언제나 존재한다…. 생각해 보면 보통 오만한 태도가 아니다."

그러나 아무리 겸손할지라도 미국 사회의 계층 지도가 커다란 변화에 진입했다는 사실을 부정하는 사람은 아무도 없다. 인구를 어떤 방식으로 나눈다 하더라도(상위 5분의 1과 하위 5분의 1을 비교하든 상위 40퍼센트와 하위 40퍼센트를 비교하든), 그리고 개인 소득을 보든 가계 소득을 보든, 빈곤층은 점점 더 적은 돈으로 생계를 꾸려 가고 있고, 부유층은 전례 없는 부를 누리고 있다.

자녀를 둔 가구의 소득을 오랜 기간에 걸쳐 비교해 보면 이 변화가 더 두드러진다. 1968년, 소득 수준 하위 5분의 1에 해당하면서 자녀가 있는 가구의 소득은 전체 가구 총소득의 7.4퍼센트 수준이었다. 1983년, 그 숫자는 3분의 1이 감소해 4.8퍼센트를 기록했다. 같은 기간 소득 상위 5분의 1의 몫은 33.8퍼센트에서 38.1퍼센트로 늘어났다. 인구조사국은 조사를 시작한 1947년 이래로 가장 부자인 가구들과 가장 가난한 가구들 사이의 격차가 최대로 벌어졌다고 밝혔다.

통계학적으로는 아직까지 중산층이 존재한다고 말할 수 있다. 적어도 소득 분배 그래프는 여전히 종 모양 곡선을 그리면서 양극단보다 중간 소득 근처에 가장 많은 수가 모여 있다. (중산층이 사라지면 이 곡선은 중간에 하나의 봉우리가 있는 것이 아니라 양쪽 극단에 자리한 두 개의 봉우리로 나타날 것이다.) 그러나 지난 10년 사이 소득 분배 곡선은 낮은 쪽이 더 두터워지고 최고점이 약간 낮아져서 완만한 언덕이라기 보다는 해변에 쓸려 올라온 고래처럼 보인다. 잘 모르는 사람에게는 이 변화가 별로 놀라운 것이 아닐 수 있지만 워싱턴의 경제 정책 연구소Economic Policy Institute 소장 제프 폭스Jeff Faux는 이렇게 말한다. "이 숫자는 빙하처럼 매우 느리게 변화하는 속성이 있습니다. 따라서 변화가 보인다면 주의를 기울일 필요가 있어요."

논쟁하는 두 진영 중 낙관론자들은 소득 분배 곡선이 낮은 쪽으로 기우는 것의 주원인은 베이비부머 세대 때문이라고 본다. 7800만 명이나 되는 이 베이비부머 세대가 1960년대와 1970년대 노동 시장에 대거 진입했고, 그 막대한 숫자로 인해 임금 하향이 불가피했다는 것이다. 이 세대가 나이가 들면 소득이 높아질 것이고, 그에 따라 미국은 안정된 중산층을 가진 사회로 돌아갈 것이라는 주장이다. 그러나 MIT의 베넷 해리슨과 크리스 틸리, 그리고 보스턴칼리지의 배리 블루스톤은 베이비붐으로 인해 생긴 노동력의 증가와 경기 순환 효과는 1978년 이후 생긴 소득 격차의 3분의 1 이하를 차지할 뿐이라고 분석한다.

사실 베이비부머 세대는 나이가 들어도 부모 세대만큼 소득을 늘리는 것이 어려워질 수 있다. 경제학자 프랭크 S. 레비Frank S. Levy와 리처드 C. 미셸Richard C. Michel의 연구에서는 10년 전 40세 남성이 50세가 되는 사이에 평균 소득이 30퍼센트 증가했다고 밝했다. 그러나 1973년에는 40세 남성이 50세가 되었을 때 평균 소득이 오히려 14퍼센트 감소했다. 이 경향이 계속된다면 베이비부머 세대는 나이가 들어서 대우받겠다는 생각은 꿈에도 하지 말아야 할 것이다.

베이비부머 세대의 운명은 또 다른 면에서도 미국 경제의 미래에 매우 중요한 의미를 지닌다. 널리 알려진 고정관념과는 달리 베이비부머들이 모두 어리고 건강한 얼굴을 하고 메스키트(미국 텍사스주 동북부) 요리를 즐기고 운동 기구에 관심이 많은 출세 지향주의자들은 아니다. 베이비부머 세대는 1946년에서 1964년 사이에 태어난 사람들로, 여피족(개인 수입이 3만 달러 이상이거나 커플 합계 수입이 4만 달러 이상인 도시에 사는 젊은 전문직 혹은 관리직 종사자)에 해당하는 사람은 그중 5퍼센트에 불과하다. 미국 국민 대다수와 마찬가지로 이들 또한 대부분 소득 분배 곡선의 양극단이 아니라 중간 어딘가에 존재한다는 대단히 제한적인 의미에서 '중산층'에 속한다고 할 수 있다. 그들이 이 중산층(어떻게 정의를 내리든 상관없이)이라는 위치에서 밀려나지 않고 버티는지 여부가 미국 중산층이 자신의 사회적 위상을 다음 세대까지 물려줄 수 있을지 확인하는 시험대가 될 것이다.

'중산층'은 여러 방법으로 정의할 수 있다. 통계적으로 이야기하자면 중산층은 단순히 중간 소득치에 가까운 사람들, 가령 소득이 중간 소득 플러스마이너스 20퍼센트에 해당하는 사람들이라고 할 수 있다. 그러나 상식적으로 말할 때 '중산층'이란 소득뿐 아니라 사회적 위상도 포함되는 개념으로, 어떻게 살고, 어디에 돈을 쓰고, 미래에 대한 기대가 어떤지 등의 미묘한 뉘앙스로 구별되는 사람들이다. 제2차 세계대전이 끝난 후 중산층은 주택을 소유하고 대학 교육을 받고(적어도 자녀들은 대학에 보내고) 차를 두 대 이상 소유하고 가족 여행을 즐길 수 있는 사람들로 정의됐다.

주택 소유 면에서 베이비부머 세대가 부모 세대보다 상황이 좋지 않다는 것은 확실하다. 레비와 미셸은 베이비부머 세대의 아버지 세대가 주택 보유를 위해 지불한 돈이 월급 총액의 14퍼센트에 해당한다고 계산했다. 1984년, 중간 가격의 주택을 매입한 30세 남성은 주택 구입 비용에 월급의 44퍼센트를 할애해야 한다. 최근 들어 이자율이 낮아진 것이 조금 도움 되긴 하지만, 계속되는 주택 가격 상승으로 인해 그 효과는 미미하다. 주택 구입 비용이 올라간 것뿐 아니라 사실상 평균 소득이 떨어지고 있다는 것도 문제다. 전국 주택 건설 협회National Association of Homebuilders에서는 1986년 현재 평균 가격의 집을 매입하려면 가구 소득이 약 3만 7000달러 이상이어야 한다고 밝혔다. 1985년 인구 조사에 따르면 가구당 평균 소득은 2만 7735달러로, 거의 1만 달러가 모자란다.

미국의 경제 불평등 현상이 심화된 원인 중 하나, 아니 유일한 원인이 베이비부머 세대가 노동 시장에 대거 유입됨으로써 노동력이 급속히 증가한 것이 아니라면 대체 무엇일까? 가장 확실한 원인으로 공공 정책을 들 수 있을 것이다. 1960년대와 1970년대 초의 공공 정책, 그리고 정치 담론은 부의 하향 재분배를 선호하는 경향이 있었다. 로널드 레이건은 그것을 완전히 뒤집어 제2차

세계대전 후 최초로 정부가 주도하여 부를 상향 재분배하는 정책들을 도입했다. 부자들을 위한 감세와 가난한 사람들을 위한 사회 복지 비용 절감이 복합적으로 작용해서 1980년부터 1984년 사이 소득 상위 가구 5분이 1의 가처분 소득은 250억 달러 상승했다. 현재(1986년) 상정된 세법 개정안이 통과되면 이 불평등이 일부 개선될 전망이지만 동시에 이 개정안을 비판하는 목소리도 크다. 리처드 A. 머스그레이브Richard A. Musgrave 하버드대학교 정치경제학과 명예교수를 포함한 이 비판 세력은 이 개정안이 극상류층에 대한 최고 세율을 낮추기 때문에 누진세 원칙 자체를 후퇴시키는 것이라 주장한다.

사실 두 개로 분열된 사회로 변화해 가는 과정은 1981년 공화당이 정권을 잡기 이전부터 이미 시작됐고, 분명 정치적 분위기보다 더 깊은 변화에 뿌리를 두고 있다. 그중 일부는 경제적이라기보다 사회적인 변화들이다. 예를 들어 이혼하고 나면 보통은 여성이 자녀를 기르면서 양육 비용에 대한 책임을 더 많이 지게 되고, 그럼으로써 한 계층에 속해 있던 가족이 서로 다른 사회 계층으로 분할되는 경우가 많다. 편모 가정은 현재 빈곤층 가구의 절반 이상을 차지한다.

그러나 최근 형성되고 있는 불평등의 패턴에 이혼이 한 원인이라면, 결혼 또한 원인을 제공하는 요소다. 뉴욕에서 활동하는 마케팅 컨설턴트 미미 리버Mimi Lieber는 소비자 선택의 계층 양극화가 끼치는 영향을 오랜 기간 주목한 결과 "결혼 패턴도 변화하고 있어서 요즘은 가령 의사가 간호사와 결혼하지 않고 동료 의사와 결혼하는 경우가 더 많다"고 말한다. 그 결과 결혼은 더 이상 여성에게 계층 상승의 기회가 되지 못하게 되었다.

그러나 전체적으로 볼 때 결혼, 적어도 '비전통적'인 형태의 결혼 생활은 안정 효과를 가져오는 요인으로 작용하기도 한다. 베이비부머 세대의 여성 중 70퍼센트가 직업을 갖고 있다. 이는 그들의 어머니 세대 중 30퍼센트만 직업을 가졌던 것과 대조되는 현상이고, 이렇게 맞벌이하는 여성들이 벌어들이는 돈에 의지해 중산층에서 밀려나지 않고 버티는 가정의 수가 점점 늘어가고 있다. 셸던 댄지거Sheldon Danziger와 피터 고트샬크Peter Gottschalk가 미국 하원 합동 경제 위원회에 제출한 보고서에 따르면 1967년 이후 자녀를 둔 백인 부모 가구의 소득 증가는 대부분 여성의 소득 증가 덕분이라는 사실을 알 수 있다. 남성의 소득으로만 보면 인종을 막론하고 모든 가구의 평균 소득이 중간 소득 이하로 떨어지고, 여성의 소득만으로는 4인 가족 빈곤선인 1만 990달러 이하로 떨어진다.

결혼과 이혼의 패턴에서 다른 어떤 변화가 벌어지고 있는지는 모르지만 평균적인 미국 시민이 가족을 부양할 수 있는 능력에 변화가 온 것은 틀림없다. 블루스톤과 해리슨은 현재의 경제 체제가 괜찮은 보수를 주는 일자리를 충분히 창출하지 못하고 있다고 주장한다. 1963년에서 1978년 사이에 새로 생긴 일자리 중 빈곤선 혹은 빈곤선에 가까운 임금을 지불하는 일자리는 23퍼센트에 불과했다. 그러나 1978년에서 1984년 사이에 나온 일자리 중 거의 절반에 해당하는 48퍼센트가 빈곤선에 가까운 임금을 지불했다. 최저 임금은 1981년 이후 인상되지 않아서 1년 내내 풀타임으로 일을 해도 6700달러밖에 되지 않아 4인 가족 빈곤선보다 4000달러나 부족하다.

미국인들의 수익 창출력이 떨어지는 데는 의심할 여지 없이 더 깊은 (경제학자들의 말을 빌리면) '구조적인' 원인이 있다. 경제가 '세계화'된 것도 그중 한 요소일 것이다. 의류, 장난감, 전자 등의 산업 부문에서 미국 노동자들은 시급이 아니라 일당으로 몇 달러만을 받고 일하는 남반구의 노동자들과 직간접적으로 경쟁하고 있다. 이런 맥락에서 미국의 경제는 '탈산업화' 과정, 다시 말해 제조업에서 서비스 산업으로의 이행 과정을 밟아 왔다. 이 변화는 급속도로 이루어져서 1979년 이래 미국의 블루칼라 일자리 1150만 개가 사라졌다(그중 많은 수가 자동차, 철강 산업과 같은 노조를 갖춘 고임금 일자리였다). 서비스 산업에 속하는 일자리는 대부분 노조도 없고 저임금인 경우가 많다. 마지막 요소는 기술 혁명이다. 컴퓨터가 중간 수준의 임금을 받던 숙련 노동자들의 일자리를 잠식한 것이다. 중간 관리자, 백화점 바이어, 기계 기술자 등의 중임금 일자리뿐 아니라 은행 창구 직원, 전화 교환원 등의 저임금 일자리도 컴퓨터로 대체되고 있다.

경제학자들이 가장 치열한 논쟁을 벌이고 있고, 어떤 면에서 혼란스러워하고 있는 부분도 바로 이 '구조적인' 변화가 경제에 끼친 영향에 관해서다. 낙관론자들은 계층 양극화의 원인이 구조적인 것이 아니기 때문에 금방 사라질 현상이라고 고집한다. 베이비부머 세대로 인한 노동 인구 증가, 강한 달러세 혹은 그와 비슷한 요소들은 저절로 사라지게 마련이라는 것이다. 얼마 전까지도 비관론자들은 양극화 현상이 세계화, 탈산업화, 테크놀로지 발전의 직접적인 결과라고 확신했다. 사실 적어도 이론적으로는 그 세 가지 요소가 결합하면 극소수의 기술 관리자의 감독을 받는 대규모 미숙련 노동자 집단이 형성된다는 예측도 가능하다.

그러나 이 관점에 이견을 제시하는 사람들이 비관론자 진영 내부에서 생겨나고 있다. 상원의원 에드워드 M. 케네디 보좌팀의 경제 전문가 데이비드 스미스David Smith는 이렇게 말한다. "서비스 산업 중심으로는 현재의 생활 수준을 유지하는 데 필요한 경제 성장을 지속시킬 수 없다는 사실에는 이론의 여지가 없다." 그러나 그는 테크놀로지의 발전이 꼭 직업의 양극화 현상을 가져오진 않는다는 데이터가 최근에 등장했다고 덧붙인다. 국제 경쟁 문제에 관해서는 "보험 산업 같은 부문에서 우리가 도대체 누구랑 경쟁을 하고 있다는 말인가?"라며 비꼬았다.

그러나 최근 들어 미국의 노동자들이 협상 테이블에서 자신의 의견을 관철시키는 데 필요한 힘이 현저히 떨어진 듯하다. 사실 대부분의 노동자(노조 가입을 하지 않은 80퍼센트)는 협상 테이블까지 가지도 못한다. 지난 10년간 세계화된 시장에서 경쟁해야 한다는 이유를 대며 고용주들은 노동 비용을 삭감하기 위해 공격적인 전략을 구사하고 있다. 임금 권리의 일시 유보(나중에 더 많은 급여를 받기로 하고 당분간의 급여 삭감에 동의하는 것), 이중 계약을 비롯한 각종 양보를 요구하고, 그것을 관철시키는 빈도가 높아진 것이다. 임금 노동자들이 허리띠를 졸라매는 동안 최고 경영진은 과거라면 당치 않다고 여겨질 만한 수준의 높은 연봉을 챙겨 갔다. "노동자들의 임금과 생활 수준은 가혹할 정도로 위협받고 있다. 저임금 사회는 부유한 사회가 될 수 없기 때문에 장기적으로 보면 모두가 지는 게임이다"라고 사회 비평가 마이클 해링턴Michael Harrington은 일침을 놓았다.

미국 사회가 양극화되는 이유가 무엇이든 간에 양극화 현상에는 그 나름의 역학 관계가 생기고, 불행한 역설이지만 그 역학 관계는 사태를 향상시키기보다는 악화시키는 쪽으로 작용한다. 무엇보다 부자들(상위 5분의 1이라고 해 두자)은 빈곤의 늪으로 점점 더 깊이 빠지는 절박한 사람들과의 접촉을 피하기 위해 최선을 다한다. 이를 위해 공립 학교, 공원, 대중교통 등의 공공 서비스와 공공장소를 피하고, 그에 따라 점차 그 장소와 서비스의 질이 떨어진다. 그런 현상이 계속되면 빈곤층이 이용할 수 있는 생활 조건과 그들(중간 정도의 소득층도 함께)이 누릴 수 있는 기회들이 점점 악화되는 결과를 낳는다. 물론 가난한 사람들의 상황이 더 나빠질수록 부자들은 자신들만의 '좋은' 동네 밖으로 나오지 않고 민간 서비스에 더 많은 돈을 쓰게 된다.

잘사는 사람들이 공공 서비스를 이용하지 않게 되면 공동체 전체에 도움이 되는 공공 지출에 대한 정치적 지지도 약해진다. 자녀를 사립 학교에 보내고, 택시로 출근하고, 좋은 공기를 마시기 위해 아스펜 휴양지에 가는 사람들은 정부 서비스를 확장하는 쪽보다는 세금 감면을 선호할 가능성이 높다. 이는 미국 중상류층에서 진보 성향이 줄어드는 이유 중 하나일지도 모른다. 스피로 T. 애그뉴Spiro T. Agnew가 맹공격했던 '무능한 속물' 진보주의자들은 이제 공화당을 지지하는 복지 수혜자만큼이나 드물어졌다.

계층 양극화 현상은 또 다른 방식으로 자기 강화를 거듭한다. 컬럼비아대학교 경제학자 사스키아 사센Saskia Sassen은 말한다. "새로운 도시 거주 중상류층이 성장하면서 저임금 일자리 확산이 촉진되고 있다. 도시 내에 일종의 '하인 계층servant class'이 형성되어서 부자들이 사다 먹는 고급 음식을 만들고, 그들의 비싼 옷을 수선하고, 수제 가구를 생산하는 일을 하는 것이다."

그는 전통적인 중산층의 소비 패턴의 경우 오히려 평등주의적 효과를 가져왔다고 지적한다. 모든 사람이 시어스 백화점에서 가구를 사고, A&P에서 식료품을 사던 시절에는 노조가 있을 확률이 높았고 정당한 임금을 지급하는 대량 생산 공장 일자리가 있었다. 이와는 대조적으로 요즘의 고급 소매점들은 상대적으로 작고, 노조가 없는 회사들의 생산 제품을 파는 부티크 스타일의 가게들이다.

도시의 중상류 계층 대 '하류 계층' 간에 양극화 현상이 심해지면 중간 소득을 가진 사람들이 살아남는 게 더 어려워지는 상황이 불가피하게 펼쳐진다. 부자들이 더 부자가 될수록, 중간 소득 계층이 소비하는 것들에 더 많은 돈을 지불하는 것을 마다하지 않는다. 특히 주택이 그 좋은 예다. 엄청나게 부풀려진 주택 가격은 최상위 5분의 1에게도 피해를 주기는 하지만, 중간 소득 계층에 비해 최상위 계층은 불어나는 생활비에 맞춰 연봉 인상을 받아 낼 확률이 더 높다.

매사추세츠대학교의 랠프 화이트헤드 2세Ralph Whitehead Jr.는 베이비부머 세대 중 여피가 되지 못한 사람들을 '뉴칼라 계층new collar class'이라고 불렀다. 이들은 부티크 스타일의 고급 소비 생활은커녕 주택 담보 대출을 받을 능력도 없는 경우가 많다. 그러나 우리 모두는 고급 소비재 시장이 호황을 누린다는 감언이설에 속아 넘어가곤 한다.

요즘 문화에서 자신이 '중산층'이라고 입증할 수 있으려면 전통적인 중산층의 표상인 주택과 자동차의 소유뿐 아니라 고급스러운 라이프스타일을 보여줄 수 있는 상징물 몇 개 정도는 소유하고 있어야 한다. 손님을 초대하면 여섯 캔에 5달러 정도 하는 맥주를 내놓고, 어린 자녀들에게 60달러가 넘는 트레이닝복 상의를 입히는 것도 그중 하나다. 현재 문화에 맞는 '중산층'이 되려면 부자에 가까워야 한다.

지금까지는 중간 소득 가구들도 여러 방법을 동원해 어떻게든 살아남고 있다. 자녀 출산을 미루고, 자녀를 출산한 후에도 맞벌이를 그만두지 않는다. 블루밍데일스 백화점에서 산 것처럼 보이는 물건을 K마트에서 찾아내는 데 전문가가 된다. 정말 큰 지출을 해야 할 일이 있으면 부모들에게 도움을 청할 확률이 높다. 그러나 그런 전략에는 희생이 따르게 마련이고, 그 희생 중 하나가 우리가 자라면서 당연하게 기대하게 된 여가 시간이 있는 가정생활이다. "지금은 부부가 두 개의 직장을 가진 것이 표준이지만 다음 단계는 지출에 맞는 소득을 확보하기 위해 남편이 직장을 하나 더 가져서, 부부 사이에 직장 세 개를 가진 것이 표준이 될 수도 있다"고 컬럼비아대학교 정치학 교수 에델 클라인Ethel Klein은 말한다.

카를 마르크스는 탐욕스러운 부르주아 계급과 저항 정신을 가진 다수의 프롤레타리아 계급 사이의 갈등으로 인해 자본주의 사회가 결국 무너질 것이라 예측했다. 그는 양극단을 중재해서 안정적인 사회 질서를 만들어 내는 중산층의 도래를 내다보지 못했다. 그러나 그 중산층이 점점 약화되고 양극단이 점점 멀어지는 상황을 고려하면 마르크스가 내놓은 비전이 마침내 미국의 미래와 부합된다는 결론을 내리는 것도 어렵지 않을 것이다.

그러나 미국은 여전히 어떤 예측도 무모하게 만드는 독특한 나라이기도 하다. 무엇보다 미국인들은 계층 의식이 없는 것은 물론이고 심지어 계층이 존재한다는 사실조차 의식하지 못하는 것으로 악명이 높지 않은가. 가장 참혹한 형태의 개인적 혼란을 맞닥뜨리고도 우리는 지금 우리가 경험하는 그 충격을 표현할 만한 언어조차 갖고 있지 않다. 게다가 적어도 그 문제에 있어서 빈곤층의 절망감과 중간층의 어려움을 대변해 줄 정치 지도층도 부족하다.

따라서 궁지에 몰린 미국의 중산층이 어디로 향할지 확실히 예측할 길은 없다. 중산층에서 탈락한 일부는 좌경화되는 것 같긴 하다. 예를 들어 1980년에 처음 등장해 계층 하강 중인 한부모 가정 여성들은 1984년에 뚜렷이 드러난 정치적 성별 격차를 만들어

6장 중산층 몰락 사회의 탄생

내는 데 일조한 것으로 추정된다. 선거에서 열세에 몰린 민주당 후보에게 남성보다 여성들이 훨씬 더 많이 표를 던진 현상 말이다. 그러나 과거에는 중산층이었지만 이제는 빚더미에 올라앉은 농부들은 여러 방향으로 갈라졌다. 그들 중에는 제시 잭슨의 진보적 포퓰리즘에 반응하는 사람들도 있고, 극단적인 비주류 우파에 경도되는 사람들도 생겼다. 그 가운데 주머니가 궁핍해진 중산층 베이비부머 세대가 가장 수수께끼 같은 집단이다. 그들의 정치적 성향에 대한 각종 추측이 난무하고 있지만, 확실히 알려진 것은 그들이 사회 문제에 대해서는 진보적이고, 경제 문제에 대해서는 보수적이라는 점, 그리고 로널드 레이건과 브루스 스프링스틴Bruce Springsteen을 똑같이 존경한다는 사실뿐이다.

정치적 행동 방식이 마르크스의 예측에 들어맞는 것은 부의 양극단을 차지하는 집단들뿐이다. 《불평등의 새 정치학The New Politics of Inequality》에서 토머스 번 에드설Thomas Byrne Edsall은 1980년대에 들어선 후, 이전 20여 년과 비교해서 '계급적 투표가 예외적으로 강화되었다는 증거'를 나열한다. 예를 들어 1956년 대통령 선거에서 아이젠하워는 모든 소득 계층에서 비슷한 표차로 승리를 거뒀다. 그러나 1980년 레이건은 부자들 사이에서는 승리를 거뒀지만 소득 분배상 하위 40퍼센트 계층에서는 완전히 거부당했다. 정당 관계도 이와 비슷한 양극화 현상을 보여서 부자들은 1930년대 이후 그 어느 때보다 더욱 강력하고 예외 없이 공화당을 지지했고, 가난한 사람들은 민주당을 지지했다.

그러나 어느 정당도 두 개의 계급으로 나뉜 사회를 향해 치닫는 미국의 질주를 멈출 만한 프로그램을 진행할 용의가 없어 보인다. 물론 계층 양극화 현상이 무엇인지를 정확히 이해하기 전까지는 그 현상을 일으키는 근본적인 원인을 해결하는 방법을 찾을 수 없다는 사실은 인정한다. 그러나 지난 몇 년간의 주요 정책 방향이 양극화 경향을 더욱 심화시켰다는 것은 분명하다. 내가 볼 때는 미국 사회의 양극화를 피하고 싶다면 공공 정책을 통해 부와 기회를 아래쪽으로 재분배하는 것 말고 다른 선택의 여지가 없다. 린든 B. 존슨이 '위대한 사회' 정책에서 지향했던 '중산층에서 가난한 사람들을 향한 재분배'가 아니라 '극상류층 부자에서 사회 모든 계층을 향한 재분배'를 목표로 한 정책이 필요하다.

최저 임금을 인상하는 것부터 시작하면 어떨까. 최저 임금을 인상하면 일을 하는데도 가난에서 벗어나지 못하는 워킹 푸어들을 도울 수 있을 뿐 아니라 중간 수준의 임금을 인상시키는 효과도 가져올 것이다. 한참 전에 이미 취했어야 할 조치들, 즉 국민 건강보험과 어린이 보육 보조금 지급을 통해 어려움을 겪고 있는 젊은 부모들을 돕는 방법도 있다. 또 세제 개혁을 통해서 연방 지출에 필요한 수입원을 마련하는 동시에 중간 소득 계층의 부담을 덜어 주는 것도 가능하다. 진정한 의미의 누진 소득세를 도입하고, 교육, 사회 복지 프로그램 등에 대한 공공 지출을 늘리면 점점 더 벌어지는 기회의 불평등을 해소하는 데 큰 효과를 거둘 수 있을 것이다.

덜 불안하고, 더 평등한 사회를 만들어 내는 것은 사회 구성원 모두에게 중요한 일이다. 사실 현재 부유한 사람들의 입장에서도 가장 위험한 것은 계층 의식을 갖춘 좌경 정치 세력이 부상하는 것이 아니라 그런 세력이 부상하지 않는 것이다. 강력한 정치적 대안이 없으면 배고픈 자와 과식하는 자, 희망이 없는 자와 모든 것을 다 가진 자들의 분열로 갈라진 사회가 되어 가는 것을 막을 길이 없다. 그보다 더 근심스러운 것은 기울어 가는 중산층의 좌절감이나 최하층의 절박함을 평화적으로 배출할 정상적인 정치 통로가 없어질 것이라는 사실이다. 그 대신 범죄가 늘고, 정치적, 종교적 분파주의가 더 극단화되어서 결국 우리는 한 나라가 아니라 실질적으로 분열된 두 나라에서 살게 될 거라는 예측이 설득력 있어 보인다.

벗겨먹기 대학에 오신 것을 환영합니다

《마더존스Mother Jones》, 1987

올가을이 되면 나의 사랑스럽고 영특한 딸이 유명한 아이비리그 대학에 입학할 것이다. 이 소식에 당연히 나는 상심에 빠져 있다. 익명성을 보장하기 위해 벗겨먹기 대학이라고 부를 이 엄청난 명문대는 내 아이에게 이층 침대 한 칸과 카페테리아 급식, 그리고 시세 차익으로 배를 불릴 미래의 자본가와 경주용 종마 사육사들과 사귀는 대가로 1년에 연간 중간 가구 소득의 3분의 2가 넘는 돈인 2만 달러를 요구한다.

검소한 여느 부모와 마찬가지로 나도 우리 딸이 대학 진학을 꿈꾸지 않도록 유도하기 위해 별짓을 다했다. 교과서를 감추기도 하고, 미용술, 10대 임신, 텔레비전 시청 등에 관심을 가지도록 유도해 보기도 했다. 심지어 아이에게 대학 캠퍼스 몇 군데를 보여 주기도 했다. 특권 의식이 가득한 남학생들이 소수 인종 학생들을 쫓아다니면서 마케팅 교과서에서 배운 수법을 써먹는 역겨운 광경을 보고 나면 대학이라는 것에 회의를 느끼지 않을까 하는 기대에서였다. 아이에게 대학 내 성차별이 너무 심해져서 좀 더 깨어 있는 대학들에서는 무료 강간 상담을 1학년 오리엔테이션 수업 중 일부로 포함시키기까지 한다고 말해 줬다. 하지만 돌아온 대답은 "아, 엄마, 걱정 좀 그만하세요!"뿐이었다.

4월 말부터 날아들기 시작한 대학 합격 통지서들은 '수취인 불명'이라고 쓴 다음 돌려보냈다. 하지만 나는 그 대학들이 일단 상품을 팔겠다고 마음먹으면 얼마나 집요해지는지 미처 모르고 있었다. 프린스턴의 브룩 실즈가 전화를 걸어와 태피 만드는 파티에 우리 딸을 초대했고, 헨리 키신저가 비즈니스 제트기를 타고 잠깐 들러 하버드의 학부생 커리큘럼에 관해 설명해 줬다. 베노 슈미트Benno Schmidt는 예일로 오면 15퍼센트 등록금 할인과 해체 문학론계의 유명 인사와의 만남을 주선하겠노라 약속했다. 물론 엄청나게 기분 좋은 일이었지만 나는 발목을 단단히 잡혀 이제 빠져나갈 수 없게 됐다는 사실을 직감했다. 마치 공짜 마가리타 한 잔을 마시겠다고 동의한 후에 포코노스의 콘도 매입 안내를 여섯 시간 동안 꼼짝없이 앉아서 들어야 했던 때와 비슷한 느낌이었다.

학자금 지원에 대해서는 말도 꺼내지 말길 바란다. 나도 큰 희망을 가지고 알아봤지만 신청서를 쓰기 시작하자마자 곧바로 가망이 없다는 것을 깨달았다. 12번 문항에서는 내 현재 수입과 보유한 가구뿐 아니라 기증할 수 있는 내장 기관도 가지고 있는지 물었다. 34번에서는 혹시라도 가지고 있는 은제 식기류가 있다면 모두 세세히 기입하라고 했다. 92번은 혹시라도 친자 확인 소송을 제기할 록스타가 있는지 모두 열거하라는 항목이었다.

대학에 가는 데 왜 그렇게도 돈이 많이 드는 것일까? 아니, 더 정확히 말하자면 그 많은 돈이 모두 어디로 가는 것일까? 2만 달러면 컬러텔레비전을 갖춘 시내의 호텔에서 조식을 포함해 1년을 쭉 머물 수 있는 금액이라는 사실까지 생각이 미치자 이 모든 의문은 더 깊은 미궁에 빠져들고 말았다. 내가 알기론 벗겨먹기 대학에서는 룸서비스조차 제공하지 않는다. 숫자를 다시 살펴보자. 2만 달러면 24시간 케어 서비스를 받는 요양원을 1년간 이용할 수 있다. 하지만 벗겨먹기 대학은 모두가 알다시피 엄청나게 높은 기준을 가지고 있어서 다른 사람의 도움 없이 스스로 씻고 옷을 입을 수 있는 학생만 받는다.

그 돈이 교수진의 주머니에 들어가지 않는 것도 확실하다. 부업으로 유전자 접합gene-splicing을 전문으로 하는 기업을 소유하고 있거나 펜타곤 컨설턴트로 일하는 소수의 유명한 교수들을 제외하면 대부분은 꾀죄죄한 차림에 말라빠진 교수들로, 학생회관 앞에서 동냥하는 것도 마다하지 않을 사람들이다. 연방 정부의 적자만큼 막대한 기부금을 보유하고 있는 명문 벗겨먹기 대학조차도 비서들의 임금은 인간 여성의 일일 최저 필요 열량에 기초해서 책정된다. 그보다 한 푼이라도 더 지급하면 부도덕성이라도 조장하는 것처럼 간주된다.

마지막으로 그 돈이 학자금을 마련하기 위해 식당 주방에서 일해야 하는 학생들을 위한 장학금으로 사용될 것이라는 가능성도 자신 있게 배제할 수 있다. 등록금 인상률이 물가 상승률의 2배인 마당에 가난한 학생들은 더 이상 홍보용으로라도 벗겨먹기 대학 진학을 꿈도 꿀 수 없다. 전국적으로 대학에 등록한 흑인 학생수는 1980년에 정점을 찍었지만 연방 보조 프로그램 예산 삭감 때문에 이제는 점점 줄어들고 있다. 한편 중상류 계층의 자녀들도 사립 대학을 기피하고 다른 주에 있는 과거 노동자 계층 자녀들이 주로 다니던 대학들로 모여들고 있다. 그런 대학들은 1년에 1만 달러라는 깜짝 놀랄 만큼 싼 등록금을 자랑해서 더블 쿠폰 이후 가장 좋은 특가품이라는 명성을 얻었다.

이제 남은 것은 두 가지 가능성뿐이다. 한 가지는 그 많은 돈이 이란-콘트라-브루나이 삼각 지대로 빨려들어 가고 있을 가능성이다. 그 마의 삼각 지대에 돈이 한번 들어가면 다시는 볼 수 없다는 것이 정설이다. 물론 이런 의혹을 뒷받침할 만한 이렇다 할 논리적 근거가 있는 것은 전혀 아니다. 다만 요즘 들어 코네티컷의 부유한 과부들과 사우디아라비아 왕족들의 계좌에서 쏟아져 나오는 엄청난 돈이 결국 아무도 손대지 못할 것 같은 상태로 파나마, 조지타운, 취리히 사이를 떠다니고 있는 것 같아서 하는 말이다. 어쩌면 그 돈이 언젠가는 아돌포 칼레로Adolfo Calero(니카라과 콘트라의 자금 관리를 맡았던 인물-옮긴이)의 명품 양복이나 폰 홀Fawn Hall(이란-콘트라 스캔들의 주역이었던 올리버 노스 중령의 비서로 기밀 문서를 파쇄하는 것을 도왔음-옮긴이)에게 배달되는 가데니아 꽃다발로 그 모습을 드러낼지도 모른다.

개인적으로 확률이 더 높다고 생각하는 두 번째 가능성은 그 돈이 도널드 리건Donald Regan(레이건 행정부에서 백악관 비서실장을 지낸 인물로, '레이거노믹스'와 감세로 일자리 창출과 생산성 촉진을 유도할 수 있다고 믿었다-옮긴이)의 지갑으로 흘러 들어가는 시나리오다. 물론 도널드 리건뿐 아니라 G. 고든 리디G. Gordon Liddy, H.R. 홀드먼H. R. Haldeman, 그리고 1년 내지 2년 후에는 올리버 노스까지 포함될 가능성도 있다. 이 친구들이 공직에서 물러난 다음, 혹은 일부의 경우에는 개방형 교도소에서 짧게 쉬고 나온 다음에 시작한 일을 떠올려 보면 이해가 간다. 최근 도널드 리건이 대학에 초대되어 강의를 하고 하룻밤에 2만 달러를 받는다는 기사를 봤다. 내 딸이 벗겨먹기 대학에 내는 등록금 액수와 정확히 일치하는 금액이 아닌가!

낸시 레이건을 하마터면 페미니스트 지지 단체에 가입하기 직전까지 몰고 간 인물에게 이 정도의 거액을 지불하는 것을 보고 내가 무슨 생각을 할지는 짐작이 갈 것이다. 그럼에도 불구하고 나는 딸아이가 대학을 경험하는 것이 중요하다는 사실을 믿는 쪽으로 점점 기울고 있다. 아이가 책을 한 번도 펼쳐 보지 않는다 하더라도 대학은 내가 집에서는 절대 줄 수 없었던 경험을 하게 해 줄 것이다. 바로 부자들, 젊고 매력적인 부자들과 24시간 계속 지내는 경험 말이다. 아이가 서민의 정체성을 잃을 것이라는 걱정도 전혀 없다. 졸업할 때쯤이면 지인 중 절박하게 가난한 사람이 적어도 한 명은 있을 테니까 말이다. 말할 것도 없이 그건 바로 나다.

경기 침체도 인종을 차별한다

《뉴욕타임스New York Times》, 2009
데드릭 무함마드Dedrick Muhammad와 공동 집필

대공황 이후 최악의 불황과 첫 번째 흑인 대통령을 합치면 과연 무엇이 나올까? 포퓰리스트의 반란으로 대충 위장한 백인들의 인종적 적개심이 하늘을 찌르는 현상이 탄생한다. 폭스뉴스 웹사이트에 실린 한 기사에서는 건강보험 개혁안이 노예제에 대한 배상금을 비밀리에 지급하려는 음모라는 이론을 내놓았다. 개혁에 필요한 돈은 백인들이 내고 공개되지 않은 모종의 메커니즘을 통해서 건강보험의 수혜는 흑인들이 몽땅 보게 될 것이라는 주장이었다. 그 공상 소설에서 오바마 대통령은 독재자로 그려진다. 그런가 하면 세금과 건강보험 개혁을 반대하는 '티파티' 세력들 사이에서 돌아다니는 사진 중에는 그가 머리에 깃털을 뒤집어쓰고 콧구멍

에 작은 뿔이 난 아프리카 주술사로 등장하는 것도 있다. 지난 몇 년에 걸쳐 추락 중인 백인 중산층이 그래 온 것처럼, 아래로 떨어지고 있는 사람은 추락의 원인이 자신의 등을 밟고 누군가가 올라가고 있기 때문이라고 상상하기 쉽다.

그러나 백인들의 불만에도 불구하고, 경기 침체로 가장 큰 어려움을 겪는 사람들은 불균형적으로 높은 비율의 주택 압류와 실업을 경험하고 있는 흑인들이다. 이미 이전부터도 그다지 잘살고 있지 않았던 사람들이다. 불황이 시작되었을 때부터 흑인 중산층 가구의 33퍼센트가 이미 경제적으로 더 낮은 계층으로 떨어질 위험에 처해 있었다고 초당파적 공공 정책 연구 기관인 데모스 Demos와 브랜다이스대학교의 자산 및 사회 정책 연구소Institute on Assets and Social Policy Brandeis University는 밝혔다.

사실 아프리카계 미국인들이 겪은 경기 침체는 이미 끝났다. 2000년에서 2007년 사이 흑인 고용률은 2.4퍼센트, 소득은 2.9퍼센트 하락했다. 그 7년 사이 흑인 아동의 3분의 1이 빈곤 속에서 살았고, 흑인 실업률(심지어 대졸자들도 포함해서)은 백인 실업률보다 항상 2배가량 높았다.

그것은 흑인들만의 경기 침체였다. 지금 벌어지는 현상은 불황에 가깝다. 메릴랜드주 프린스조지스 카운티에 사는 중년의 아프리카계 미국인 부부 노바타와 제임스(성은 공개하지 말아 달라고 부탁했다)는 2000년대의 첫 번째 경기 침체로 받은 타격에서 회복하지 못한 채 두 번째 경기 침체를 맞이했다. 노바타는 애트나에서 행정 업무를 하면서 시급 25달러를 받고 일했지만 2003년에 해고됐다. 2007년 그는 자동차 렌트 회사에서 시급 10.5달러를 받으며 일하는 신세가 됐다. 제임스는 노조에도 가입한 중장비 기사로 안정된 직장에 다녔지만 두 사람의 수입만으로는 약탈적 대출업자들의 덫을 피할 수 없었다.

두 사람은 524달러짜리 식탁 세트를 할부로 구입해서 상환하고 있었는데, 가구를 판 회사 레비츠가 도산을 하면서 두 사람의 빚도 이 채권자에서 저 채권자로 넘어갔고, 그 과정에서 빚은 알 수 없는 이유로 엄청나게 불어났다. 결국 노바타와 제임스는 식탁 할부금을 모두 갚고 신용 등급을 정리하는 데 필요한 변호사 비용으로 도합 3800달러를 썼다. 그리고 그 돈을 마련하기 위해 주택 담보 대출 계약을 다시 해야만 했다. 그 과정도 한 번에 그치지 않아서 여러 주택 담보 대출업자를 거치다가 결국 이제는 집이 압류될 지경에 이르렀다.

올해 47세의 노바타는 그 일로 고혈압을 얻었고, 56세인 제임스는 심계항진증을 얻었다. "이제 중산층은 없어졌어요. 꼭대기와 바닥만 있을 뿐이죠." 그가 말했다.

이전에 중산층 혹은 노동자 계층이었다가 이와 비슷한 경로를 거쳐 파멸한 백인도 수없이 많다. 해고를 당하거나 근무 시간이 줄어들고, 악성 채무의 덫에 걸려 빚이 눈덩이처럼 불어나다가 결국 집이 압류되는 지경까지 이르게 되는 경우 말이다. 그러나 어려운 상황에 빠진 아프리카계 미국인들을 다른 집단과 확연히 구별시켜 주는 한 가지 특징이 있다. 대대손손 고용과 대출에서 차별을 받아 온 흑인들은 부자 친척이나 모아놓은 돈 같은 충격 완화 장치를 가졌을 확률이 백인에 비해 훨씬 적다. 2008년, 경기 침체가 막 시작되던 당시 일반적인 아프리카계 미국인 가구가 보유한 부는 일반적인 백인 가구의 10분의 1에 지나지 않았다. 흑인과 라틴계의 18퍼센트만이 퇴직연금 계좌를 보유하고 있었던 데 반해 백인은 43.4퍼센트가 퇴직연금을 보유하고 있었다.

이번 경기 침체 또한 인종별로 동등한 효과를 발휘하지 않을 것이라는 사실은 시작점부터 명백했다. 서브프라임 주택 담보 대출에 대해 월스트리트가 품은 무모하고도 열병과 같은 애정으로 인해 2007년 금융 붕괴가 왔고, 인종 구분 없이 사람들이 보유한 주택의 가치와 퇴직연금의 가치가 폭락했다. 인종 구분 없이 모두가 서브프라임과 변동금리 주택 담보 대출에 말려 들어가 있었지만, 서브프라임 대출을 받았을 확률은 고소득 흑인들마저도 저소득 백인보다 2배나 높았다. 프라임 대출을 받을 자격이 되고, 선금을 내겠다고 자원한 사람들마저 그랬다.

연구 및 변호 단체인 '공정한 경제를 위한 연합United for a Fair Economy'이 2008년 발표한 보고서에 따르면, 1998년부터 2006년(서브프라임 사태가 일어나기 전) 사이에 흑인들은 서브프라임 대출로 인해 710억 달러에서 930억 달러에 달하는 주택 가치의 손실을 겪었다. 보고서에서는 재난에 가까운 이 같은 가구당 순자산의 손실이 "근래 들어 유색 인종이 겪은 최악의 부의 손실"이었다고 평가했다. 그러나 나쁜 소식은 그것으로 그치지 않았다.

서브프라임 금융 위기에 관해 새로 나온 다큐멘터리 영화〈아메리칸 카지노American Casino〉에서는 건실한 흑인들이(고등학교 사회과 교사, 심리 치료사, 성직자) 어떻게 하다가 매달 내던 주택 담보 대출 상환금이 폭발적으로 높아져서 급기야 집을 압류당하기에 이르렀는지를 추적한다. 볼티모어를 배경으로 한 이 영화를 보고 있자면 드라마 〈더 와이어The Wire〉를 보는 듯한 느낌이 약간 든다. 단지 그와 다른 것은 악역들이 저소득층 주택 단지에 사는 게 아니라 월스트리트에서 컴퓨터 스크린을 보고 앉아 있다는 사실뿐이다.

사람들은 서브프라임 주택 담보 대출 경험에 관한 이야기를 쉽사리 털어놓으려 하지 않는다. 한 번 만나 보지도 못한 수수께끼의 세력에게 '당했다'는 모욕감이 있기 때문이다. "자존감이 무너졌어요." 〈아메리칸 카지노〉에 출연한 교사는 말한다. "실패한 사람 같다는 느낌이 듭니다."

알 만한 사람들마저도 자신을 탓하는 경향이 있다. 보스턴의 풀뿌리 커뮤니티 조직 '시티 라이프/라 비다 어바나City Life/La Vida Urbana'에서 사람들이 압류와 퇴거를 피할 수 있도록 돕는 40세 아프리카계 미국인 여성 멜러니 그리피스Melonie Griffith도 그렇다. 그는 주택 담보 대출업자를 '순진하게' 믿어 버린 자신을 탓한다. 2004년 대출을 받을 당시 그 대출업자는 매달 상환비가 너무 높지만 '두세 달 사이'에 이자가 더 낮은 상품으로 갈아탈 수 있으니 걱정하지 않아도 된다고 장담했었다. 얼마 후 그 대출업자는 자취를 감췄고, 그리피스는 집을 압류당했다. "아이들과 나는 갈 곳이 없었어요." 자신이 당한 일을 공개하고 나서야 그는 그런 피해를 당한 것이 자기뿐이 아니라는 사실을 깨달았다. "피해자들은 모두 비슷한 패턴으로 당했습니다." 그는 말했다.

컨트리와이드Countrywide나 웰스파고Wells Fargo 같은 주택 담보 대출업자들은 소수 인종 주택 매입자들을 주고객으로 삼았다. 지난 몇십 년간 흑인들이 인종적인 이유로 대출 허가를 받지 못했기 때문에 2000년대 중반에 횡행하던 말도 안 되는 조건의 대출 상품들을 파는 데 안성맞춤이라는 가슴 아픈 이유에서였다. 은행들은 과거의 인종 차별적 레드라이닝redlining(특정 대상에게 융자나 보험을 거부하는 정책-옮긴이)을 '역 레드라이닝' 정책으로 바꾸고 소외 계층에 주택 공급을 확장한다는 명목으로 흑인들이 많이 사는 동네를 집중적으로 공략했다. 과거 불이익을 당하던 사람들의 꿈을 이루어 주는 자부심으로 일한다는 이미지를 내건 컨트리와이드는 영리한 흑인 여성이 남편의 손을 잡고 주택 담보 대출 서류에 서명을 하러 가는 내용의 광고를 대대적으로 했다.

웰스파고에서 대출 담당으로 일한 경력이 있는 엘리자베스 제이콥슨Elizabeth Jacobson은 최근 볼티모어시가 낸 소송과 관련된 선서 진술서에서 대출 세일즈맨은 흑인 목사들을 설득해서 '부의 축적 세미나'를 교회에서 열게 하라는 교육을 받았다고 밝혔다. 이런 세미나에 참석한 후 새로 담보 대출을 받거나 기존 대출 상품에서 자사 상품으로 갈아타는 고객에게는 고객이 지정하는 자선단체에 웰스파고가 350달러를 기부하겠다고 약속했다. 그리고 대부분의 고객은 세미나가 열린 교회를 기부 대상으로 지정했다. (웰스파고는 흑인들을 특정해서 서브프라임 대출 상품 마케팅을 했다는 사실을 부인했다.) 또 다른 전직 대출 담당자 토니 파스칼Tony Paschal

은 그런 마케팅이 진행되던 당시 웰스파고 사내에서조차 냉소주의가 팽배했고, 일부 직원들은 서브프라임 대출 상품을 '게토 대출 상품'이라고 부르고 소수 인종 출신 고객들을 '머드 피플mud people'이라는 인종 차별주의적 비속어로 불렀다고 폭로했다.

문화적으로 흑인들이 위험한 대출에 더 잘 속아 넘어가는 경향이 있다면 수많은 백인도 그 문화에 동화되었다고 할 수 있다. '긍정적 사고'와 '근거 없는 낙관주의'를 바탕으로 한 '번영 복음'에 대한 애호가 바로 그런 문화의 예다. '우리가 번창하는 것은 신이 바라는 일'이기 때문에 원하는 것이 있으면 '그 이름을 부르고 내 것이라 주장'하면 된다는 것이다. 흑인 전도사 크레플로 달러Creflo Dollar가 2000년에 출시한 DVD에는 아프리카계 미국인 성도들이 "그것들을 원합니다. 지금 당장!" 하고 외치는 장면이 담겨 있다.

매주 일요일 4만 명의 교인(그중 3분의 2가 흑인 혹은 라틴계 출신)이 찾는 대형 교회 목사이자 백인인 조엘 오스틴Joel Osteen은 자신이 아내를 통해 전달된 주님의 독촉에 굴복해서 더 큰 집으로 이사하게 된 경험을 즐겨 이야기하곤 한다. 캘리포니아주립대학교 리버사이드캠퍼스의 종교학과 조너선 월턴Jonathan Walton 교수는 오스틴 같은 목사들이 서브프라임 주택 담보 대출을 받아도 괜찮다는 확신을 준 장본인들이라고 주장한다. "주님이 좋지 않은 내 신용 평점을 은행이 무시하도록 만드시고 내 생애 첫 주택을 사도록 은총을 내리셨다"고 믿게 만들었다는 것이다. 아프리카계 미국인들이 2000년대에 범한 집단적 실수가 있다면 그것은 백인 문화를 너무 전적으로 받아들이고, 마틴 루서 킹이 내세운 집단행

동의 메시지 대신 노먼 빈센트 필Norman Vincet Peale의 개인주의적 소망 충족의 메시지를 따른 것이다.

그러나 부실한 대출 상품에 가입하지 않았더라도 서브프라임 금융 위기와 그 뒤에 불어닥친 불황만으로도 무일푼이 되기에 충분했다. 현재 흑인의 실업률은 15.1퍼센트로 8.9퍼센트인 백인 실업률에 비해 훨씬 높고, 뉴욕시에서는 흑인의 실업률이 백인에 비해 4배나 빨리 상승했다. 경제 정책 연구소의 로런스 미셸 Lawrence Mishel은 2010년에 들어서면 전국에 있는 아프리카계 미국인 인구의 40퍼센트가 실업 혹은 불완전 고용 상태에 빠지게 될 것이라 예측한다.

그에 따른 영향 중 하나는 흑인들이 실업으로 인한 주택 압류 폭풍에 또다시 휘말리고 있는 현상이다. 단정하고 강단 있어 보이는 인상의 윌릿 토머스Willett Thomas는 워싱턴 출신으로 자신을 "돈을 보수적으로 관리하는 사람"이라고 묘사한다. 그는 1년 전까지만 해도 "꿈꾸던 삶을 찾은 것 같다"고 느끼며 살았다. 직장과 집이 있었을 뿐 아니라 플로리다주 게인스빌에 세를 준 집까지 가지고 있어서 파트타임 작가의 꿈을 좇을 수 있는 여유를 누렸기 때문이다.

그러다가 토머스는 병에 걸렸고, 직장을 잃었고, 살고 있던 집에 걸린 담보 대출에 대한 고정 이자율 상환금이 밀리기 시작했다. 플로리다 집에 세 들어 살던 임차인도 경제적 어려움이 생겨서 렌트비 지불을 중단했다. 현재 토머스는 이력서를 주기적으로 보완하고 일주일에 한 번씩 면접을 보고 있기는 하지만 일자리를 찾지 못하고 있다. 그가 사는 집은 압류 절차에 들어가 있다.

버지니아주 알렉산드리아에 사는 물루게타 아이메르Mulugeta Yimer는 아직 택시 기사 일을 계속하고 있기는 하지만 그 일로는 생활비를 충분히 벌 수가 없다. 키가 크고 마른 체격에 근심이 가득한 얼굴을 한 그는 1981년 아메리칸 드림을 믿고 에티오피아 난민 자격으로 미국에 왔다. 2003년, 웰스파고에서 변동 금리 담보 대출 상품을 제안받았을 때 그는 이자율이 높아지기 시작될 즈음이면 거기에 해당하는 상환금을 낼 수 있을 정도로 돈을 벌 수 있으리라고 계산했다. 그러나 불황이 닥치면서 택시 산업 전체가 큰 타격을 입었고, 상대적으로 부유한 워싱턴 근교 주택가에서마저도 그 여파는 크게 느껴졌다. 그는 이제 잠깐씩 차 안에서 눈을 붙여 가며 하루에 19시간씩 운전을 하고, 그의 아내는 편의점에서 일주일에 32시간씩 일을 하지만 매달 건강보험료로 400달러, 자녀 보육비로 800달러, 주택 담보 대출 상환금 1700달러 등 들어가는 비용에 비해 버는 돈은 턱없이 부족하다. 사는 집을 잃게 되면 아이메르는 어떻게 해야 할까? "노숙인 숙소로 가야겠죠. 우리를 받아 줄 곳을 찾는 게 먼저겠지만요." 그는 두 손을 들어 보이며 말했다.

흑인들에게 권력을 빼앗기고 있다는 우파의 불안과는 달리 경기 침체로 인해 흑인들은 이전보다 경제적으로 더 깊은 수렁에 빠지고 있다. 양당주의를 표방하는 흑인 대통령은 흑인 중산층의 몰락 문제에 대한 대책을 마련할 용기가 있을까? 아마도 없을 것이다. 그러나 인종을 불문하고 모든 미국 시민을 대상으로 한 모종의 경제적 구제책이 빠른 시일 내에 나오지 않는다면 고통이 더 늘어날 일만 남아 있고, 불행한 역설이지만 그와 함께 백인들의 근거 없는 인종적 불만도 깊어질 것이다.

노동자들을 위한 연대의 피크닉

《뉴욕타임스New York Times》, 2017

노동자 계층, 아니 적어도 백인 노동자 계층은 미국 역사상 가장 큰 수수께끼로 부상했다. 전통적으로 민주당 지지자들이었던 그들이 현란할 정도로 과시적인 억만장자를 대통령으로 선출했기 때문이다. "도대체 왜 저러지?" 진보 지식인들은 계속 그렇게 묻곤 한다. 도대체 왜 트럼프가 내건 약속을 믿는 것일까? 멍청한 것일까, 아니면 한탄이 나올 정도로 인종 차별적인 것일까? 왜 노동자 계층이 자신들의 이익과 상반되는 세력에 동조하는 것일까?

나는 이 불가해한 계층의 일원으로 태어났고, 지금도 친구와 친척들을 통해 이 계층과 단단히 연결되어 있다. 예를 들어 1980년대, 롱아일랜드의 우리 집에는 노동자 계층의 문화적 허브가 형성되어 있었다. 그들이 우리 집을 찾은 이유는 나 때문이 아

니라 당시 내 남편이자 오랜 친구인 개리 스티븐슨Gary Stevenson
때문이었다. 개리는 과거 창고업 부문에서 일을 하다가 전미 트럭
운전사 조합의 조직책이 된 사람이다. 롱아일랜드 주택가를 맨해
튼으로 출퇴근하는 사람들의 베드타운 혹은 햄프턴으로 가는 진
입 지점 정도로 생각하는 사람들이 많겠지만 당시에는 그 지역에
산업 지대도 형성되어 있어서 항공기 제조사 그러면Grumman에 고
용된 사람만 해도 2만 명이 넘었다. 콜로라도주에서 이사를 와서
우리 집 지하실에서 살기 시작한 내 여동생은 수천 명의 다른 이
주민과 마찬가지로 집에서 2킬로미터도 떨어지지 않은 공장에서
금방 일자리를 찾을 수 있었다. 브롱크스 같은 곳에서 버스로 출
퇴근하는 사람들도 꽤 있었다. 나와 게리는 대부분 우리 지역에
살면서 우리 집을 저녁 모임이나 주말 회동 장소로 이용하는 사람
들을 손님으로 맞았다. 트럭 기사, 공장 근로자, 경비원, 그리고 후
에는 간호사들도 우리 집에서 모임을 갖곤 했다. 내 임무는 칠리
를 만들고 누군가는 꼭 가져오는 오븐 파스타를 넣을 자리를 냉장
고에 마련해 두는 일이었다. 한번은 공장에서 기계를 다루는 노동
자들에게 '민주적 사회주의'의 개념을 설명하다가 소비에트 연방
에 반대하는 장황설을 푼 적도 있었다. 부엌의 조리대 건너편에서
무뚝뚝한 표정으로 내 말을 듣던 사람 중 한 명이 마침내 낮은 목
소리로 중얼거렸다. "적어도 거기에는 건강보험이 있는가 보군."

우리가 살던 랜치하우스에 동지들이 모여들던 즈음 미국 전
역에서 노동자 계층의 꿈이 무참하게 짓밟히고 있었다. 1981년,
레이건 대통령은 파업에 들어간 항공 교통 관제사 노조원 1만

1000명 이상을 해고하면서 노조 자체를 거의 무효화시켜 버렸다. 그것은 앞으로 어떤 식의 상황이 전개될지를 알려주는 명확한 신호탄이었다. 몇 년 후, 우리는 고기 도축 산업 노조의 미네소타 지부 강경파 지도자 짐 구에트Jim Guyette를 위한 피크닉을 개최했다. 그들은 글로벌 식품 기업 호멜Hormel에 대한 항의로 불법 파업을 감행하고 있었다(물론 우리 피크닉에서는 호멜의 제품을 하나도 사용하지 않았다). 그러나 노동계는 임금 권리의 일시 유보 협상과 양보의 시대로 이미 접어들어 있었다. 알아서 기는 것 아니면 실업 중 양자택일을 해야 한다는 메시지가 강하게 울려 퍼졌다. 우리 동지들이 쌓아 올리고 민주적으로 운영하기 위해 그토록 투쟁하고 애쓴 옛 노동자들의 '강하고 강한' 노조조차 거의 사멸할 위기에 처해 있었다. 1년이 채 지나기도 전에 지방 노조들이 펼치던 불법 파업은 본부 노조 격인 전국 식품 및 상업 노동자 연합에 의해 중단됐다.

제철소가 쥐 죽은 듯 고요해졌고, 우리 아버지와 할아버지가 일했던 광산이 문을 닫았으며, 공장들은 국경 너머 남쪽으로 도망쳤다. 그 과정에서 우리는 일자리뿐 아니라 훨씬 많은 것을 잃었다. 미국이라는 신화의 중심을 이루는 생활 방식 자체가 종말을 고하고 있었다. 소매업과 의료 서비스 부문에는 일자리가 있었지만 보수가 열악해서 대학 졸업장이 없는 남성은 혼자 벌어서 가족을 먹여 살리기가 더 힘들어졌다. 나는 내 친척들이 그 여파를 겪는 것을 목격했다. 광산 노동자와 철도 노동자의 손자들이 택배 트럭 기사, 패스트푸드점 매니저로 일하고, 심지어 소매업 점원이나 간호조무사 자리를 얻기 위해서 아내와 경쟁해야 했다. 수전 팔루디Susan Faludi는 1999년 저서 《스티프드Stiffed》에서 미국의 탈산업화는 매우 심오한 남성성의 위기를 초래했다고 말한다. 남자로서 더 이상 가족을 먹여 살릴 수 없는 시대에 남자라는 것은 무슨 의미인가?

단순히 생활 방식만 죽어 가고 있는 것이 아니라, 그런 생활을 하는 사람들 또한 실제로 죽어 가고 있었다. 2015년, 노벨 경제학상 수상자 앵거스 디턴과 그의 아내이자 경제학자인 앤 케이스는 대학 졸업장을 가진 사람과 그렇지 않은 사람들 사이의 사망률 격차가 1999년 이후 계속 벌어지고 있다는 연구 결과를 발표했다. 그로부터 두 달 후, 브루킹스 연구소Brookings Institution에서는 1920년에 태어난 사람 중 소득 상위 10퍼센트와 하위 10퍼센트에 해당하는 남성의 평균 수명에 6년가량 차이가 나지만, 1950년에 태어난 남성들은 그 차이가 2배 이상 증가해서 무려 14년이나 벌어졌다고 밝혔다. 현재 노동자 계층의 습관으로 받아들여지는 흡연으로 인한 추가 사망은 그중 3분의 1밖에 되지 않았다. 나머지는 알코올 중독, 약물 남용, 자살(주로 총기 자살) 등 '절망병diseases of despair'이라고 부르는 것이 원인이었다.

저임금 서비스 부문 일자리가 주종을 이루는 새로운 경제 환경에서는 좌파가 내놓은 기존의 처방전이 더 이상 타당하지 않아졌다. 예를 들어 '완전 고용'은 수십 년 동안 노조들이 주문처럼 외치는 구호였지만, 생계유지에도 충분치 않은 임금을 지불하는 일자리만 수없이 많다면 완전 고용이 무슨 의미가 있겠는가? 완전 고용을 주장한 것은 일하기를 원하는 사람들이 모두 고용된 상태라면 새로운 직원을 고용하고자 하는 고용주는 임금을 올려야 할 것이라는 논리 때문이었다. 그러나 내가 1990년대 말, 처음 일을 시작하는 노동자의 임금으로 생계유지가 가능한지를 알아보기 위한 잠입 취재를 했을 당시 만난 동료들은 대부분 빈곤 속에 살고 있었다. 내가 만난 사람들은 식당 직원, 요양원 직원, 청소 용역업체 직원, 월마트 '동료' 등으로 일하고 있었다. 그 경험을 바탕으로 쓴 《노동의 배신》에서 밝혔듯이 동료 중에는 집이 없어서 차에서 자는 사람도 있었고, 작은 나초칩조차 한 봉지 이상 살 돈이 없어서 점심을 거르는 사람들도 있었다. 모두 풀타임으로 일하고 있었고, 현재와 마찬가지로 거의 완전 고용에 이른 상황이었다.

　노동자 계층의 위기에 대한 해결책으로 자주 제시되는 것 중 하나가 직업 재교육이다. 현재 미국 경제가 '지식 경제'('저임금 경제'보다 훨씬 듣기 좋기는 하다) 단계에 해당한다면 일자리가 없는 노동자들은 정신을 차리고 더 유용한 기술을 습득해서 이력서를 업그레이드하면 된다는 주장이다. 오바마 대통령도 직업 재교육을 권장했고, 대통령 선거에 나선 힐러리 클린턴뿐 아니라 다수의 공화당원들도 직업 재교육을 공약으로 내걸었다. 문제는 어떤 기술을 교육해야 하는지 아무도 모른다는 점이었다. 1990년대에는 컴퓨터를 배우는 것이 유행이었고, 용접술은 인기가 오르락내리락했다. 현재는 계속 성장 중인 의료 서비스 분야의 커리어가 유망하다는 이야기가 돈다. 첫 번째 문제에 더해 현재 진행되고 있는 재교육 프로그램이 얼마나 효과적인지를 명확히 알 방법도 없다. 2011년 미국 회계 감사원에서는 연방 정부가 2009년까지 47개의 직업 재교육 프로젝트에 지원하고 있었지만 그전 5년 사이에 실적 평가를 받은 곳은 다섯 군데에 불과하다고 밝혔다. 폴 라이언Paul Ryan은 자신의 고향인 위스콘신주 제인스빌에서 운영되는 프로그램을 여러 번 칭찬한 적이 있다. 그러나 2012년에 발표된 프로퍼블리카ProPublica 연구에서는 해고된 후 그 프로그램을 거친 노동자들이 그러지 않은 노동자들보다 일자리를 구할 확률이 오히려 낮은 것으로 드러났다.

재교육 프로그램이 아무리 좋아도 인간이 끝없이 변신해서 고용 시장의 변화에 자신을 맞출 수 있다고 생각하는 것 자체가 비현실적일뿐더러 이미 가지고 있는 기술을 전혀 존중하지 않는 태도이기도 하다. 1990년대 초 나는 몬태나주 뷰트에서 해고된 광부(사실 뷰트에는 다른 종류의 광부는 존재하지 않는다)와 피자헛에서 저녁을 먹은 적이 있다. 50대에 접어든 그는 간호학 학위를 받으면 어떻겠느냐는 조언을 받았다며 껄껄 웃었다. 나도 웃지 않을 수가 없었다. 성별에 맞지 않는 조언이어서가 아니라 그때까지 곡괭이와 다이너마이트를 도구로 사용하던 사람이 세상과의 관계를 그토록 극적으로 바꿔야 한다는 사실 때문이었다. 블루칼라 노동자들에게 직업 재교육을 받는 것과(클린턴의 제안), 하던 일을 다시할 수 있는 것(트럼프의 제안, 무슨 기적을 행해서 그렇게 하겠다는 것인지 이해할 수는 없으나) 둘 중 하나를 선택을 하라고 했을 때 후자를 선택했다는 사실은 전혀 놀라운 일이 아니다.

정치인들이 '노동자 계층'을 들먹일 때면 시대착오적이게도 버려진 공장들을 가리키는 경우가 많다. 그보다 좀 더 시대에 맞는 의식을 가진 정치인이라면 병원이나 패스트푸드점을 소품으로 사용할지도 모른다. 새로운 노동자 계층에는 트럭 기사, 전기공, 배관공 등 전통적인 블루칼라 직업군도 포함되어 있지만 이제는 망치보다는 밀대를, 흙손보다는 환자용 변기를 들고 일하는 사람들이 훨씬 많다. 공식적으로 인정받지는 못하고 있을지도 모르지만 인구학적으로도 노동자 계층은 1980년대에 우리 집에서 모이던 사람들처럼 주로 백인 남성이었던 집단에서 흑인과 라틴계가 큰 부분을 차지한 집단으로 바뀐 지 오래됐고, 이제는 여성과 이민자들이 점점 늘어가고 있다. 과거 노동자 계층의 전형적인 이미지가 안전모를 쓴 남성이었다면 새로운 이미지는 "엘 푸에블로 유니도 하마스 세라 벤시도El pueblo unido jamas sera vencido!"(단결하면 절대 패배하지 않는다! 스페인어가 제1언어인 히스패닉계 노동자라는 사실을 강조하기 위해 스페인어를 사용했다-옮긴이)를 외치는 여성일 것이다.

과거의 일자리는 돌아오지 않겠지만 탈산업화로 인해 생긴 위기를 극복하는 또 다른 방법이 있다. 바로 모든 노동자에게 더 나은 임금을 주는 것이다. 21세기 들어 이룬 큰 노동 혁신은 지역 단위, 주 단위의 최저 임금을 인상하기 위해 캠페인을 벌인 것이다. 노동 운동가들은 1994년 이후 사람들의 정의감에 호소하는 단순한 방법으로만 100개가 넘는 카운티와 지방 자치구에서 최저 생활 임금 법률을 통과시키는 데 성공했다. 풀타임으로 1년 내내 일하는데도 집세와 기초 생활에 필요한 비용을 낼 만큼 충분한 임금을 받지 못한다는 것은 말도 안 되는 일이 아닌가? 설문 조사 결과 최저 임금에 찬성하는 사람이 대다수였고, 대학생, 교회에 다니는 사람들, 노조 등이 각 지역에서 최저 생활 임금법을 통과시키는 운동에 참여했다. 노조들은 이전까진 별 관심을 받지 못했던 경비원, 가정 건강 보조사, 일용직 근로 종사자들을 회원으로 받기 시작했다. 노조가 흔들리는 곳에서는 완전히 새로운 조직들이 탄생했다. 어떤 경우는 노조로부터, 어떤 경우는 자선단체로부터 후원을 받은 조직들인 아워 월마트Our Walmart, 전국 가사 도우미 연합National Domestic Workers Alliance, 식당 노동자 협회Restaurant Opportunities Ceters United 등이 발족됐다.

롱아일랜드 우리 집의 모임은 과거의 일이 됐다. 집은 팔렸고, 옛날의 우정은 나이와 물리적 거리로 인해 희미해졌다. 나는 그때가 그립다. 우리 모두가 공유하는 특정한 이데올로기는 없었지만, 파티를 할 때마다 자연스럽게 드러났던 우리의 비전은 유토피아적이었다. 특히 카운티 정부에서 일말의 도움이라도 받으려면 당원증을 가진 공화당원이어야 했던 롱아일랜드라는 맥락을 고려하면 더욱 그랬다. 우리 모임을 관통하는 테마가 있었다면 그것은 구태의연한 표현일지도 모르지만 바로 '연대'일 것이다. 내 시위에 네가 동참해 주면 나도 네 시위에 동참해 주겠다. 우리가 사는 땅에 독극물을 흘려보내고 있는 화학 공장에 시위하러 갈 때 애들까지 모두 데리고 함께 가자. 그리고 시위가 끝난 다음 우리 집 뒷마당에 모여 바비큐 파티를 하는 건 어때. 우리는 정치를 하기 위한 정치에는 관심이 없었다. 우리는 모든 이의 일이 존중받고, 모든 이의 목소리가 경청되는 세상을 원했다.

그 후 나는 다시는 그런 비슷한 무리의 일원이 될 수 있으리라 기대하지 않았다. 그러나 2004년 인디애나주 포트웨인에 그와 비슷하면서도 훨씬 더 잘 조직된 모임이 있다는 사실을 발견했다. 당시 노스이스트 인디애나 중앙 노동위원회The Northeast Indiana Central Labor Council라고 불리던 그 모임은 멕시코 이민 건설 노동자들과 그들이 대체하도록 되어 있었던 미국 출신 건설업 노조 조합원들, 그리고 해고된 주물업체 노동자들, 미얀마인 공장 노동자들, 대학 강사들, 건물 관리인 등을 모두 한데 모아놓은 조직이었다. 당시 조직의 회장 톰 레반도프스키Tom Rewandowski는 제너럴 일렉트릭 공장에서 일하던 노동자로 1990년대에 미국 노동 총연맹 산업별 조합회의AFL-CIO와 폴란드 자유노조 솔리다르노시치 Solidarnosc 사이에서 연락 담당으로 일했던 인물이었다. 그는 이 조직의 목적이 '연대의 문화'를 만드는 것이라고 설명했다. 고용된 사람들끼리 조합을 만드는 것으로는 불충분하고, 불완전 고용으로 불안한 상태로 일하는 사람들과 실업자를 모두 한데 모아야 한다는 깨달음에서 시작된 조직이었다. 그렇게 따지면 공동체 구성원 전체가 포함될 수도 있는 일이었다. 그들이 애용하는 비밀 병기는 그다지 오래 비밀이 지켜지지 않는 전략으로, 파티와 피크닉을 자주 개최하는 것이었고, 나도 그런 피크닉에 초대받는 행운을 누렸다.

포트웨인에서 열린 그 피크닉에서 나는 모든 인종과 모든 계층과 합법, 불법 노동자들을 만났다. 정치적으로도 진보와 보수가 혼재했다. 지난 선거에서 트럼프에게 표를 던진 사람들도 일부 있었다. 그러나 그 모임은 새로운 연대를 손 닿는 곳에서 찾을 수 있다는 것을 입증했다. 비록 전통적인 노조는 아직 그런 연대를 받아들일 준비가 되어 있지 않더라도 말이다. 2016년, 지난 60여 년 동안 노동 운동 세력을 결집시키는 데 총력을 기울여 왔지만 여러 문제로 세력이 약화된 미국 노동 총연맹 산업별 노동조합은 사소한 행정 규칙을 들먹이면서 노스이스트 인디애나 중앙 노동위원회를 해체했다. 그러나 노동위원회는 전혀 당황하지 않고 곧바로 워커스 프로젝트Worker's Project라는 단체로 재집결했다. 워커스 프로젝트는 인터넷 접근 권한과 사무 집기를 모두 노동 총연맹 산업별 노동조합에 빼앗겼는데도 불구하고 노동절 기념 피크닉을 주최해 지역 주민 6000명 이상의 참여를 이끌어 내는 대성공을 거뒀다.

가장 최근 톰 레반도프스키와 내가 대화를 나눈 시점이었던 2017년 2월은 워커스 프로젝트가 코스트코 계약직 20명을 도와 자체적인 조합을 결성하는 데 성공한 직후였다. 말할 것도 없이 축하 파티가 열릴 예정이었다. 공통의 대의명분을 위해 함께 일하고, 그 과정을 즐기고자 하는 인간의 욕구를 억누르는 것은 불가능하다.

정치적으로 중요한 소변 문제

《허핑턴포스트The Huffington Post》, 2011

군대에서 야영지를 세우거나 백지에서 시작해 마을을 건설해 본 사람이라면 누구나 알겠지만 어딘가를 점령하기 위해서는 해결해야 할 병참학적 문제가 한둘이 아니다. 많은 사람을 먹이고, 그들이 어느 정도는 따뜻하고 비를 맞지 않고 지낼 수 있게 해야 한다. 쓰레기를 치워야 하고, 의료 서비스와 기초적인 보안도 확보해야 한다. 이를 위해 10여 개가 넘는 위원회가 밤낮으로 골머리를 앓아야 할 것이다. 그러나 '점령하라' 운동에 참여하는 개인의 입장에서는 다른 모든 문제를 다 가려 버릴 정도로 시급하고도 중요한 문제가 하나 있다. 실업, 중산층의 몰락, 상위 1퍼센트의 지배 등의 문제는 그 중요한 문제에 비하면 모두 사소해진다. 그 문제란 바로 '소변을 어디에서 볼 것인가?'다.

현재 미국 전역에 확산되고 있는 '월스트리트를 점령하라' 운동 기지 중 일부는 이동식 화장실(워싱턴 D.C. 프리덤플라자)을 확보한 곳도 있고, 세면대와 수돗물이 나오는 화장실(인디애나주 포트웨인)을 사용할 수 있는 곳도 있다. 다른 기지에서는 각자 알아서 해결하라는 것이 지침 사항이다. 예를 들어 월스트리트에서 몇 블록 떨어지지 않은 주코티 파크에서는 근처 버거킹 매장 화장실 앞에 길게 줄을 서거나, 한 블록 더 떨어진 곳에 있는 스타벅스에서 그보다는 살짝 짧은 줄을 서서 차례가 올 때까지 참아야 한다. 내가 가 본 워싱턴 D.C.의 맥퍼슨 광장에서는 한 20대 시위자가 영업시간 중에도 살짝 들어가서 화장실을 사용할 수 있는 피자 식당을 보여 줬다. 그런 다음 그는 밤에 눈에 띄지 않게 쭈그리고 앉아 일을 볼 수 있는 골목길도 안내해 줬다. 노화, 임신, 전립선, 과민성 대장증후군 등 화장실 관련 문제가 있는 사람이라면 기저귀 혁명의 일원이 될 마음의 준비를 해야 할 것이다.

물론 정치적인 문제로 시위를 하는 사람들만 도시 내 캠핑 문제를 겪는 것은 아니다. 노숙인들은 이 문제를 날마다 겪어야 한다. 매 끼니를 어떻게든 해결하고, 밤이면 상자나 방수포를 덮어 쓰고 추위와 싸우는 문제에 더해 범죄자가 되지 않을 방법으로 용변을 봐야 한다. 미국의 도시에는 공중화장실이 매우 드물다. 여행 전문가 아서 프롬머Arthur Frommer의 말처럼 "마치 화장실을 써야 할 필요 자체가 없는 것처럼" 말이다. 그럼에도 불구하고 방광의 압력에 굴복한다는 것은 체포될 위험을 감수한다는 것과 같은 의미다. 노숙인과 빈곤에 관한 법률 센터가 발표한 〈위기의 범죄화〉

6장 중산층 몰락 사회의 탄생

라는 제목의 보고서에는 워싱턴주 웨나치Wenatchee에서 일어난 일화가 실려 있다.

2010년, 세 자녀를 둔 두 부부 가정이 침대 두 개짜리 임대 아파트에 입주 신청을 했다. 그전까지 1년 반 동안 노숙 생활을 하고 있는 상황이었다. 임대 계약이 거의 마무리 단계에 와서 아파트 관리자와 만나기로 예정되어 있던 전날 그 가족의 아버지가 공공장소 방뇨죄로 체포됐다. 공공 화장실의 문이 모두 닫힌 시간에 이루어진 체포였다. 아버지가 체포된 상태여서 아파트 관리인과의 약속을 지키지 못했고, 그 가족이 임대하려던 아파트는 다른 사람에게 넘어갔다. 2011년 3월 현재, 그 가족은 여전히 노숙 생활을 하면서 집을 찾고 있다.

'월스트리트를 점령하라' 운동에 참여하는 사람들이 이제야 깨닫기 시작했고, 노숙인들은 언제나 알고 있었던 사실은 바로 이것이다. 가장 평범하고도 생물학적으로 필요한 행위마저도 미국의 거리에서는 불법이 된다는 것. 소변을 보는 것뿐 아니라 앉고, 눕고, 자는 것 모두가 불법이다. 도시에 따라 법이 다르긴 하지만 가장 가혹한 법을 시행하는 플로리다주의 새러소타에서는 2005년 땅을 파거나 흙을 고르는 행위(즉, 구덩이를 파서 변소를 만드는 것)를 금지하는 조례를 통과시켰다. 그에 더해 다른 어디에도 살 곳이 없는 상태인 사람이 조리를 하거나 불을 피우거나 자는 것도 금지 사항이다.

다시 말해 집이 없는 것을 포함한 여러 이유로 야외에서 생활하는 것 자체가 불법이다. 그러나 시 당국이 궁핍한 시민에게 음식, 숙소, 혹은 화장실을 제공해야 한다고 규정한 법은 없다는 사실 또한 주목할 필요가 있다.

현재 형태의 노숙 금지법이 자리 잡기 시작한 것은 1980년 대에 금융 산업(월스트리트, 그리고 전국에 퍼진 그들의 지부)이 맹렬한 성장을 시작한 것과 때를 같이한다. 미국이 손에 잡히지 않고 눈에도 보이지 않는 '금융 상품' 말고는 아무것도 만들어 내지 않는 시기에 돌입하자 전통 산업 부문에서 일하던 노동자 계층은 월 마트 같은 곳에서 일자리를 얻어 생계를 유지하게 되었다. 알고보니 새로운 '카지노 경제'를 이끄는 대장 격인 주식 중개인, 투자 은행가들은 보통 예민한 사람들이 아니었다. 결벽증이라고 할 정 도로 예민한 그들은 거리에서 잠을 자는 노숙인을 넘어 다니거나 출퇴근하는 기차역에서 그들을 지나치는 것만으로도 신경이 거슬 리는 듯했다. 천만장자가 하룻밤 사이에 억만장자로 둔갑할 수 있 는 경제 체제를 즐기는 입장에서 가난하고 씻지도 않은 사람들을 봐야 하는 것은 보통 기분 잡치는 일이 아닐 것이다. 루디 줄리아 니가 이끄는 뉴욕을 시작으로 수많은 도시가 차례로 '깨진 유리창' 혹은 '삶의 질' 조례를 통과시켜서 노숙인들이 거리를 배회하는 것, 심지어 공공장소에서 '가난하게 보이는 것' 자체를 위험한 일 로 만들어 버렸다.

이런 식의 과도한 단속이 초래한 고통(추운 곳에서 자다가 얼 어 죽은 사망자 수)에 대한 집계 숫자는 아직 나오지 않았지만 〈위 기의 범죄화〉 보고서는 사우스캐롤라이나주 컬럼비아에 있었던 한 임신한 노숙인의 일화를 소개한다.

노숙인 쉼터에 머무는 것이 허용되지 않는 낮 시간에는 박물관에서 시간을 보내 보려고 했지만 나가라는 말을 들었다. 그렇게 쫓겨난 후 박물관 앞 벤치에 앉아 있었더니 또 다른 곳으로 옮기라는 말을 들었다. 꼭 그날이 아니더라도 임신 기간 중 그는 공원에 앉아 있으면 안 된다는 말을 여러 번 들었다. 그렇게 하는 것이 '무단 점유'라는 것이었다. 임신 약 6개월 정도 되었을 때인 2011년 초, 몸이 좋지 않아서 병원에 간 그는 사산했다.

타흐리르 광장(이집트 민주화 운동의 중심지 역할을 한 광장으로 반정부 시위를 하는 수많은 시민이 텐트를 치고 숙식을 하면서도 청소와 치안을 잘 유지하는 질서 있는 모습을 보여서 귀감이 됐다-옮긴이) 이야기에 사람들의 눈이 반짝이기 전부터, 그리고 최근 경기 침체가 시작되기 훨씬 전부터 미국의 노숙인들은 스스로를 방어하기 위한 대책을 세워 행동에 옮기기 시작했고, 그 일환으로 주로 공터나 나무가 우거진 곳에 대규모 텐트촌으로 만들어진 기지를 구축했다. 이런 공동체들에는 기본적인 자치 정부의 형태가 갖춰진 경우가 많다. 지역 자선단체에서 기부한 음식을 분배하고, 땅을 파서 화장실을 마련하고, 마약, 무기, 폭력 등을 금지하는 규칙을 정해 실행에 옮긴다. 전 세계의 항거 시위에 걸맞은 찬사를 보내는 바이긴 하지만, 이집트 민주화 운동, 스페인의 인디그나도스('분노한 사람들'이라는 뜻으로 부패 척결, 일자리 해결, 빈부 격차 해소 등을 외치며 800만 명이 참여한 스페인의 평화 시위-옮긴이), 그리고 미국의 '월스트리트를 점령하라' 시위의 시초는 노숙인들의 텐트촌이다.

노숙인들의 텐트촌은 어떠한 '정치적' 성격을 띠지 않는다.

탐욕을 비난하는 대자보도 좌파 유명 인사들의 방문도 없다. 그러나 그들은 '미국의 가을American autumn'(아랍의 봄과 대조-옮긴이)을 알린 '점령하라' 시위대보다 훨씬 더 가차 없는 처분을 감내해야만 했다. 예를 들어, 로스앤젤레스의 빈민가는 경찰로부터 끊임없이 괴롭힘을 당하지만, 바로 근처에 있는 '점령하라' 시위대 텐트촌에는 비가 오자 안토니오 비야라이고사Antonio Villaraigosa 시장이 우비를 나눠 줬다.

지난 몇 년 사이 시애틀에서 우스터, 새크라멘토, 프로비던스에 이르기까지 미국 전역에 걸쳐 노숙인들의 텐트촌 하나하나에 차례로 경찰이 진입했다. 경찰이 훑고 지나가면 텐트촌에 살던 사람들은 기본적인 소유물마저 모두 빼앗기고 빈손이 되어 버린다. 지난여름, 테네시주 채터누가의 자선단체 주민 지원 담당자는 그 지역 노숙인 텐트촌이 강제 해산된 이야기를 하면서 이런 결론을 내렸다. "시 당국은 노숙인 텐트촌을 좌시하지 않을 거예요. 더없이 명확하게 그 메시지가 전달된 거죠. 눈에 보이는 곳에는 텐트촌이 들어서는 게 불가능합니다."

사회 각계각층에서 '점령하라' 시위에 동참하는 사람들은 적어도 소변을 보고 싶다는 생각이 들 때마다 미국에서 노숙인으로 산다는 것은 도망자처럼 사는 것과 같다는 사실을 절감하고 있다. 절박하게 가난한 사람들은 합법적인 미국 본토박이 시민이지만 생존하는 데에 가장 기본적인 활동마저도 금지당한 채 '불법 이민자'처럼 살아가고 있다. 그들은 소변이나 대변, 혹은 자신의 지친 몸으로 공공장소를 더럽히면 안 된다. 특이한 옷차림이나 체취로

풍경을 망쳐서도 안 된다. 사실 그들은 죽어야 할 사람들이다. 옮기고 처리하고 화장시켜야 할 몸을 남기지 않고 죽어 주면 금상첨화일 것이다.

그러나 '점령하라' 시위에는 사회의 '모든' 계층이 아니라 아래를 향해 기울어 가는 계층의 사람들만 모여들었다. 빚, 실업, 압류 등으로 기울어 가는 그들의 사회적 위상은 결국 극빈자, 혹은 거리에 나앉는 노숙인 신세로까지 떨어질 수 있다. 시위 참여자 중에는 원래부터 노숙인인 사람들도 있다. 공짜 음식과 적어도 임시로나마 경찰의 괴롭힘을 받지 않고 잘 수 있다는 이유에서 시위에 가담한 사람들이다. 이들 외에도 소위 '벼락 가난'에 빠져 보통은 친구네 집 소파나 부모의 집 간이침대에서 생활하는 노숙 직전 상황까지 간 사람들도 많다.

포틀랜드, 오스틴, 필라델피아 등지에서 벌어지는 '월스트리트를 점령하라' 운동은 자체적으로 노숙인 문제에 대한 시위도 벌이고 있다. 물론 그렇게 하는 것이 당연하다. 노숙인 문제는 금권주의, 탐욕과 독립적으로 존재하는 부차적인 문제가 아니다. 노숙인 문제는 우리 모두, 미국인의 99퍼센트, 아니 적어도 70퍼센트가 결국 직면하게 될 문제다. 지금 벌이는 혁명이 성공하지 못한다면 학자금 융자 빚에 허덕이는 대학 졸업생, 해고된 교사, 빈곤한 노인들, 우리 모두가 노숙인의 운명을 피하지 못할 것이다.

"Don't forget to have a good time
while you're doing things.
Political work should not be work."